KB253920

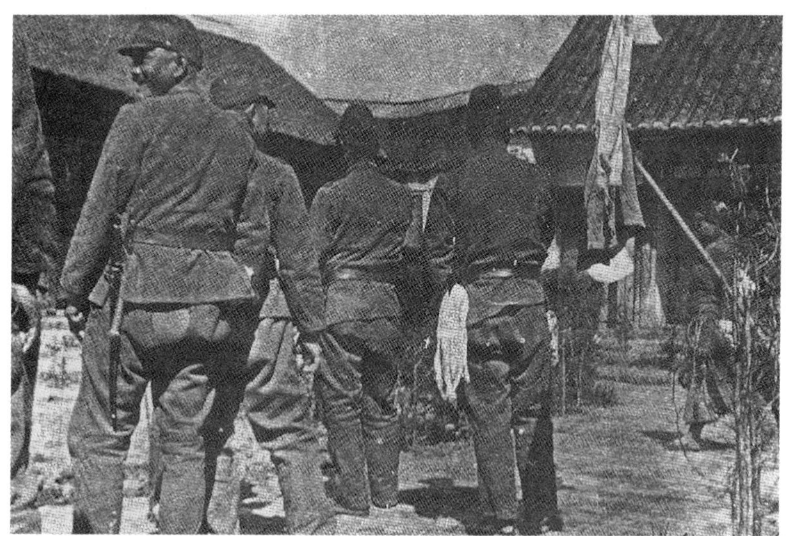

중국 한커우의 위안소 앞에 줄서 있는 병사들. (중앙일보)

여자근로정신대에 끌려온 이들. 이들 중 몇몇은 위안소로 보내졌다. (동아일보)

상하이의 위안소 현관. 오른쪽에는 '성전의 승리를 위해 오신 용사들을 대환영합니다' 라고 씌어 있고, 왼쪽에는 '신심을 다해 봉사하는 일본 여성의 써비스' 라고 씌어 있다. (동아일보)

상하이의 최초의 정규 군운영 위안소에 붙어 있던 위안소 규정. (동아일보)

여자근로정신대의 한국인 소녀들이 일본 나고야의 기숙사와 공장 사이를 행진하고 있다. (동아일보)

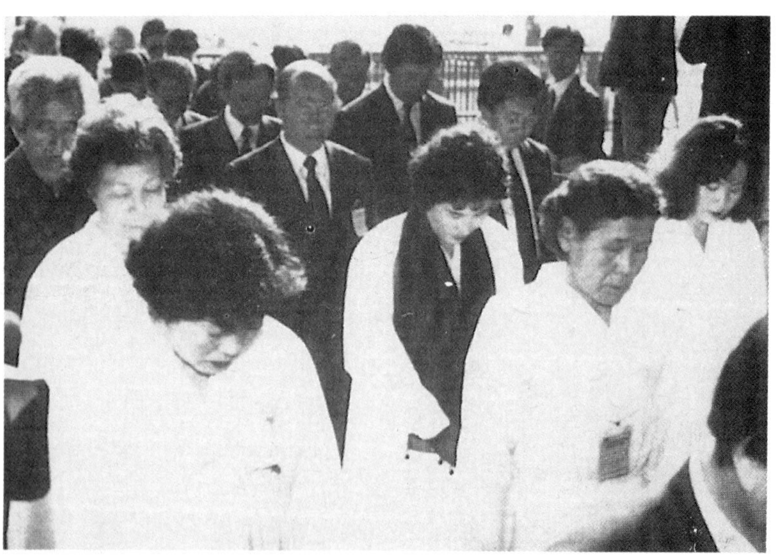

1991년 12월 6일 처음으로 일본에 소송을 제기한 위안부 원고들.

위안부

일본 군대의 성노예로 끌려간 여성들

조지 힉스 지음

전경자·성은애 옮김

창작과비평사

위안부

© 조지 힉스 1995
한국어판 © (주) 창작과비평사 1995

지은이/조지 힉스
옮긴이/전경자 · 성은애
펴낸이/김윤수
펴낸곳/(주)창작과비평사

초판 인쇄일/1995년 8월 5일
초판 발행일/1995년 8월 10일

등록/1986년 8월 5일, 제10-145호
주소/서울시 마포구 용강동 50-1, 우편번호 121-070
전화/영업 (02) 718-0541, 0542 · 편집 (02) 718-0543, 0544
        독자관리 (02) 716-7876, 7877
팩시밀리/(02) 713-2403, 703-3843

우편대체/010041-31-0518274
지로번호/3002568
ISBN 89-364-7024-8

값 6,500원

한국어판 저자 서문

이 책의 한국어판이 나온다는 것이 내게는 무척 영광스러운 일이다. 물론 이 책은 위안부 문제에 관해 거의 아는 것이 없는 영어권 독자들을 위해 씌어진 것이다. 한국 독자들이 이 책을 읽게 되리라는 것을 미리 알았더라면, 나는 아마도 감히 펜을 들어 쓸 마음을 먹지 못했을 것이다. 하지만 비록 한국 독자들에게는 이 책에 나오는 대부분의 자료들이 '낡은 모자'와 같은 것이라고 해도, 나 같은 다소간 중립적인 국외자의 시각이 흥미있게 비치기를 바란다.

한가지 아쉬운 점은 한국에서 좀더 많은 자료를 구하지 못했다는 점이다. 집필을 끝내고 나서야 나는 토오꾜오에서 김학순 여사를 만나는 영광을 누릴 수 있었다. 김여사는 자기 경험을 들려주고, 김치 한 보시기를 내게 나눠주기도 했는데, 싱거운 국수만 먹던 참이라 개운하게 기분전환이 되었다.

사실 이 책을 쓰는 일이 고통스럽고 절망적이고 외로운 작업이었다는 것을 인정해야만 하겠다. 이혜경 교수의 도움이 없었더라면 내가 이 책을 끝낼 수 있었을지 의심스럽다. 이교수도 서울에서 문헌과 사진자료들을 수집하느라 어려움을 겪었고 또한 용기와 인내심이 필요했으리라는 것을 나는 알고 있다.

도움은 정말 예기치 않은 데서도 왔다. 일본 정부였다. 때때로 내가 절망하여 이 계획을 포기하려 할 때마다 일본 정부 대변인은 예를 들면 강제력이 사용된 바 없다거나, 그 여성들이 모두 자원자 혹은 군부대를 따라다니는 사람들이었다고 발표하곤 했다. 그럴 때면 정말로 피가 끓었다!

다시 책상 앞에 앉아, 이 일이 내가 지상에서 하는 마지막 일이 될지라도 절대로 저들이 그런 거짓말을 하는 채로 내버려두지 않겠다고 다짐하고 나면, 모든 피로와 우울이 사라졌다.

그러나 우리는 진실을 밝혀야 한다고 주장하는 와중에 일본인 전체를 같은 붓으로 색칠해버리는 우를 범해서는 안될 것이다. 참고문헌을 얼핏 보아도 이 책이 대개 일본측 자료들에 의거해서 씌어졌음을 알 수 있다. 이 책의 출간을 가능케 한 것은 바로 이 양심적인 일본인들이다.

마지막으로, 일본인들과 같이 일하면서 자기 동포들을 노예로 만드는 것을 도운 한국인 (그리고 다른 아시아인들)이 적지 않았다는 사실 또한 한국인과 다른 아시아인들은 잊지 말아야 할 것이다.

1995년 6월 4일
싱가포르에서 조지 힉스

감사의 글

1991년 12월, 진주만 피습 50주년을 맞을 때까지도 나는 종군위안부에 대해서 들어본 적이 없었다. 몇몇 한국 여성들이 일본 정부를 법정으로까지 몰고 갔다는 것이 국제언론의 제1면에 보도되었다. 일본 정부는 결코 관련이 없다며 완강하게 부인했으며 소위 위안부라는 사람들은 사적으로 조직되어 부대를 따라다녔을 뿐이라고 주장했다. 이것은 거짓말이었을까? 그렇다면 어떻게 해야 꼼짝못하게 그 거짓을 밝혀낼 수 있을까?

나는 일본에 관한 것이라면 모르는 것이 없이 정통한 학자로서 지금은 은퇴하여 오스트레일리아 멜버른에 살고 있는 레스 오우츠(Les Oates) 교수에게 물어보았다. 물론 그는 위안부에 대해 알고 있었다. 참전 용사이기도 한 그는 1945년 당시 동남아시아에서 그들을 직접 본 적도 있다는 것이다.

레스와 나는 동남아시아 역사에 관한 일본측 자료를 검토하면서 몇권의 책을 공동으로 쓴 바 있었기 때문에, 그는 아무리 난해한 일본어 자료라도 재빨리 번역하여 모양새를 갖춰줄 수 있으리란 것은 의심의 여지가 없었다. 그런데 우리가 쓴 다른 책들의 경우와 달리, 문제는 도대체 어느 나라 말로든 그에 관한 자료는 구할 수가 없었다는 점이다. 태평양전쟁에 관한 영어 문헌은 엄청나게 많았지만, 위안부에 대한 언급은 한마디도 없었다.

그래서 나는 또다른 오랜 친구인 토오꾜오 대학의 타까하시 아끼라(高橋彰) 교수에게 연락했다. 그를 통해서 나는 곧 한국인이면서 일본에서 3대째가 살고 있다는 이유미씨를 만났다. 이유미씨가 각 운동단체들과 접촉함으로써 위안부에 대해 쓴 모든 자료들을 수집할 수 있었다. 이 책을 쓰는 데 사용된 자료 중 80% 가량은 바로 그녀가 수집한 자료들(대부분이 잘 알려지지 않은 것들이었다)이다. 이유미씨와 레스 오우츠가 아니었더라면 나는 아예 이 책을 시작도 못했을 것이다.

나는 또 한국 쪽에서 도움을 줄 수 있는 사람이 필요했다. 차머즈 존슨 교수는 친절하게도 서울에서 이혜경 교수를 소개해주었고, 그녀는 엄청나게 많은 한국어 자료들을 영역해주었으며 이 책에 사용된 모든 사진들을 구해주었다.

필리핀에서는 필리핀 위안부들의 법률고문인 로메오 T. 카뿔롱 변호사가 유익한 조언과 그 지역의 상황에 관한 자료를 제공해주었다. 인도네시아에서는 인권변호사 아드난 부용 나수띠온 씨가 인도네시아 여성들 몇몇을 소개해주고 그 지역의 배경을 설명해주었다.

말레이시아에서는 말레이시아 청년단체인 UMNO의 하지 무스따파 야콥 씨가 말레이시아에 대한 배경 설명을 해주고 마담 X를 소개해주었다. 마담 X는 세련되고 우아하며 무엇보다 용기있는 여성으로서 자신의 이야기를 차분하게, 그러나 끔찍하도록 생생하게 들려주었다.

지구의 맞은편 네덜란드에서는 림뷔르흐 대학의 국제법 교수인 테오반 보벤 씨가 친절하게도 귀중한 자료들을 팩스로 보내주었다. 학자이면서 문헌연구가이자 강제매춘에 관한 네덜란드 정부 보고서의 필자이기도 한 바르트 반 폴게스트 씨는 그의 공식 보고서와 네덜란드측 희생자들에 관해 쓴 중요한 논문을 보내주었다.

이 문제에 관해 글을 쓰려는 사람이면 토오꾜오의 쭈우오(中央) 대학의 역사학자인 요시미 요시아끼(吉見義明) 교수의 오랜 연구에 힘입지 않을 수 없다. 처음으로 결정적인 단서를 발견해서 일본 정부로 하여금 위안부 문제에 군사적으로 개입했고, 따라서 수십년 동안 거짓말을 해왔노라고 인정하게 만든 장본인이 요시미 교수이다. 요시미 교수는 너그럽게도 일본의 군사적 개입을 증명하는, 일본 군대에 관한 미출간 보고서를 보내주었다.

『시드니 모닝 헤럴드』(*Sydney Morning Herald*)지의 데이비드 젠킨즈 덕분에 우리는 요시미 교수가 어딘가 있을 거라고 항상 힘주어 말하던 바로 그 범행증거를 발견했다. 오스트레일리아 멜버른의 문서보관소에서 해독해낸 것은 1945년 8월 18일자(항복한 지 사흘 후)로 제1남방원정대 최고사령관이 보낸 전갈인데, 그 내용은 이러하다. "8월 1일 싱가포르 주둔 일본 해군의 위안부제도와 연관해서 고용된 사람들은 101호 병원의 민간 고용인으로 임명한다. 대부분의 여자들은 간호보조원으로 임명한다. 그밖의 지시는 제1남방원정대의 지시에 따른다." 연합군이 들어오자 일본은 위안부를 간호부로 위장하여 은폐하고자 했다. 마지막으로 8월 20일 19시 15분(항복하기 직전)에 인도네시아 마까싸르의 일본 민간행정부는 위안부들을 지역 병원에 소속시키고, "이 전갈 내용이 이해되었으면 소각할 것"이라고 또다시 명령을 내렸다.

동남아 지역에서 행해진 이 은폐작전으로 말미암아 그 체계의 본질은 가려졌다. 근 40여 년 동안 진실이 감춰진 것이다. 생존해 있는 희생자들은 너무 겁에 질려 일본의 힘에 도전하지 못하고 있다. 모든 기록자료들은 소각된 듯하다. 그리고는 조금씩 조금씩, 증인들이 한사람씩 한사람씩, 희생자들도 한사람씩 한사람씩 진실을 드러내고 있다.

마담 X를 비롯하여 2차 세계대전 당시 일본의 강제매춘에 희생된 수십만명의 희생자들께 이 책을 바친다.

1994년 8월 멜버른에서

조지 힉스

일러두기
인명, 제도, 화폐가치에 대하여

이 책에 나오는 동아시아의 인명들은 동아시아 방식대로 성(姓)을 먼저 쓰고 이름을 나중에 썼다. 한국인과 중국인의 이름은 의미있는 혹은 상징적인 글자들로 이루어진다. 예를 들어 '옥주'와 같이 두 글자로 표기된다. 서양식으로 하면 두 단어로 이루어진 이름 사이에 하이픈을 넣어 그것이 하나의 이름이라는 표시를 해야겠지만, 원문에는 그렇게 되어 있지 않다. 따라서 두 글자로 된 이름들 사이에는 하이픈을 넣지 않았다. 또 일본인 이름도 성이 먼저 온다. 그러니까 서양식과는 반대로 키찌 미야자와가 아니라 미야자와 키찌로 쓰는 것이다.

태평양전쟁 당시 가장 악명 높은 제도는 일본 헌병대이다. 켐뻬이(헌병)는 막강한 권력을 가졌으며, 일본 군대 하면 연상되는 야비한 잔혹성은 거의 헌병대의 소행이다. 헌병대라는 이름은 듣기만 해도 공포에 질리게 만드는 것이었다. 심지어 일본군 병사들에게도.

부대 내의 질서를 유지하는 일 외에도 헌병대는 '반란'을 저지하는 임무도 지녔다. 어떤 의미에서 헌병대는 군대판 특별고등경찰, 혹은 이데올로기적으로 좀 덜 세련된 사상경찰이라고 할 수 있다.

공황기와 전쟁기간 동안, 환율과 물가가 극도로 불안정했으므로 화폐가치를 표준화하는 것은 불가능하다. 어떤 특정 시점의 환율과 그 화폐의 구매력은 완전히 별개였다. 당시 통용되는 가치에 대한 가장 적절한 지침은 1943년 당시 일본군의 봉급과 당시 물가를 비교하는 것이다. 상병은 9엔, 중사(하사관의 중간 계급)는 30엔, 중위(하급장교에서 중간급)는 94엔, 중령(중간급 야전사령관)은 310엔을 받았다. 전투지역의 급여는 대개 이 금액의 2배였으며, 해군의 봉급도 육군과 거의 비슷했다. 당시 민간인들의 최저임금은 100엔이었고, 간호부들은 90엔을 받았다.

차 례

서 론

제2차 세계대전에 참전한 열강들에게 위안부들의 고초는 별로 중요한 관심사가 아니었다. 2차대전을 연구하는 역사가들에게도 마찬가지였다. 어디에나 무명용사비는 있지만, 무명의 위안부들을 위한 기념비는 없다.

이 여인들의 망쳐진 삶이 인권문제로 등장하기까지는 반세기가 걸렸다. 일본 언론인인 센다 카꼬(千田夏光)의 획기적인 발견이 있은 후, 토오꾜오, 쿄오또, 오오사까, 한국 사이에 핫라인이 설치되어, 그 여인들이 나서서 발언을 할 수 있기까지도 무려 30년이 걸렸다.

1980년대 후반부터 한국과 일본의 여성단체들이 이 문제를 정치문제화하기 위하여 조직되었다. 처음으로 전직 위안부가 공개적으로 그들이 겪은 고초에 대해 증언하기 시작했다. 하나하나 조금씩 어렵사리 드러난 이야기들에 의해 밝혀진 것은 다름아닌 일본 황군(皇軍)에 의해 공식적으로 조직된 대규모 강간체계였다. 나이 어린 시골처녀에서 늙은 매춘부에 이르기까지 이 수천명의 여성들——그중 80% 가량이 한국인이었다——은 바로 아시아 전역에 걸쳐 조직된 위안부제도(comfort system)의 일부였던 것이다.

전직 위안부로서 일본 정부에 대한 법적 대응의 일환으로 공식석상에서 증언하겠다고 나선 최초의 여성은 김학순(金學順)이다. 그녀를 본보기로 해서 다른 사람들도 1991년 12월 6일에 시작된 토오꾜오 지방법원 재판에 함께 참석했다. 이들은 일본 정부가 자기들을 강제로 모집한 것을 인정함은 물론, 이에 대한 배상을 해야 한다고 요구했다. 이 사건은 느리게 진행되었다.

아시아 전역에 걸쳐 이 문제와 관련된 움직임이 일어나기 시작했다. 아시아 여러 나라의 정부들은 정도는 다르지만 각각 자국의 위안부들을 지지할 수밖에 없는 형편이었다. 그러나 많은 국가들이 원조나 투자 등의 형태로 일본에 경제적으로 의존하고 있는 까닭에 지원은 대개 미온적이었다.

1993년 2월 일군의 일본인 학자들이 오랜 금기를 깨고 1910년부터 1945년까지 일본이 한국을 지배했던 당시 저지른 잔혹행위를 교과서에 수록해야 한다고 정부측에 요구했다. 현재까지도 일본 문부성은 교과서에 위안부 문제를 수록하지 않고 있다.

위안부 출신 여성들의 계속되는 증언에 힘입어 이렇듯 고의적인 눈가림은 더이상 지탱하기 힘들게 되었다. 그들의 이야기는 2차대전이라는 커다란 역사의 엄연한 일부가 될 것이다.

마담 X와 문옥주

전쟁 당시 영령(英領) 말라야에 살고 있던 중국인 마담 X는 최근에 필자에게 자신이 어떻게 위안부가 되었는지를 꽝뚱어(廣東語)로 설명해주었다.

1942년 1월의 어느 날 일본군이 콸라룸푸르를 점령했다. 그러나 그것은 우리와 상관없는 일처럼 보였다. 우리는 조그만 우리 마을에서 안전하게 지냈다. 거긴 일본군이 오지 않았다. 1942년 2월 어느 날 일본군을 가득 태운 트럭 두 대가 우리 마을로 왔다. 바로 우리 어머니 생일이어서 2월이라는 것을 기억한다. 일본군이 우리 마을을 어떻게 찾아냈을까? 서른살 먹은 첩자가 안내를 한 것이다. 어떻게 일본군을 우리 마을로 안내하는 그런 일을 할 수 있단 말인가.

그때 나는 음식을 만드는 중이어서 도망치지 못했다. 무장한 군인들이 느닷없이 마을로 들어와서 도망갈 수도 없었다. 소총을 든 군인 세 명이 우리 집으로 들어왔고, 다른 군인들은 마을로 흩어졌다. 그들은 갑자기 들어와 나를 붙잡았다. 부모님은 나를 구하려고 했지만, 아버지는 머리를 걷어차였다. 피투성이였다. 나도 있는 힘을 다해 반항했으나, 역시 머리를 걷어차였다. 아직도 그 흉터가 있다. 여기 보이지 않는가? 그리고는 그들은 내 팬티를 찢고, 그들 중 한 명이 바지 앞섶을 풀었다. 다른 군인들이 나를 붙잡아누르고 있는 동안 그는 성기를 내 몸 속으로 집어넣었다. 나는 그가 무슨 일을 하고 있는지도 몰랐다. 나는 그때 세상물정에 깜깜했다. 나는 15살이었고, 아직 초경을 치르지도 않은 상태였다.

그건 정말 고통스러웠다. 피가 흘렀다. 그들은 부모님과 오빠가 보는 앞에서 나를 부엌바닥에 누이고 그 짓을 했다. 세 명의 군인이 돌아가면서 나에게 그 짓을 하고 나더니, 나를 끌고 나가 우리 마을의 다른 여자아이들과 함께 트럭에 태웠다. 오빠는 다른 트럭에 태워져 어디론가 끌려갔다. 우리는 오빠를 다시 만날 수 없었다. 내가 트럭에 태워질 때 부모님이 달려나와 나를 구하려고 했다. 아버지는 상처에서 피를 철철 흘리고 있었다. 그후 3년 동안 나는 부모님의 마지막 그 모습, 특히 땅바닥에 흘러내린 아버지의 핏자국 때문에 끊임없이 괴로움에 시달렸다.

그리고 나서 나는 잘란 암팡에 있는 2층짜리 방갈로로 끌려갔다. 거기 살고 있던 일본군 장교 여섯 명이 또 번갈아 나를 강간했다. 나는 부모님 생각이 나서 울었다. 머리의 상처에서는 피가 계속 흘렀고, 아랫도리에서도 피가 흘렀다. 그러나 거기 사는 장교들이 내게 똑같은 짓을 또 했다. 나는 부모님과 오빠 생각이 나서 잠도 오지 않고, 먹을 수도 없었다. 방갈로에서 잠시 지낸 후 그들은 나를 역시 잘란 암팡에 소재한 대동아(大東亞)무도장이라는 곳으로 데리고 갔다. 무희들은 다 위안부가 되어 있었다. 그들은 영어를 유창하게 구사했다. 방갈로에서 있었던 것과 똑같은 일이 무도장에서도 벌어졌다. 그리고는 한달 후 그들은 나를 잘란 푸두에 있는 푸두 감옥 건너편의 타이선 호텔로 데리고 갔다.

거기서 나는 더블베드가 있는 큰 방에 묵었다. 하루에 두 끼씩 아주 간단한 식사가 나왔고, 청소부가 매일 시트를 갈아주었다. 나는 하루에 열 명 내지 스무 명과 성행위를 해야 했다. 그래서 항상 아랫도리가 쓰라린 상태였다. 아주 벌겋게 성이 나서 쓰라렸다. 섹스란 참으로 고문 같았다. 아, 정말 얼마나 고통스러운지 상상도 못할 것이다. 정말 상상도 못할 것 이다! 그렇지만 나는 상냥하게 대해야 했고, 모든 군인들을 잘 모셔야 했다. 잘하지 못하면 얻어맞았다. 어떤 군인들은 술에 취해 이유를 불문 하고 마구 때리기도 했다. 또 어떤 군인은 취해서 할당된 시간 내내 내게 성기를 끼우고 있었다. 그건 참을 수가 없었다——그래도 참아야 했다.

문옥주는 경상도 대구 출신이다. 1924년생으로 일용노동자인 부모의 4남매 중 하나였다. 그녀는 학교는 3년밖에 다니지 못하고 열살 때부터 일을 했다. 처음엔 식모일을 했고, 나중에는 신발을 만드는 가내공장에 서 일을 했다. 1942년 그녀가 18세 되던 해, 전쟁중이라 일자리 얻기가 힘들어지자 마쯔모또라고 창씨개명한 송(宋)씨라는 자가 접근해왔다. 그는 "좀 먼데이긴 하지만 따뜻한 나라에 식당에 좋은 일자리가 있다"고 했다. 그는 말쑥한 양복에 가죽구두를 신고 넥타이를 매고 있어서, 전문 직업인이나 일본측의 무슨 요원 티가 났다. 당시 한국인들은 일본 이름과 일본 풍속을 강요당했고, 그래서 문옥주도 후미하라 요시꼬라는 일본 이 름을 갖고 있었다. 정말 유혹적인 것은 가난한 가족에게 생활비를 보낼 수 있을 만큼 넉넉한 월급이었다. 효성이 중요한 덕목으로 취급되는 유교 적 전통에서는 절실한 문제였다.

15~21세의 여성들 17명과 함께 문옥주는 부산항으로 가서 배의 화물 칸에 타고 버마의 랑군으로 갔다. 마쯔모또 같은 사내 10명이 200여 명의 여자들을 감시했다. 그들 대부분은 식당이나 구내식당, 아니면 그 비슷 한 곳에서 일하게 될 거라고 생각하고 있었다. 한국인 여성들은 적군의 비행기 공습이 있을 때 배를 지키기 위해 나오는 군인들의 모습을 보았을 뿐이었다.

랑군에 도착하자 그들은 처음으로 분명하게 그들이 위안부가 될 것이

14

라는 인상을 받았다. 일본군에 입대한 한국인들 중 어떤 사람들이 그들에게 '큰 실수를 했다'고 말한 것이다. 그 충격이 너무 커서 어떤 여자는 물에 빠져 목숨을 끊고 말았다. 다른 여자들은 15~20명씩 무리를 지어 이동했다. 문옥주의 그룹은 만달라이 위안소에 배치되었다. 문옥주는 하루에 30명 이상을 상대해야 했다. 위안소는 천장까지 닿지도 않는 거적으로 대강 칸막이를 한 찌그러진 초가집이었다.

그녀의 '위안소'는 대구집이라고 불렀는데, 내무반에서 조금 떨어져 있었고, 다른 지역처럼 감시도 그렇게 심하지 않았다. 그렇지만 위안부들은 군인들과 마찬가지로 사단본부에서 발급하는 통행증이 없으면 거처 밖으로 나갈 수가 없었다. 이 통행증은 한 달에 한번씩 5, 6명의 그룹에 발급되었다. 그녀의 통행증에는 '후미하라 요시꼬 외…'라고 표기되어 있었고, 시간이 표시되어 엄격하게 점검을 받았다.

사병 월급이 15엔 정도일 때 위안소의 요금은 매회 사병은 1엔 50전, 하사관은 2엔, 하급장교는 2엔 50전, 상급장교는 3엔이었다. 방문객은 창구에서 돈을 내고 표를 받은 다음 그 표를 위안부에게 건네주었다.

그날 받은 표는 바로 그날 마쯔모또에게 제출했다. 그리고 그는 한 달에 한번씩 여자들에게 표 액면가의 반을 지불했다. 그렇지만 그 돈으로 그들은 아주 기본적인 것만 배급하는 식량을 보충하기 위해 먹을 것을 사야 했고 옷, 담배, 또 '때로 위로가 필요하면' 술도 사야 했다. 문옥주는 1만 5000엔 가량을 저축했다. 그러나 이것은 순전히 팁으로 모은 것이었다. 그녀는 야전우체국에 이 돈을 예금했다. 그녀는 군속으로 분류되어 있었으므로 그것이 가능했다.

보건 조치로는 매주 방 소독과 군의관으로부터의 성병 검진이 있었다. 감염이 된 여성은 다른 지역에서처럼 병원으로 호송되는 것이 아니라, 치료를 받는 동안 자기 방에서 쉴 수 있었다. 이런 경우는 '금주는 출입을 금함'이라는 표시를 문밖에 달아놓았다. 다른 지역과 달리 이곳에서는 생리중이라도 솜으로 닦아내고 자주 질 세척을 하면서 계속 일을 해야 했다. 어떤 경우 문옥주는 생리중에 술취한 하사관을 손님으로 받지 않으려

하다가 거짓말을 한다며 칼로 위협을 당하기도 했다. 한국인의 기질이 대개 그러하듯 문옥주는 완강히 저항하다가 그에게 치명적인 상처를 입혔다. 강력한 군용 무기였으므로 흔히 벌어질 수 있는 상황이었다. 그녀는 군법회의에 회부되었으나 정당방위로 석방되었다. 일본군 중 어떤 이들은 이렇게 말했다. "그놈은 항상 위안부들을 학대하는 치사한 술주정뱅이다. 죽어도 싸다!"

만달라이에서 6개월을 보내고 난 뒤 문옥주의 그룹은 조그만 배를 타고 인도 전선과 가까운 아키야브라는 해안 마을로 갔다. 그들은 며칠 후 군대에 배속되어, 그곳에서 일년쯤 있었다. 그 사이 마쯔모또는 떠나고 부대가 4개의 위안소 운영을 맡았다. 위안소들 중 하나는 일본 여자들이 살고 있었고, 또 하나는 장교용이었다. 그곳에서 문옥주는 포탄 파편에 다리를 다쳐 그후로 계속 고생을 하게 되었다. 그후 그녀는 프로메와 랑군에서 얼마를 더 지냈다. 이 기간중 분명히 그녀는 다른 종류의 오락도 제공한 것 같은데, 그녀는 당시 유행하던 버마와 일본 노래를 아직도 기억하고 있다. 마침내 그녀와 다른 여자들은 타일랜드의 아유타야로 이동했다. 거기서 그들은 한 달 동안 간호부 훈련을 받아 주사기 다루는 법과 붕대 감는 법, 체온과 혈압 재는 법, 말라리아를 치료하는 법을 배웠다. 그들은 임시변통으로 간호복을 만들어 입었으나, 모자에 적십자 표시만은 달았다. 문옥주는 전쟁의 마지막 몇개월 동안 전세에 관한 소식은 전혀 듣지 못한 채 아유타야의 야전병원에서 일했다. 마침내 한 하사관이 울면서 일본이 패했으며 한국이 독립할 것이라는 소식을 알려주었다.

타일랜드에서는 송금을 할 수 있었으므로 문옥주는 집에 5000엔을 보냈다. 나머지는 일본 군사우편 예금구좌에 남겨두었다. 후에 일본에 들르는 것이 불가능하다는 것을 알았다. 적십자사의 송환선은 인천항으로 직항했기 때문이다. 대구에서 온 17명 가운데 12명이 살아남았고, 나머지는 자살, 질병, 난파 등으로 사망했다.

숨겨진 이야기

처음에 센다 카꼬의 기자 특유의 관심을 자극한 것은, 머리에 짐을 인 두 여인이 치맛자락을 걷어올리고 걸어서 강을 건너는 전쟁 당시의 사진이었다. 그 여인들 옆으로 병사 한 사람이 씨익 웃으며 걸어가고 있었다. 센다는 전직 종군기자에게 이 여인들이 뭐하는 사람들이냐고 물었다. 그는 그들이 조선인 '삐'라는 말을 들었다. 그는 여전히 이해할 수 없었다. 그들이 바로 한국인 '위안부'라고 설명을 들었지만 그 말조차도 그에게는 생소했다. 그러자 그 종군기자는 센다에게 전쟁지역의 병사들에게 성적인 위안을 제공하는 체제에 대해 설명해주었다. 센다는 그들의 비극에 대해 생각했다. 그에게 정보를 준 사람 역시 위안부제도에 대해서는 아는 것이 많지 않았으므로 센다는 직접 조사에 나섰다.

센다가 『마이니찌(每日) 신문』에 실을 전쟁관련 기사를 준비하다가 문제의 사진을 본 것은 1962년이었다. 그 위안부의 사진은 열람이 금지된 2만 5000여 장의 전쟁관련 사진 중 하나였다.

1962년 이후 일본군의 '위안'을 목적으로 여성을 공급하는 체제에 대해 많은 것이 알려졌다. 이 문제는 일본이 전쟁 당시의 잔학행위를 좀처럼 인정하지 않으려는 것이 아니냐는 의문을 새삼스럽게 불러일으켰다. 위안부제도는 이제까지 알려진 바 없는 광범위하고 장기간에 걸친, 식민지 여성들에 대한 합법화된 군사적 강간이었던 것이다. 위안부들은 일본군의 선봉에 섰다. 어떻게 해서 여자들이 군수품과 함께——어떤 경우에는 심지어 필수적인 군수품이 도착하기도 전에——도착하게 되었는가에 대해서도 밝혀지고 있다.

센다가 확실한 정보를 추적해내는 데는 2년이 걸렸다. 일본 큐우슈우섬의 후꾸오까에서, 그는 1938년 중국 상하이 근처에 최초로 공식 허가를 받은 위안소를 운영한 유곽 주인을 만났다. 또 그는 군의관 아소 테쯔오(麻生徹男)도 찾아냈다. 아소 테쯔오는 당시 위안부들의 성병 감염 여

부를 진찰하고서 어리고 성경험이 적은 한국인 여성들이 같이 간 일본인
매춘부들보다 당연히 건강하다고 발표한 사람이다.

　이들을 만나면서 센다는 이 문제를 더 조사해보아야겠다고 생각하게
되었다. 여러 해 동안 그는 위안부에 대해 조사하고 글을 썼으나 거의 주
목받지 못했다. 그의 글은 한국어로 번역되어 소개되기도 했지만, 이 문
제는 한국 사회에 거의 영향을 끼치지 못했다. 분단된 한반도의 남반부는
태평양전쟁 이후 일본과 아주 긴밀한 관계를 맺고 있었다. 1910년부터
한반도는 일본의 식민지였고, 한국인들은 일본의 신민 취급을 받았다.
1930년대에서 40년대에 걸쳐 한국인 여성들은 일본제국 전역으로 호송되
었다. 일본제국은 잠깐 동안이지만 북으로는 시베리아에서 동남아로는
버마, 태평양 방면으로는 미크로네시아와 솔로몬 군도를 포함하는 광대
한 영토를 갖고 있었다.

　그러나 위안부가 전부 한국인은 아니었다. 마담 X의 경우에서도 볼 수
있듯이, 일본군에 점령당한 다른 지역의 여성들도 역시 성적인 노예생활
을 강요당했다. 1990년대 초반부터 각종 매체를 통해서 과거의 위안부들
이 자신이 겪은 이야기를 폭로하는 사례가 많아지면서 이러한 사실은 점
점 분명한 사실로 드러났다. 일본 당국이 공개 가능한 모든 공식 기록을
다 공개한다고 해도, 그들의 숫자가 전부 얼마나 되는지는 결코 밝혀지지
않을 것이다. 왜냐하면 이 여성들은 군대의 적하장부(積荷帳簿)에 분류
조차 되어 있지 않기 때문이다. 나가사끼에서 상하이로 호송된 여자들은
‘군수품’의 한 단위로 기록되었다. 이러한 분류는 단순히 은폐를 위한 것
일 수도 있지만, 일본군이 그 장병들에게 위안을 제공하는 데 채택한 실
용주의적인 접근법을 염두에 두면 꼭 그런 것만도 아님을 알 수 있다. 또
그때부터 드러나기 시작한 것은 위안소의 운영에도 아주 뚜렷한 규정들
이 있었다는 사실이다.

　위안부에 대한 가장 근사치의 통계자료를 얻을 수 있는 것은 바로 위안
소나 위안부에 관한 정보를 수집하기 위해 토오꾜오, 쿄오또, 오오사까
에 설치된 핫라인을 통해서이다. 비슷한 시기에 한국의 여성단체들도 핫

라인을 개설했다. 그러나 여기서 수집된 정보는 대개 개인의 체험담으로, 모두 155건이다. 한국측 핫라인에서 밝혀진 전체적 통계는 나이와 배치상황뿐이다. 위안부의 80%가 14~18세였다. 행선지는 만주가 31%, 타이완이 14%, 싸이판·오오사까·싱가포르·다이카친(중국)이 각각 7%, 큐우슈우·나고야·난징·홋까이도오·텐진이 각각 4%였다. 나머지 2%는 '기타 태평양 섬지역'으로 갔는데, 이는 미크로네시아를 말한다.

일본의 세 도시에 핫라인이 설치된 기간은 한 달 가량 되었다. 전화를 건 사람은 모두 일정한 질문을 받았고, 따라서 어느정도 표본조사가 가능했다. 가장 수가 많았던 토오꾜오에서는 79명이 중국에, 56명이 만주에, 36명이 동남아시아에, 22명이 서태평양에, 23명이 일본에, 6명이 한국에 위안소가 있었다고 답했다. 쿄오또에서는 65명이 중국(만주 포함)에, 4명이 한국에, 2명이 뉴기니(라바울을 뜻함)에, 4명이 네덜란드령 인도 제도(인도네시아)에, 8명이 필리핀에, 3명이 버마에, 그리고 2명이 말라야, 타일랜드, 프랑스령 인도차이나, 일본, 타이완에 각각 위안소가 있었다고 답변했다. 오오사까에서는 전화를 걸 만한 사람들 중 일부가 쿄오또 쪽으로 전화를 걸어서 답변자가 많지 않았는데, 25명이 중국에, 7명이 '남양군도'(동남아시아와 미크로네시아를 말함)에, 2명이 일본에 위안소가 있었다고 답변했다. 전화를 건 사람들이 모든 질문에 다 답한 것은 아니었지만, 위안부가 있었다고 하는 지역은 실로 광범위해서, 1930년부터 1945년 사이 일본이 점령한 영토의 거의 대부분에 걸친 것이었다.

또한 이 자료는 위안부들의 국적이 다양하다는 것을 보여주었다. 토오꾜오에서는 175명의 응답자가 한국인 위안부를 보았다고 말한 데 반해서 (또 그중 78명은 한국인 위안부들만 보았다고 말했다), 일본인 위안부를 보았다고 답한 사람은 86명이었다. 또 일부는 중국 본토인과 타이완인, 만주인(한족이 아닌 종족을 의미)을 포함해서 타이완 국적의 위안부를 보았다고 답하기도 했다. 또 중국 본토인, 인도네시아인(뉴기니 포함),

네덜란드인, 버마인, 말레이인, 백계 러시아인(만주 지역) 등도 있었다고 했다. 쿄오또에서는 68명이 한국인, 40명이 일본인, 29명이 중국인, 5명이 필리핀인 위안부를 보았다고 말했으며, 백계 러시아인·타이완인·베트남인 위안부에 대해 언급한 사람이 각각 2명씩, 또 네덜란드인·말레이인·유라시아인·인도네시아인·타이인·버마인 위안부를 언급한 사람도 1명씩 있었다. 오오사까의 응답자들은 한국인 위안부에 대한 언급이 단연 많았으며, 중국인과 동남아시아 여성들에 관한 언급도 있었다.

쿄오또의 조사에서는 약 60건의 사례에서 한 위안소에 위안부들이 몇 명이나 있었는지에 대한 통계가 나왔다. 어떤 응답자들은 한 위안소에 일본인, 한국인, 중국인 합쳐서 대략 15명 내외의 위안부가 있었다고 말했다. 한국인 위안부만 있었다는 사례도 40건이나 되었으며, 이 경우에도 한 곳에 대략 1, 20명의 위안부가 있었다고 한다. 어떤 경우는 10명이 채 안되는 곳도 있었으나, 반면에 80여 명의 위안부를 둔 대규모 위안소의 사례도 기록되어 있다. 순전히 일본인들로만, 혹은 중국인들로만 구성된 위안소의 사례는 각각 16건과 11건이었으며, 그중에서 가장 규모가 큰 곳은 두 경우 모두 각기 위안부가 40명 가량 있었다고 한다. 오오사까의 조사에서는 이와 비견할 만한 수치가 나오지 않았다.

또 쿄오또의 조사에서는 위안부들이 일하는 장소를 어떻게 불렀는가라는 질문도 있었다. 대개 '위안소'라고 대답한 응답자와 '삐집'이라고 대답한 사람의 수가 반반 정도였고, 'WC'라고 응답한 사람이 1명, '유곽'이라고 응답한 사람이 1명이었다. 또 2명은 '퐁퐁 하우스'라는 말을 썼다고 응답했는데, 이 용어는 후에 미군들이 일본을 점령한 당시 보편적으로 쓰이게 된 말이었다. 위안부들을 지칭할 때 '위안부'(일본말로는 이안후)라는 공식적인 명칭을 썼다고 응답한 사람은 1명에 불과했다. 이보다 더 흔한 명칭은 '삐'라는 말 앞에 국적을 붙이는 것이었다. 종종 국적은 속어의 형태로 사용되어, 중국인 위안부는 '찬삐', 한국인(조선인) 위안부는 '쫌삐'라고 불렀다. 이 '삐'(P)라는 속어는 창녀(prostitute)라는 영어의 머리

글자라는 설도 있으나, 이보다는 중국어의 속어로 질(膣)을 가리키는 '삐'에서 왔다는 설명이 더 그럴듯하다. 또한 '삐'나 위안부라는 용어가 군대 내에서만 통용되던 말이며, 위안부는 상황을 그럴듯하게 포장하려고 우회적으로 표현한 것이 아니라, 공식 용어였다는 사실을 지적할 필요가 있겠다.

위안부제도와 관련된 전체 여성의 수가 얼마나 되는지는 알 수 없지만, 군인과 위안부의 비율에 관한 여러가지 언급을 통해서 근사치를 추측해 볼 수는 있을 것이다. 그러나 이는 믿을 만한 것은 못된다. 왜냐하면 이 비율이라는 것이 때와 장소에 따라 달라지기 때문이다. 그럼에도 불구하고 대개는 토오꾜오의 전화조사에서 나온 자료에 언급된 지역에 주둔한 군대의 규모와 들어맞으며, 또 대상지역은 각기 다르지만 1937~45년에 매해 중국 지역에 주둔한 군대와 위안부의 비율에 대한 기록이 입수되었다. 4가지 사례에서 군인과 위안부의 비율은 50:1이었고, 다른 사례들에서는 그 비율이 35:1에서 100:1까지 다양했다. 전체적인 평균은 50:1이 조금 넘었다.

29:1의 비율이 자주 언급되기도 한다. 이것이 말하자면 '이상적'인 경우라고 할 수는 있겠지만, 실제로는 그렇지가 못했다. 일본의 전시(戰時) 자료에 의하면, 주로 중국에 주둔한 꽝뚱 군대와 위안부의 비율은 35:1 내지 45:1이었고, 핫라인에 의한 조사에서는 중국 지역에서의 이 비율이 35:1에서 100:1로 다양하게 나타난 것이다. 처음으로 발견된 일본측의 위안부관련 공식 문서에 따르면, 4만 명에서 5만 명 정도 규모인 제21군단에 1004명의 위안부가 있었다고 한다. 말하자면 40:1 내지 50:1의 비율을 나타내고 있다. 사실은 상식적으로 30:1의 비율이라 하더라도 도대체가 말도 안되는 것이다. 앞으로 서술하겠지만, 여성들은 강압적으로 하루에 30여 명의 남성들을 상대해야 했다고 한다. 이렇게 되면 30:1의 비율이란 군인들 각자가 매일 한 번씩 성행위를 했다는 것이고, 경우에 따라서는 두 번씩 하는 사람도 있었다는 이야기인데, 이럴 가능성은 거의 없고 또 기록된 바도 없다. 성충동이 그렇게 자주 일어나겠느냐

하는 문제는 차치하고라도 일본 군인들의 월급과 위안소 이용 요금을 비교해보면 그들이 그렇게 할 수 없었다는 사실은 분명하다.

그러므로 일단 50:1 정도의 비율이었다고 가정하면, 전쟁에 휩쓸렸던 지역에 걸쳐 배치된 700만여 명의 군인들에 대해 최소한 13만 9000명의 위안부가 있었다는 말이 된다. 전쟁중 위안부의 사망률을 6분의 1 정도 즉 2만 3000명으로 잡으면, 11만 6000명의 위안부들이 전쟁중의 그 시련을 겪고 살아남았다는 이야기이다. 여기에 다시 전쟁 이후 노령이나 질병으로 사망한 사람이 절반 가량 된다고 해도, 아직 5만 8000여 명의 위안부들이 살아 있다는 계산이 나온다. 그러나 놀랍게도 최근까지도 대중 앞에 모습을 드러낸 위안부들은 다섯 손가락으로 꼽을 수 있을 정도이다.

기만과 납치

위안부제도가 특히 혐오스러운 것은 단지 여성들이 일본 점령지역의 최전선까지 호송되어 군인들과 똑같은 위험을 감수해야 했다고 해서만은 아니다. 무엇보다도 끔찍한 일은 대부분의 경우 그 여성들이 속아서, 납치되어 혹은 강제로 끌려와서 성노예가 되었다는 사실이다.

일본에는 비록 전쟁 전부터 공창(公娼)제도가 있었지만 대부분의 위안부들은 그들의 의지와는 무관하게 무조건 끌려온 순진한 처녀들이었다. 어떤 일본 관리들은 애써 그들에게 일종의 '계약서'에 서명하도록 했지만, 이 계약이 무엇을 뜻하는지에 대한 전반적인 이해가 결여되어 있었으므로 결국 이 '동의'라는 것은 가짜일 수밖에 없었다. 문옥주의 경우는 기만적으로 유인된 경우에 속한다. 이 과정에는 한밑천 잡으려고 생각했거나, 아니면 일본 당국에 고용되어 여자들을 모집하는 일을 맡았던 사람들이 연루되어 있다. 여성에 대한 일본군측의 수요가 증가함에 따라 경찰이나 지방 관청을 통해 직접 위안부를 모집하는 일도 흔해졌다. 이러한 공식적인 모집은 전시산업에 노동력을 충당하기 위한 강제징용의 일부로서 진행되었으며, 이러한 사안은 위안부 모집을 은폐할 수 있는 편리한 기회가 되었다. 국가총동원법하에서 한국인 여성들은 실제로는 노예사냥꾼에게 끌려가듯 연행되는 한편, 전방에서는 마담 X 같은 현지 여성들이 강제로 끌려가서 성노예 생활을 하기도 했다.

전쟁이 끝난 후 위안부들의 운명은 각양각색이다. 마담 X와 문옥주는 자신의 경험을 극복하고 다소간 정상적인 생활을 재개한 극소수에 속한다. 대다수는 전쟁 후에도 일종의 변형된 위안체계 속에 그대로 남아서 유니폼만 다른 군인들을 더 많이 상대해야만 했다. 또다른 극단적 경우는, 많은 수의 위안부들이 전쟁이 끝날 때까지 살아남지 못하고 질병에 의해, 적군에 의해, 혹은 전투에 패한 일본군들이 종종 그러했듯이 집단자살의 와중에 일본군의 손에 죽음을 당했다. 또 몇몇은 일본군이 점령한 지역에 그대로 남아서 현지 남성과 결혼하여 현지인들 속으로 흡수되기도 했다.

오늘날 정신과 의사들과 심리학자들은 강간의 희생자들이 과거에 입은 정신적 상처 때문에 사회에 제대로 적응하지 못하는 경우가 많다고 말한다. 그러므로 위안부들이 아직도 정서적으로 불안정한 상태이며, 이러한 상황은 그 끔찍한 일을 경험한 후에도 수십년간 침묵을 지켜야 했던 사정으로 인해 더욱 악화된 것도 놀라운 일이 아니다. 어떤 희생자들은 그들의 엄청난 고립감, 사회로부터의 소외감이 오히려 애초에 겪은 그 시련보다 더 참기 힘들었다고 말한다. 수양딸의 집에서 살림을 돌보고 손자를 보아주고 있어 겉보기에는 전형적인 할머니처럼 보이는 마담 X도 사실은 성행위에 대한 두려움과 남성에 대한 증오를 극복할 수 없었고, 이러한 감정은 사위나 손자에게까지 영향을 끼치고 있었다. 다른 수많은 위안부들과 마찬가지로 그녀도 아이를 가질 수 없었으며, 성노예 생활을 하던 그 당시에 얻은 여러가지 신체적 장애로 고생하고 있었다.

징벌되지 않은 불의

나찌의 유태인 학살이나 일본의 전쟁포로 학대 같은, 2차 세계대전 시기의 다른 잔혹행위와는 달리, 일본군이 수천명의 여성을 지속적으로 강간한 것을 포함하는, 공식적으로 인가된 조직적인 위안부제도가 공공연히 드러나기까지는 거의 반세기가 흘러야 했다. 여성해방론자들은 몇몇 용감한 여성들이 나서서 증언하지 않았더라면 이 대규모의 강간이 도대체 잔혹행위라고 여겨지지도 않았을 것이라는 의혹을 품고 있다. 여성에 대한 착취는 전세계적으로 보편적인 현상이라고 할 수 있지만, 이 위안부제도와 관련된 두 나라, 일본과 한국에서는 특히 그러하다. 타일랜드나 필리핀 같은 곳에서는 세계 각국에서 온 남성들이 에이즈(AIDS)의 위험을 피하기 위해 이제 막 사춘기에 이를까말까 한 어린 소녀들을 선호한다는 이유로 점점 더 나이 어린 소녀들을 고용하는 매매춘이 횡행하고 있는 형편이다.

어쩌면 위안부 문제는 이전에는 다루어지기 힘든 것이었는지도 모른다. 아시아에서 여성 자신의 태도 변화, 그리고 여성에 대한 태도의 변화가 필수적인 전제이기 때문이다. 지금도 그렇지만 그 당시에는 강간이라는 것이 공소를 유지하기 어려운 죄목이었다. 정조에 엄청난 도덕적 가치를 두고 있는 상황에서 위안부들은 전쟁기간중의 경험으로 인해 타락한 것으로 비쳤을 것이며, 따라서 그들을 학대한 자들을 고발하기가 어려웠을 것이다. 그들은 침묵을 지키면 모든 것을 지킬 수 있지만, 고발을 하면 모든 것을 잃게 될 것이라고 생각했다. 가부장제의 관점에서 보면, 위안부들에게는 이러한 제도적인 학대가 아예 있지도 않았던 것처럼 하는 것이 오히려 친절한 것이라고 할 수 있을지도 모른다.

위안부제도에 협력한 현지 운영업자나 모집인들도 침묵을 지키게 만든 주요한 원인이었다. 그들 중 대다수는 전쟁이 끝난 후에도 비슷한 종류의 일에 종사했으며, 경제적인 이유로 그들로부터 끝내 벗어날 수 없는 위안부들을 그대로 고용하는 경우도 종종 있었다. 또한 1980년대 후반까지 줄곧 군출신 인사들이 통치하고 있던 한국 사회에서는 어떤 종류의 시위나 원외활동도 용납되지 않았다. 그러나 군부독재가 막을 내리고 민주적 발언에 대한 제한이 완화되면서 여성운동계의 목소리도 차차 높아졌다.

이들은 매춘관광이나 위안부의 고통 같은 문제들을 정치적으로 쟁점화하였던 것이다.

위안부에 관한 중요한 자료모음이라 할 수 있는『천황의 군대와 조선인 위안부(天皇の軍隊と朝鮮人慰安婦)』후기에서 김일면(金一勉)은 그가 단지 쎈세이션을 일으키기 위해서 자료들을 모은 것은 아니라고 밝히면서, 아직 완결되지 않은 사회진보의 과업에 조금이나마 기여하려는 마음에서 그렇게 했다고 말했다. 그러나 그 어떤 연구와 웅변과 전쟁회고도 여성 자신이 나서서 그들이 당한 착취에 대해 말할 준비가 되어 있지 않으면 아무런 소용이 없는 것이다. 1980년대 후반에서 90년대 초반에 걸쳐 여성운동가 및 다른 활동가들의 도움에 힘입어 과거의 위안부들이 하나 둘씩 나서서 그들이 당한 전쟁기간중의 잔혹행위를 고발하고 일본 정부측에 배상을 요구하기에 이르렀다. 이들이 일어나 외치면서 비로소 연구자들이나 활동가들은 이 문제를 정치적 쟁점으로 만들 수 있었던 것이다. 그들의 용기있는 행동은 1991년 토오꾜오 소송이나 1992년 서울에서 열린 군대위안부 문제에 관한 아시아 연대회의 같은 중대한 진전을 가능케 했다.

위안부들의 이야기는 비단 아직 처벌받지 않은 전시 잔혹행위에 관한 것에 그치는 것이 아니다. 위안부제도를 운영했던 이들이 어떻게 그들의 범죄를 거의 없었던 일처럼 은폐했는가와 연관된 쟁점들은, 섹스 써비스를 하게 해서 이득을 보고자 자행되는 여성에 대한——그리고 어린이에 대한——착취가 오늘날까지도 어떻게 계속되고 있는가를 더욱더 강조해서 보여주는 것이다.

1. 마르스와 비너스

전시(戰時)에 섹스 써비스를 목적으로 여성이 당하는 착취는 장구하고 불명예스러운 전쟁 역사의 일부이다. 일본군 이전에 다른 군대에서도 이와 유사한 제도는 이미 존재하고 있었다.

봉건체제의 일본은 공공연하게 매춘에 접근함으로써 쿄오또, 오오사까, 토오꾜오 등을 쾌락의 도시로 명성을 떨치게 만들어놓았으며, 18세기 중엽 에도(현 토오꾜오)의 '유끼요(浮世)'라 불린 환락가는 '밤이 없는 도시'로 널리 알려져 있었다. 화가와 작가들이 화려하게 채색한 호색 문학과 미술의 풍요로움은 '밤이 없는 도시'에서 일하는 여성들의 노예와 다를 바 없는 상황을 위장하는 데 한몫을 했다.

게이샤는 가무에 능한 고상한 접대부가 되기 위해 엄격한 훈련을 받는다는 점에서 일반 창녀들과 구별되었으며, 게이샤의 하룻저녁 접대에 섹스 제공이 포함되는 경우는 극히 드물었다. 뿐만 아니라 게이샤는 한번에 한 남자에게 예속되는 경향이 짙었다. 1872년, 일본은 이같은 예속제도를 금지하는 동시에 매춘을 자발적인 계약제도로 제한했다. 이 계약제도에 따라 여자들은 (대개의 경우 자기 집안을 위하여) 여러 해에 걸쳐 일을 해서 갚기로 하면서 그 대가에 해당하는 액수를 미리 대부받는다는 조건하에 공적으로 인가된 창가에 고용되었다. 계약은 비록 법적으로는 구속력이 없으나 실질적으로는 강력한 강제성이 내포되어 있어서 창녀 자신이 대부금의 '담보물'로 묘사되는 경우가 적지 않았다.

전전(戰前) 일본에서는 매춘이 정부 주관하에 조직된바, 창녀들은 면허증을 소지하고 정규적으로 건강검진을 받도록 되어 있었다. 19세기 말엽에서 20세기 초에 걸쳐, 후에 일본이 점령한 지역을 포함하여 아시아 여러 곳에서 '카라유끼'라는 일본의 유랑창녀가 등장했다. 그러므로 일본에서 섹스 써비스를 목적으로 한 여성수출은 새로운 아이디어가 아니었다.

일제가 조선을 강점하기 이전, 한국에서의 매춘은 대다수 전근대 사회에 공통되는 형태를 취해왔다. 즉 중국식 방법을 기반으로 한 상류층 접대부가 있고, 아니면 포주에게 입양되거나 포주와 결혼하는 좀더 서민적이고 유사가정적인 형식이 있었다.

한반도가 일본의 영향력하에 놓이게 된 1904년, 일본이 한국에 강요한 일본식 제도 중에는 서울에 '유끼요', 즉 홍등가를 세우는 것을 시작으로 매춘을 더욱 정비된 기반 위에 세우려는 시도도 포함되어 있었다. 1910년 한일합방이 이루어진 이후에는 공창제가 도입되었다. 헌병대라고 하는 일본인 군정관(軍政官)이 관리하는 이 새로운 제도는 그 특징에서 여실히 드러나듯이 일본식 제도였다. 여기에는 까다로운 등록과정과 건강검진 규정 및 감염 여부의 보고 등이 포함되어 있었다. 그러나 보건 조치로 취해진 면허제는 한국의 의료 수준이 일본보다 낮기 때문일지도 모르겠으나 일본에서만큼 실효를 거두지는 못했다. 1921년의 대대적인 검진 결과, 면허증 소지 여부를 막론하고 창녀들의 절반 이상이 성병에 감염되었다는 사실이 밝혀졌다.

일본에서 매춘이 갖고 있는 조직적이고도 공공연한 성격으로 미루어보아, 일본 군대 내에 조직화된 매춘이 존재했다는 것은 그럴 법한 일이다. 군대 내에서의 매춘 관례는 전세계에 걸쳐 행해졌던 것임에도 불구하고 그 문제를 짚어내 취급한 역사가는 거의 없었다. 메리언(Meirion)과 수지 해리스(S. Harries)는 일본군에 대한 기념비적 역사서라 할 수 있는 『태양제국의 병사들』(*Soldiers of the Sun*)에서 매춘 현상에 대해서는 특별한 주의를 기울일 만한 가치가 없다고 생각했는지, 간혹 대수롭지 않게 언급하고 있을 뿐이다. 연합군들도 전후에 군대위안부들의 본국 송환에 직접 연루된 바 있다. 일반적으로 동양식의 완곡한 표현으로 간주되었던 '위안부'라는 용어는 널리 알려져 있다. 그런데 이 위안부라는 말은 연대에 소속된 매춘굴이나 혹은 태곳적부터 군사기지가 있어온 곳에서는 어디에서나 볼 수 있는 '종군(從軍)'매춘부와 동일시하는 경향이 있었다.

전사(戰士)와 섹스

군신(軍神) 마르스와 미의 여신 비너스는 인류 전쟁 전반에 걸쳐 서로 손을 잡아왔다. 이러한 이미지가 전사(戰史)에 대한 종래의 영웅적 묘사와는 조화를 이루지 못할지 모르겠으나, 전투 체험이 있는 사람이나 오랜 기간 군대생활을 해온 사람에게는 쉽사리 이해될 것이다. 특히 현대의 조건하에서의 전투는, 어느 일본 군의관이 적절히 묘사한 '일시적 정신착란'을 일으키기 쉬운 모든 가능한 상황 중에서 심리적 압박감을 가장 많이 주는 환경으로 묘사되어왔다. 전투는 차치하고라도 군인 출신이라면 ——가장 혈기왕성한 시기에 갇혀 지내며 획일적으로 통제받는 상황에서 ——정상적인 사회적·감정적 배출구를 박탈당한 채 남자들만으로 구성된 공동체에서 강박관념에 사로잡히듯이 섹스에 집착한 사실을 누구나 기억할 것이다.

이러한 원시적인 성적 욕구를 충족시키기 위하여 어느정도 제도화된 방법들이 항상 존재해왔다. 오늘날의 군대에 비해 그 규모가 훨씬 작고, 전투 또한 좀더 여유있게 치를 수 있었던 과거의 군대들을 위해서도 '종군매춘부'는 존재했던 것이다.

도처에 군대가 배치되어 있던 로마제국에는 일본 군대와 아주 유사한 위안체제가 있었다. 노예제도를 기반으로 한 로마 사회는 소수의 특권층에게는 안락하고 즐거운 삶을 제공했으나 사회계층의 저변에 속한 사람들에게는 결코 그러지 못했다는 것은 말할 것도 없다. 로마 주둔군 전체와 출정 나간 군대에 소속될 군용 매춘굴에 필요한 여자포로들을 정규적으로 공급하는 것은 노예제도로 확실히 보장되었다. 이러한 로마제국 위안부들의 임무는 간호, 세탁, 요리 등 전통적인 여성의 허드렛일뿐만 아니라 하루 24시간 내내 섹스 써비스를 하는 것이었다. 섹스 노예가 자신의 처지를 개선할 수 있는 유일한 방법은, 그녀를 비천한 무리에서 뽑아내 독차지할 수 있을 만큼 권력이나 재산이 있는 남자의 눈에 드는 것뿐이었다.

다른 군대들의 경우도 마찬가지였다. 16세기, 스페인 알바 대공의 군대가 무적함대를 이끌고 네덜란드 토벌에 나섰을 당시, "400명의 창녀는 말을 타고, 800명은 걸어서" 군대를 뒤따랐다. 헨리크(Henriques)의 대작 『매춘과 사회』(*Prostitution and Society*)는, 독일의 군사학 책인 『전서(戰書)』(*Kriegsbuch*)의 1598년도판 본문을 인용하면서 종군매춘부의 기능을 더욱 상세하게 설명하고 있다. 이 책은 로마제국의 제도처럼, 일본 군대에서 발견된 종류의 조직을 예견하고 있다.

한 연대의 병사 수효가 막강할 때는 종군매춘부의 수효 또한 만만치 않다. 따라서 연대장은 전투와 공격에 공훈이 있는 자로서 유능하고 정직하며 지각 있는 자를 자기 휘하에 사무장교로 임명해야 한다. 종군매춘부의 수효가 상당할 경우, 사무장교는 또 자기 휘하에 전속 부관으로 중위와 소위를 둬야 한다. 일반 군대이든 종군매춘부들의 무리를 지칭하는 분산된 군대이든 질서를 유지하고 인도해야 하므로, 사무장교는 그러한 군대에 명령을 내리고 지휘하는 방법을 알고 있어야 한다. 따라서 그에게는 대위 대우의 봉급 및 전속 중위와 소위가 배속되어야 한다. …매춘부들을 관리하는 사무장교 밑에는 감독관이 있으며, 그의 임무는 평화와 질서를 확립하는 것이다. 평화를 유지할 수 있는 수단을 달리 찾을 수 없는 경우, 감독관은 한 자 정도 길이의 조정자를 사용하여 매춘부들을 체벌할 수 있는 권한을 그의 상관으로부터 부여받는다.

19세기에 접어들어 대량 징집으로 군대에 변화가 오면서, 이에 따른 질서유지, 성병통제 및 탈영방지 등 심각한 문제들이 발생했다. 군용 매춘의 규모와 성격도 달라졌다. 이와 관련하여 군당국은 정도는 다르지만 좀더 순응적인 군대의 유지와, 민간인들을 대상으로 한 강간발생 예방과 성병의 통제 등이 필요함을 인정하기에 이르렀다. 산업혁명 초기에는 경제적 궁핍과 사회적 혼란으로 인하여 군용 매춘에 필요한 여자들의 공급은 충분했다. 매춘조직의 규모와 개방 상태의 정도는 각 사회의 지배적인 도덕 관념에 따라서 각기 다르게 나타났다. 그러나 군대의 역사는 항상 군사학이나 국가의 위신과 연결되어 있으므로 군용 매춘에 대해서는 좀처럼 상세히 기록되지 않았다.

19세기 영국 군대에 대해서 헨리크는 다음과 같이 기술하고 있다.

영국 군인은, 유럽 대륙의 다른 나라와는 달리 자신의 성적 요구를 충족시킬 방법을 영국 내에서 조달받은 적이 결코 없다. 그러나 해외에서는 달랐다. 한때 광대하게 펼쳐져 있던 우리 대영제국에서 영국 군인이 복무하던 곳이라면 그 어디에서나, 공인된 자격으로든 비공인된 자격으로든 미의 여신인 비너스가 한결같이 군신인 마르스의 시중을 들어왔노라고 말하는 것이 사실일 것이다.

영국 군대를 위한 매춘의 실례는 1893년 인도군에 관한 '영국 하원 조사위원회'의 보고서를 통해 상세히 입증된다. 그 조사가 이루어지게 된 배경은 1866~86년에 제정된 '전염병관리법'(Contagious Diseases Act)에서 비롯되었다. 전염병관리법에 의하면 성병에 감염되어 있을 것으로 추정되는 여자들은 의무적으로 정기검진을 받도록 규정하고 있는데, 이는 영국군의 감염률이 비교적 통제가 잘되고 있는 프랑스군의 경우보다 세 배 이상 높다는 것이 판명됨으로써 채택된 법이다.

출판된 이 보고서는 인도에서의 영국 군대의 매춘관련 행위를 상세히 기술하고 있으며, 이는 로마제국의 제도처럼 후에 등장할 일본 군대의 많은 관행들을 예견해주는 것이었다.

인도 주둔 영국군은 숙영지라 지칭되는 독특한 거류지에 분리되어 분포되어 있었으며, 각 숙영지에는 주둔군 공동체에서 필요로 하는 모든 써비스를 제공해주는 인도인들의 '잡화시장'이 있었다. 이 잡화시장에는 여자들이 발코니에 서서 자신을 진열해 보이는 유곽도 포함되어 있었다. 이러한 여자들은 주로 하류계급인 창부-뚜쟁이계층에서 동원되었으며, 유곽에 거주하는 뚜쟁이가 창부들의 수입에서 자기 몫을 떼어내어 그들을 관리했다. 간혹 유럽 여자들을 포함하여 다른 계급 출신의 여자들도 눈에 띄었으며, 1회 방문 요금은 노동자의 일급(日給)보다 높았다. 이들의 최연소 연령은 14세이고 대부분은 17, 8세였다.

매춘부등록제는 1888년까지 유지되었다. 의무적인 건강검진제도가 있었고, 군대는 여자들에게 비누와 타월 구입 비용으로 한 달에 1루피씩 지불했다. 이러한 형식적 방안이 폐지된 이후에도 이 제도는 자발적인 차원에서 지속되어, 여자들이 숙영지를 전전하며 연대를 뒤따라다니는 일도 종종 있었다. 한 증인은 그 당시를 다음과 같이 진술하고 있다. "만일 우리들에게 여자가 전혀 없었더라면 병사들이 도처에 흩어져 무슨 범행을 저질렀을지 알 수 없는 일이다." 또다른 증인의 말에 의하면, "병사가 술에 취했을 경우에는 때로 여자를 구타하거나 혹 구타는 않더라도 심하게 다루었다. 그러나 여자들 자신은 거기에 대해서 단 한마디 불평도 하지 않았다"고 한다.

그리하여 조사위원회는 이 제도에 강제성이 내포되어 있다는 소문에 대하여 '일말의 근거'도 없다는 결론을 내렸다. 그러나 이 보고서가 발표되었을 때는 이미 그 제도를 유지한다는 것이 불가능해졌다. 그것은 인도 내 유럽과 유라시아 여자들의 수요 증가로 인하여 더욱 유동적인 제도로 대치되었기 때문이다.

양차 세계대전은 매춘을 위한 다양한 방안들을 제공했다. 제인 톨러턴(Jane Tolerton)이 집필한 뉴질랜드 여성해방의 선구자인 에티 루의 전기 『에티: 에티 루의 생애』(*Ettie: A Life of Ettie Rout*)는 제1차 세계대전 당시의 매춘 상황의 일면을 생생하게 묘사하고 있다. 에티 루는 이집트의

'병들고 부상당한 식민지 사람들'을 간호하는 일을 도우려고 자원자들로 구성된 여성단체를 결성했다. 현지에 도착한 그녀는 '상사들과 매독과 모래'의 결합에 아연실색했다. 뉴질랜드 사령관은 메치노프 연고를 지급하여 성병을 치료해보려 했으나 그의 부하들이 그것을 살충제, 특히 이를 없애는 약으로 현지 주민들에게 팔아먹었다. 에티 루는 영국의 매춘 실태가 훨씬 더 심각하다는 사실을 발견했다. 이에 대하여 그녀는 다음과 같이 표현했다. "병사들이 굳이 여자를 원한다면——분명히 원하겠지만——깨끗한 여자를 병사들에게 제공하시오." 자신의 동포인 영국인들이 그들의 단골 행각지인 빠리로 섹스관광을 가는 것을 막는 데 실패하자, 에티 루는 빠리에서 뉴질랜드인들을 전문으로 상대하는 믿을 만한 마담을 구하여 자기가 직접 고안해낸 예방책 일체를 사용하도록 조처했다. 그녀는 동시대 뉴질랜드인들 사이에서는 전설적인 인물이 되었으나 정작 자신의 모국인 영국의 공식적인 전쟁사에서는 언급조차 되지 않고 있으며, 산아제한에 대한 그녀의 저서들은 영국에서 출판금지되었다.

제2차 세계대전 당시 독일군의 매춘 시설에 관한 정보는 자이들러(Seidler)의 『매춘, 동성애, 자기파손: 1939~45년의 독일 공중위생 관리의 문제점』(*Prostitution, Homosexuality, Self-Mutilation: Problems of German Public Hygiene Control* 1939~45)에서 찾아볼 수 있다. 군용 매춘굴은 중앙사령부의 명령하에 주요 점령 지역에 보조시설 격으로 설립되었다. 각 지역 관할 사령관은 설비를 갖추는 작업과 감독 및 여자를 공급하는 일에 책임을 맡고 있었다. 이는, 제1차 세계대전 당시 독일군 내에서만 200만 건의 성병 감염 사례가 있었던 경험을 감안한 위생관리였다. 제2차 세계대전 동안 검역은 군의관의 감독하에 현지 의사들에 의하여 실시되었다. 서유럽에서는 기존 매춘굴들이 독일 군대용으로 계속 유지되었던 반면에, 동유럽에서는 간혹 여자들에게 강제노동과 매춘 중에서 하나를 선택하게 하기도 하였다.

규정은 까다로운 것이 그 특징이었다. 각 방마다 벽에 다음과 같은 세 가지 경고문이 붙어 있었다. "콘돔 사용——성병 위험!" "상대 여자의 등

록번호 암기 ! ” “성교 후 소독 ! ” 부카레스트에서 내려오는 일과명령서
에는 14시에서 23시까지를 영업시간으로 지시하고 있다. 또 소요를 통제
하기 위하여 위생병들과 헌병대가 13시에서 24시까지 근무했다. 대기실
이 수용할 수 있는 군인의 수효는 한번에 10명을 초과할 수 없었다. 대기
실 밖에 줄을 서는 것은 금지되어 있었으며, 사용중인 건물 앞에는 주차
도 허용되지 않았다.

연합군의 경우, 영국의 ‘연대 부속 매춘굴’과 프랑스의 ‘군대 전지 (戰
地) 매춘굴’에 관한 단편적인 언급은 간혹 찾아볼 수 있으나 체계적인 정
보는 전혀 구할 수 없다. 일반적으로 군대와 관련된 매춘이라는 소재에
관한 자료는 개인적 회고록이나, 노만 메일러 (Norman Mailer) 의 『나자
(裸者)와 사자 (死者)』(*The Naked and the Dead*) 같은 소설에서 허구로
처리된 내용이거나, 아니면 「차이나 비치」(China Beach)와 같은 TV 드
라마밖에 없는 실정이다. 중국에서 있었던 일로서, 미합중국 군대 소속
인 중·미 공군 지휘관이 쿤밍 (昆明)의 매춘굴로 인한 성병 감염률에 심
각한 우려를 보인 나머지 12명의 건강한 인도 매춘부들을 들여오기로 했
으나, 이 조처는 결국 그의 상관에 의하여 거부당했다. 미합중국 군대는
흔히 자신들의 기지에 인접해 있는 매춘굴에 특별 위생대책을 적용하기
는 했지만──그리고 이는 한국에서 특히 심했지만──그 이상 개입한
적은 없다.

일본측 논거

군대에서 미신은 보편적인 것이다. 일본인들에게는 섹스와 관련된 미
신이 있다. 그중에는 전투 전의 성교가 부상을 피하게 하는 효과가 있다
는 믿음도 포함된다. 위안부들의 음모 (陰毛)로 부적을 만드는 경우도 있
고, 그녀들의 개인 소유물도 부적의 대상이 될 수 있었다. 그들은 섹스를
하지 않으면 재난을 당하기 쉽다고 믿었다. 섹스는 전투에서 오는 심리적
압박감을 풀어주는 역할을 했으며, 특히 잔혹한 훈련을 감내해야 하는 일

본 군인들의 경우에는 더욱 그러했다. 김일면은 자신의 저서 『천황의 군대와 조선인 위안부』에서 일본의 군국주의와 제국주의를 통렬히 비판하고 있지만, 한편으로는 평범한 일본 사병이나 수병에 대한 사실적인 이해도 보여주고 있다.

> 항상 대포소리에 둘러싸인 채, 죽음의 악취를 풍기는 연기 속에서 언제 죽음을 당할지 모르는 최전선의 병사들에게…위안소 방문이 유일한 구원의 형태였다는 것은 말할 나위도 없다. 그것은 병사들이 '해방된' 상태에서 행할 수 있는 유일한 개인적 행동이었다. 그들의 삶이란 감옥이나 다름없었으며, 미친개 같은 하사관들에게 매일 고막이 터질 정도로 독단적이고 무차별한 기합을 받으며 살았다. 위안소는 그들에게 있어서 부대의 잔학성으로부터 일시적으로나마 '해방'되는 장소였다. 그것은 병사들의 '오아시스'였다.

어떤 자료들이 지적하는 바에 의하면, 일본인들에 의해, 특히 부대가 전방으로 떠나기 직전에 위안부들을 방문하는 행위는 의식화(儀式化)되었다고 한다. 성경험이 없는 남자는 죽기 전에 적어도 한번의 경험을 가져야 한다는 것이 그 이유였다. 이 즐거움으로부터 초연해 있는 남자는 괴팍한 인물로 소외됐으며, 이는 군사심리학에 있어서 심각한 문제가 아닐 수 없다. 기록으로 남아 있는 한 사례를 보면, 위안소를 한번도 방문한 적이 없는 어느 병사를 그의 동료들이 강제로 끌어다 들여놓은 후에 벽에 뚫린 구멍으로 그가 위안부에게 쫓기면서 방안에서 도망다니는 정경을 구경했다고 한다. 일본인들이 내세우는 이론적 근거는 육군성 『전시순보(戰時旬報)』에 다음과 같이 기술되어 있다.

> 주위 환경이 군대 전체의 심리와 그로 인한 군기 향상에 미치는 영향의 중요성은 새삼 강조할 필요도 없다. 따라서 적절한 생활조건과 위안시설에 심려를 기울여야 한다. 특히 위안소에서 얻는 심리적 효과는 가장 직접적이고도 심오한 것으로서, 위안소의 적절한 관리와 감독이 사기진작과 규율유지,

범죄 및 성병 예방에 지대한 영향을 미친다는 사실을 인식해야 한다.

일개 대대 병력 전체가 성병으로 무력해진 사례가 이미 알려진데다가, 일본군도 동일한 곤욕을 경험한 바 있던 터라 일본측은 이러한 위협을 심각하게 받아들였다. 1918년, 일본은 러시아혁명에 반대한 서구 열강들에 의해 시작된 시베리아 침공에 참여했다. 그때부터 1922년까지 7개 사단 중 1개 사단에 상당하는 병력이 성병에 걸려 완전히 무용지물이 되어버렸다. 이 실례는 일본인들이 군의 통제하에 위안소를 조직적으로 설립한 사실에 대한 정당화로서, 혹은 해명으로서 빈번히 인용되었다.

1937~39년에는 군인들의 건강 문제가 특별한 관심의 대상이었는데, 이는 일본 군대가 당시 중국을 군사적으로 제어할 목적으로 대공세작전을 펼치면서 최연장 해외 회전(會戰)을 지휘하고 있던 중이었기 때문이다. 당시 상해 기지 병원의 군의관이었던 아소 테쯔오의 보고서(鈴木裕子, 1991)는 건강한 위안부에 대한 최고 자료로, 이후 정책지침의 기초로서 도움이 되었을 것이다. 산부인과 전문의였던 아소 박사는 공창제에 반대했다. 1938년 초에 그는 장차 '레크리에이션 쎈터'에서 일하게 될 100여 명의 여자들을 검진하라는 지시를 받았다. 처음에 그는 그들이 군인휴게소에 소속된 여자들로서 부대에서 무슨 병에 감염된 것으로 의심을 받는 사람들일 것이라고 생각했다. 그러나 80명 가량의 젊은 한국 여자들과 좀더 나이가 많은 일본 여자 20명을 마주 대하자, 검진의 진짜 이유를 깨닫게 되었다. 아소 박사는 또 한 명의 군의관과 위생병 일곱 명, 간호부 두명의 도움을 받아가며 여자들을 집합시켜놓은 어느 버려진 학교건물에서 지시받은 대로 검진을 이행했다. 현존하는 그의 기록은 성병 예방에 관한 회의에 제출할 보고서로 그 다음해에 씌어진 것이다.

검진 대상자는 반도인(한국인을 지칭하는 용어로서 흔히 국적 언급을 피하기 위하여 사용되었다—인용자 주) 여자 80명과 내지(일본 본토—인용자 주) 출신의 여자 20여 명이었다. 사실 반도 출신 여자들 중에는 성병에 감염된 증상을 보이는 경우가 거의 없었으나, 내지 출신 여자들의 경우는 비록 현재로서는 뚜렷한 증세는 보이고 있지 않지만, 모두 지극히 의심스러운 상태이다. 연령은 전원이 20세 이상이고 이 중 몇은 이미 수년간 매춘업에 종사해온 여자들로서 나이는 40세에 가깝다. 반도 출신의 여자들은 전체적으로 나이도 어리고 경험이 없어 내지의 여자들과는 대조되는 만족스러운 결과를 보여준다. …나이든 편에 속하는 여자들에게는 주의를 기울일 필요가 있으며, 그리하여 본인은 이들에게 수차례에 걸쳐 매독검사를 실시했고, 서혜부(鼠蹊部)에서 서혜선종을 절단한 흉터로 미루어 성병의 전력이 명백하다는 사실을 발견했다. 이들은 황국군대에 바치는 선물로서는 실로 미심쩍다.

아소 박사가 검진한 이러한 여자들에 속하는 카라유끼들은 계속해서 위안부로 동원되었으므로 이들로 인한 성병 감염의 위험은 여전했다. 그러나 광대하게 팽창한 전쟁의 규모와 군인의 증가로 인하여 기존의 위안부들만으로는 불충분하다는 것이 곧 드러났다. 그럼에도 불구하고 매춘 전력이 없는 일본 여자들을 동원하려는 시도는 보이지 않았다. 남자들을 대신하여 농사나 공장 일을 할 인력이 필요하다는 이유도 있었지만, 또다른 이유는 병사들이 자신의 누이들이 강제로 매춘에 동원되었다는 사실을 알게 되면 군대의 사기가 떨어져 타격을 받을 것이기 때문이었다. 그렇게 되자 직업매춘부가 아닌 한국 여자들의 동원에 점점 더 역점을 두게 되었다. 수단과 방법을 가리지 않고.

매춘 상황: 일본의 영토확장정책과 군국주의의 성장

일본 전역에 걸쳐 한국 여자들을 위안부로 동원한 조직적인 수탈은 '15년전쟁' 동안 한층 통제 불가능하게 된 일본의 영토확장정책 제2단계의 부산물이었다. '15년전쟁'은 일본에서 1931년부터 1945년 사이에 발발한 사건들을 총칭하기 위해 사용된 용어였다. 이는 김일면이 지칭한 "20세기 초 해방의 물결에의 역류" 속에서 민주주의의 시작이 초국수주의자들과 군대에 의해 분쇄됨으로써 가능해졌던 것이다.

1920년대에는 총리대신이 국민에 의해 선출된 중의원의 다수당을 휘하에 둔다는 관례가 정립되었다. 당시의 헌법하에서는 천황이 신하들 중에서 한 사람을 총리대신으로 지명할 권한을 지니고 있었으나, 자신의 '초월적인' 신분으로 인하여 천황은 국사의 진행과정에서 한걸음 물러난 위치에 있을 수밖에 없었다. 그는 어떠한 상황에서도 효율적으로 활동할 수 있는 정치적 수완을 지닌 인물을 총리대신으로 지명하는 데 고참 정치가들의 조언에 의존해야만 했다.

1920년대 말에 이르자, 진보적인 양대 정당은 재벌들의 재정적 지원과 전국적인 유권자들의 후원에 힘입어 정치과정의 주요 초점이 되었다. 한동안 정권은 이 두 정당 사이에서 교체되었다. 이러한 체제는 국제연맹에서의 공존과 그에 따른 잠재군사력 감축을 기본으로 한 대외정책뿐만 아니라, 노동조합과 폭넓은 표현의 자유 승인안 같은 결과를 가져왔다. 군축과 태평양지역 현상유지에 관한 '워싱턴 조약'이 채택되었다. 이는 그 당시 주역이었던 외무장관의 이름을 따서 '시데하라(幣原) 외교정책'으로 알려졌으며, 시데하라는 태평양전쟁 이후에 총리대신으로 재등장했다.

19세기 말, 일본의 (히로히또 천황의 조부인 메이지 천황의 이름을 따서 '메이지 유신'으로 알려진) 산업 및 군사력 증강은 1858년의 열강 5개국의 '불평등' 조약을 철폐하자는 운동에 자극을 받음으로써 시작되었다. 이같은 조약은 중국에 강요된 유형을 따른 것이다. 그러나 일본은 근대화를 추진하여 성공한 반면에, 중국은 인구가 자국의 10분의 1에 지나지 않는 일본의 야욕의 희생물이 되어 거의 반식민지 처지로까지 전락하고 있었다.

일본의 영토확장주의가 19세기에서 20세기 초에 나타난 서구 열강들의 제국주의 현상의 일부였다면, 아시아권의 유일한 열강으로서의 일본은 서구 열강들의 일치된 반대에 직면하여 더이상 자신의 야심을 추구할 수 없었을 것이다. 강대국들이 일본을 자신들과 동격자로서의 정당한 위치를 인정하지 않은 것은 1920년대의 인종차별 차원에서 조명될 수 있으며, 이같은 처사는 일본인들의 분개심을 야기하고 일본 내에서 불안감을 조장하여 결과적으로 일본 군대 내의 과격파들로 하여금 더욱 거대한 침략을 추진하게끔 부추긴 셈이 되었다.

금세기에 접어들면서 일본의 영토확장정책의 초기 단계는 미크로네시아의 국제연맹 위임통치령뿐만 아니라 타이완(구 포모사), 한국(구 조선) 및 사할린(구 카루후또) 남쪽 영토까지 획득하기에 이르렀다. 이같은 성공은 일본과 동맹관계인 유일한 서구 식민주의 열강이었던 영국의 지원에 다소 힘입은 바 있다. 1902년에 조약이 체결되면서 영국과 일본 두 나라는 제정러시아의 동아시아에서의 세력 확장이라는 위협에 대항하여 함께 단결했다. 크리미아 반도에서뿐만 아니라 인도로의 접근작전에서도 러시아와 부딪쳤던 영국은 러시아가 만주 연해(沿海) 지방을 손에 넣자 경악했다. 러시아는 일본인들이 '일본의 심장을 향한 비수'로 간주하는 한국 부동항의 이권까지 획득했다. 이리하여 1904년의 러·일전쟁의 무대가 마련되었다.

러·일전쟁은 아시아 열강이 서구 열강을 상대로 한 최초의 전쟁이었다. 이 전쟁의 결과는 일본이 만주를 전략적인 거점으로 이용했다는 사실에서 좌우되었다. 후에 중국을 위협할 때도 일본은 만주에서 출발했던 것이다. 일본은 서구 열강들이 즐겼던 것과 유사한 식민지식 조약우선권을 중국, 특히 만주에서 얻어냈다. 일본과 영국의 동맹관계는 영국이 일본에게 미크로네시아 위임통치권을 양보하면서 제1차 세계대전 내내 지속되었다.

1904년 러·일전쟁 발발시 일본군은 이미 한국을 확보해놓은 상태였다. 일단 중국과 러시아의 영향력이 한반도로부터 물러나자, 한국인들은 이에 뒤따른 일본의 인계에 대항할 단결력있는 거국적 항쟁을 전개하지 못했다. 처음에 일본의 인계는 보호국의 위치로 전환하는 형태를 취했으나, 나중에는 합병 형태가 되었다. 한국 왕실은 일본 귀족계급과의 결혼으로 인척관계를 맺게 되었다. 중국의 관원체제를 원형으로 형성된 한국의 지배층인 '양반'계급은 (중국에서와 마찬가지로) 한국을 근대국가로 재조직할 능력이 없다는 것이 판명되었다.

일본은——아시아의 두 고대 문명국가인 인도와 중국과는 대조를 보이며——서구 경쟁자들과의 대적에서 눈부신 승리를 경험하자, 즉시 다른 아시아 국가들에 대해 뿌리깊은 경멸감을 갖게 되었다. 이는 불교와 고전 학문의 근원지로서의 인도와 중국에 대한 전통적인 숭배에 대한 반감이 작용하여 한층 더 강화되었다. 그러나 여전히 전통에 애착을 가지고 있던 일부 분자들은 아시아 해방을 위한 투쟁을 선도함으로써 일본의 고대문화적 빚을 청산한다는 범아시아주의를 발전시켰다. 20세기 초에 범아시아주의자들은 한동안 중국, 인도, 필리핀 및 그밖의 지역 출신 혁명주의자들에게 구체적인 원조나 피난처를 제공하였다. 그러나 온정과 보호를 베푸는 태도가 득세하게 되어, 결국 그들의 계획은 지배권에 의해 태평양전쟁의 공언된 목표인 '대동아공영권(大東亞共榮圈)'이라는 주제로 왜곡되었다.

어쨌든 일본의 주도세력은 항상 범아시아주의 정신을 거부하고 '제국주의자 클럽'에의 참여를 선호해왔다. 이러한 견지의 대표적인 진술은 케이오(慶応) 대학의 설립자이자 전전(戰前) 양대 다수당 중 한 당의 공동 창설자이며 근대화의 저명한 이론가인 후꾸자와 유끼찌(福沢諭吉)가 1885년에 쓴 「아시아를 포기하고 유럽의 일원이 되자(アジアお捨てて, ヨーロッパの一員になる)」라는 글에서 찾아볼 수 있다. 범아시아주의를 논박하고자 씌어진 이 글(竹內好, 1963)은 다른 여러 논의에서뿐만 아니라 위안부 문제와 관련된 상황에서도 지금까지 인용되고 있다.

우리나라가 비록 아시아의 동단(東端)에 위치해 있기는 하지만, 우리 민족의 기상은 이미 아시아의 편협한 방식을 버리고 서구의 문명을 포용해왔다. 우리에게는 중국과 한국이라는 두 불행한 이웃나라가 있다. 비록 예전에는 그들의 민족이 일본과 더불어 아시아 양식의 원리와 관습 속에서 유사한 성장과정을 공유했으나 이제는 종족의 차이 때문인지 아니면 물려받은 교육

양식의 차이 때문인지…이들 민족은 국가 개혁의 길을 이해하지 못하고 있다. …현 정책을 구성하는 마당에서, 우리는 이들이 우리와 더불어 아시아를 소생시킬 수 있도록 각성하기를 기다릴 여유가 없다. …이들이 우리의 이웃이라는 이유만으로 특별히 고려하여 취급할 수는 없으며, 우리는 서양인들이 이들을 취급하는 것과 동일하게 이들을 취급해야 한다.

한국인들 사이에서는 자신들이 일본 식민지 신민으로 취급당하는 것에 대한 저항운동이 일어났다. 1919년, 독립을 외치는 전국적인 시위는 비록 실패에 그쳤으나 국민봉기에 달하는 규모였다. 당시 한국은 총독 테라우찌 마사따께(寺內正毅) 장군 휘하의 헌병대가 무자비하게 통치하는 군사정권하에 놓여 있었다. 1920년대, 한국은 일본 해군 출신 온건파 사이또 마꼬또(齋藤実) 제독의 통솔로 다소 덜 독단적인 민정하에 어느정도 일본의 자유주의적 경향의 덕을 보았으나, 사이또 마꼬또 제독은 그후 일본의 과격파들에 의해 암살되었다.

그러나 한국과 일본의 발전은 1930년대의 '불황'이 초래한 국내적·국제적 위기의 결합으로 인하여 파멸되었다. 일본은 당면한 경제위기로 인하여 군인들이 제시한 해결책을 상당히 유혹적인 제안으로 받아들였다. 1931년의 만주 점령과 '만주국'이라는 괴뢰정부의 설립은 전적으로 중국 꽝뚱성에 주둔하고 있던 일본군 소속 젊은 건달패들의 주도하에 이루어진 것으로서, 이는 당시의 자유주의적 일본 정부로부터의 위임이라든가 심지어 육군성으로부터의 권한 부여조차 없이 행해진 일이었다. 이같은 군사행동은 일본의 조약상의 권리를 보호하기 위해 취해진 비상수단으로 묘사되었지만 실제로는 만주의 풍부한 자원을 확보하고, 불황에 빠져 있는 일본 경제를 자극하며, 중국으로의 세력 확장을 위한 확고한 기지를 개발하고자 계획된 행동이었다.

일반 대중들의 열광의 물결과 쿠데타나 다름없는 이 군사행동의 뒤를 이은 우익의 모의는 일본 당국으로 하여금 만주국을 승인하도록 종용했다. 만주국이 승인되자 그 즉시 중국 북동지역으로 향하는 일본 관리들과 한밑천 벌어보려는 민간인들이 쇄도하였다. 이 대열에는 돈벌이에 좋은 곳이라면 어디에라도 찾아가는 소규모 투기꾼들뿐만 아니라, 기존 재벌을 제쳐놓고 군에서 특별히 편익을 보아주던 신진 실업가들도 포함되어 있었다. 한 헌병대 장교는 후에 다음과 같이 회고하고 있다.

이들 대부분은 고국에서 이미 파산하여 평판이 좋지 못한 자들로서, 이들은 뇌물수수를 통해 부패한 육군 장교나 헌병대 장교들의 비위를 맞추어 호감을 샀다. 이러한 상인들 속에는 한국인도 일부 포함되어 있었다.

매춘은 이 물결에 불가피하게 뒤따랐다. 만주국 당국은 보건 조치로서 면허제도를 계속 유지했다. 만주에는 중국계와 백러시아계 여자들이 많이 있었으며, 흔히 자발적으로 일본에서 오는 여자들로 보충되기도 했다. 이 여자들에게는 일본에서의 답답하고 억눌린 생활로부터 벗어날 수 있는 반가운 '해방'으로 보이는 삶의 약속이 만주에 있었던 것이다. 실제로, 만주에서는 영업이 어찌나 잘되었던지 수년이 걸려야 완전히 청산할 부채를 6개월 만에 갚아버릴 수 있었으며, 그러한 직종에 종사하는 여자들은 자기 소유의 매춘굴을 개업할 수도 있었다. 그러자 만주로 떠나는 허가를 얻기 위해 심지어는 추첨제가 필요할 정도가 되었다. 여기에는 또한 심리적인 보너스도 있었다. 평소에는 경멸의 대상이던 여자들이 이제는 전쟁터로 떠나는 용기에 찬사를 받게 됨으로써 스스로를 애국자로 생각할 수 있었던 것이다.

상당수의 한국 여자들도 그러한 봉사에 참여하도록 회유되었다. 서구 열강들의 식민지에서도 그러했듯이 많은 한국인, 특히 상류층 한국인들은 일본에 동조함으로써 얻어지는 기회들을 이용했다. 이들은 군대나 경찰 혹은 민정이나 '일본의 후원을 받는 여성단체연합회'와 같은 반(半)관 공단체에서 봉사했다. 이같은 조직들의 대다수는 비록 나중에는 '일제의 잔재'로 비난을 받았으나, 전후 남한에서는 한동안 영향력있는 세력으로 지속되었다. 당시에는 '공산당의 위협'에 대항할 만한 조직적으로 훈련된 결속력있는 단체가 달리 존재하지도 않았기 때문이다. 위안부 매매에 한국인들이 연루된 사실은 태평양전쟁 이후 한국이 그러한 범죄자들을 처벌하지 못한 이유로 가끔 인용되었다.

한편 일본에서는 만주 진출의 성공이 우익 급진주의와 영토확장정책을 부추기고 있었다. 양당의 유능한 지도자들은 암살됐으며, 혼란상태에 남겨진 추종자들은 군인들이 지배층으로 복귀하는 데 항거할 능력이 없었다. 우익의 테러행위가 극적인 규모로 발생했으며 군부 내에서는 주전파의 세력이 강화되었다. 그러나 정당들은 내각에서의 대신직 안배율을 계속 유지했다. 1937년, 전전의 마지막 선거에서 양 정당은 여전히 극우파이자 친군부파들을 능가하는 막강한 지지율을 얻었으며, 또한 유럽 추축국(樞軸國)의 상황과는 달리 일반 대중이 군부를 신임하는 상황도 전혀 아니었다.

그러나 1936년, 군부 내 불만세력의 쿠데타 기도에 뒤따른 혼란 속에서 군부는 예전의 특권을 회복하고, 각료들을 모두 현역 군인 중에서 지명추천하였다. 이어 군부는 내각조직에 대한 거부권 행사로서 이 특권을 가차없이 계속 사용했다. 마침내 군부는 점점 더 가중되는 국제적 갈등을 이용하는 한편 관료 및 재·정계의 협력망을 발달시킴으로써 정치과정 전반을 지배하기에 이르렀다. 이들의 형식적인 법적 근거는 중국에서의 전쟁 연장 가능성이 인정되어 1938년에 통과된 '국가총동원법'의 확대해석에서 추론되었다.

가장 기초적인 차원에서의 군통치는 일본의 이른바 '도나리구미(隣組)'와 한국의 '애국반'이라는 지방조직망을 통하여 시행되었다. '사상경찰'의 역할을 수행하는 특별고등경찰과 헌병대는 표현의 수단과 행동에 엄격한 검열을 실시했다. 또한 언론과 교육제도를 통한 사상주입에 주력을 다해 사회통제에 관한 문제점을 제기할 만한 독자성이 강한 소수 인물들을 쉽사리 제어할 수 있었다.

국가가족의 우두머리이자 절대권위의 원천으로서의 신성한 천황에 대한 절대적인 숭배를 중심으로 한 사상조작은 모든 형태의 사회조직으로

투과되었다. 신또오(神道, 일본의 전통신앙—역주)에서 천황 신성(神性)의 의미는 인격신이나 초월적 신이라기보다는 물활론적(物活論的)이고 내재적인 신성으로서, 서구적 개념과는 다른 의미를 내포하고 있다. 그러므로 천황은 절대 무류(無謬)로 인식되지 않았다. 오히려 천황 신성의 개념은 그에 대한 충성스러운 봉사만이 성공을 보장한다는 의미를 내포하고 있었다. 오늘날까지도 전쟁기간 동안 히로히또 천황이 실제로 행한 개인적 역할은 논란의 여지로 남아 있다. 한편으로는, 천황이나 혹은 다른 어떤 단독 권위자가 정부기관 내의 파벌다툼뿐만 아니라 육군과 해군 사이의 파벌 및 그 각각의 내부 파벌다툼에 대해서 결정적인 통제력을 구사하지 못했다는 사실은 명백해 보인다. 그러나 다른 한편으로는, 천황이 정치적·군사적 책동에 연루되지 않은 것은 결코 아니었다. 천황은 전쟁기간 내내 대부분의 공식적인 수뇌부 황국회의를 주재하면서 말없는 인물로 일관했지만, 예비토의나 책략에는 지대한 기여를 했던 것이다.

책임의 정확한 소재를 결정한다는 것은 일본의 대규모 조직들에게 공통적으로 해당하는 문제이다. 천황의 존재는, 사회주의자나 여성해방론자를 막론하고 일본의 급진파들뿐만 아니라, 한국인들에 의하여 적개심의 실체 대상으로 강력하게 강조되어왔다는 사실을 주목해야 한다.

천황의 신성을 강조하는 데에는 그럴 만한 심리적 이유가 있었다. 다른 아시아 민족들에 대한 일본의 경멸은 최근 일본이 이룩한 업적과의 대조에 근거한 것으로서, 이는 모든 일본인들은 천황의 신성함을 공유한다는 의미가 함축된 천황숭배에 의하여 더욱 심오해졌다. 다른 모든 아시아인들은 여기에서 제외되었다.

특히 한국인들은 애매한 위치에 놓여 있었다. 일본은 한국인들의 충성을 확보하기 위하여 그들을 공식적으로 '천황의 자녀들'에 포함시켜놓았던 것이다. 그러면서도 한국인들은 일본에서 영구적으로 살지 않는 한, 옛 일본 헌법하에서는 가능했던 (중의원 선거권과 같은) 최소한의 시민권조차 박탈당한 상태였다.

일본의 식민지적 정체성 안에서 아시아 민족들을 합병하는 것을 목적으로 하는 '동화정책'은 1930년대의 위기상황이 심화됨에 따라 한국과 타이완에서 더욱 강화되었다. 한국의 경우에는 그 장구한 문화적·역사적 정체성으로 인하여 더욱 커다란 문제가 제기되었다. 타이완은 근세기에 남부지역 중국인들이 정착한 변방지역으로서, 중국계가 아닌 토착민 인구가 상당수에 달하는 섬나라였다. 양 국가에서 모두 그때까지는 국민 전반에 걸쳐 거의 보급되지 않았던 교육이 일본어를 기초로 하여 이루어졌으며, 각각의 모국어는 극히 제한된 범위 내에서만 허용되었다.

1941년 한국 주재 일본인 행정관들은, 오늘날까지도 한국인들이 분개해 마지않는, 한국인들에게 일본식 이름을 채택하도록 종용하는 운동을 벌이기 시작했다. 이에 대해 일본측이 개진한 그럴듯한 이유는 기존의 성(姓)의 수효, 즉 중국식에 기초한 일족명(一族名)의 수효가 적다는 것이었다. 이는 소집단이 지역별로 분리되어 경주 이씨나 진해 김씨(김해 김씨를 잘못 안 것 같음—역주) 등으로 구별되어야 한다는 것을 의미했다. 그러나 궁극적인 목적은 동화(同化)였으며, 이로 인하여 한국에는 (역사적으로는 사실에 가까우나 실제로는 두 나라 어느 측도 달가워하지 않는) '일선동조(日鮮同祖)' '내선일체(內鮮一體)' '일시동인(一視同仁)' 등의 네 글자 표어가 넘쳐흘렀다.

타이완에서는 일본식 이름의 채택이 완전히 자발적이었으며, 심지어는 허가를 요청하기까지 했다. 군복무는 한국에서와 마찬가지로 처음에는 자원에 의한 것이었으나, 1937년에 하역업무를 시초로 해서 1942년부터 준(準)군사 복무로 확대되었다. 동화주의 운동은 지극히 성공적이어서 타이완 위안부들에 관한 어느 자료에 의하면, 군에 입대한 많은 타이완인들은 자신이 일본인이 아니라 중화민족이라는 사실을 중국 본토에 도착해서야 비로소 깨달았다고 한다. 유사한 서체와 신체적 특징, 한정된 교육과 다양한 중국 방언들로 인하여 그러한 혼란이 가능했던 것이다.

교육제도의 불가결한 구성요소인 일본 국교(國敎)인 '신또오' 또한 각 지역의 신사(神社) 조직망을 통해 널리 장려되었다. 일본 내에서와 마찬가지로 신또오는 다른 신앙의 신봉을 배제하지 않았으며, 일본의 신조에

저촉되지 않는 한 타종교들도 허용했을 뿐만 아니라 더러는 후원하기까지 했다. 기독교와 신또오의 상반 요소가 제기되자 기독교는 얼마간 괴로움을 겪었으나, 전체적으로 두 종교의 기능에 차이가 있다는 점이 인정되었다. 한국에서는 1937년 중국에서의 전쟁 발발시 '황국신민의 사서(皇國臣民の詞誓)'라고 알려진 3개항 서약을 낭송하는 공식적 의식이 행해져 신또오가 더욱 강화되었다.

   1. 우리는 황국신민이며 충성으로써 군국(君國)에 보답한다.
   2. 우리 황국신민은 서로 신애협력(信愛協力)하여 단결을 굳건히한다.
   3. 우리 황국신민은 인고단련(忍苦鍛鍊), 힘을 길러 황도(皇道)를 선양(宣揚)한다.

전전과 점령시의 일본 군대

메이지 유신 기간에 조직된 일본 군대는 1930년대에 이르러서 전국적으로 모든 계층에서 끌어모은 병사들로 국가군이 되었다. 이는 엄격한 세습적 계급서열을 기반으로 조직된 일본 사회의 다른 영역과 다른 점이었다. 군대는 주로 농민들로 구성되었으며, 농민들에게 군대는 그 혹독한 훈련에도 불구하고 엄격히 계층화된 평민생활과 생존을 위한 투쟁으로부터의 한 단계 신분상승을 의미했다.

해군은 육군보다 교육 수준이 높은 병사들로 구성되는 경향이 있었으며, 해군 장교들은 사회의 상층계급 출신으로서 '사무라이' 계급에 가까웠다. 후에 악명을 떨친 일본군의 잔학상은 육군의 소행으로서 우익 과격파들의 역할이 컸으며, 해군은 온건파가 더 강력한 경향이 있었다. 그러나 군대 내의 좌익과 우익 모두에서 천황숭배에 대한 극단적인 권위가 최악의 형태로 표출되었다. 헌법하에서 천황은 군대의 최고사령관이었으며, 민간정부의 권위를 무시하는 군대와 직접적이고도 긴밀한 관계를 지니고 있는 것으로 취급되었다. 국가의 다른 어느 기관보다도 특히 군대는 천황의 '자녀'로 혹은 '수족'으로 묘사되었다. 위안부들조차도 이러한 배경에 심리적으로 영향을 받았음이 분명했다. 김일면이 종합한 자료에 의하면, 위안부들은 군인들의 난폭한 행동에 대처할 때 자신들 역시 '똑같은 천황의 자녀들'이라고 호소하는 것이 일반적으로 효과가 있다는 것을 깨달았다.

메이지 천황이 선포한 「군대에 보낸 천황 칙령(皇軍に与えた天皇の詔勅)」에는 군 이데올로기의 전형적 성명이 담겨 있다. 군인들은 "상관의 명령을 곧 짐의 명령으로 간주하라"는 지시를 받았으며, 그리하여 소위 말하는 '황군병사의 미의식(皇軍兵士の美意識)'에 따르면 모든 차원에서 상관의 명령에는 신성이 보유되어 있었던 것이다. 전사들은 도덕이나 이성에 대한 그 어떤 고려도 없이 승리나 죽음을 향해 돌진했다. 여기서 주시할 점은 위안부들에 관한 지시사항이 흔히 사용되는 공식 용어인 '명령'으로 묘사되고 있지 않다는 사실인데, 이는 앞서 보았듯이 명령이란 천황의 뜻과 동일시되어야만 한다는 관례 때문이었으며, 위안부 문제처럼 품위없는 주제를 명령 차원에서 취급하는 것이 부적당하게 여겨졌다는 것을 의미한다. 그리하여 위안부와 관련된 사항에서는 엄격히 '통고'라는 의미를 지닌 다른 용어가 흔히 발견된다. 이 용어는 또한 천황이 자신의 병사들의 죽음을 명한다고 해석되지 않도록 하기 위해서, 철수 불가능한 부상병의 안락사 같은 애매한 문제들을 취급할 경우에도 적용되었다.

군 이데올로기는 더 나아가 파벌간의 불화나 상관에 의한 하위계급들의 임의적 억압이 불필요한 유기적 화합을 기도했다. 그러나 이같은 이상은 매일매일의 현실은 결코 아니었다. 육군과 해군은 서로 화합되지 않았으며, 각각의 내부에서도 파벌다툼이 심각했다. 이같은 상황은 좀더 호전적인 인물들이 독자적으로 행동하게끔 만들었으며, 결과적으로 이들은 도저히 승리할 수 없는 비참한 전쟁으로 일본을 몰아갔다. 계급에 따른 특권과 지위는 철저하게 유지되었을 뿐만 아니라, 더 나아가 파벌 사이에서도 출신지, 복무기간에 준한 선임 구별, 직업군인과 징병군인의 구분 등으로 더욱 세분화되었다.

군대훈련은 즉각적인 복종을 확보하도록 고안되었다. 병사 각자가 자기 동료들의 행동에 연대책임을 지는 잔혹하고 엄격한 체제였다. 징벌에 요구되는 이성적 조건들은 완전히 무시된 채 시종일관 우세한 권위만을 강력히 내세우며, 정당한 법의 절차 없이 스파이크가 달린 혁대나 군화로 병사들을 마구잡이로 구타했다. 때로는 부하 두 명을 짝지어서 서로 상대방을 구타하도록 명령을 내리기도 했는데, 그들이 각자 주먹의 힘을 빼려고 제아무리 애를 쓴다 하여도 자신들이 처한 환경 속에 내재한 끊임없는 긴장은 점점 더 적개심만 키워나가 더욱더 심각한 상황으로 전개되었다. 그와같은 처벌을 가하는 데 필요한 구실은 얼마든지 찾을 수 있었는데, '천황께서 병사에게 위탁하신' 것으로 묘사되는 소총의 상태가 불량하다는 것도 그 일례가 되었다. 심지어는 군대용어와 일치하지 않는 언어를 사용했다든가, 게릴라 잠복지역의 수색과 토벌 작전에서 '지나치게 비위가 약하다'든가 하는 따위도 처벌의 구실이 되었다. 그러나 이보다도 더욱 참기 어려운 것은 굴욕감을 주고자 고안된 벌로서, '골짜기 새'의 울음소리를 흉내내면서 침대 사이를 기어다니도록 한다든가, 나무기둥을 타고 올라가 매미 흉내를 내도록 한다든가, 혹은 기둥에 길고 큰 못을 박아놓고 그것을 붙들고 제자리에서 뛰도록 하는 것 등이 있었다.

이런 종류의 관행은 자연히 극단적으로 부하를 못살게 구는 서열체계를 낳았으며, 어느 일본인 비평가는 이를 '억압 이양(移讓)'이라고 불렀다. 이러한 일은 비단 군대에만 국한된 것이 아니라, 다소나마 이와 비슷한 상황에 처한 사람에게는 누구에게나 일어났다. 따라서 점령된 나라의 국민들이나 전쟁포로들은 이 해악에 노출될 수밖에 없었다. 물론 위안부들도 마찬가지였다――그들의 섹스 써비스가 흔히 충분한 감정적 배출구를 제공하는 것으로 기대되는 상황이었음에도 불구하고.

한 군의관은 난징(南京)에서 대량 강간·방화·약탈·학살 등이 무차별하게 자행된, 믿어지지 않는 규모의 만행들로 이루어진 1937년의 '난징학살사건'의 원인과 구제책에 대한 보고서를 요구받아 명석한 관찰보고를 제출한 바 있다. 그는 '전쟁터 노이로제'란 전투시의 심리적 중압감에 의해서뿐만 아니라 전투 후의 갑작스런 긴장완화에 의해서도 야기될 수 있다는 사실을 지적했다(西野留美子, 1992). 그는 병사들의 심리적 압박감에 대한 치료책으로서 술과 위안부의 공급만으로는 부족하다는 점을 강조했으며, 술의 제한과 더불어 운동이나 영화 같은 좀더 건전한 오락의 공급을 권장했다. 그는 또한 바람직하지 않은 요소들을 억제하고 전투에서 벗어나 휴식을 좀더 자주 취할 것을 권유했다.

그리하여 일본 당국은 실제로 주둔지역에 그러한 부속시설들을 개발해 놓았다. 그러나 대부분의 경우, 병참업무상의 문제로 인하여 전투나 일반 군대생활에서 오는 긴장을 완화시키는 기본 방책으로서는 위안부들에게 의존하는 방식이 널리 지속되었다.

2. 인육시장

　　일본군의 직접적인 통치하에 존재한 최초의 종군위안소는 일본군과 중국군 사이의 격렬한 충돌이 있은 후 1932년 상하이에 세워졌다. 상하이 종군에 연루된 사령관 중 한 사람인 오까무라 야스지(岡村寧次) 육군 중장은 1970년에 발표한 회고록에서(鈴木裕子, 1992) 자신이 일본군을 위한 종군위안소 설립을 제안한 장본인이었음을 '수치심을 느끼지만' 고백했다. 일본군에 의한 223건의 강간사건이 보고되자, 오까무라 사령관은 '현지 해군 관행에 따라' 해결책을 모색한 후 나가사끼 현 지사에게 위안부 파견대를 상하이로 보내달라고 요청했다. 그 뒤 강간 보고는 현저하게 감소되었고, 이는 차후 군매춘의 확장에 정당성을 부여해주었다.
　　이들 위안부는 한국 여성들로 구성되어 있었으나, 한반도에서 온 한국인들이 아니라 한인사회가 있는 일본 북큐우슈우 광산지역에서 온 한국 여성들이었다. 이들을 보내는 작업에는 군부만이 관련된 것이 아니라, 전국 지사들을 통치하는 권한은 물론이거니와 후에 위안부 강제징용에서 군대와 공모자가 된 경찰의 통치권을 갖고 있던 내무성도 연루되어 있었다.
　　중국에서 불안정한 교착상태가 몇년간 지속된 후, 1937년 7월 뻬이징 근방에서 발발한 '루꺼우챠오(蘆溝橋) 사건'은 점진적으로 또한 단계적으로 전면전쟁으로 확대되었다. 야만적이고도 악랄한 전쟁이었다. 일본군은 350만 인구를 가진 중국에서 가장 큰 도시인 상하이로 물밀듯이 쳐

들어가 도시를 점령했다. 같은 해 12월, 일본군은 당시 장지에스(蔣介石) 장군이 영도하는 국민당 산하에서 중국의 수도이던 난징에 집결하여, 살육과 파괴의 광란 속에서 난징을 함락했다.

'난징학살사건' 후, 일본 당국은 자신들의 정책을 재검토하지 않을 수 없었다. 그들은 이같은 피바다가 중국의 저항을 말살시키기는커녕 오히려 강화하는 결과를 낳았다는 사실에 고심했다. 뿐만 아니라 적대적인 국제적 반응에도 대처해야 했다. 그리하여 군기 향상과 장기 전투계획을 세우기 위하여 상정된 조처 중의 하나로 1932년 상하이에서 최초로 논의된 위안소 계획이 다시금 제기되었다. 평소에 주로 비밀조직체나 파괴조직체의 활동을 담당하는 '상하이 특별봉사 지부'는 일본군과 상거래로 기식하는 공동체 내의 중개자들에게 1937년 말까지 가능한 한 많은 수의 여자를 손에 넣으라고 지시했다. 자금은 전혀 문제가 되지 않았다. 1932년 일본군의 중개자들은 북큐우슈우 광산지역에 손을 뻗쳤다. 그러나 중국에서 일하도록 자기들이 '담보물'로 잡고 있는 고용인을 기꺼이 내놓을 창가는 거의 없다는 사실을 알게 되었다. 중개자들은 대부금을 다 갚아 자유로이 여행할 수 있게 된 소수의 일본인 카라유끼만을 모집했다. 그리고 나서 그들은 한국인들이 거주하는 광산지역을 대상으로, 봉급의 상당 액수를 선불로 제시하면서, 군대를 위한 요리나 빨래 등의 일거리라고 위장하여 이를 받아들이도록 젊은 한국인 여자들을 유인하였다.

큐우슈우에서 온 이러한 여인들의 집단은 군부의 직접적인 지휘하에 상하이와 난징 사이에 위치한 위안소에 고용되었다. 그들의 주거지는 '레크리에이션 쎈터'라고 묘사되었으며, 공식 명칭인 '위안소'는 그후 상당한 기간이 지나서야 비로소 제정되었다. 이 여인들을 처음으로 진찰한 군의관 아소 박사는 상하이 위안소 사진 몇장과 사용자 안내를 위하여 게시된 규칙들을 보존해왔다. 위안소는 나무토막처럼 네모난 10개의 막사와 관리인이 거주하는 막사로 이루어졌으며, 전체가 벽으로 완전히 둘러싸여 있었다. 막사 하나는 10개의 작은 방으로 나뉘어 있었으며, 방마다 번호가 정해지고 출입문도 따로 있었다. 이는 그후 수없이 생겨난 위안소들의 원형이 되었다.

게시된 규정은 개장시간과 방문시간 및 가격의 범위 등을 포함하여 전체 과정을 상세히 명시해놓았다. 또한 콘돔을 사용하지 않는 성교는 금지되었다. 이러한 규정 역시 원형이 되었으나, 위안소가 더욱 확산되었을 즈음에는 규정 또한 훨씬 더 세부적으로 상술되었다. 이같은 사실은 1969년에 출간된 이또오 케이찌(伊藤桂一)의 저서『병사들의 육군사(兵隊たちの陸軍史)』에서 최초로 밝혀졌으며(金一勉, 1976) 이는 그간 기록되지 않았던 군대 내의 은밀한 생활사에 대해 저자가 출간한 많은 연구 중의 하나이다.

상하이와 난징 근방에 주둔한 부대들은 '위안소 허가증' 지급 날짜를 서로 상충하지 않도록 명기함으로써 위안소 사용을 조정하였다. 군대는 큐우슈우 여인들에게 일을 하여 갚기로 되어 있는 1000엔을 선불하면서 관례적인 계약제도를 고수했으며, 이들에게 표준 군용식량을 공급했다.

이같이 군대에 의해 직접 운영된 초기의 제도는, 이따금 전방에서 재현되기는 했지만, 위안소의 정상 모델로 지속되지는 않았다. 상하이처럼 한층 정착된 상황에서는 군대가 위안소를 직접 운영한다는 것은 불필요하고도 부적당하다고 간주되었던 것이다. 첫째, 군당국에서 요구하는 수준에 부응하면서 동시에 군인들을 위하여 좀더 흥미로운 써비스를 제공하려고 나름대로 최선을 기울이는, 민간인들이 경영하는 시설을 손쉽게 이용할 수 있는 상황이었다. 둘째, 군대가 매춘사업을 운영한다는 사실은 국제적 관측자들로부터의 비난을 자초하기 십상이었다. 그리하여 위안소의 내부 운영은 '각자 나름대로'라는 원칙하에 민간인 운영주들에게 맡긴다는 것이 그후 나타난 양상이었다. 이들 민간인 운영주들에게는 군속의 자격과 계급이 주어졌으며, 군대는 전체적인 감독권을 보유하고 필요에 따라 교통편을 도모하거나 건강검진 써비스 등을 제공했다.

위안소의 설치는 군대 자체에서 유발된 경우도 있고, 민간인 운영업자들이 허가를 내서 이루어지는 경우도 있었다. 후자의 경우에 속하는 운영업자들 중에는 군복무가 만기된 전직 장교들로서 퇴직 후의 경제적인 방편으로 자신의 군대경험과 연줄을 이용하고자 하는 인물들도 있었다. 이렇듯 다양한 배합으로 인하여 위안소 규정은 좀더 세부적이고 상세한 체계를 갖추게 되었다(이 부분은 제4장과 제5장에서 항목별로 좀더 구체적으로 논의된다).

위안소 시설의 운영이 민간인 사업으로 이전되는 반면에 위안부 모집은 점점 더 관이 주도하는 방식으로 이행되었다. 그러나 위안소의 기능에 관한 문서와는 달리, 위안부 모집과정에 관한 문서는 현존하는 것이 거의 없다. 일본인 관리들은 더이상 위안소가 있었다는 사실을 부인하지는 않지만 강제모집이나 모집과정에서의 관의 협조에 대해서는 대부분 단편적인 이야기만 전해질 뿐이다.

이 책에서 특별히 인용된 위안부들의 이야기에는 모집과정이 특히 풍부하게 언급되어 있다. 이러한 일화적 증거를 비판적으로 보는 사람들은 위안부들이 경제적인 보상을 염두에 두고 자발적으로 참여한 것을 부인하고 희생당했다고 주장한다는 입장을 취한다. 자발적 참여에 대한 반증으로 가장 흔히 특기되는 논지는 한국에서 정조관념이 갖는 전통적인 중요성이다. 김일면이 기술하고 있듯이, 이 정조관념이 어찌나 강했던지 일본 경찰은 파괴분자가 어느 집에 은닉하고 있다고 생각할 때조차도 그 집안 여인들의 거처는 감히 수색할 엄두를 내지 못했다. 그러나 다른 한편으로는, 바로 이렇듯 철저한 정조관념이 한국인 위안부들로 하여금 자신의 과거를 공적으로 시인하지 못하게끔 했을 수도 있다. 역사적 자료에서 정확한 사실 전체를 기대할 수는 없다고 하더라도, 1930년대에서 40년대에 이르는 시기에 일본에서 세력을 떨치던 군부정권이 속임수와 노예사냥 방법 등의 극단적인 조처를 취했을 가능성이 충분히 있다는 데에는 의심의 여지가 없다. 전체적으로, 개별 사례 기록에서 나타나는 당시 상황에 대한 묘사는 근본적으로 정확성을 지닌 것으로 보인다.

마을에서 위안소로: 동원과정

위안소의 수와 크기는 한 지역에 주둔하고 있는 일본 군대의 병력과 직결되어 있었다. 이러한 사실 때문에, 비록 한국이 위안부 모집의 주요 원천이었음에도 불구하고, 한국 내에는 위안소가 그다지 많지 않았던 것으로 나타난다. 한국은 전쟁터에서 멀리 떨어져 있던 관계로 한반도에는 지극히 적은 수의 일본군이 산재해 있었다. 한국은 주로 통과지역으로서의 중요성을 지니고 있었던 것이다.

일본에서와 마찬가지로 한국에 주둔한 군대들은 한국에 있는 2124명의 창녀들로 형성된 공창(이는 1947년 미군정하에서 폐지되었다)을 주로 이용했을 것이다. 대구와 영도에 위안소가 있었다는 간략한 언급만이 남아 있고, 극동북지역에서 위안부 노릇을 하도록 강요당한 어느 북한 여성이 기술한 좀더 상세한 기록이 보존되어 있다. 이 지역은 소련 국경과 인접한 곳으로서 전략적인 지역이었으며, 일상적인 오락시설이나 유흥장소와 상당히 거리가 먼 지대였다. 위에 언급한 북한 여인은 필요에 따라서는 산악지대에 주둔한 부대에까지도 찾아가 써비스를 해야만 했던 사실을 아직도 기억하고 있다.

일본 사회 내에서는, 지금과 마찬가지로 그 당시에도 인종적 기원과 연결된 신분의식이 존재하고 있었다. 이는 위안부 대다수의 출신지와 관계가 있었을 것이다. 일본군의 선호도를 살펴보면, 한국인은 일본인과 오끼나와인 다음 순위이고, 그 다음이 중국인이며, 흔히 피부색이 검은 동남아시아인이 마지막 순위였다. 일본인 창녀들이 있는 지역에서는, 비록 이들이 나이가 훨씬 더 많고, 더 시들어빠졌고, 성병에 걸려 있을 가능성이 더 많았음에도 불구하고, 일본 장교들은 이들을 선호했다. 그러나 일본인 창녀들은——일종의 게이샤 제도의 모방으로——사교적인 화술에 비교적 능란했다. 그리고 일본인 창녀들은 좀더 안전한 군사지역에 배치될 가능성이 높았다.

이러한 차별은 공식적으로 인정되고 있었다. 위안소 요금은 계급에 따라 달리 책정되었으며, 흔히 위안부가 속해 있는 인종적 그룹에 따라 달라지기도 했다. 그러나 위안부의 수를 고려할 때 위안소가 동아시아에서 멀리 떨어진 곳에 있을수록 국적이나 인종과 관련된 선호도가 훨씬 불분명해진다는 사실을 기억해야 한다. 선호되는 인종그룹의 위안부가 없을 때에는 본토 여인들은 물론이거니와 전쟁포로 수용소에 강제수용된 여인들까지도 착취대상이 되곤 했던 것이다. 결국, 실질적으로 중요한 점은 그들이 군대에서 요구하는 여성의 육체를 지니고 있다는 사실이었다.

한국에서 실시된 위안부 동원과정에 대한 좀더 정확한 정보를 입수하는 데 가장 큰 어려움은 징집절차와 관련된 공식 문서가 없다는 점이다. 그와같은 모든 공문서는, 전범재판에서 증거로 사용될 수 있는 모든 비밀문서들의 경우와 마찬가지로, 전쟁 말기에 체계적으로 소멸되었다. 위안소 조직에 따라 요구되는 수천명의 여인들을 동원하는 작업에 연루된 공모자들의 공범 또한 징집과정을 밝혀줄 공문서들이 보존되어 남아 있을 확률을 감소시키는 데에 기여했다.

일본의 병력이 증가하고, 위안부에 대한 군대의 요구가 점차 증대되어감에 따라 자발적인 매춘만으로는 불충분하게 되었다. 농촌지역의 빈곤과 일자리가 없는 상황에서, 급료 조건이 좋은 직업이라는 기만적인 제의는 사람들의 귀에 솔깃하게 들렸으며 충분한 유혹의 대상이 되었다. 그러나 그런 책략으로도 충분한 수효를 동원할 수 없게 되자 경찰이나 지방 행정기구를 통한 직접적인 동원이 더욱 흔한 방법으로 대두되었다. 여기에서도 기만의 요소는 자주 발견된다. 전쟁산업에 필요한 노동력을 제공하기 위한 여성의 징집도 실은 위안부 동원의 위장이었던 것이다. 마침내 극도로 강화된 국가총동원법하에서, 여성들은 노예를 급습하는 것과 다를 바 없는 상황에서 마구잡이로 붙잡혀갔다.

유복실과 이상옥

1938년 유복실이 17살이었을 때, 그녀는 일본 관리들의 급습을 받고 자기 집에서 붙잡혀 강제로 트럭에 실렸다. 그녀의 병든 아버지는 딸이 끌려가는 것을 저지하려다가 오히려 구타를 당했다. 같은 마을의 다른 젊은 여자들은 모두 도망가버렸으나, 목적지까지 가는 중에 다른 여러 마을에서 40여 명에 이르는 여자들이 붙잡혀 실렸다. 이들은 전라남도 나주에서 경찰에 체포된 또다른 7명의 여자들과 함께 일본군 10명의 감시하에 화물열차에 올랐다. 이들은 '범죄자들처럼 취급당했고', 탈출을 시도하는 경우에는 심하게 구타당했다.

기차에 실려 3일간 달려간 끝에 일행은 톈진에 도착했는데, 그곳에는 한복 차림의 한국 여인들이 약 1000여 명 모여 있었다. 이들은 15명 정도를 한 그룹으로 하여 각기 다른 방향으로 보내졌다. 유복실이 속한 그룹의 경우는 절반이 일본군 부대를 따라 떠났고, 유복실을 포함한 나머지 절반은 흙바닥에 멍석을 깔아놓은 한평 반 남짓한 방들이 널려 있는 어느 중국집에 투숙되었다. 방들은 돗자리로 칸막이가 쳐 있었다. 이 칸막이 뒤에서 여인들은 군인들에게 봉사해야만 했다.

다른 처녀들과 마찬가지로 유복실은 있는 힘을 다해서 저항했으나 결국 난폭하게 처녀성을 짓밟혔고, 인접한 여러 방에서 비명소리가 들려오는 가운데 그녀의 몸은 피투성이가 되고 말았다. 첫날 밤 이러한 충격을 겪고 난 후 그룹 전체가 자살을 의논했으며, 그들 중 두 명은 자기 방에서 목을 매달았다. 유복실을 포함한 나머지 여자들은 그네들의 운명에 자신을 맡겼다.

위안부들은 일주일에 한번씩 건강검진을 받았다. 식사에 필요한 식기는 사람들이 버리고 떠나간 인근 빈 중국집에서 가져온 것들을 사용했고, 식사는 군대 야외취사장에서 했다. 이들은 하루에 30명에서 40명에 이르는 병사들을 상대해야 했으며, 가장 많은 수가 몰려오는 날은 병사들의 근무가 없는 일요일이었다. 간혹 밤중에 몰래 찾아오는 군인들도 있었다. 위안소는 전투지역에 인접해 있었으며, 유복실은 포탄의 파편이 다리에 박혀 부상을 입은 적도 있었다. 상처가 치유되기까지는 6개월이 걸렸으나, 4개월이 지난 다음부터 그녀는 다시 위안부 노릇을 해야만 했다.

유복실은 결코 탈출의 희망을 버리지 않았다. 자살사건 이후로 감시가 훨씬 삼엄해져 탈출 기회를 찾기란 거의 불가능했다. 그러나 전쟁 말기에 일본 헌병대 통역관인 어느 한국인이 헌병대 제복 차림으로 유복실과 다른 두 여인을 동행하여 그들이 무사히 기차를 타고 떠날 수 있도록 보장해 줌으로써 탈출을 도와주었다. 일행은 평양에 도착했고, 전쟁이 끝난 당시에도 그곳에 있었다.

유복실은 34세부터 3년 동안 어느 남자와 동거생활을 했다. 그러나 그녀는 그 남자에게 자신의 과거를 더이상 숨길 수가 없다고 느꼈고, 임신도 할 수 없었기 때문에, 결국 다른 여인을 찾아주고 그 남자를 떠났다. 최근 유복실은 얼마 안되는 생계보조금으로 생활을 이어가고 있다. 전쟁에서 죽었더라면 차라리 더 나았을지도 모르겠다는 것이 그녀의 현재 심정이다. 일본이 왜 그러한 봉사를 위해 일본 여성들은 징집하지 않았는지, 또한 어느 다른 나라가 일본 여인들을 그같은 목적을 위해 잡아갔다면 그들은 과연 어떻게 느낄 것인지 유복실은 묻고 있다.

이상옥은 인천에서 태어났다. 그녀의 집안은 자영농 출신의 대가족이었다. 여덟살에 학교에 다니기 시작했으나, 여자들은 공부할 필요가 없다며 이상옥의 오빠는 누이동생의 학업을 중단시켰다. 이상옥은 집에서 뛰쳐나와 서울로 올라가 이모와 함께 살았다. 나이가 들면서 그녀는 여러 곳에서 식모로 허드렛일을 했다. 열네살 되던 해, 그녀는 김운식이라는 남자에게 고용되어 일을 하고 있었고, 김운식은 정기적으로 여자들을 다른 여러 장소로 보내고 있었던 점으로 미루어보아 여성들을 상대로 하는 일종의 직업소개소를 경영하고 있었던 것 같다. 어느 날 김운식의 고용인 한 사람이 이상옥에게 일본에서 일자리를 찾아주겠노라고 제안해왔다. 거기에 마음이 끌린 이상옥은 그의 지시에 따라 다른 여자 20명과 함께 빗자루공장에서 일한다는 명목으로 부산에서 일본행 연락선에 올랐다. 일행 중에서 이상옥이 가장 어린 나이였다.

시모노세끼에서 일주일 정도 머무른 후, 일행은 다시 배를 타고 야프와 싸이판을 지나 한 달 이상의 항해 끝에 팔라우섬에 도착했다. 거기에서 이상옥과 그녀 일행은 트럭에 실려 일본인 부부가 운영하는 기다란 막사 건물 내에 설치된 위안소로 옮겨졌다. 위안소에는 20개의 방이 있었는데 방바닥은 담요나 매트리스도 없이 나뭇잎사귀 같은 것으로 덮여 있었다.

　오후 네다섯시경부터 군인들이 오기 시작했다. 이상옥이 접대를 거부하려 하자 어찌나 잔인하게 구타했던지 그후로 이상옥의 청각은 영구히 손상되었다. 그녀는 또한 총검에 찔리기도 했다. 주인 부부는 입구에 사무실을 두고 군인들로부터 요금을 받았다. 이상옥은 한 달에 30엔이라는 고정된 액수만 받았기 때문에 위안소 요금에 대해서는 아는 바가 전혀 없었다. 군인들은 콘돔을 가지고 왔으며, 위안부들은 일주일에 한번씩 군의관을 방문했다.

　이상옥은 23살이 될 때까지 계속 팔라우에 있었다. 그후 곧 격렬한 전투가 벌어져 그녀는 동료들과 함께 깊숙한 밀림 속으로 이송되었고, 그곳에서 식용식물이나 뱀, 개구리 등을 먹으며 연명해야 했다. 마침내 이들은 미군에게 잡혀 싱가포르를 경유하여 본국으로 보내졌다. 그러나 가족들의 행방을 알 길이 없던 이상옥은 자신보다 10년 연상의 어느 홀아비와 동거하면서 의붓자식 세 명을 키웠다. 최근 몇년 사이에 그녀의 사실상의 남편과 의붓아들이 사망하였으며, 그후 이상옥은 생활보조금과 허드렛일로 생기는 수입으로 생계를 이어가고 있다.

　국가총동원법의 취지는 경제 및 사회통제 면에서 일본과 그 식민지들을 총력전의 토대 위에 세워놓고자 하는 것이었다. '대일본노무보국회(大日本勞務報國會)'도 이 법령의 규정하에 창설되었다. 원래 1938년에 통과된 이 법령은 1942년 말에야 비로소 한국인들을 대상으로 한 전반적인 착취를 목적으로 그 효력을 발휘하기 시작했다. 한 자료는 이를 다음과 같이 기술하고 있다(吉田淸治, 1983).

　1942년 말기, 중국과 남부지역 최전선이 교착상태에 이를 즈음, 신체 건장한 남자들은 거의 모두 군대로 징집되거나 전시 군수산업을 위해 징발되어, 총 7000만의 일본 인구 중에서 1000만 명 이상이 전쟁 수행을 위하여 동원되었다. 남자들뿐만 아니라, 전국에 걸쳐 여학생들과 청년협회 회원들까지 포함하여 여자들도 '여자근로정신대' 같은 군수산업의 일꾼이 되었다.

미국과의 전쟁이 거의 일년째로 접어들자, 일본의 상황은 불리해졌고 국민동원은 그 한계에 이르렀다. 일본 본토와 점령지에서 필요한 군사행동 수행에 필수적인 기지·비행장·도로·항구 등의 건설을 위한 노동력의 부족은 심각한 상태에 이르렀으며, 이는 군사작전에 지장을 초래했다. 그리하여 일본제국의 정부는 국가정책으로서 한반도의 인력자원 이용을 채택하였으며, 내각 및 부령(部令) 공포로 한국인들을 징발하였다.

'여자근로정신대'는 표면적으로는 (그리고 어느정도는 실제로도) 절대적으로 필요한 군수산업의 노역(勞役)을 목표로 삼고 있었다. 그러나 여자들은 매춘으로 전환되어 이용되는 경우가 있었기 때문에, '여자근로정신대'가 매춘과 동일시되는 경향이 짙어지자 실제로 공장에서 일하던 여자들도 자신이 '정신대'의 일원임을 인정하기를 꺼려 했다. 이같은 상황으로 인하여 위안부들의 수를 측정하는 과제는 한층 더 어렵게 되었다.

국가총동원법 제정 이전에, 이른바 '관(官) 알선'이라 일컫는 조처가 등장했었다. 김일면은 어느 한국인 경찰관이 그 당시 '여자애국봉사대'라는 조직에 가담할 젊은 여자들을 징발하기 위해 한 마을을 방문했을 때의 상황을 인용하고 있다. 한국인 경찰관의 승진은 그러한 업무의 성공적인 수행에 달려 있었다. 그는 우선 서투른 일본어로 이 전투에서의 일본의 성스러운 사명에 대해 일장연설을 한 다음, 만약 반도 국민들이 일본의 필연적인 승리를 성취하는 과업으로 자신들의 역할을 이행한다면 그들은 일본 국민들의 영광을 똑같이 누릴 수 있게 될 것이라는 약속도 잊지 않고 첨가했다. 마을사람들의 일본어에 대한 이해는 지극히 제한된 범위 내에서만 가능했으므로, 그의 연설은 동사무소에서 파견되었을 어느 보조원이 통역을 해야 했다. 그 경찰관은 자신의 모국어인 한국말을 사용했더라면 훨씬 더 연설을 잘할 수 있었겠지만, 일본어의 사용이 더욱 경외심을 불러일으킨다는 이유로 그같이 했던 것이다. 이윽고 그는 적합한 '지원자'로 추천된 다섯 명의 마을 처녀들을 커다란 소리로 호명했다.

이들 '적합한 지원자들'이 공교롭게도 그 마을에서 그중 예쁘게 생긴 처녀들이었다는 사실을 마을사람들은 무심히 지나치지 않았다. 그러나 그때까지도 그들은 처녀들이 빨래나 바느질 같은 작업이나 하게 될 것이라고 생각했다. 경찰관은 처녀들에게 이번 일로 좋은 옷과 돈이 생길 것이라고 약속했으며, 그 다음날 지정된 시각에 기차역에 나타나지 않을 경우에는 헌병대가 그 이유를 조사하게 될 것이라는 사실을 상기시켰다. 공포의 대상이던 헌병대를 들먹거리면 대개의 경우 문제가 일단락지어지게 마련이었다.

일본 당국은 지방주민들의 통제를 지주계급이나 지방관리들에게 의존하고 있었던 관계로, 그러한 계층의 딸들은 일반적으로 군수작업이나 강제매춘에 동원되지 않았다. 유일한 예외는 그러한 계층에 속하는 인물이 항일운동을 권장하는 기미를 보였을 경우였다. 한 일본인 국민학교 교사의 보고에 의하면(從軍慰安婦110番編集委員會, 1992), 그녀는 노동력 징발을 위하여 자기의 상급반 학생 다수를 뽑아달라는 지시를 받았으며, 특히 가난한 집안 출신으로서 경제적인 이유 때문에 좀더 순순히 응할 여학생들을 대상으로 하라는 구체적인 지시도 받았다고 한다. 한국인들에게, 특히 한국 여성들에게는 교육을 받을 수 있는 기회가 제한되어 있었기 때문에, 특별 교육에 대한 약속은 '여자근로정신대'에 지원하도록 하는 효과적인 유인요소로 작용했다. 일제치하에서의 한국 교육제도는 일본인 거주자들의 자녀들을 대상으로 고안된 것이었으며, 한국인 아이들의 경우에는 특수한 재능을 보이는 아동만을 수용했다. 한국인 교직원과 학생의 수효는 전체의 3분의 1 정도에 지나지 않았고, 이들의 경우 자신의 모국어 사용이 금지되었다.

징집은 주로 문맹 가능성이 높은 하류층 여자들을 대상으로 삼았던 것 같다. 결과적으로 나타난 한국인 위안부대의 성격은 전쟁 말엽에 미국 심

리전팀에 의해 북버마 전방을 대상으로 실시된 위안소에 관한 철저하고
도 객관적인 조사에서 명백히 지적되고 있다. 이 조사에서 묘사되는 바에
의하면, 위안부들의 평균 연령은 25세이며, 그 특징은 다음과 같다.

> 교육을 받지 못했으며, 유치하고, 변덕스러우며, 자기중심적이다. 이들
> 은 일본이나 서양, 어느 기준으로도 미인은 아니었다. 오로지 자기 자신의
> 개인적인 관심사에 대해서만 이야기했고, 낯선 사람 앞에서는 얌전했으나
> 어느정도 친숙해지고 나면 교태를 부릴 줄도 알았다. (U.S. Office of War
> Information, 1944)

위안부들은 자기들의 직업이 싫다고 말했으며, 직업에 대해서는——
그리고 가족에 대해서도——이야기하려고 하지 않았다. 그들은 한국에
선전전단을 뿌리는 것이 좋은 아이디어라고 믿었지만, 일본인들이 그 사
실을 보고받게 되는 것은 원치 않았다.

잡혀온 여자들 중에는 어린 여학생들도 포함되어 있었다. 실제로 학교
제도는 위안부 동원의 원천으로 이용되었다. 위안부 문제를 국제적인 의
제로 상정하기 위해 일해온 한국 여성단체의 중심 인물인 윤정옥(尹貞
玉) 교수는 선견지명이 있는 부모 덕분에 위기를 모면한 여학생 중의 한
사람이었다. 1943년에 그녀는 대학의 선구자 격인 '이화여전'——후에
그녀는 모교의 교수가 된다——1학년 학생이었다. 동원이 점차 미혼 여
성들에게까지 확대되자, 상당수의 학생들이 자퇴를 하고 서둘러 결혼했
다. 저마다 동기는 다양하지만 이는 당시 널리 퍼진 경향이었다. 때로는
미래의 신랑 가족측에서 이러한 처녀들의 의도에 기꺼이 부응했는데, 그
까닭은 군복무나 노역으로 징집된 아들이 돌아오지 못하게 될 경우를 대
비해 서둘러 후손을 보려는 데 있었다. 또한 군복무에 부적합한 절름발이
나 신체장애자와 기꺼이 결혼하는 처녀들도 많이 있었다. 종전 후 그런
결혼은 종종 이혼으로 끝나곤 했다.

이화여전에서는 학생들이 종적을 감추는 것을 막기 위해 교직원들이

학부모들에게 딸들의 안전을 장담했다. 그러나 얼마 지나지 않아, 모든 학부모들은 국가총동원법에 기꺼이 응하겠다는 진술서에 날인할 것을 요구받았다. 그러자 윤교수의 부모는 딸을 자퇴시킴으로써 군수산업에 동원되거나 위안부가 되는 것을 미연에 방지했다.

관공기관측의 기밀 엄수와 징집을 위한 기만적인 수단에도 불구하고, 위안부제도는 점차 널리 알려지게 되었다. 징집을 피하려는 시도는 윤교수의 경우처럼 성공적일 때도 있었지만, 흔히 헛수고로 끝났다. 그러한 정보가 널리 퍼져나간 한 실례는 1939년 10월에 발행된 조선총독부의 「특별고등경찰 월례보고서」에서 찾아볼 수 있다. 그 보고서는 난징에서 돌아온 위안부 출신의 어떤 여자가 '해로운 소문을 퍼뜨렸다'는 이유로 7일간 감금되기까지의 과정을 기술해놓고 있다. 그녀는 일선에서 위안부들이 군관련 임무까지도 강제로 수행한 바를 밝혔고, 그 일들은 너무나 위험한 것이기 때문에 자신은 다시 돌아가지 않을 것이라고 말했다. 이보다 서너 달 전의 보고서에 의하면, 미혼 여성의 징발을 피하려고 결혼을 선택한 어느 신부의 이야기를 퍼뜨리고 다닌 여인을 4개월 동안 감금시킨 사실도 있었다. 항공기에 사용하려고 그녀의 몸에서 기름을 짜냈다는 소문도 나돌았다. 또다른 여자의 경우는 만주에서 사용할 피와 기름을 뽑아내려고 어느 부모에게서 어린 딸을 17엔에 사갔다는 이야기를 퍼뜨린 혐의로 7일간의 구류형을 선고받았다. 이런 종류의 소문들은 만주에서 세균전을 위한 인체실험 프로그램을 실시하고 있던 악명 높은 731부대의 극비작전의 반향이었을 가능성이 있다.

노예사냥과 최전선 군대의 징발 시도

다른 방법들이 실패로 돌아갔을 경우에는 항상 노예사냥이 시도되었다. 요시다 세이지(吉田淸治)는 당시 그와같은 사냥꾼의 일원으로서, 1983년에 자신의 전시 경험들을 기록한 『나의 전쟁범죄: 조선인 강제연행(私の戰爭犯罪: 朝鮮人强制連行)』(한글판 『나는 조선사람을 이렇게 끌어갔다』, 청계연구소 1989—역주)을 출판한 바 있다. 1936년에 토오꾜오 대학을 졸업하자 요시다는 일본의 속국인 만주국의 행정직에 임명되었다. 그로부터 몇년 후, 그는 상하이 지역의 군사수송을 담당하는 육군성 소속 행정장교로 난징 주둔 육군사령부로 전임되었다. 그곳에서 그는 각 연대마다 서너 명의 나이든 일본 여자들과 이삼십 명의 젊은 한국 여자들로 구성된 위안소가 적어도 하나씩은 있다는 사실을 발견했다. 그리고 고급장교들을 대상으로 하는, 게이샤 타입의 접대를 제공하는 호화판 특별 클럽도 있었다.

그 당시 상하이에는 중국 국민당 정권과 긴밀한 연대하에 김구 선생이 영도하는 '대한민국임시정부'라 부르는 한국인 지하저항운동이 있었다. 한번은 요시다가 상관의 허락을 받아, 일단의 한국인 '의료진'을 위해 한커우(漢口)행 항공기편을 마련해준 적이 있었는데, 후에 이들 '의료진'이 김구 선생을 포함한 지하저항운동의 일원들이었다는 사실이 드러났다. 요시다는 희생양이 되어 '전시에 적을 지원했다'는 죄목으로 군법회의에 회부되었다. 이는 사형을 언도받을 수 있는 죄목이었는데, 다행히 요시다는 난징 군형무소에서의 2년형을 선고받았다.

1942년 말에 본국으로 돌아간 요시다는 새로이 형성된 대일본노무보국회에 배치되어 전국에 걸쳐 노동력 징발을 관장하는 임무를 맡게 되었다. 그의 직위는 시모노세끼 동원국의 국장이었다. 시모노세끼는 혼슈우 북쪽 끝에 위치한 도시로서 부산항과 정기 해상연결지로 사용되고 있었다. 요시다의 주요 임무는 일본 서부지역의 육군 및 해군 사령부의 지시에 따라 징발된 노동력의 유입을 통제하여 기본 산업시설에, 특히 해당 지역의 광업시설에 적절히 분배·공급하는 일이었다. 징발된 수효의 상당량이 경찰의 정규 조직망과 조선총독부 산하의 조직을 통하여 관리되었다. 그러나 긴급한 요구가 있을 경우, 요시다는 자신이 직접 '노예사냥' 원정에 앞장서서 수천명의 남자 노동자들과 위안부 임무에 필요한 1000여 명의 여자들을 징집한 과정을 기술하고 있다.

일선 지역에서는 징집에 관한 병참업무의 조직화가 미비한 관계로, 장

교들과 사병들이 지역주민들과 전쟁포로 수용소를 급습하는 일에 앞장섰
다. 말레이에서 살고 있던 중국인 소녀 마담 X는 자기 마을을 습격해 쳐
들어온 병사들에게 붙잡혀, 부모의 면전에서 강간당한 후 마을의 다른 처
녀들과 함께 콸라룸푸르의 한 위안소로 끌려가 1945년 전쟁이 끝날 때까
지 그곳에서 위안부로 있었던 상황을 이 책의 서론에 인용하고 있는 인터
뷰에서 상세히 밝혔다.

마 페 야부뜨 산띠안

1941년, 일본의 필리핀 점령이 시작되던 해, 마 페 야부뜨 산띠안(Ma
Fe Yabut Santillan)은 당시 나이 18세로서 마닐라에서 작은 식당을 경영
하는 어머니의 일을 돕고 있었다. 가게는 일본군 수비대가 주둔한 지역에
서 가까운 곳에 있었다. 그녀는 칼리카와 산초에게 자신의 이야기를 털어
놓았다(Calica and Sancho, 1993).

일본군이 들어온 지 몇달 후, 일부 장교들이 우리 식당에 나타나 돈을
지불하지 않고 식사하는 것을 허용하도록 요구했다. 어머니와 나는 어떤
식으로든 불상사가 생기는 것을 피하려고 이에 응했다. 일본인과의 그러
한 접촉이 있은 후, 장교들은 우리 식당에서 정기적으로 식사를 하게 됐
다. 내가 사꾸마 대위를 만난 곳도 우리 식당에서였다. 그는 우리가 자기
들을 위해 만들어주는 음식이 맛있다고 늘 나에게 말했다.

사꾸마 대위는 나의 요리를 무척 좋아하여, 몇달 후에는 세 명의 병사
들과 함께 찾아와서 나에게 자기네 부대에서 요리사로 일해달라고 했다.
어머니와 내가 이를 완강히 거절하자, 사꾸마 대위는 화를 내면서 나에게
고함을 지르며 함께 갈 것을 재차 요구했다. … 그리고는 나를 붙잡고 뺨
을 때렸다. 그들은 말리려는 어머니를 발길로 걷어찼다.

마침내 나는 인근 부대에 가기로 했다. 부대에 도착하자 나는 여자 두
명이 있는 어느 작은 방으로 끌려갔는데, 그중 한 명이 나에게 아침이 되
면 하녀처럼 취급될 것이라고 일러주었다. 그러나 밤에는 '마누라'가 되

어 일본군들의 성적 욕구를 채워주어야 한다고 했다.

다음날 아침, 나는 사꾸마 대위를 위해 아침식사를 준비하라는 명령을 받았다. 나는 빵과 계란프라이와 커피를 준비하여 그에게 가져다 주었다. 그는 이미 부대 식당에 와서 앉아 있었다. 그는 나에게 사의를 표하고, 준비해 간 아침식사를 보고 칭찬해주었다. 그리고 나서 나는 그의 옷을 세탁하라는 명을 받았다.

그날 밤이 되자 시련은 시작되었다. 사꾸마 대위가 우리 방에 들어왔을 때 나는 너무 지쳐서 침대에 누워 있었다. 데씨에와 다른 한 여자는 대위를 보자 아무 말 없이 몸을 돌려 벽을 향해 누웠다. 대위는 그들에게 조용히 하라는 시늉을 해 보였다. 나는 말없이 자리에서 일어나 앉았다. 대위는 곧장 나의 침대로 와서 내 곁에 앉았다.

대위는 내 머리를 만지면서 나에게 얌전하게 굴라고 말했다. 처음에 나는 꼼짝도 않고 있었지만, 그가 키스를 하려 하자 나는 그를 옆으로 밀쳤고, 그 바람에 그는 바닥으로 떨어졌다. 나는 자리에서 일어나 도망치려 했으나, 대위는 내 팔을 거머잡고 뺨을 때렸다. 그는 '쿠라, 쿠라'라고 외치면서 내 가슴을 발로 걷어찼다. 고통이 너무 심해서 나는 거의 의식을 잃을 정도였다. 그러자 그는 나를 끌어다 침대 위에 떠밀어 눕혀놓고 내 옷을 벗기 시작했다. 나는 그가 나를 더 때릴까봐 두려워서 이번에는 아무런 저항도 하지 않았다. 그러자 그는 자기 셔츠와 바지를 벗고 내 곁에 누웠다.

나로서는 최초의 경험이었으며, 그 고통이란 형언할 수 없이 심했다. 나는 사꾸마 대위가 나를 이용하고 있는 동안 계속 울었다. 그는 나의 입술과 뺨, 목, 가슴 등에 키스를 했다. 그는 여자를 '이용'하는 것이 그로서는 마치 처음인 것처럼 행동했다. 너무나 불결한 느낌이 들었다. 몇분 후 그는 나의 몸 속으로 밀고 들어왔다. 일을 마치고 나자 그는 일어나서 자기 옷을 집어들었다. 그리곤 담요를 들어 나의 벌거벗은 몸을 덮었다. 그 순간에도 나는 울고 있었다. 그는 나에게 착한 애라면서 앞으로도 계속 착하게 굴어야 한다고 말했다.

내가 그 부대에 머물고 있는 동안 똑같은 일이 계속 반복되었다. 아침이면 나는 사꾸마 대위를 위해 아침식사를 준비했고, 밤이 되면 그가 곁에 와 억지로 관계를 갖도록 요구했다. 나는 그가 접근할 때마다, 구타당할까봐 무서워서 매번 저항의 기색을 보이지 않았다. 그가 일을 마치고 나가면 나는 화장실에 가서 질세척을 했다.

거의 2년 동안 사꾸마 대위는 나를 능욕했다. 이 기간 동안에 그는 방문객이 찾아올 때마다 접대의 일부로서 나를 그들에게 제공했다. 마침내 나는 사촌의 도움으로 그곳에서 도망칠 수 있었다. 나의 어머니가 나를 구해달라고 사촌에게 부탁했던 것이다.

사마랑 사건: 섹스 노예

강간과 매춘을 목적으로 여자들을 강제로 생포한 경우가 유일하게 전범재판에까지 상정된 사건으로는 인도네시아 자바섬에 억류되어 있던 네덜란드 여자들이 연루된 경우였다. 1948년 '바따비아 군사재판'이 열렸다. 군사재판에까지 회부된 사건의 발단은 노자끼 세이지 육군 중장이 지휘하는 사마랑의 육군사관학교에서 비롯되었다. 참모장교 오꾸보 대령은 사관생도들 사이에서 퍼지고 있는 성병 문제의 해결책으로 인근 포로수용소의 유럽 여자들을 이용할 것을 제안했다. 그는 지원자들이 충분히 있으리라고 예측한 것이 분명했다. 노자끼 중장은 총독대리 사무관과 자카르타 사령부의 허락을 받는다는 조건으로 오꾸보 대령의 제안에 동의하였다. 오꾸보는 총독대리 사무관으로부터 구두허락만으로도 충분하다는 보장을 받았다. 자카르타를 방문하면서 오꾸보는 구체적인 계획의 작성과 포로들로부터 자유의사로 자원했음을 밝히는 진술서를 받아낸다는 조건으로 육군 참모총장의 동의를 얻었다. 오꾸보는 사마랑에 주둔하고 있는 자신의 부관에게 위안소 4개를 설치할 계획을 세울 것과, 그중 하나는 사관생도용으로 확보해놓을 것을 지시했다.

최종적인 세부 준비사항은 위안소 4개를 관리하게 될 운영업자들과 여자들을 동원할 경찰들을 데리고 함께 일할 젊은 대위의 소임으로 넘겨졌다. 노자끼는, 나중에야 비로소 유감스럽게 느꼈던 바이나, 자신은 사관생도들의 클럽이 개장된 지 일주일 후에 그곳 시설을 검사한 것 이외에는 전체 진행과정에 대해서 전혀 아무런 감독도 한 적이 없었다고 진술했다.

대위가 구성한 여자 동원단은 사마랑에 있는 4개의 수용소와 암바라와 근처에 있는 수용소 두 군데를 방문했다. 그들은 우선 적임자 격인 여자들의 명단을 작성했는데, 여기에서 적임자라 함은 17세에서 35세까지의 여자로서 미혼에 건강한 여자들을 의미했다. 동원자들의 시도에 대한 반응은 수용소 관리자측과 포로들의 태도 여하에 따라 각기 달랐다. 람뻬르사리 수용소의 경우처럼, 극단적인 경우에는 관리자측과 포로들의 반발이 너무 격심하여 일본인측은 포기하고 물러서기도 했다. 그런가 하면 다른 곳에서는, 셜리 후이(Shirley F. Huie)의 정보제공자들 중 한 사람의 말에 의하면, "선발된 여자들을 가도록 내버려두라. 그것이 우리들 나머지 사람들을 위해서는 더 나을 것이다"라는 식의 태도였다고 한다.

게당겐이라는 수용소에서는 일부 나이든 여자들이 젊은 여자들을 보호하고자, 혹은 수용소 밖의 생활조건이 더 나으리라는 희망에서, 자원하기도 했다. 그러나 동원자들은 수중에 넣을 수 있는 여자들만으로 만족하지 않고 다른 여자들도 무력으로 끌고 가려고 시도했다. 그들은 대나무막대기와 기다란 쇠파이프로 무장한 포로들의 필사적인 저항에 부딪혔고, 결국 포로들은 일본인들로 하여금 지원자들만으로 해결하게끔 하는 데에 성공했다. 할마헤라 수용소에서 몇차례 발생한 강제동원에 대한 언급도 발견되고 있으나, 상세한 내용은 제4암바라와 수용소와 제6암바라와 수용소 두 곳에 대해서만 명확하게 기술되어 있다. 이 두 경우는 전쟁범죄재판의 주요 근거를 형성했다.

'바따비아 군사재판'에 상정된 증거는, 1944년 2월 23일, 2명의 일본군 요원과 6명의 민간인이 암바라와에 급습하여 17세에서 28세에 이르는 모든 여성들의 명단을 훔쳐갔다는 사실이었다. 그 명단에는 여자들의 성명, 나이, 국적, 결혼 유무, 기혼녀의 경우 자녀 유무 등이 기재되어 있

었다. 그로부터 3일 후, 9명의 여자들이 사마랑으로 옮겨졌으며, 인근 수용소에서 온 다른 여자들과 함께 (총 35명이) 자원서에 서명하도록 강요됐다. 그들에게는 선금으로 50길더가 지급되었으나 그들은 이를 거절했다. 형식적인 건강검진을 마친 후 그들 일행은 4개의 위안소로 각각 배치되었다. 사관생들을 위한 쇼꼬오(曙光) 클럽, 사마랑 클럽, 히노마루(日の丸), 후따바소(双葉莊) 등이었다.

그 여자들은 1944년 3월 1일부터 써비스를 하도록 강요받았다. 두 명이 탈출을 시도하였으나, 그중 한 명은 체포되어 고문을 당한 끝에 자해를 하여 자살했다. 또다른 한 여자는 키니네를 복용하여 자살을 기도하였다. 일행 중의 한 여자는, 후따바소에 도착한 즉시 만취한 장교에 의해 어느 방으로 끌려가 강간당했다고 진술했다. 그 장교의 뒤를 이어 다섯 명의 남자들이 그녀의 방에 들어왔다. 환기장치나 배수시설도 없는 구역질 나는 위안소 내에서 이런 식의 행위가 매일 반복되었다. 그녀는 신경쇠약에 걸려 결국에는 정신병원으로 보내졌다.

한편, 사마랑 위안소에서는 부족한 위안부의 수효를 인도네시아인뿐만 아니라 인도인과 중국인 등 100여 명의 현지 여자들을 체포하여 보충했다. 그들은 쇼꼬오 클럽에서 건강검진을 받은 후, 그들 가족들의 집단 항의에도 불구하고, 대부분의 여자들은 섹스 써비스를 하도록 강요되었다. 일행 중 17명은 자바섬 동쪽에 위치한 수라바야를 경유하여 인도네시아 동쪽 플로레스의 한 비행장에 설치된 위안소로 끌려갔다. 다른 자료에 의한 보고는 이들이 전부 네덜란드 여자들이었다고 암시하고 있으나, 네덜란드측의 보고서는 이를 뒷받침하고 있지 않다. 여느 경우와 마찬가지로, 위안부들의 인종과 국적은 분명하게 명시되지 않았다.

쇼꼬오에서 종사한 한 증언자는 자신이 4명의 병사를 접대한 후 완전히 지쳐서 다섯번째 병사를 받아들이는 것을 거부한 적이 있다고 말했다. 이에 일본인 운영업자는 그녀에게 매질을 가한 후, 하루에 15명의 병사들을 접대해야 하는 육군부대 근처의 매춘굴로 보내겠다고 위협했다. 그녀는 발작을 일으키고 기절했다. 10일 동안 격리된 생활을 한 후 회복되었다고 여겨지자 그 운영업자는 그녀를 다시 위안부 일로 되돌려보냈다.

또다른 증언자는 할마헤라 수용소에서 잡혀온 7명의 여자들 중의 하나였다. 예의 진술서에 서명한 후, 그녀는 히노마루 위안소로 끌려갔다. 그녀의 첫 손님은 민간인이었는데, 그녀는 월경중이라면서 그를 뿌리치려 했으나, 그는 이에 개의치 않고 그녀를 범했다. 그후로 그녀가 풀려날 때까지, 그녀는 일본 군인과 민간인을 하루에 5명씩 상대해야 했다.

좀더 상세한 이야기는 부대 밖에서 살고 있던 어느 여인의 입을 통하여 들을 수 있다. 당시 18세였던 그녀는 자카르타에서 가족들과 함께 살고 있었다. 1944년 4월, 그 지역 경찰서로부터 그녀와 19세의 언니는 출두하여 등록하라는 명령을 받았다. 경찰서에는 이미 유럽인과 중국인, 그리고 자바인 등 100여 명의 젊은 여자들이 모여 있었다. 경찰은 20명을 제외하고는 전원 모두 집으로 돌려보냈다. 남은 여자들 중에는 증인도 포함되어 있었다. 돈을 주겠다는 제의를 거절한 후, 여자들은 강제로 사마랑으로 옮겨졌다. 그곳에서 그녀는 다른 17명의 여자들과 함께 스플렌디드 호텔에 투숙되어 일본인 장교들을 접대하도록 강요받았다. 의사라고 자처하는 한 장교는 그녀의 질 속에 이물질을 삽입해 상처를 입혔다. 나중에 그녀는 수라바야를 거쳐 플로레스로 끌려갔다. 전범재판에서 공개된 자료에는 그녀의 상황에 대해서 더이상의 상세한 부분은 나오지 않는다.

자바에서의 억류생활에 대한 실상을 상세히 묘사한 『잊혀진 사람들』(*The Forgotten Ones*)의 저자 셜리 후이는 제6암바라와 수용소에서의 여자사냥에 대한 네덜란드 사령관 비서의 일기를 인용하고 있다.

7명의 처녀와 2명의 기혼 여성이다. 나는 그들의 이름을 갖고 있다. 그들은 자원자가 아니었다. 어머니들은 딸들을 보호하려고 마주 싸웠으나 구타를 당하고 물러났다. 일행은 강제로 트럭에 태워졌다. 그로부터 3개월 후 5월 11일, 그들은 수용소로 돌아가 가족들과 재회하였다. 그들은 자신들의 경험을 털어놓았고, 그 이야기란 듣기 좋은 것이 아니었다. …

　　어머니와 재회했을 때 그들은 치료를 받지 못한 채 수용소 내에 격리된 상태에 있었다. 그들에게는 지울 수 없는 낙인이 찍힌 것이다. 그 모든 일이 이 나이 어린 여자들에게 심어놓은 인상이 어떠한 것인지는 오로지 신만이 알고 있으리라. 이제 네덜란드에 살고 있는 내 친구의 누이동생은 좋아졌다. 그녀는 이해심 많은 남자와 결혼하여 사랑스러운 아들 셋을 두었다. 그녀의 가족 외에는 그녀의 수용소 경험에 대해서 아는 사람은 아무도 없다.

　　네덜란드 여자들의 방면(放免)은 1944년 4월 1일부터 포로수용소가 내무성 관할에서 군당국으로 이전되면서 쟁점이 되었다. 대위 한 명이 그 문제의 조사를 위해 임명되었는데, 수용소 의사가 할마헤라 수용소에서 자기 딸의 체포에 항의하던 여인과 그를 만날 수 있게 해주었다. 대위는 자카르타 사령부에 지시를 내려달라고 요청했는데, 때마침 사령부에는 오다지마 대령이 시찰차 토오꾜오에서 방금 도착해 있었다. 대령은 문제의 어머니를 면담한 후, 자발적으로 지원하지 않은 위안부 전원을 모두 방면시키기로 결정했다. 그는 이 사항을 사이공에 있는 동남아시아 총사령부에 건의하였고, 총사령부는 사마랑에 억류되어 있는 여자들을 풀어주도록 노자끼에게 명령했다. 후에 노자끼는, 강제성에 대한 소문에 대해 자기도 이미 고려하고 있던 바라, 자신의 계획에 앞서 사령부의 명령이 떨어진 사실에 감사하며 부끄럽다는 소감을 피력했다.

　　그 여자들의 대부분은 반둥을 포함한 자바의 여러 지역에서 동원된 다른 여자들과 함께 자바 서쪽에 위치한 꼬따 빠리스로 이동되었다. 일부 여자들의 어머니도 딸들과 동행하는 것이 허용되었다. 반둥 집단과 더불어 풀려난 여자들 중의 한 사람인 케트예 로이제벨트(Keetje Ruizeveld)에 의하면, 꼬따 빠리스 수용소에는 강제로 위안부가 된 네덜란드 여자들이 100명 이상이나 있었다고 한다. 그녀가 이러한 사실을 공개한 것은 사마랑 사건에서 언급된 35명이라는 수효보다 훨씬 더 많은 여자들이 강제로 위안소에 잡혀들어갔다는 사실을 폭로하고자 함이었다.

얀 뢰프

사마랑 사건의 희생자 중 한 사람인 얀 뢰프(Jan Ruff)는 자신의 생생한 체험담을 일반에게 폭로했다. 그녀는 한국인 위안부가 아닌 사람으로서 자신이 받은 정신적 충격을 이야기한 몇 안되는 위안부들 가운데 한 사람이다. 네덜란드에서 전범재판이 열렸을 당시 얀 뢰프는 이미 인도네시아를 떠난 후였으므로 그녀의 사건은 재판에서 증거사례로 언급되지 않았다. 얀 뢰프는 검찰측에서 증인으로 출두시킬 여자들을 충분히 확보하고 있었으므로 증인으로 소환되지 않았다. 재판에서 익명으로 증거를 제시한 증언자들과는 달리 얀 뢰프는 일본에 배상을 요구하는 운동을 벌이고 있는 아시아 여자들을 지지하는 의도에서 공개증언을 택했다.

종전 후, 얀 뢰프는 영국인과 결혼했으며, 1960년부터 오스트레일리아 애덜리드에서 살고 있다. 그녀는 남편을 제외한 모든 사람들에게 자신의 경험을 비밀로 지켜왔었다. 그러나 아시아 여인들이 입을 열기 시작한다는 사실을 알고, 얀 뢰프는 침묵을 깨기로 결심했다.

아시아 여인들의 이야기를 신문에서 읽고, 텔레비전에서 그들의 모습을 보게 되자, 나는 그들이 자신들과 더불어 소리 높여 이야기해줄 서양 여자를 필요로 하고 있다는 것을 알았다.

얀 뢰프는 우선 자필로 기록해둔 공책을 복사하여 그것을 자신의 두 딸들에게 읽게 했다. 그 공책에는 전쟁의 강간피해자로서의 경험이 상세한 부분까지 생생하게 기록되어 있었다.

1992년 12월 9일, 일본변호사협회와 '일본의 도의적 책임을 묻는 네덜란드 재단'(Dutch Foundation for Japan's Honorary Debts) 및 관심있는 각계 시민단체들이 중심이 되어 개최한 토오꾜오의 한 공청회에서 얀 뢰프는 처음으로 자신의 이야기를 세상에 털어놓았다. 그 공청회에는 남·북한, 중국, 타이완, 그리고 필리핀에서도 각각 한 사람씩 참가했다. 얀 뢰프는 아시아 여인들의 진술에 비해, 체포와 '길들이기'에 연루된 폭력적인 과정에 대해서 좀더 상세한 정보를 제공했다. 아시아 여인들의 간략한 설명은 얀 뤼프가 묘사한 방법들이 만연했음을 재확인시켜주었다. 반면에, 뤼프는 위안소의 기능에 대해서는 세부사항을 열거하지 못했다. 이는 아마도 비교적 짧은 기간과 그녀가 받은 정신적 충격이 너무도 강했기 때문이었을 것이다. 그러나 그녀의 경험은 다른 많은 위안부들의 경우와 마찬가지로, 그 이후의 삶 전체에 지대한 영향을 끼쳤다.

1944년 2월, 얀 뤼프는 어머니와 두 여동생과 함께 거의 2년 동안 암바라와 제6수용소에 억류되어 있었다. 당시 그녀는 20세였다. 어느 날 수용소 일을 마치고 숙소로 돌아온 그녀는 17세 이상의 모든 미혼 여성들과 함께 구내 마당에 일렬로 서라는 명령을 받았다. 그녀 일행은 일단의 일본 병사들이 "오락가락 거닐면서, 코웃음을 치기도 하고, 손가락질도 하며, 손으로 만지기도 하면서" 검사를 진행하는 동안 불안한 상태로 서 있었다. 마침내 모두 돌아가고 얀 뤼프를 포함한 열 명만 남았다. 그들은 각자의 소지품을 작은 가방에 챙겨넣고 정문에 대기중인 트럭에 올라타라는 명령을 받았다. 감시병이 그들이 짐을 꾸리는 것을 지켜보았다. 얀 뤼프는 정신적인 지주로 삼으려고 성경책과 기도서, 십자가를 잊지 않고 챙겨넣었다. 그녀의 수용소 동료들은 그녀들의 이동을 막으려 했으나, 대부분의 경우처럼 그들의 항의는 아무런 효과도 없었다. 이 10명의 여자들은 인근 수용소에서 끌려온 6명의 여자들과 합류되었다.

사마랑에 도착하자, 얀 뤼프는 책임자인 듯싶은 어느 장교에 의해 다른 7명의 여자들과 함께 커다란 집 안으로 끌려들어갔다. 그녀는 자신이 들어간 곳을 '7대양관(七大洋館)'으로만 알고 있을 뿐 사마랑에 있는 기존의 군용 매춘굴 4개의 이름은 하나도 언급하지 않았는데, 그녀의 묘사로 미루어보아 그곳이 쇼꼬오 클럽이었다는 것을 알 수 있다. 여자들은 각기 자신의 침실로 보내졌으나, 그 첫날 밤은 모두들 너무나 두려운 나머지 잠을 이루지 못한 채 커다란 침대 하나에서 함께 웅크리고 앉아 기도하며 밤을 새웠다. 그날 밤에는 별다른 저지를 받지 않았다.

그 다음날, 일행은 거실에 소집되어 자신들의 임무가 무엇인지를 명확하게 들었고, 더불어 탈출 시도에 대한 경고도 들었다. 여자들이 그런 일에 복종하느니 차라리 죽어버리겠노라고 항의하자, 일본인들은 그들이 무력한 포로에 지나지 않는다는 점을 지적하고, 만약 명령에 복종하지 않을 경우에는 그들의 가족이 고통을 겪게 될 것이라고 덧붙였다. 그 다음 날, 거실은 대기실로 개조되었고 여자들은 모두 사진을 찍혔다. 여자들은 자신의 사진이 가능한 한 흉하게 나오게 하려고 애를 썼다. 일본 여인 한 사람이 일의 진행을 도우려고 나타나자, 여자들은 그녀가 자기들의 역경을 동정해줄지도 모른다는 일말의 희망을 품었으나, 그녀에게서 동정이라고는 전혀 찾아보지 못했다. 그날 밤 여자들은 공포로 완전히 마비상태에 빠져 있었고, 그 공포는 일생 동안 결코 사라진 적이 없을 뿐 아니라 때로는 그날의 공포가 너무나 강렬하게 되살아나 사지를 불태우는 것만 같다고 얀 뢰프는 말한다. 그녀는 여자들이 한번에 한 사람씩 발버둥을 치며 저항하면서 침실로 끌려들어갈 때까지 자기 일행을 기도로 인도하였다. 얀 뢰프는 식당 테이블 밑에 숨어 있다가, 미하시라는 이름의 '우람하고 뚱뚱한 대머리' 장교에게 발각되어 끌려나왔다.

나는 그의 정강이를 발로 걷어찼다. 그는 제자리에 서서 껄껄 웃기만 했다. 내가 저항하고, 발길질을 하고, 울면서 항의해보았지만 아무런 소용도 없었다. 나는 영어로, '싫어요, 싫어요'라고 외치다가, 다시 인도네시아어로 '디안간, 디안간' 하고 소리쳤다. 그는 버둥거리며 대항하는 나를 잡아 일으켜 내 침실로 끌고 들어갔다.

미하시는 칼을 뽑아들고, 칼끝으로 얀 뢰프의 살갗을 그어내려갔다. 그녀는 무릎을 꿇고 앉아 자신의 죄를 용서해주십사고 신에게 기도했다.

미하시는 내 옷을 찢어서 벗겨버렸다. 내가 발가벗겨진 몸으로 침대에 눕자, 그는 칼끝으로 내 몸을 서서히 위아래로 계속 그어댔다. 그의 칼이 내 목과 가슴, 배와 다리 위를 스쳐지나칠 때마다 피부에 와닿는 강철의 냉기를 느낄 수 있었다. 그는 무력한 쥐 한 마리를 데리고 희롱하는 고양이처럼 나를 가지고 놀았다. 그리고 나서 그는 옷을 벗기 시작했다. 그는 나의 몸 위로 덮쳐올라와 자기 몸뚱이 밑에서 꼼짝못하게 만들었다. 나는 그를 밀쳐내려고 발로 차고 할퀴기도 했으나, 그는 너무나도 힘이 셌다. 그가 나를 범하는 동안, 눈물이 줄곧 얼굴 위로 쏟아져 흘러내렸다. 그는 마치 절대로 중단하지 않을 듯이 보였다. 나에게는 이 야수적이고 비인간적인 강간이 죽는 것보다도 더 견디기 힘들었다.

미하시가 떠난 후, 얀 뤼프는 "모든 불결함과 수치와 육신의 상처를 씻어버리려고" 욕실로 달려갔다. 다른 여자들도 그녀와 똑같은 행동을 하고 있었다.

그렇게 씻고 나면 우리에게 일어난 모든 일들을 씻어버릴 수 있을 것만 같아서 우리들은 열심히 몸을 문질렀다. 나는 거실로 돌아갈 엄두가 나지 않아서 숨어버리기로 결심했다. 나는 뒷베란다에 있는 방에 숨었다. 전신이 공포로 심하게 떨렸다. '다시는 안한다. 절대로 이 짓을 되풀이할 수는 없다'라고 나는 생각했다.
잠시 후, 여러 사람들의 성난 목소리와 발소리가 가까이 다가왔고, 결국 나는 숨어 있던 장소에서 끌려나왔다. 그날 밤은 아직 끝난 것이 아니었다. 차례를 기다리고 있는 일본인들이 더 있었다. 다시금 공포가 전신을 엄습해 왔다. 나는 고통이라는 것이 이처럼 강렬할 수 있다는 것을 전에는 결코 깨닫지 못했었다. 그리고 이것은 다만 시작에 불과했다.

얀의 임무는, 이론적으로는 밤에만, 쾌락을 취하는 장교들을 상대하는 것이었다.

낮에는 우리가 안전할 것 같지만, 위안소는 그곳을 사교장소로 여기며 수시로 드나들면서 우리를 위아래로 훑어보는 일본인들로 가득 찼다. 그 결과로 우리는 낮시간에도 흔히 강간을 당했다. 어두워지자마자 위안소는 '개장'

했고, 그럴 때마다 끔찍한 공포에 온몸을 불로 지지는 것만 같았다. 저녁마다 나는 매번 다른 장소를 찾아 숨었지만, 그때마다 발각되어 심한 구타를 당한 후 다시 내 방으로 끌려들어갔다.

자신을 흉하게 만들어보려던 얀 뤼프의 시도는 실패로 돌아갔다.

어느 날 아침 나는 머리를 전부 잘라버리고 내 자신을 최대한으로 흉하게 보이도록 만들자고 결심했다. 나는 완전히 대머리가 될 때까지 머리를 잘랐다. '이런 나를 좋아할 사람은 아무도 없을 것이다'라고 나는 생각했다. 그러나 그 역시 아무런 도움도 되지 않았다. 여자들 중의 한 명이 머리를 삭발했다는 소문이 퍼졌고, 그러한 소문은 나를 호기심의 대상으로 만들어놓았던 것이다.

희생자를 즐기는 '손님들'의 반응이란 가히 예측을 불허했다. 얀 뤼프는 일본인이 그녀를 강간할 때마다 자기는 그를 떨쳐버리려고 마주 싸웠다고 기술하고 있다. "주먹으로 힘껏 때리기도 하고, 발길질에 할퀴기까지 하면서 일본인들에게 빈번히 상처를 입혔다." 그녀의 첫번째 가해자인 미하시의 경우에서와 마찬가지로, 상당수의 손님들은 유순한 복종보다는 이런 종류의 가학·피학성 변태성욕적인 드라마를 선호했는지도 모른다. 그러나 마침내 얀 뤼프는 계속해서 저항한다면, "원주민 여자들이 모여 있고, 조건이 훨씬 열악한, 사병들만을 상대하는 시내 매춘굴로 보내버린다"는 경고를 받았다. 이 위협이 실행으로 옮겨지지는 않았다.

얼마 지나지 않아 얀 뤼프는 여자 관리인으로부터 의사에 이르기까지 그들의 눈에 띄는 모든 사람이 실은 위안부제도의 일익을 담당하고 있는 자들이라는 사실을 깨닫게 되었다.

어느 날 일본인 의사가 우리들의 숙소에 도착했다. 그 즉시 나는 그가 우리들을 도와줄 수 있으리라고 생각했다. 정말이지 의사로서 그는 우리에게 측은한 감정을 느꼈을 것이다. 나는 그 의사와 이야기하게 해달라고 요청했다. 그러나 그는 아무런 관심도 보이지 않았으며, 연민이나 사죄의 기색도 전혀 보이지 않았다. 그 대신 결국 방문 첫날 그는 나를 강간했다.

강간뿐만 아니라 변태성 노출증도 그 의사의 성적 쾌락에 속하는 것 같았다.

　　의사의 방문 일자가 다가올 즈음 해서는 산부인과에서 사용되는 종류의 기구들이 뒷베란다에 있는 방 하나에 설치되었다. 이때부터 우리는 우리에게 생길 수 있는 모든 질병에 대한 검사를 받아야만 했다. 의사는 우리를 방문할 때마다 나를 강간했다. 의사의 검진실 문은 항상 열려 있었으며, 우리에게 더욱 심한 굴욕감을 주게 하려는 의도에서, 우리가 검진을 받고 있는 동안 일본인들은 누구나 그 광경을 구경할 수 있었다. 그 굴욕감이란 참을 수 없는 것이었다. …
　　내가 임신했다는 사실을 알게 되었을 때 나의 불안감은 극도에 달했다. 나는 완전히 공포에 사로잡혀 있었다. 내가 어떻게 그와같은 공포 속에서 임신된 아이를 낳고, 또 그 아이를 사랑할 수 있겠는가? 동료들은 마치 용기의 기둥인 양 내 마음의 의지가 되어주었으며, 내가 임신했다는 사실을 일본인 여자 감시원에게 알리라고 충고했다. 나는 그녀를 찾아갔고, 나의 문제에 대한 해결책으로 그녀는 알약 한 병을 나에게 주었다. 비록 그러한 임신이었을지라도 나는 태아를 죽일 수는 없었다. 만약 그렇게 한다면, 그것은 대죄를 범하는 일이었다. 나는 계속 그 약을 거부했다. 마침내 그들은 강제로 내 입 안에 약을 넣어 삼키게 만들었다. 그후 얼마 지나지 않아 나는 유산했다.

섹스 써비스의 중압감을 최소한으로나마 줄여보려는 의도에서 여자들이 시도한 한가지 방편은 장교들에게 함께 카드놀이를 하자고 권유하는 것이었으며, 이는 위안소에서 간혹 언급되는 보조오락의 한 형태였다. 한 장교는 여자들의 처지를 딱하게 여겨, 다른 장교들을 붙잡아놓으려는 의도에서 고의로 장시간 동안 열심히 카드놀이를 계속하는 일에 협조해주었다. "한 장교가 우리를 이용하고 나가기가 무섭게 또다른 장교가 대기하고 있었으므로, 단 한 순간의 지연이라도 우리에게는 매우 소중한 것이었다."

마침내 얀 뤼프는 풀려나, 잡혀온 다른 여자들과 함께 꼬따 빠리스 수용소로 보내졌고, 그곳에서 그들은 가족과 재회할 수 있었다. 그녀는 매춘굴에서 보낸 기간을 최소한 3개월로 추정하고 있으며, 이는 다른 네덜란드 증언자들이 제시하는 증거와 일치하고 있다. 그 3개월 동안의 경험에 대해 얀 뤼프는 다음과 같이 기술하고 있다.

그들은 나에게서 모든 것을 빼앗아갔다——나의 자존심, 나의 존엄성, 나의 자유, 나의 재산, 그리고 나의 가족. 그러나 그들이 나에게서 결코 빼앗아갈 수 없었던 것이 하나 있다. 그것은 신에 대한 나의 믿음과 사랑이었다. … 일본인들의 야만적이고 잔악한 손아귀 속에서 내가 겪은 그 모든 고통을 극복하고 살아남을 수 있도록 나를 도와준 것은 신에 대한 나의 깊은 믿음이었다. 나는 나에게 가한 행위에 대해서 일본인들을 용서하였지만, 그러나 그 일을 결코 잊을 수는 없다.

수용소에 억류되기 직전에 얀 뤼프는 수녀가 되기 위한 예비서약을 해놓은 상태였다. 그러나 그녀의 시련이 결코 그녀 자신의 자유의사로 선택한 것이 아니었음에도 불구하고, 교회측은 그로 인해 수녀가 되는 것이 불가능하다고 여겼다. 후에 결혼한 다음 그녀는 세 번이나 유산을 경험했고, 대대적인 수술을 받은 후에야 비로소 임신상태를 유지할 수 있게 되었다. 그녀의 경험이 일생 동안 그녀에게 끼친 한가지 영향은 밤에 잠자리에 드는 단순한 행위 자체가 지난날의 공포를 되살아나게 한다는 사실이다. 뿐만 아니라, 그녀는 남편과의 성교를 한번도 충분히 즐긴 적이 없었다——이는 그녀가 통렬히 분개하는 사실이다.

3. 전쟁터의 섹스

이론상으로는 한국인과 타이완인도 일본 국민이었지만, 실제로는 일본인 직업매춘부들이 더 나은 대우를 받았다. 그들은 훨씬 안전한 기지지역에 배치되고 또한 고위급들을 접대할 수 있었던 반면에, 한국인 위안부들은 집단수용되었으며 또 전방으로 배치되었다.

김일면은 그의 저서에서 한국인과 일본인 위안부들에 대한 조사 결과를 밝히고 있는데, 한국인과 일본인 위안부의 비율을 대략 전체 숫자의 80%와 10%로 보고 있다. 또한 한국인 위안부와 일본인 위안부의 특징을 다소 전형화시켜서 대비하고 있다. 즉 전자는 나이가 어리고 초심자로서 속아서 끌려왔고, 기교나 감정에 있어 진지하며 주로 사병들을 상대하는 반면에, 후자는 나이가 든 직업매춘부들로서 자원하여 참여했고, 기교나 감정에 있어서도 형식적이고 천박하며 주로 장교들을 상대하도록 되어 있었다고 기술하고 있다. 일본 남자들과 마찬가지로, 일본 여자들도 하위계급을 경시하는 경향이 있었다. 사병들에게 섹스 써비스를 할 때 일본인 위안부들이 취하는 도도한 태도 때문에 사병들은 그들의 써비스를 별로 즐기지 않았다. 일본 여자들은 직업매춘부들이었으므로 성적 흥분을 위장하는 일에 능란했으며, 이는 고객으로부터 급속한 반응을 불러일으켜——매춘부의 진짜 목적인——성적 관계에 신속한 종결을 지었다. 경험이 없는 사병들은 상대방 여자가 자기에게 매력을 느낀 것이라는 환상에 빠졌다. 반면에 한국 여자들은 연속적인 접대로 육신이 지치기 전까지는 일본인 여자들보다는 훨씬 더 꾸밈없는 반응을 보였다. 김일면이 시사하는 바에 의하면 육신의 피로는 대략 다섯번째 접대에서부터 시작되었다고 한다.

일본 여자들도 전방에서 언제 죽을지 모르는 사병들을 상대로 위안부 노릇을 할 때는 사병들이 처해 있는 상황에 대한 동정심과 더불어 일종의 애국의식을 드러내 보이기도 했는데 이러한 태도로 그들은 어느정도 존경을 받기도 했다. 더욱이 자신들의 고향에서 온 부대를 만나는 경우에——당시 보병대는 주로 동일 지역 출신들로 구성되어 있었으므로——일본 위안부들의 애국의식은 훨씬 더 강해졌다. 이에 대한 '전형적인 실례'로서, 김일면은 소련 국경지대에서 자신들과 유사한 출신배경을 지닌 사병들로 구성된 어느 부대와 수년간을 함께 보낸 큐우슈우 출신의 20여 명으로 구성된 한 위안소를 들고 있다. 그곳에서는 서로 상당한 정도로까지 친밀감이 형성되어, 마치 일종의 집단결혼을 방불케 하는 상황이었다고 전해지고 있다. 그와같은 경우에서는, 위안부들이 너무 피곤할 때나 혹은 지나친 접대로 통증이 심할 때는 자기들이 봉사해야 할 손님의 숫자를 제한할 수도 있었다.

한국인이나 타이완인 위안부들의 경우에도 자기들의 고향에서 온 병사들과의 우연한 만남은——비록 그로 인하여 그들의 애국심이 고양될 가능성은 희박했지만——역시 반가운 일이었던 것으로 묘사되고 있다. 야마따니 테쯔오(山谷哲夫)는 종군위안부를 주제로 한 그의 1979년작 영화 「오끼나와의 할머니: 어느 종군위안부의 증언(沖繩のハルモニ: ある 從軍慰安婦の證言)」을 위한 조사작업 과정에서 일부 한국인들이 자신을 일본인과 동일시하고 있다는 증거를 오끼나와에서 발견했다. 그는 이것을 동화주의 교육의 성공의 일부로 돌리고 있다. 그러나 대부분의 경우 그들의 배경을 고려할 때, 그들은 정치적으로 무관심한 입장을 취하고 있는 것으로 판단되었다. 김일면이 인용하고 있는 한국인 위안부들에 대한 병사들의 호평의 내용이란 한국 여자들로부터는 성병에 걸릴 위험이 극히 적다는 사실과, 일본 카라유끼들과의 관계에서 그들이 느끼는 '마치

태평양 속의 당근'과 같은 기분과 비교해볼 때 한국 여자들은 젊음의 활력과 '탄탄함'을 지니고 있다는 점이었다. 장교들을 상대할 위안부로 일본 여자들이 별도로 확보되어 있음에도 불구하고 이따금 장교들은, 한국인 위안부를 자신들의 전유물로 간주하는 사병들의 기분을 상하게 하면서까지 굳이 한국 여자를 찾는 경우도 있었다.

김일면은 민족적인 차이점을, 중국인 위안부들을 일반화하여 관찰하고 있다. 그에 의하면, 중국인 위안부들은 주로 세 가지 유형으로 나눌 수 있다. 첫번째는 전쟁으로 인하여 지극히 궁핍한 처지가 되어 달리 생계수단이 없는 여인들의 경우이고, 두번째 유형은 토벌수색과 섬멸 작전 과정에서 붙잡혀 강제로 위안소에 끌려온 여자들의 경우이며, 세번째는 중국 군대를 위한 염탐책 역할을 하고자 자원한 여자들의 경우이다. 중국 위안부들은 언어상의 문제로 인해 병사들과 긴밀한 관계를 갖게 되는 사례는 지극히 드물었지만, 그러한 경우가 실제로 없었던 것은 아니었다. 단 이런 경우에는 대개가 일본 병사의 탈영과 주로 중국 공산당원으로의 전향으로 귀결되었다. 이러한 일본인 탈영병들은 흔히 선전원이 되었으며, 전후(戰後) 일본의 공산주의 운동에 기여하기도 했다. 한편 한국인 탈영병들은 김일성(金日成)이 이끄는 게릴라군에 합류하여 장차 북한 정권의 핵심부를 형성하였다.

당시 중국 정세는 지역 군벌간의 다툼과 국민당과 공산당 간의 알력, 그리고 왕징웨이(汪精衛)의 성격이 모호한 친일정부까지 합세한 긴장상태로 지극히 복잡한 상황이었다. 당시의 복잡하게 뒤얽힌 정황과 종군위안부들의 밀정활동은 타이완 작가 탕터캉의 전후 소설 『전쟁과 사랑』에서 상세히 다뤄지고 있다. 이 소설은 위안부 출신 여인들의 증언을 토대로 씌어졌다고 주장하는데, 실제로도 일본측 자료들을 가지고 구성하는 일반적인 실상과도 확실히 일치하고 있다. 이 작품에서 왕징웨이의 '괴뢰군대'는 다분히 금전적 이득을 목적으로 위안소 설치의 확대를 도모한 것으로 그려지고 있으며, 또한 그들은 미점령지로의 밀수출에도 관여한 것으로 묘사되고 있다. 한편 전쟁이 후반기로 접어들면서, 중국에 주둔한 일본 군대는 '중국식 해악에 감염되어' 방탕해지는 것으로 그려지고 있다. 그러나 부패가 만연한 가운데에도 위대한 비극과 영웅주의가 펼쳐지고 있었음을 볼 수 있다.

이 소설의 주요 무대는 3등급으로 분류된 위안소가 설치된 어느 이름없는 산악지대이다. 그중 최상급은 '황군 위안소'로서, 일본인들만이 이용하는 시설이고 위안부들 또한 일본 여자들로 구성하게 되어 있었지만 실제로는 위안부들의 다수가 고급 매춘부의 본고장인 양쯔강 하류 북쪽 지역 출신으로서 전통적인 일본식 복장을 한 중국 여자들이었다. 이보다 한 등급 아래는 '괴뢰 군대'의 병사들 및 일본과 거래하는 무역업자들을 대상으로 하는 '중국인과 사업가들의 클럽'이라는 명칭의 위안소였다. 최하등급 위안소로는 원시적 수준의 시설에 단시간의 방문만이 허용되는 '군·민 접대소'가 있었다.

이 소설은 중간급에 해당하는 어느 위안소와 관계된 중국인 등장인물의 이야기를 기본 줄거리로 하고 있다. 이 위안소의 여주인은 한때 상하이에서 활동한 직업매춘부로서 일본어를 구사할 줄 안다. 그리고 위안소에 종사하는 여자들은, 극소수의 자원자들을 빼면, 대부분이 "붙잡혀왔거나, 팔려왔거나, 속아서 왔거나 아니면 징집되어온" 여자들이다. 여주인의 이야기는 쑤저우(蘇州) 출신의 어느 피난민 여인의 이야기와 뒤얽혀 펼쳐지는데, 후자는 원래 최하등급 위안소에 고용되었으나 중등급 위안소의 부족한 위안부 수를 채우기 위하여 한 등급 위로 옮기게 된 여인이었다. 당시에는 최하등급에 소속된 위안부들 중에서도 좀 잘생긴 여자들은 윗등급 위안소의 부족한 수요를 보충하는 데 동원되었다. 쑤저우 출신의 이 위안부는 괴뢰군대의 병사로 가장한 어느 게릴라군 손님과 사랑에 빠지게 되며, 일본 헌병대가 이 남자의 밀정활동을 탐색하기 시작하자 두 사람은 함께 도망친다. 이 여인의 비극적인 일생의 나머지 이야기는 공산당의 승리로 이어지는 내란과 관련되어 있다.

이 소설 줄거리의 주된 흐름은, 한국인 위안부를 집중적으로 이용한 동기가 토착민 여인들에 의한 밀정활동을 두려워했기 때문이라는 견해를 뒷받침해주고 있다.

위안부로 길들이는 과정

　허위선전에 속아서 징발된 수많은 여자들의 경우, 위안부로서 길들여지는 최초의 경험이란, 마치 일개 병사가 대전투에 직면하는 것만큼이나 엄청나고 끔찍한 것이었을 것이다. 그러한 첫 관문의 경험은 일본 '근대전사(戰史)연구회'가 김춘자라는 이름으로 1965년에 출판한 『여자 병기: 어느 조선인 위안부의 수기(女の丘器: ある朝鮮人慰安婦の手記)』에 생생하고 적나라하게 기술되고 있다(金一勉, 1976). 김춘자의 신원에 대해서는 전혀 알려진 바가 없지만, 그러나 그녀의 진술은 그 이전까지의 '전쟁회고' 문학 작품들 중에서 단연 상세한 것으로 꼽을 수 있다.

김춘자

　김춘자의 진술은, 다른 네 명의 여자들과 함께 여자근로정신대에 자원하도록 강요받던 시점에서부터 출발하고 있다. 김춘자 일행은 일본 정규 경찰관에 의해 중년의 일본인 부부에게 인계되어 기차로 서울까지 실려 갔다. 서울에 도착하여, 어느 여인숙으로 걸어가는 길에서 일본인 남자는 그들 일행에게 거리에 '늑대들'이 많으므로 모두 함께 붙어서 움직여야 하며, 만일 서로 떨어지게 되는 경우에는 "무슨 일이 일어날지 알 수 없다"고 경고했다. 일본인 부부는 도중에 옷가게에 들러 일행에게 한복 치마저고리 한 벌과 면직 기모노와 내의 등을 사주었다. 그리고 화장품 일습도 구입해주었다. 김춘자 일행이 아직 아무 일도 하지 않았음에도 불구하고 그런 물건들을 사주는 것은 그들에게 기대하는 바가 크기 때문이라는 것이 일본 남자의 말이었다. 일행은 난생처음으로 대도시에 와봐서 흥분한데다, 선물까지 받아 기분이 들떠 있었다. 그러나 '애국봉사대'에서 그런 물건들이 왜 필요한지 의아스럽게 여겨지기도 했다. 일행 중 한 사람이 그 이유를 묻자 일본인 남자는 다음과 같이 설명했다. "이것들은 너희들의 무기이다. 병사들이 총과 탄환을 간수하듯이 너희들은 이 물건들을 잘 보관해야 한다." 그러면 자기네들이 할 일은 어떤 것인지 물어보자, 이번에는 일본인 여자가 김춘자에게 전혀 힘든 일이 아니라고 대답했다. 자기 몸을 예쁘게 치장하고 병사들을 위로해주는 것이 그들의 일이라는 것이었다. "알다시피, 오랜 전쟁으로 병사들은 지쳐 있어. 너희들이 몸단장을 하고 병사들을 반가이 맞아주면 모두들 무척 기뻐할 거야. 그것이 바로 '애국봉사대'가 하는 일이지." 그러자 순진한 김춘자는, "그러니까 우리가 병사들을 위해 춤추고 노래한다는 말인가요?" 하고 물었다. "글쎄, 그런 거 비슷한 거지" 하는 대답이었다. 그러고 나서 일본인 부부는 일행을 음식점으로 데리고 가 저녁을 사주고, 식사하는 동안 한국인 처녀들에게 일본 이름을 하나씩 지어주었다. 흔히 그렇듯, 이들이 받은 일본 이름이란 각자의 한국 이름의 한문자를 일본식으로 발음하되 자연스럽게 들리도록 약간 변형하여 만든 것이었다. 김춘자는 카네 하루꼬라는 새 이름으로 바뀌었는데, 이는 춘자(春子)를 일본식으로 발음한 것이었다. 마침내 일행은 어느 외딴 일본식 여관으로 인도되었다. 일본 여인의 설명에 의하면 그 여관은 일본인만 출입하는 곳으로서 '반도인들'은 받지 않는다는 것이었다. 그러나 김춘자 일행이 앞으로 수행하게 될 임무를 고려해서 자신의 추천으로 일행이 그곳에 머물 수 있게 되었다고 덧붙였다. 그러고 나서 여인은 일행을 욕실로 데리고 가서 직접 그녀들의 몸을 깨끗이 닦고 씻어주었다. 그녀는 일행의 몸매를 일일이 칭찬해주며, 특히 그중 한 사람에게는 앞으로 부대에서 가장 인기있는 여자가 될 것이라고 평했다.

이어 일행은 일본식 욕의(浴衣)를 입고서 다섯 명의 육군 장교들이 술을 마시고 있는 방으로 안내되었다. 수줍어서 방안으로 들어서지 않고 문가에 버티고 서 있는 일행에게, 그들의 안내인이 이분들은 그녀들이 앞으로 일하게 될 부대의 최고위 장교들이시라고 말하면서 일행을 방안으로 밀어넣었다. 일행은 장교들이 앞으로 그녀들을 '잘 보살펴줄 수 있도록' 그들의 이름을 외우고 얼굴을 익혀두라는 지시를 받았다. 일행은 먼저 장교들에게 술을 따르는 시중부터 들어야 했다. 일본 여인은 제일 높은 장교에게 이 아이들은 모두 반드시 전쟁을 성공적으로 이끌어 무사히 금의환향할 수 있도록 해줄 것이라고 장담했다. 당시 일행은 일본 여인의 그 같은 발언에 함축된 의미를 이해하지 못했겠지만, 이는 전투에 임하기 전에 처녀의 순결을 빼앗으면 부상이나 전사를 방지하는 효능이 있다는 미신을 염두에 두고 한 말이었다. 그 장교는 "한번 시도해보겠다"라고 응답했다.

얼마 지나지 않아 일행은 경험이 풍부한 손아귀에 마치 '독수리의 발톱에 걸려든 참새처럼' 붙잡혀 비명을 지르며 각각 다른 방으로 끌려들어갔다. 김춘자는 자신을 낚아챈 자가 "만취된 상태에도 불구하고 표범 눈처럼 매서운 눈초리로 자기를 뚫어지게 응시하면서" 자기 옷을 벗기라고 명령하던 당시를 자세하게 말하고 있다. 그녀는 남자의 음부를 가린 허리싸개만 남기고 옷을 다 벗겼다. 그녀는 장교의 성마른 재촉을 받고서 그것까지 벗겼는데, 다음 순간 그녀는 눈앞에 드러난 광경에 경악하여 꼼짝도 못하고 서 있었다. 장교는 그녀가 자기에게 반한 것 같다고 농담을 하면서, 그러나 부대에는 자기 것보다 훨씬 더 큰 것을 가진 자들이 있으니 자기에게 놀라서는 안된다고 덧붙였다. 그러고 나자 이번에는 그녀가 옷을 벗을 차례였고, 옷을 벗는 그녀의 눈앞에 작별을 고하던 부모님의 모습이 떠올랐다. 그녀는 부모에게 너그러운 용서를 빌었다——이것이 다름아닌 '애국봉사'를 의미하는 것이었기 때문이다.

김춘자가 옷을 모두 벗고 나자 장교는 그녀의 몸을 샅샅이 검사해본 후 자기 부대의 병사들에게 상당한 위안을 제공하기에 적합한 몸이라고 결론지었다. 그러고 나서 장교는 장장 네 시간이나 계속되는 입문식으로 그녀를 위안부로 길들이는 작업에 착수했다. 그녀가 슬픔과 고통과 수치심으로 흐느껴우는 동안에도 장교는 그녀에게 끊임없이 온갖 자세를 강요했다. 그후 3일 동안 김춘자 일행은 장교들 사이에서 번갈아 가면서 같은 방법으로 되풀이하여 다뤄졌다. 장교들은 그들에게 다음과 같이 말했다. "말과 마찬가지로, 군인들에게는 최초의 시련과 훈련이 가장 중요하다.

첫날부터 올바로 강인해지지 못한다면, 그러한 군인은 전쟁터에서는 아무짝에도 쓸모가 없다." 이로부터 김춘자 일행은 자신들의 앞날이 어떠하리라는 사실을 깨닫게 되었다. 그들의 외음부는 부어오르고 염증이 생겼으며, 통증을 없애기 위해 할 수 있는 방법이라고는 끊임없이 찬 수건을 갖다 대는 것뿐이었다.

마침내 일행은 그들의 감독인 일본인 부부와 함께, 공식적으로는 그들이 부대원의 일부가 아니었으므로, 마치 '밀수품처럼' 중국행 군용 기차의 마지막 화물칸에 실렸다. 그리고 여정의 마지막 길은 트럭을 이용하였다. 그로부터 얼마 지나지 않아 병사들은 섹스 써비스를 받으려고 줄지어 늘어섰다. 그러한 파견단의 도착은 보통 "여전사(女戰士) 군단 금일 도착. 써비스를 위해 전력을 다할 것임"이라는 내용의 큰 글씨로 쓴 공고문을 통해 알려졌다. 줄을 서서 기다리는 동안 제풀에 사정(射精)을 해버리거나, 또는 자기 차례가 왔을 때 조기 사정을 하는 일이 없도록 미리 수음(手淫)까지 하는 병사들도 있었다는 자료가 남아 있다.

여자들이 일하게 될 부대에 도착할 때까지 '길들이기 훈련'이 미처 실시되지 않은 경우도 간혹 있었다. 여자들의 관리인은 이러한 경우를 군 지휘관이나 여타 고관들에게, 중세 기독교권의 '초야권(初夜權)'의 변형된 의미로, '처녀 맛'을 제공하는 좋은 기회로 이용했다. 매춘업이라는 업종에 필요한 술책을 익히는 체계적인 훈련이 뒤따라 이어졌다. 여자들은 관리인 부부를 '아버지' '어머니'라고 부르도록 교육받았다. 또한 섹스 써비스를 하는 과정에서 여자들 자신이 성적으로 흥분하거나 지나치게 정력을 소모하는 행위는 그들의 육체를 단시간에 지치게 만든다는 이유로 금지되었다. 무엇보다도 여자들은 어느 특정한 병사에게 호감을 가져서는 안되며, 모든 병사들을 동일하게 취급해야만 했다. 이 원칙은 공식 규정으로 명시되어 있었지만, 그러나 이를 위반하는 사례가 자주 발생했다. 여자들은 자신의 접대방식을 손님의 취향에 맞추도록 교육받았다. 나이든 남자들에게는 은근하게 접근하고, 장교들에게는 그들의 성적 기교를 칭송해주고, 젊고 경험이 없는 병사들에게는 금전적인 생각보다는 좀더 낭만적인 분위기를 풍기는 접근방법을 택해야 했다.

여자들이 익혀야 한 직업적 기교 중에는, 벅찬 양의 섹스 써비스를 감당할 수 있도록 엉덩이 사이에 동전을 끼운 채 걸어다니게 하여 넓적다리 근육을 강화시키는 방법도 있었다. 여자들은 '펌프식 물총'으로 국부를 닦는 방법도 배웠으며, 또한 정신없이 바쁘게 돌아갈 때는 손님 접대 사이사이의 틈을 이용하여 황급히 사용할 수 있도록 소독약에 적신 솜뭉치를 침대 옆에 비치해두는 방법도 배웠다. 어느 지역이든 군당국에서는 병사들의 콘돔 사용을 강조했으며, 배급이 가능한 곳에서는 정기적으로 콘돔을 지급하기도 했다. 그럼에도 불구하고 사정이 어려운 지역에서는 공급량이 부족할 때가 있었으며, 재사용을 위해 콘돔을 씻는 실정이었다는 언급이 각종 조사에서 발견되고 있다. 이리하여 콘돔사용제도는 흔히 충분한 효과를 거두지 못하였으며, 그 결과 성병 감염이나 임신 사태가 속출했다. 아기가 태어날 경우 한국 여자들은 중국인 가정에 돈을 지불하고 아기를 맡겼으며, 나중에 자기 아이를 되찾아가는 경우도 있었다고 김일면은 기술한다. 직업매춘부로서의 전력이 있는 일본인 위안부들과는 달리, 새로이 징발되어온 한국 여자들이 자기들이 처한 참을 수 없는 상황에 최선을 다해 적응해보려고 노력하는 데는 석 달 정도의 기간이 필요했다.

전쟁터의 위안부들

중국과 만주는 위안부제도가 발달한 주된 무대로서, 항상 위안부의 대다수를 보유하고 있는 지역이었다. 1937년부터 시작된 전면전 시기에 최고에 달한 지방 괴뢰정권의 확립을 통해, 1931년 9월의 만주 침공에 이어 북중국과 내몽고에 대한 점진적인 침투공작이 뒤따랐다. 그로부터 3년 동안 일본 군대는 해안의 모든 항구와 다른 연락선(線)들뿐만 아니라 북쪽 평원의 대부분과 양쯔강의 항해 가능한 수역까지 다 점령했다. 중국이라는 무대에서 일본 세력을 확장하는 데 관련된 군사만도 거의 150만 명에 달했으며, 만주에는 약 69만 명의 병력이 주둔하고 있었다.

위안부제도의 조건이 열악할수록 그만큼 이에 대해 더욱 상세히 기록되는 경향이 있다. 여러 악조건들은 반일감정을 표출하게 할 뿐만 아니라, 좀더 실제적으로 보상에 대한 요구를 강화시킨다. 물론 그 정도에 있어서 차이가 심한 일본군의 잔학상을 통계적으로 추정한다는 것은 불가능한 일이겠으나, 극심한 학대와 횡포가 만연했음은 분명하다. 일본 군대의 성격은 기록상으로 남아 있는 그들의 다른 극렬한 행적들에서도 나타난다. 여기에다가 전쟁 상황과 주변 환경 그리고 기후까지 합세한 셈이었다. 어느 끔찍한 보고에 의하면, 만주에서 위안부들이 겨울에 죽었을 경우에는 다른 사람들의 경우도 그렇지만, 땅이 꽁꽁 얼어서 묻을 자리를 팔 수가 없어서 해빙기가 올 때까지 시체를 묘지에 그대로 내버려두었다고 한다. 이는 시신을 늑대에게 내맡긴다는 뜻이었다.

전방 가까이에 있는 위안소일수록 위안부들의 고통은 혹독했다. 위안부들은 열대 밀림의 변방에서 허술한 오두막이나 임시변통으로 지은 막사에 기거하거나, 아니면 중국 북방의 황량한 황토벌판에 둘러싸여 지내야 했다. 그들은 전투에서 방금 돌아온 병사들이나 또는 "곰 같은 체구에 멍한 눈초리로 완강하게 붙잡는" 긴장된 정찰병들을 위안해주어야 했다. 장교들의 방문은 이보다 더 혐오스러운 것이었다. 그들은 위압적이고 오만한 태도로 심지어 자기 부하들까지도 인간 이하의 짐승으로 취급했다. 그런 그들이 한국인 위안부들은 얼마나 더 가혹하게 취급했겠는가! 또 그들은 마치 온 세상이 자기들의 소유물인 양, 위안부들에게 돈을 잘 지불하지 않곤 했다.

무엇보다도 여자들이 가장 두려워한 것은 이동중인 부대의 병사들이 한꺼번에 몰려드는 일이었다. 어느 한 부대에 고정적으로 예속되어 있을 경우에는, 요구되는 써비스의 양이 한정되게 마련이고 또 어쩌면 어느정도의 동료의식을 느낄 수 있는 기회가 만들어질 수도 있었다. 그러나 단기 체류병의 경우에는, 요구하는 양이 늘 뿐만 아니라 강도도 더욱 세지게 마련이었다. 그런 군인들은 흔히 이번이 마지막 성교라고 여기면서 곧장 행위로 돌입하곤 했다. 이런 방문이 연속적으로 숨가쁘게 이어지고 나면 여자의 행위는 기계적이 되고, 그러면 병사들은 써비스가 형편없다거나 냉담하다고 생각해 폭력을 행사하기도 했다. 그럴 때면 여자들은 자기들도 ‘똑같은 천황의 자식’이라는 동화주의 정책의 상투어를 내세우기도 했다. 이 말은 병사들을 진정시키는 데 효과적이었다고 한다.

이렇듯 고통스러운 상황에서 여자들은 간혹 정신이 혼미해지거나 심지어 기절까지 하는 경우가 발생하여, 자신이 받은 손님 숫자를 정확하게 기억하지 못하거나 또는 수입에서 자기 몫을 계산하는 근거가 되는 입장권을 제대로 간수하지 못하곤 했다. 이같은 상황은 위안소 운영업자에게 위안부들에게 돌아갈 정당한 몫의 일부를 갈취할 수 있는 기회를 제공했다. 일의 양을 채워 계약에서 풀려나겠다는 좀더 구체적인 목표를 가진 일본인 직업매춘부들은 손님 하나를 받을 때마다 벽에 표시를 하여 전체 숫자를 정확하게 기억하기도 했다. 한국 여자들은, 적어도 처음에는, 남을 잘 믿었다. 김춘자의 회고록은 자신이 그날그날 접대한 남자들의 숫자를 계산하던 방법을 기술하고 있는데, 그것은 귀대시간이 되어 병사들이 썰물처럼 빠져나간 후 업주가 그녀에게 건네주는 돈의 액수를 근거로 헤아렸다는 것이다. 원칙상으로, 그녀의 몫은 수입의 3분의 2였다. 그러나 그녀가 과연 정당한 몫을 받았는지는 의문의 여지가 있다.

이동부대로 인한 또다른 위험은, 이같은 여자들의 소지품이 총알을 비켜가게 하는 부적 역할을 한다고 믿는 병사들의 도둑질로 이따금 위안부들이 소지품을 잃는 일이었다. 물건들을 새로 구입하기가 어려운 외딴 지역에서는 옷이나 신발 따위를 잃으면 참으로 곤란했다. 위안부들은 물건을 더 구입하기 위해서는 운영업자에게 의존하는 수밖에 없었고, 이를 이용해서 업자들은 위안부들에게서 돈을 갈취했다.

김춘자는 2년간 중국 북부에서 일하는 동안 장교들이 수시로 드나들던 때에 유일하게 편안한 경우는 바로 ‘죽음을 불사한 출정’을 앞둔 전날 밤이었다. 죽음을 불사한 출정이란 다름아니라 토치카로 알려져 있는 강력한 방비를 갖춘 진지를 찾아가는 것을 말했다. 이 진지들은 게릴라의 동향을 감시하고 또 반격을 가할 수 있도록 설계되어 있었다.

병사들에게 이따금 섹스 오락을 제공하기 위하여, 보급품과 더불어 서너 명의 위안부들이 진지로 보내졌다. 위안부들은 게릴라 공격에 대비하여 사용할 수 있도록 각기 권총을 지급받았으며, 또한 포로가 되는 것을 피하기 위해 유사시에 자살할 수 있도록 마지막 총알을 소지하고 있으라는 지시도 받았다. 토치카에서는 평소에 가끔씩 잡아들이는 포로들을 감금하는 데 사용하는 감방을 위안실로 대용했다. 그곳 주둔군은 보급 수송차가 돌아오기 전까지 모두 차례대로 위안실에 들어갔다. 위안부들이 없는 동안, 업자는 여자들의 안전한 귀가를 빌기 위하여 간혹 마술적인 신또오 의식을 거행하기도 했다고 한다. 운영업자의 개인적인 감정이 어떠한 것이든간에, 위안부들은 그에게 상당한 재정적 투자를 의미했던 것이다. 뿐만 아니라 전방 지역에서 그녀들을 대신할 인력을 구한다는 것은 아주 어려운 문제였다.

특별히 고생스러운 또다른 경우는 사단 규모의 기동작전이었다. 이럴 때에는 한 사단에 배속된 위안부 전원이 그 사단과 함께 움직여야 했다. 이러한 작전 중 가장 큰 규모의 것으로는 중국 허난(河南) 지방의 게릴라 활동을 진압하고자 계획된 수색섬멸작전인 '허난 작전'을 들 수 있다. 이 작전은 전반적으로 성공적이었지만, 그에 투여된 노력과 파괴 면에서 보면 엄청난 대가를 치른 셈이었다. 김일면은 이 작전에 연루된 위안부들에 대한 묘사를 인용하고 있다.

군대의 최후미 대열에 선 병사들로부터 몇미터 떨어진 위치에 상당수의 여자들이 '애국봉사대'라고 씌어진 완장을 두르고 열을 지어 늘어서 있었다. 그들은 모두 군복을 입고 있었으며, 제복에 가슴이 눌려 불편해하는 것 같았고 … 메마른 누런 먼지를 뒤집어쓴 채, 보급기차 뒤에서 서로 한덩어리가 되어 말없이 걸어갔다. 그들은 군대에 배속된 창녀들이었다. 행군은 꼬박 열흘 동안 계속되었다. 열흘째 되던 날, 그들은 양치아툰이라 불리는 촌락에 도착했으며, 그들 앞에는 광활히 펼쳐진 후앙허 (黃河)가 완만히 흐르고 있었다.

오랜 강행군으로 발에 피를 흘리는 여자들은 촌락에 도착하자 군위안소 책임자인 상사의 감독하에 들어갔으며, 상사는 일행 중에서 가장 잘생긴 여자를 선택하여 장교들의 시중을 들도록 하였다. 상사는 그녀에게 다음과 같이 지시했다. "여기는 전방과 다를 바 없다. 팔로군 (공산주의자) 게릴라들이 언제 공격해올지 알 수 없는 상황이니만큼 항상 준비태세를 갖추고 있어야 한다. 너는 지금부터 장교들을 모시게 될 것이며, 조국을 위하여 전보다도 훨씬 더 열심히 일하지 않으면 안된다."

그는 각각의 장교를 맞이할 때 절을 올리는 방법과 써비스가 완료된 후에 다시 한번 감사의 인사를 할 것을 그녀에게 가르쳤다. 상사는 그의 관리하의 여자들이 제공하는 써비스의 질에 따라 점수를 얻도록 되어 있었다.

첫번째 상대는 30세 가량의 체격이 매우 건장한 장교로서, 그는 얄팍한 군용 매트리스를 향해 여자에게 고갯짓을 했다. 그녀는 물론 오랜 행군으로 인한 피로나 무감각한 상태를 조금이라도 내색해서는 안되었다. 써비스가 끝나자, 장교는 짤막한 감사 표시를 했고, 그녀는 지시받은 대로 장교에게 감사의 인사를 올렸다. 그러고 나서 다음 장교를 맞이하기 위해 다시 몸치장을 하도록 10분이 주어졌다.

만주에서 군의관으로 복무한 한 사람은, 전후에 시행한 전화신고 프로그램을 통하여, 만주에서 이동철도 위안소가 이용된 사실을 회고했다. 그는 일본인과 한국인 야꾸자들이 위안소를 감시했으며, 유랑 써커스단 소녀들도 위안부일을 하도록 강요당했다고 지적했다. 그는 위안부들을 검진하는 과정에서 어떤 여자들은 성병의 증세를 은폐하려고 요오드를 바른다는 사실도 발견했다.

어느 퇴역 군인은 자신이 소련 국경지대에서 복무할 당시, 그곳 사단 본부 근처에 있던 위안소는 입구에 다른 아무런 설명도 없이 부대 이름만 적혀 있던 사실을 상기했다. 그곳 부대에서는 복무기간이 3년째 되는 군인들만이 위안소 방문이 허용되었다. 복무 첫해의 병사들에게는 주로 장교들의 개인 당번이라는 노예 같은 역할이 주어졌고, 복무 2년째에 속하

는 병사들은 당시 부대원들 가운데 탈영병이 생기면 일반적인 관행으로
가해졌던 집단처벌의 대상이었다.

이 퇴역 군인에 의하면, 복무 햇수가 3년 이상 되는 병사들조차도 위안
소를 사용하는 경우는 아주 드물었다고 한다. 비록 외부에서 달리 취할
수 있는 기분전환거리가 전혀 없었음에도 불구하고, 엄중한 군기 때문에
병사들은 그날그날의 긴장상태에서 벗어나기가 어려운 상황이었다. 이
는 위안부들이 평소보다 조금은 여유있는 생활을 할 수 있었다는 것을 의
미하며, 특히 부대 전체가 한때 수상수송 훈련에 완전히 몰두해 있는 경
우에는 더욱 그러하였다. 그럴 때에는 인근 강가에서 낚시질을 하고 있는
위안부들의 모습도 눈에 띄었다.

김일면에 의해 수집된 것으로서 당시 상황을 직접 목격한 서너 사람의
진술은 전쟁터 위안부들의 실상을 더욱 상세하게 보여준다.

군용 트럭 한 대가 북중국 평원 위로 누런 먼지를 일으키며 우리 쪽을 향하
여 다가오고 있었다. 차 위에는 빨강, 노랑, 파랑 등 여러 색깔의 수건을 머
리에 뒤집어쓴 여자들이 타고 있었다. 지뢰밭을 조심스럽게 통과하여 우리
에게 다가오고 있던 여자 일행 중에는 팔에 총상을 입은 여자도 한 명 있었
다. 우리들 눈에는 그들이 마치 하늘에서 내려온 천사들처럼 보였다. 열 명
이 넘는 여자들 대부분은 한국에서 왔으며, 일본에서 온 여자들은 큐우슈우
출신들이었다. 군인들은 수개월 동안 여자들 없이 지내온 터라 몹시 흥분해
있었다. 군인들의 수는 1000명이 넘었다.

그곳에서의 섹스는 보기 딱할 지경이었다. 막사식의 건물들이 일렬로 늘
어서 있었으며, 그중 하나에 들어서면 매트리스 한 장만 깔려 있었다. 매트
리스는 수천명의 병사들의 땀과 기름으로 완전히 절어서 불결하기 짝이 없었
다. 그 위에 여자들은 누웠고, 슈미즈 하나만 걸친 채 잠을 잤다. 위안부들은
일본인, 한국인, 중국인 할 것 없이 모두가 동일한 상황에 처해 있었다.

어느 날 밤 나는 위안소로 몰래 숨어들어갔다. 운영업자와 잠시 잡담을 나
눈 후에, 나는 하룻밤에 대한 요금을 지불하고 어느 위안부의 방으로 들어갔

다. 그녀는 작고 땅딸막한 여자로서, 귀찮다는 듯이 지극히 기계적으로 일을
처리했다. 호감을 느낄 수 있는 부분이라고는 전혀 없었으며, 화장실에서 스
스로 해결하는 것이나 다를 바가 없었다.

내가 상대한 위안부는 열여덟아홉밖에 안되어 보였으며, 발육이 덜 된 듯
처량한 인상마저 풍기는 그 빈약한 팔다리에서는 성욕을 자극하는 요소라고
는 전혀 찾아볼 수가 없었다. 행위를 하는 동안 그녀는 자신의 뺨을 약간 문
질렀을 뿐, 아무런 소리도 내지 않았으며 흥분된 기색도 전혀 없었다. 숨결
조차도 거칠어지지 않았다. 그녀는 성교하는 방법조차도 모르는 것 같았다.
그녀와의 행위는 불만족스럽고도 한심스러운 짓이었다. 마치 덜 익은 과일
처럼, 그녀 육체의 그 부위는 아직도 견고함을 잃지 않은 상태였으며, 나는
마치 어린아이를 겁탈하는 착각에 빠졌다. 황홀한 기분이라고는 전혀 느끼
지 못한 채, 순식간에 끝나버렸다.

이러한 성교가 이루어진 상황을 고려해볼 때, 서로의 만남의 성격이 순
전히 성행위만을 위한 기능적인 것이었다는 사실은 위장될 수가 없었다.
마담 X는 자신의 경험을 다음과 같이 말했다.

병사들은 마사지를 요청하는 일이 결코 없었으며, 어떤 식의 전희(前戱)
를 하지도 않고 받기를 원하지도 않았다. 심지어 우리는 옷을 완전히 벗을 필
요조차 없었다. 아래만 벗으면 되었다. 한 남자가 끝날 때마다 나는 욕실에
가서 몸을 씻었다. 많은 병사들이 동시에 휴가를 받을 때는 우리들은 정신없
이 바빴다. 써비스를 받고자 기다리는 병사들의 줄이 무척 길었다. 만약 어
느 병사가 자신에게 할당된 시간을 초과할 경우에는 '마마상'이 방문을 두드
리면서 시간이 지났음을 병사에게 일러주었다. 나는 감히 병사에게 그런 말
을 하지 못했다. 장교들은 밤새도록 우리를 차지할 수 있었다.

위안소에서의 중간휴식

위안부들의 삶을 좀더 자세히 보여주고자, 김일면은 '섹스 지옥의 막간

생활'에 대한 광경을 제시한다. 원칙적으로는 위안부들에게 매달 생리기간 동안에는 이틀의 생리휴가가 허용되었으며, 이러한 취지는 위안부들의 방문에 공고로 붙인다든가 혹은 일간 회보를 통하여 통보되었다. 이밖에 다른 건강상의 이유가 있으면 군의관들이 당분간 일을 쉬도록 허락해 줄 수도 있었다. 위안소들이 한 달에 하루는 문을 닫았다는 보고도 있으며, 또한 군대이동으로 인하여 비정규적으로 활동이 중단되는 기간도 있었다. 그러나 가장 자주 언급되는 휴식은 매주 건강검진이 있을 때 반나절 쉬는 것이었다. 비교적 나이가 어리고 주로 시골 출신인 한국 여자들은 그냥 위안소에 머물러 있기보다는 뭐를 하든 움직이고 싶어하는 편이었다고 한다. 병사들의 방문이 시작되기 전 시간 동안에는, 보통 한국 여자들은 흰옷을 입는 한국인의 독특한 관습을 지키느라 빨래를 했다. 그렇지 않을 경우에는, 여러 명이 작은 방 하나로 몰려들어가 카드놀이를 하기도 했다. 마담 X는 다음과 같이 회고하고 있다.

나는 병사들과는 카드놀이나 다른 어떤 놀이도 결코 해본 적이 없다. 우리가 했던 유일한 게임은 우리 여자들끼리 하는 것이었다. 써비스를 받고자 하는 병사들이 없을 때면 우리는 이따금 함께 모여 술래잡기를 하기도 했다.

이따금 위안부들에게 가게에 가는 것이 허용되기도 했다. 가게에 가는 가장 큰 이유는 김치 담글 재료를 사러 가는 것이었다. 양념은 중국에서는 물론 다른 대부분의 지역에서도 손쉽게 구할 수 있었지만 김치 자체는 그렇지 않았다. 고추는 이미 지급되고 있던 다른 군용 보급식량에 추가되기도 했다. 처마 밑에 고추를 주렁주렁 매달아 말리는 광경은, 그 집이 한국인 여자들이 있는 위안소라는 가장 명확한 표시였다.
새로 징발되어온 한국 여자들은 한동안은 도망칠 가능성을 생각하는 것 이외에 다른 일에는 관심을 보이지 않았다. 그들은 지리에 대한 개념이 매우 희박하여, 양쯔강을 지나는 배들을 바라보며 그중에서 한국으로 가는 배를 타고 도망갈 수 있을지도 모른다는 막연한 상상을 하기도 했다. 그러다가 점차 체념을 하게 되고, 돈도 약간 모이면 다소나마 편안한 생활을 꾸려보려는 데 관심을 가졌다. 그때부터 그들은 세간살이들을 모으기 시작하는 것이었다.

버마 북쪽 지역의 어느 한 위안소를 대상으로 연구한 미군 심리전팀 보고서에 의하면, 그곳에서 생필품이 모자란 적은 전혀 없었다고 한다. 뿐만 아니라 축음기 같은 사치품들도 많이 있었다고 한다. 위안부들은 운동회나 야유회, 파티 등에도 참석했는데, 아마 군인들은 위안부들의 일차적인 기능 이외에도 그러한 행사가 있을 때에는 여성 동반자로서 그녀들을 환영한 듯하다. 다른 지역에는, 타이완의 어느 운동회에서 찍힌 위안부들의 사진이 남아 있다. 전쟁기간 동안 일본 기관들은 그 종사자들에게 신체단련을 적극 권장했다.

비록 세부사항은 관할 장교가 정하는 규칙에 따라 변동이 있기는 했지만, 군인들의 경우와 마찬가지로 위안부들에게는 기지 밖으로 나가는 것이 엄격히 통제되었다. 어떤 경우는 장교들을 따라 외출하는 것이 허용되기도 했으나, 그렇지 않은 경우에는 외출 허가증을 소지하거나, 아니면 보초병이나 위안소 운영업자가 보호자로 동반하여야만 외출이 가능했다. 필리핀 일로일로에 있는 한 위안소에는 위안부들이 산책할 수 있는 곳이 따로 있었다. 조건이 훨씬 열악한 곳이나 혹은 필리핀 여자들의 경우 실제로 그러했듯이, 토착민들 속으로 되돌아가버릴 가능성이 무척 높은 곳에서는 위안부들은 포로나 다름없이 갇혀 살았다. 인도네시아의 한 여인은 자신과 여동생, 그리고 다른 인도네시아인 위안부들이 4년 동안 있었던 모든 부대에서 그들이 어떻게 포로처럼 갇혀 지냈는지 털어놓고 있다. 그들은 징용당해온 남자 노동자들과 대화를 나누는 것이 금지되어 있었으며, 만약 이야기를 나누다가 적발되면 남자들은 처형당했다.

안정된 지역에서는 간혹 위안부들에게 그들이 소속된 부대 전교(轉交)로 우편물이 전달되기도 했다. 가족들과의 서신왕래를 하면서도 이들은 대개 자기들의 실제 직업에 대한 언급은 회피하였다. 중국 후뻬이 (湖北)의 한 야전우체국에서 근무한 어느 하사관은 2000명의 위안부를 수용하

고 있는 지역의 우편물을 취급한 사실을 회고하고 있다. 우편물은 두 달
에 한번씩 수거되었다. 더불어 그는 한 위안부의 접대부일 마감을 축하하
는 파티에 초대되어 간 사실도 언급하고 있다. 당시 그녀는 28세였는데,
그 직업에 몸을 담은 것은 그로부터 10년 전 일본에서였다고 한다. 당연
한 일이지만, 그녀는 완전히 지쳐 보였다.

사랑과 친절

김일면의 저서나 다른 증언에서 기술하고 있듯이, 거칠고 잔인하고 힘
에 겨운 수많은 이야기들 가운데서도 위안부들과 병사들 사이에 개인적
친밀감이나 서로에 대한 존경심까지도 싹튼 사례들도 많이 있다. 개인적
인 관계는 김춘자의 경우에서처럼, 위안소 운영업자 또한 군의 규정에 의
해서 강력히 저지되었다. 야마 3475부대가 제정한 군인구락부의 중징계
에 관한 부칙 제1항은 다음과 같다.

여종업원에 대한 공유 개념은 시종일관 철저히 적용되어야 하며, 특별한
독점 개념은 엄격히 금지한다.

이러한 규정은 질투가 빚어내는 무질서의 가능성을 염두에 두고 만들
어졌을 것이다. 다양한 감정적 반응들이 표출될 잠재성이 있는 조건하에
서, 특히 극도의 심리적 압박감을 받고 있는 상황하에서, 규율 제정이란
늘 성공적일 수는 없었다. 종군위안부들의 권익을 위하여 활약하고 있는
선구자적 인물인 윤정옥 교수는 라바울 방문에 대한 보고서에서 바로 이
점을 인정하고 있다.

이러한 끔찍한 삶 속에서 한국 위안부와, 출격이 곧 죽음을 뜻하는 젊은 공
군들은 완전히 모든 탈을 벗어버린 인간과 인간의 만남을 가진 모양이다.
(『정신대문제자료집』 I, 31면—역주)

　　윤정옥 교수는 어느 위안부가 자신이 특별히 호감을 가졌던 한 병사가 임무를 수행하러 갔다가 돌아오지 않자 커다란 소리로 울면서 자기 방 한 구석에 꽂아둔 종이에 적어놓은 병사의 이름 앞에 꽃을 바친 일화를 인용하고 있다.

　　『병사들의 육군사』의 저자인 이또오 케이찌 역시 위안부들이 자기가 마음에 둔 병사가 전사했다는 소식을 듣고는 상복을 입고 거의 한달 동안이나 접대를 거절한 사례들을 언급하고 있다. 이또오는 실제로 난징(南京) 근방 군사령부에 소속된 보급부에서 2년 동안 근무하면서 그 지역 일대의 위안부들에게 일종의 상담자 역할을 했었다고 말한다. 그는 위안부들과 병사들 사이에서 때때로 형성되는 특별한 유대관계에 주목했다. 자기가 좋아하는 병사가 전방으로 옮겨가도 여전히 그에게 편지나 선물을 보내고 편지를 받으려고 애썼는데, 그러는 과정에서 도움을 줄 수 있는 같은 지역 병사와 또다른 정분이 싹트는 경우도 있었다. 병사는 그 위안부를 위하여 소식을 얻어들어다 알려주거나, 그녀가 병이 들었을 때에는 선물을 가지고 문병을 가기도 했다. 이렇듯 특별한 유대관계 이외에도, 위안부들에게 팁이나, 기념품 또는 선물 등을 주는 일은 널리 행해진 사실이라고 이또오는 말한다. 이러한 선물들은 토벌 원정시 약탈한 물건이거나 전리품일 때도 있었다.

　　세 지역으로 나눠져 손님을 받는 경우에 위안부들은 서로 상대방의 단골손님은 받지 않기로 합의했다는 보고도 있다. 헌병보조원 출신인 한 남자는 중국 이창(宜昌)에 있던 한국 여자들은 그와같은 규칙을 지켰다면서, 다른 여자로부터 써비스를 받던 병사에게는 "당신은 아무개의 손님입니다"라고 말하면서 거절한 사실을 지금도 기억하고 있다. 간혹 자기가 좋아하는 병사가 지불하는 요금은 사양하는 경우도 있었는데, 그럴 때면 상대방 병사는 금전적인 관계라기보다는 개인적인 친분관계라는 의미에서 일본 사탕이나 빵 등으로 답례하기도 했다. 이어 전직 헌병보조원은 지독히 취한 위안부를 부득이 감금할 수밖에 없던 때도 있기는 했으나,

위안부들에게서 일종의 고결함을 느꼈다고 말하고 있다. 만취된 위안부의 경우는 자신이 징집되어온 사기술책 때문에 마음을 앓다가 그렇게 된 것으로 밝혀졌다(西野留美子, 1992).

중국 산뚱(山東)의 한 위안소에서는, 어느 한 위안부를 단 한번이라도 방문한 적이 있는 병사는 다른 위안부들로부터, "당신은 노부꼬의 손님이잖아요?"라는 말과 더불어 써비스를 거절당했다. 그곳 위안부들은 이 규칙을 매우 엄격히 준수한 것으로 관찰자는 묘사하고 있다. 물론 이는 소규모의 부대가 한군데 오랫동안 주둔하고 있어서 부대원들의 얼굴을 다 알아볼 수 있고 또 신참병들이 쉽게 식별되는 경우에만 가능했다.

당시 젊은 장교였던 한 증인은 뻬낭섬의 한 해군 위안소에서 위안부들과 병사들 사이에 존재한 '일종의 사랑' 심리에 대하여 이야기하면서, "한 건물 내에서 위안부를 방문할 때마다 여자를 바꾼다는 일은 불가능했지만, 그것이 규정상으로 금지되어 있었기 때문은 아니었다"라고 설명한다. 실제로는 오히려 장려되고 있었다. 장교들은 위안소 운영업자와 타협하여 사교적인 모임에 자신의 여자를 동반하고 갈 수도 있었으며, 때로는 답례로 선물을 받기도 했다. 이 젊은 장교도 시계를 선물로 받은 적이 있는데, 그 자신은 항상 위안부들을 "동료, 연인, 혹은 어머니 상(像)으로 여겼다." "나는 그곳에서 나의 청춘을 경험했습니다. 참으로, 그것만이 내가 거기에서 얻은 모든 것입니다." 이 발언은 당시를 회상하는 그 세대의 공통된 생각인 것 같다. 이 장교는 안다만 제도에서 말라리아에 걸려 참전을 종결하고, 1300명의 '준군속 여성들' 사이에서 유일한 남성으로 귀국했다(西野留美子, 1992).

마담 X는 자신의 손님 중 몇몇에 대해서는 오늘날까지도 다정한 마음으로 이야기하고 있다.

상당수의 병사들이 단골손님이 되었으며, 개중에는 다정한 친구가 된 사람도 있었다. 하마베상은 나를 정말로 좋아해준 단골손님이었다. 그는 나에게 닭고기와 다른 맛난 음식들을 가져다 주곤 했으며, 다른 지역으로 전출되었을 때는 눈물을 흘렸다. 나에게 진심에서 우러나온 작별인사를 고한 어떤 병사들은 두 번 다시 돌아올 수 없는 편도행 카미까제 임무를 띠고 떠나갔다.

특별한 유대관계에 관한 기록은 지금도 찾아볼 수 있다. 한국인 심미자는 끔찍했던 경험을 털어놓고 있으나, 또한 서로 다른 시기에 상당히 오랫동안 자신의 친구가 되어준 두 명의 병사에 대한 이야기도 하고 있다(伊藤隆, 1992). 그중 한 명은 그녀가 위안부로서 맨 처음 갔던 부대의 지휘관으로서, 그는 자신이 타지역으로 전속될 때까지 첫 8개월 동안 심미자가 다른 병사들을 접대하지 않아도 되도록 처리해주었다. 그로부터 6년 후, 전쟁이 끝날 무렵, 그는 심미자를 다시 찾아와서 그녀에게 필요한 치료비를 대주었다. 그뿐만 아니라 그는 심미자가 있는 지역의 헌병대 장교에게 그녀를 돌봐주라고 부탁까지 했다. 장교는 그녀를 다방에도 데리고 가고, 일본 서부지역에 산재해 있던 여러 부대로 함께 여행도 해서 매일같이 되풀이되는 그녀의 고역을 다소나마 덜어주었다.

만주에서 포병으로 근무한 어느 병사는 한 한국인 위안부가 자신이 불임이 되어 한국에 돌아가서 결혼할 수 없게 될 것을 우려하여 그 병사의 정부가 되기를 바라던 일을 상기하고 있다. 그는 그녀를 몹시 좋아하게 되었으며, 전쟁이 끝나면——그때에도 일본이 여전히 통치권을 갖고 있으리라는 가정하에서——그녀와 결혼하여 남만주철도회사에 취직할 계획도 세워놓고 있었다. 그의 마지막 기억은 부대가 이동할 때 언덕 위에서 손을 흔들던 그녀의 모습이다. 일본의 패배는 자연히 그 두 사람의 희망을 꺾어놓았다.

또다른 병사는 동료 병사와 함께 만주 국경지대에 있는 한 위안소를 방문했을 때 어느 위안부가 자기를 선택했던 일을 진술하고 있다. 그에게는 그 위안부와의 관계가 최초의 성경험이었으며——이는 흔한 경우였다——그는 그녀를 자신의 '첫사랑'으로 생각했다. 그후 그는 그녀만 찾아갔으며, 그녀에게 선물을 가져다 주고, 그녀를 야유회에 데려가려고 위안소 운영업자를 매수하기도 했다. "비록 짧은 기간 동안이나마, 나는 진정한 인간관계를 맺고 있다고 느꼈다. 그들을 방문할 때면 나는 나 자신의 인간적인 감정이 되살아나는 듯한 느낌이었다"(西野留美子, 1992).

바로 이러한 감정이야말로 군대의 '비인간화' 과정에서 많은 병사들이 잃어버렸다고 느끼고 있던 것이었다. 이에 대하여 한 병사는 다음과 같이 토로하고 있다(西野留美子, 1992).

전쟁에 나가기 전까지만 해도 우리들은 착한 남편이요, 착한 아버지요, 착한 형·동생이었다. 그런데 어찌하여 우리는 전쟁중에 그렇게 많이 변해버렸는가? 군대는 감옥이었다. 특히 신참병이라면 누구나 경험하게 되는 이른바 '자의적인 군기훈련'이란 매일매일 심하게 구타당하는 것이었다. 혹시 옷깃이 더럽다거나 군화가 윤이 덜 난다거나, 응답이나 태도가 상관의 비위에 맞지 않을 경우에는 무자비하게 구타당했다.

이 비인간화 과정은 매사에 매일같이 자행되는 임의적인 횡포에서부터 시작하여, 극단적으로는 병사들에게 직접 총검이나 칼로 포로들을 처형하도록 강요하는 '담력 시험'에 이르기까지 광범위하게 시행되었다.

'한국정신대문제대책협의회'에 자신의 경험을 들려준 한 위안부는 어느 일본인 장교와의 교분을 무척 호의적으로 상기하면서 자신은 일본인 전체를 용서해줄 용의가 있으나, 그 대신 자신을 위안부로 징집해간 한국인 중개자들과 오랫동안 무관심으로 일관해온 한국 정부를 비난한다고 말했다. 현재 '김할머니'로 알려져 있는 그녀는 당시 부모의 반대를 무릅쓰고 좀더 나은 삶에 대한 희망을 품고 고향을 떠났었다.

김할머니의 경우

김씨는 한국인 운영업자 부부에게 넘겨져서 상하이를 거쳐 전방에 가서 그곳에서 2년 반이라는 세월을 보냈다. 김씨에게 호감을 가진 이즈미 소위는 그녀를 자신의 숙소로 불러들였으며 또 자기가 전속될 때마다 그

너도 함께 떠날 수 있도록 조처를 취했다. 그는 김씨에게 쓰기와 산수를 가르쳐주고, 1940년에는 마침내 그녀가 다른 네 명의 여자들과 함께 무사히 고향으로 돌아갈 수 있도록 도와주었다. 그 뒤로도 그는 김씨에 대한 자신의 사랑을 다짐하고 '승리 후' 그녀와의 재결합을 약속하는 내용의 편지를 한 달에 두 번씩 그녀에게 보냈다. 김씨는 답장도 써보내고 위문품도 부쳤다. 일본의 패배는 두 사람의 계획을 망쳐놓았으며, 마을사람들로부터 소외당한 김씨는 서울로 올라가 어느 유부남의 정부가 되었다. 김씨는 아들을 하나 낳았고, 아들은 그녀에게 손자 둘을 안겨주었다. 김씨는 결코 자신의 과거를 밝히지 않은 채 살아왔으나, 군대위안부 문제가 공공연히 제기되기 시작하자 그녀는 며느리와 조카딸에게 자신의 이야기를 털어놓았다. 그들은 김씨가 그 문제를 진척시키는 것을 애써 만류했지만 김씨는 끝까지 고집했다. 김씨에게는 자신의 한(恨)을 푸는 것이 커다란 위안이 되었다. 그러나 그녀의 접근방법은 동일한 문제로 운동을 벌이고 있는 여성단체의 방법과는 달랐다. 김씨는 현시점에서 일본 정부는 일본인 종군위안부들에 대한 보상에만 책임이 있다고 보고 있으며, 한국인에 대해서는 한국 정부가 책임을 져야 한다고 주장하고 있다.

4. 상하이 규정 및 그 변형규정

　위안부제도를 위해 실시된 가혹한 동원방법에 관한 문헌은 많지 않지만, 위안소 운영에 관한 증빙문서는 충분한 편이다. 오끼나와의 위안부들을 주제로 기록영화를 만든 일본인 영화제작자 야마따니 테쯔오는 1992년 1월 23일 토오꾜오의 『아사히(朝日) 신문』에 보도된 기사에서 일본인들은 모든 것을 기록해놓았다는 사실을 지적했다. 그리고 이것이 가능했던 것은 일본인들에게는 위안소가 정상적인 위락시설로 간주되었기 때문이라고 야마따니 테쯔오는 덧붙였다. 이와는 대조적으로 미군의 경우에는, 그들 역시 오끼나와 같은 지역에 섹스 써비스 시설을 충분히 보유하고 있었음에도 불구하고, 여론이 그러한 시설의 필요성을 인정하지 않으리라는 이유 때문인지 공식적인 배려는 전혀 없었다.

　만주와 중국에 있던 헌병대는 위안부들의 사진등록부를 보관하고 있었다. 위안부들의 이동은 '군수품'이나 '간이매점 보급품'이라는 항목으로 수송목록에 기재되었는데, 이는 사실을 은폐하려는 의도에서라기보다는 위안부들의 인간성에 대한 단순한 무관심에서 기인했거나, 아니면 달리 분류해넣을 범주가 없었기 때문이었을 것이다. 이러한 자료는, 주로 점령지의 보안을 고려하여 일본 본토에까지 전해지는 일은 거의 없었다.

　상하이 부근에 위치한 최초의 위안소는 군이 직접 운영하였기 때문에, 운영 규정이 단순한 형태의 가장 기본적인 것만을 명시해놓고 있다. 이 상하이 규정은 1969년 이또오 케이찌의 『병사들의 육군사』를 통해 처음

으로 출판되었다. 이 규정은 위안소 운영 규정의 한 전형(典型)을 보여주
고 있다. 이보다 훨씬 세분화된 유사한 규정들이 후에 많이 등장했다. 이
러한 규정들이 대체로 그러하듯이, 각 항목에 일련번호를 명시하지 않
고, 모든 규정이 필수적이라는 점을 시사하기 위해 매 항목이 번호 1로
시작한다. 이 규정들의 내용은 다음과 같다.

　1. 본 위안소의 출입은 군대와 군속(軍屬)에게만 허용한다.
　1. 방문자는 접수시 요금을 지불하고 입장권과 콘돔을 받아야 한다.
　1. 입장권은 접대소 이용시에만 유효하며, 입실하지 않았을 때는 환불이
가능하다. 그러나 일단 접대부에게 입장권을 넘겨주었을 경우는 환불이 불
가능하다.
　1. 입장권을 구입한 방문자는 번호를 보여주고 입실하도록 한다. 허용된
시간은 30분이다.
　1. 접대부는 방문자 입실시 입장권을 받도록 한다.
　1. 방안에서는 음주를 금한다.
　1. 방문자는 용무가 끝나는 즉시 떠나야 한다.
　1. 규정을 준수하지 않거나 군대의 기율을 어기는 자는 퇴실(退室)시킨
다.
　1. 콘돔을 사용하지 않는 관계는 금지한다.
　1. 입장시간: 사병은 오전 10시부터 오후 5시, 하사관은 오후 1시부터 오
후 9시.

　차후의 규정들은, 위안소가 군대의 총괄적 규정하에 일반적으로 민간
인들이 운영하는 체제로 바뀌면서 더욱 복잡해졌다. 이 정책을 기본으로
한 전반적 지령의 한 실례가 지휘관 출신 시게무라 미노루(重村実)에 의
해 「특별요원이라 불리는 부대」라는 제목으로 1955년에 어느 잡지(『文芸
春秋』 1955년 12월호—역주)에 실린 바 있다. 이 지령은 1942년 5월 30일자
로 해군성에서 남서방면 함대 참모장에게 보낸 것으로서 "제2차 특별요
원 전출에 관한 조회"였다. 여기에는 암본, 마까싸르, 발리끄빠빤, 수라

바야 등 모두 인도네시아에 속하는 지역들과 말레이 반도의 삐낭과 쇼오난(현 싱가포르) 같은 파견 목적지의 지명들이 실린 목록이 포함되어 있다. 각 지역으로 보내진 요원의 숫자는 '음식점'과 '단순 특별요원'이라는 항목란에 기입되어 있다. 후자는 위안부들이고, 전자는 게이샤 타입의 써비스도 제공했다. 일반적으로 두 종류가 모두 비슷하게 운영되었는데, 전시하에서 대부분의 사업에 적용된 용어로 표현하면 "공적으로 통제하고 사적으로 운영하는" 방식이었다. 숙박시설은 운영자에게 임대되었고, 적절한 경우에는 팔기도 했다. 침구류와 식량은 운영자가 제공하기로 되어 있었으나, 필요한 경우에는 함대측에서 보조할 수도 있었다. 병사들의 위생은 함대측의 책임이었고, '군속'의 경우에는 운영자측에서 책임을 졌다. 두 종류 사이의 유일한 차이라면 '단순 특별요원'의 경우에는 각 군의 지휘관이 직접 관장할 수 있다는 점이었다. 그렇지 않을 경우에는 대리인에게 위임되었다. 요금은, 상황에 따라 변할 수 있지만, 계약 대부금이 일년 이내에 상환 가능한 비율로 책정되었다. 장교와 하사관을 위한 특별한 조처도 마련되어 있었다.

오끼나와 규정

공식 지침하에 고안된 것으로서, 일본어 원본으로도 현존하는 가장 완벽한 규정집은 야마 3475부대가 발표했던 것인데 1990년 15년전쟁에 관한 '주요 공문서 씨리즈'로 출간된 바 있다. 이는 1992년 1월 쭈우오 대학의 요시미 요시아끼(吉見義明) 교수가 방위청 방위연구소 도서에서 당국에 책임이 있음을 시사하는 문서들을 발견하기 훨씬 전의 일이다. 야마 3475부대는 이시 군단 제62사단 소속 부대로, 이 부대의 규정은 오끼나와 평화기념도서관에 있는 시(市) 고문서 중에서 발견되었다. 이 규정은 점령지에서 고안된 규정의 변형으로서 당시 오끼나와의 상황을 반영하는 특징들을 지니고 있다.

1944년 12월자로 기록된 이 '군인클럽 규정'은 상하이 규정과 거의 동일한 사항들을 포함하고 있다. 그러나 이 규정은 좀더 세분화되어 있으며, 상하이 규정 이후의 경험을 반영하는 수많은 세목들로 보완되어 있다. 비(非)군용 매춘굴 출입금지령으로 인하여 군인 전용 위안소 사용 규정이 더욱 강화되었다. 클럽 이용 허가에 형식을 갖추기 위해 일람표 작성이 추가되었는데, 날짜 기재란과 서부지역 수비대 사령관의 검인란이 있는 이 일람표를 연락장교가 배포했다. 지불은 운영주에게 현금으로 지불하도록 되어 있고, 외상은 허용되지 않았다. 요금은 장교가 3엔, 하사관은 2엔 50전, 사병은 2엔이었으며, 허용된 시간은 계급에 상관없이 40분이었다——정확히 지켜진다면, 다른 지역에서보다는 여자들의 고충이 다소나마 감소될 수 있는 시간이었다. 시간제한은 엄격히 준수되어야 하며, 위반시에는 클럽 이용 허가를 박탈했다.

건물 내에서는 장기나 그와 유사한 게임을 하는 것이 허용되었으나, 식사나 파티는 주류와 더불어 일체 금지되었다. 위안부의 써비스에 대한 불만으로 인하여 일어날 수 있는 폭력행위를 금지하는 특별 규칙도 있었다. 콘돔의 사용은 의무화되어 있었고, 위안소 이용시간은 사병이 정오 12시부터 오후 5시까지, 하사관은 오후 5시부터 8시까지, 그리고 장교는 저녁 8시부터 자정까지였다. 시간은 엄격히 준수되어야 했으며, 써비스는 선착순으로 이루어졌다.

이밖에도 다른 많은 조항들이 추가되었다. 써비스는 면세였다(만주에서는 방문시에 매번 면세 전표가 발부되었다). 건강검진은 헌병의 입회하에 한 달에 세 번 시행되었으며 위안부 전원의 검진 결과를 기입하는 서식도 있었다. 성병에 감염되었거나 검진을 받지 않은 위안부는 병이 치료되거나 검진에 통과될 때까지 일하는 것이 금지되었다. 병은 종류를 막론하고 즉시 보고하도록 되어 있었다. 치료는 그 지역 의사가 맡았고, 치료비는 운영업자가 부담하였다. 부대측에서는 지역 당국과 관련된 이런저런 문제들을 도와주었지만, 임대료는 운영업자가 지불하도록 되어 있었다. 클럽은 매달 8일——검진일 중의 하루이다——에는 문을 닫았다. 이시 군단에서 내려오는 일과 명령은 건강검진시 여자들의 얼굴이나 외

음부를 빤히 응시하여──그러한 행위를 하여 보고된 자도 있었다──
그들을 곤혹스럽게 만들지 않도록 경고하고 있다.

운영업자들을 관리하는 규정에서는 부당이익 취득이나 군 기율 위반에
동조하는 행위를 금지했다. 운영업자들은 밀정활동을 경계하고 군사적
문제에 관한 논의를 피해야 했다. 모든 거래 내역을 장부에 기록하여 검
열시에 제시하도록 되어 있었으며, 규정 위반시에는 클럽이 폐쇄되었다.

클럽 이용자들은 위안부들을 '공동소유'로 간주한다는, 앞서 인용한 바
있는 규칙을 준수해야만 했다. 또한 그들은 군인의 위엄성도 지켜야 했
다. 클럽 밖에서 배회하는 것이나, 어떤 형태로든 지역 주민의 존경심을
잃을 만한 행동은 금지되었다. 써비스를 받고자 하는 군인들은 클럽 구내
에서 일렬로 줄서 있어야 하며 폭력이나 절도, 시설에 손상을 입히는 행
위는 금지되었다. 위안부를 클럽 밖으로 데리고 나가는 것은 허용되지 않
았으며, 위안부들은 허가 없이는 클럽 밖으로 나갈 수 없었고 병사(兵舍)
나 작업장에도 출입이 금지되었다.

마지막 몇가지 규정은 클럽과 부대 사이의 협력에 관한 세부사항들을
명시하고 있다. 원칙적으로 클럽은 자력으로 운영되어야 했으나, 부득이
한 경우에는 부대측에서 후원할 수도 있었다. 예를 들어 부대는 흔히 경
찰을 통해서 이루어지는 임대조건을 협상해줄 수도 있었다. 또한 클럽의
개축이나 수리를 위해 자재(資材)나 인력을 제공하기도 했으나, 이러한
경우에는 반드시 상환을 요구했다. 위안부들을 위한 식량 공급에 어려움
이 있거나 공급량이 건강유지에 불충분할 때는 부대측에서 이를 해결해
주었다.

나까야마, 토야마 및 창저우 규정

요시미 교수가 발견한 문서 중에는 1944년 꽝뚱(廣東) 지역의 부대에
서 공포된 군인클럽에 관한 서로 다른 두 개의 규정집이 포함되어 있다.
해당 부대는 나까야마(中山) 수비대와 토야마(富山) 부대이다. 토야마

부대의 규정은 나까야마 수비대가 공포한 규정에 몇가지 규칙들을 추가한 것이다. 두 규정 모두 오끼나와 규정보다 간결하며 어떤 표준 절차를 전제로 하고 있는 것 같다.

　나까야마 규정 역시 클럽의 이용을 군인들로 제한하고 있으며, 현금 지불을 요구했는데, 여기서 현금이란 당시 왕징웨이 정부가 발행한 통화를 의미했다. (다른 점령지에서는 전쟁이 끝날 때까지 군표(軍票)가 사용되었다.) 요금표는 계급뿐만 아니라 군복무 기간에 따라 차이가 있었기 때문에 매우 복잡하다. 장교와 준위 및 군속은 30분에 11원(元), 하사관은 9원, 그리고 사병은 6원이었다. 1시간 이용에 해당하는 요금은 각각 17원, 11원, 9원이었고, 고급장교들에만 해당되는 것으로서 자정을 넘을 경우의 요금은 40원이었다. 특히 주의를 끄는 점은 항목이 각각 '매춘부'와 '게이샤'라는 의미의 용어로 씌어 있는 두 개의 난으로 분리되어 있다는 사실이다. 그러나 첫번째 난은 공란(空欄)으로 남겨놓고, 숫자는 두번째 난에만 기입하였다. 단순히 음식점인 클럽에 대한 규정은 별도로 있었으므로, 이 두 난이 모두 위안부를 지칭한다는 것은 의심의 여지가 없다. 이러한 용어의 사용은 중국의 영향에서 비롯된 것으로 보인다. '게이샤'와 동의어인 일본어는 중국어로는 명백히 매춘부를 암시한다. 만약 이곳 위안부들이 중국인들이었다면, 아마 이 용어는 그들 스스로 더 선호한 용어였을 것이다.

　써비스 시간은 사병이 오전 9시 30분부터 오후 3시 30분까지, 하사관은 오후 4시부터 8시까지, 그리고 장교의 경우에는 저녁 8시 30분부터 '영업이 계속되는 동안'까지여서, 그러다 보면 어떤 때는 새벽까지 써비스 시간이 연장되었다. 술에 취했거나 복장이 불량할 경우에는 써비스를 받을 수 있는 특권을 취소한다는 위협문구로써 입장을 금하는 규정도 있었다. 위안부를 동반한 외출도 금지되었다. 규칙 위반 행위를 목격한 자는 신고하도록 되어 있었으며, 밀정활동은 모두의 경계대상이었다. 부대의 부관은 관리를, 경리관은 재정적인 문제를, 그리고 군의관은 위생문제를 각각 책임졌다.

토야마 규정은 극히 경미한 차이가 있을 뿐이다. 주된 차이는 1회 써비스의 시간이 일정하다는 것이며, 이에 대한 요금은 사병이 8엔, 하사관이 10엔, 그리고 기지 밖에서 거주하는 요원이 15엔이었다. 요원들의 경우에는 40엔을 지불하면 하룻밤을 지낼 수도 있었다. 여기에서 사용되는 통화는 군표를 의미할 수도 있다. 매일 기입해야 하는 양식이 있었고, 여기에는 위안부 개개인의 성명과, 개인의 하루 총수입, 사용된 콘돔 숫자, 그리고 그날 하루 접대한 장교·하사관·사병별로 손님 숫자를 기재해야 했다.

방위연구소 도서에서 새로이 발견된 또다른 문서는 1938년 3월 중국 창저우(滄州)에 주둔한 부대들의 내무규칙의 일부에 해당하는 규정들이다. 위안소에 관한 장(章)은 위안소의 목적을 "휴식과 위안의 방법을 고안하여 군기를 정비한다"라고 정의하면서 시작한다. 써비스 요일은, 임시 주둔 부대의 경우에는 특별히 써비스를 받도록 한다는 지침하에, 그 지역 부대들에 교대로 돌아갔다. 위안소 이용시간은 하사관과 사병 모두 오전 9시부터 저녁 6시까지였으며, 허용된 시간은 각각 1시간이었다.

여기는 민족에 따라 요금이 달랐다. 일본인은 2엔, 한국인은 1엔 50전, 그리고 중국인은 1엔이었다. 기지 밖에서 거주하는 장교들은 요금을 갑절로 지불했다. 콘돔의 사용이 요구되고 있으며, 이례적으로 이 지역에서는 콘돔이 흔히 '가스 마스크'를 의미하는 용어로 불리었으나, 이는 일종의 속어라기보다는 관청 용어처럼 들리도록 하려는 의도에서 비롯된 것이다. (콘돔을 일컫는 흔한 속어는 '철모'였다.) 건강검진은 월요일과 금요일 오전 8시부터 10시까지 시행되었다. 위안부들은 시효 있는 건강진단서를 소지하고 있어야 했다. 매달 15일은 위안소가 쉬는 날이었다. 총괄적인 감독은 헌병대 파견단의 책임이었다.

마닐라 규정

위안소 규정과 통제 및 숙박시설과 관련하여, 상술한 기존 양식을 따르는 상당수의 단편적인 자료들이 공개되었다. 예를 들어, 필리핀의 따클로반에 있던 어느 위안소에 대한 한 헌병대원의 보고에 따르면, 요금이 사병은 1.5뻬소, 하사관과 군속은 2뻬소, 장교는 3뻬소, 그리고 하룻밤을 지내는 경우에는 5뻬소로 규정되어 있었다고 한다. 허용된 시간은 1시간이었다. 9명의 위안부와 여주인이 모두 필리핀 사람이었으며, 이따금 다른 부대들을 순회하기도 했다.

현재 입수 가능한 가장 포괄적인 규정집은 1943년에 발표된 「마닐라의 공인 식당과 창가에 대한 규정」의 영역본으로서, 이는 「일본군 내의 위락시설」에 관한 연합군(주로 미군) 첩보보고서에 포함되어 있다. 다행히도 그 규정이 포함된 원본 책자 전체가 역자의 수중에 들어왔다. 마닐라는 매우 중요한 중심 도시였으며, 전쟁기간의 대부분을 동요가 거의 없이 지낸 지역이었으므로 그곳의 규정은 특별히 세밀하고 철저했다. 앞서 언급한 보고서에는 필리핀의 다른 지역에서 적용된 간략한 몇가지 규정들도 포함되어 있다.

번역본에서는 위안소를 '휴게소'라는 용어로 옮겨놓았다. 이 용어는 다른 곳에서는 채택된 적이 없었지만, 그런대로 일본어가 지닌 의미를 전달해주고 있다. 위안부를 지칭하는 용어로는 '게이샤'나 '매춘부'가 사용되었다. 위안소를 설치하는 작업에는 복잡한 절차가 명시되어 있으며, 이는 일반적인 일이었겠지만 다른 곳에서는 이러한 절차가 명확하게 지시되어 있지 않다. 운영업자는 사업 경험이 있는 자로서 국적이 일본이어야만 했다(여기에는 한국인과 타이완인까지 포함된다). 신청서 제출시에는 사업계획서와 군의 권한을 인정한다는 진술서 및 이력서를 각각 3부씩 첨부해야 했다. 신청자는 허가를 받는 즉시 위안부들의 명단 3부, 개인이력서 1부, '접대부들'의 공인을 요청하는 신청서 3부를 제출하도록 되어 있었다. 고용된 인원에 변동사항이 있을 경우에는 유사한 절차를 다시 밟아야 했다. 운영업자들은 폐업이나 휴업에 대해서도 허가를 받아야 했다. 반대로 군당국은 영업을 중지시킬 수 있으며, 경우에 따라서는 운영업자측에서 보상을 신청할 수도 있었다.

　여자들은 계약만료시에 재고용될 수 있으며, 위안소를 떠날 때도 허가를 구하는 신청서가 있었다. 품행이 불량한 여자들은 '영업할 권리'를 박탈당했다. 건강검진 결과, 일을 계속하기 부적합하다고 판명되는 경우에는 본국으로 송환되었다. 미성년자는 고용할 수 없게 되어 있었다.

　수입의 절반은 여자들의 생활비를 책임지는 운영업자에게 돌아가도록 되어 있었으며, 의복이나 화장품 구입에 드는 비용은 여자들이 부담하였다. 저축이 권장되었으나, 한 달에 30엔을 초과할 수 없다는 제약이 있었다. 그들의 저축액수는 정규 사업보고서에 기록되어야 했다. 일과 관련된 병의 치료비는 당사자와 운영업자가 반씩 부담하였고, 그 이외에 과로로 인한 병이라는 것이 군의관에 의해 판명되는 경우에는 운영업자가 치료비의 70%를 부담하였다. 건강 예방책을 위한 의무사항은 규정으로 상세히 명시되어 있었으며, 2000배로 희석한 과망간산칼륨 용액이나 0.5% 크레졸 용액 등도 지급되었다. 접대부들은 "위안소 내의 필요한 지역을 매주 청소하고 소독"하도록 되어 있었다. 생리기간중에는 성교가 금지되었다. 매일 목욕을 해야 하고, 침구류는 엄격히 청결을 유지해야 했다. '폭력이나 불합리한 요구'에 대한 금지령과 더불어 일반 질서유지를 위한 규정도 있었다. 접대부에게 키스하는 것은 금지되었다.

　마닐라 규정집은 다양한 절차를 포함한 14가지 관행을 수록하고 있다. 필리핀인과 (당시에는 한국인과 타이완인을 포함한) 일본인 사이에는 가격 차이가 있었다. 전자의 경우 40분에 사병은 1.5뻬소, 하사관은 2.5뻬소를 받았으며, 좀더 높은 계급은 1시간에 4뻬소, 하룻밤에는 8뻬소를 받았다. 일본인은 각각의 경우에, 2뻬소, 3뻬소, 5뻬소, 그리고 10뻬소를 받았다. 건강검진 보고서뿐만 아니라 일간 및 월간 사업보고서도 제출하도록 되어 있었다.

　미군 보고서에는 1944년 2월 7일자로 된, 주로 위안소를 대상으로 소수의 음식점도 포함한 25개 클럽에 관한 경찰 보고서가 포함되어 있었는데, 이는 위안소 수준을 개선하라는 경고로서 '마닐라 작전지구 통신전선'(Manila Sector Line of Communication)이 위안소 운영업자들에게 배포한 것이었다. 소수의 클럽은 만족할 만한 수준으로 보고되었으나, 전체적으로는 다음과 같은 사항을 지적할 필요가 있다고 봤다.

> 위생규칙이 거의 준수되고 있지 않은 상태이며, 위생대책을 강구하지 못한 사례가 적지 않다. …많은 운영업자들이 오로지 자신의 이익에만 관심을 쏟고 있으며, 다른 목적이라고는 전혀 없이 위안소를 운영하고 있다. 운영업자들은 게이샤의 복지에 대해서는 아무런 관심도 보이지 않으며, 그들의 건강이나, 식사, 목욕시설 등의 문제에도 전혀 신경을 쓰지 않는다. 운영업자들의 이같은 이기적 행위에 대해서는 제지가 필요하다.

검진을 받은 1183명의 여자들 중에서 69명은, 비록 병명이 명시되지는 않았지만, 병에 걸려 있는 것으로 밝혀졌다. 이 실례만 보더라도, 건강규정에 관심을 많이 쏟았음에도 불구하고, 실제로는 요구되는 수준에 거의 부응하지 못했음이 분명하다. 규정의 다른 부분도 마찬가지였을 것이라는 것 또한 의심할 여지가 없다. 이 규정들은 일종의 공정성과 인간적인 측면까지도 감안하여 고안된 것으로서, 위안소 이용시간의 규정은 여자들의 노동량을 제한시켜줄 것이라는 생각에서 책정된 것이었다. 이와 동시에 써비스 시간이나 음주와 폭력의 금지와 같은 규정들은 여자들이 치러야 한 고역이 어떤 유의 것들인가를 시사하고 있는바, 후에 위안부 자신들이 기술한 끔찍한 경험들을 재확인해주는 것이라 하겠다.

무엇보다도 이 규정들은 위안부들이 군대와 얼마나 치밀하게 결속되어 있었는지 그리고 모든 종류의 활동이 그 얼마나 전제적인 '군국주의 국가'에 종속되어 있었는지를 증명해주고 있다. 인간의 동물적인 욕구를 충족시키기 위한 수단으로서 위안부들의 필요성을 인정함에도 불구하고, 그 정도에 대한 관심과 우려가 되풀이해 나타나고 있다. 이시 군단의 일과명령은 군인들과 위안부들 모두에게 지역 주민에게 무례한 행동을 삼가도록 경고했다. 위안부들은 군대 차량을 이용하여 오끼나와섬의 현청 소재지인 나하를 방문할 수도 있었지만, 운전석 옆자리에 앉는 것은 금지되었다. 심리적인 균형을 요하는 어려운 행동인 셈이었다. 비록 병사들에게는, 억압된 긴장의 폭발을 미연에 방지할 성적 '오아시스'의 위안이 필요했지만, 그러나 이러한 형태의 휴식은 응보(應報)로 이어질 수도 있었던 것이다.

금전 문제

계급과 국적에 따라 요금이 다르다 하여, 이것이 제공되는 써비스의 성격에 큰 차이로 나타나지 않은 것은, 모든 계급이 공유하는 위안소에서 허용된 이용시간이 적어도 규정에 의하자면, 거의 동일했기 때문이다. 더욱 중요한 점은, 그 규정들이 위계체계에 대한 일본인들의 깊은 관심을 반영한다는 사실이었다. 이 위계체계는 역사적으로 일본의 독특한 유교사상과 봉건제도가 상호작용하면서 발전해왔으며, 근대의 극적인 사회변동을 겪은 후에도 살아남아 지극히 견고한 제도라는 것이 입증되었다.

일본이 자신의 전쟁목적을 선포하는 데에 가장 빈번히 사용한 상투어 중의 하나는 "각 나라로 하여금 자신의 합당한 위치를 찾도록 해주는 것"이었다. 민족에 따라서 서로 다른 요금이 책정된 것은 이를 반영하는 것이다. 이와 동일한 원칙이 한 사회 내의 개인들에게도 적용되었으며, 그리하여 계급에 따라서도 요금에 차이가 있었던 것이다. 물론, 서로 다른 계급이 동일한 시설을 이용할 경우에는 계급에 따라 시간대를 분리시켜야 했다——첫번째는 사병, 두번째는 하사관 그리고 마지막은 장교로서, 이들에게는 가장 융통성있는 시간대가 주어졌다.

위안부제도에 관한 조사로서 1992년 쿄오또에서 시행된 전화신고 프로그램은 위안소 이용요금에 대한 가장 광범위한 정보를 제공해주는 것으로서, 여기에는 군인들의 계급과 위안부들의 국적에 따른 요금 차이의 사례들도 포함되어 있다. 이 프로그램에 전화를 걸어온 사람들의 대부분은 자신이 직접 지불한 요금이나 혹은 주워들은 경우만을 기억하고 있었지만, 요금의 차등화는 일반적인 관행이었던 것 같다. 계급 차이에 따른 요금의 변화는, 전화를 걸어온 사람들이 제공한 정보에 의하면, 장교·하사관·사병의 순서로 각각 2엔, 1엔 50전, 1엔 혹은 1엔 20전, 80전, 50전 또는 1엔 50전, 1엔, 80전 등으로 각기 달랐다. 일본인과 한국인에게 지불한 요금은 각각 1엔 70전과 1엔 50전이었거나 혹은 1엔 20전과 80전인 경우가 있는가 하면, 어느 경우에는 일본인과 한국인은 둘 다 1엔 70전이었던 반면에 중국인은 1엔 50전이었다고도 한다.

22개 사례에서 현지 통화에 대한 언급이 있었으나, 중국의 경우에는 20바트(태국의 화폐 단위)라는 언급이 한번 있었을 뿐, 원(元)이었고, 그 이외에는 해당 통화가 명시되지 않았다. ‘무료’나 ‘군에서 지불함’이라는 사례가 셋 있었고, 군표를 사용한 경우가 여섯 그리고 담배 한 갑이었다는 사례도 하나 있었다.

일반 병사의 한달 봉급이 15엔이었다는 사실을 감안할 때, 위안부들의 수입은 이치상으로는 그 당시로서 퍽 높은 편이었다. 만주에서 군의관으로 복무한 사람이 상기하는 바에 의하면, 그 당시 위안부들은 한 달에 일률적으로 800엔의 급료를 받았다고 한다. 그러나 규정이 어떠했든 그리고 이론상으로 위안부들의 수입이 얼마나 많았든간에, 그들은 자기들이 벌었거나 저축한 돈을 거의 모두 잃은 게 현실이었다. 경우에 따라서 위안부들은 자신의 수입에서 생계비를 지불하도록 되어 있었다. 위안소 운영업자들은 여자들이 받은 팁이나 수입을 공공연히 훔치거나, 그렇지 않으면 비누나 의복 같은 생필품에 터무니없는 가격을 붙여 착취했다. 여자들의 대다수가 문맹이나, 계속되는 강간으로 인해 정신적으로 너무나 심한 상처를 입어서 제대로 계산을 해서 챙길 수도 없던 지경이라 운영업자들이 그들을 속이는 일이란 그다지 어려운 것이 아니었다. 뿐만 아니라 장부기록도 주로 운영업자들이 맡고 있었으므로 전표의 분실이나 기록의 착오도 얼마든지 발생할 수 있었다. 여자들이 최전선이나 작전지역에 있을 경우, 그들이 자신들의 수입으로 살 수 있는 물건이라고는 거의 없었으며, 특히 수입이 흔히 군표였기 때문에 더욱 그러하였다. 전쟁 말기쯤에는 군표는 휴지조각이 되어버렸다. 어떠한 형태로든 요금을 전혀 받지 못한 위안부들의 경우도 있었다. 수입이 있던 여자들 중에는 자기들이 번 돈을 실제로 저축하기도 했으며, 심지어 개중에는 가족들에게 현금을 송금할 수도 있었다. 또 어떤 이들은 야전은행에 예금하기도 했으나 이러한 돈은, 문옥주의 경우에서처럼 종종 몰수되었다.

문옥주(文玉珠)는 한국에 있는 자기 가족에게 송금하였을 뿐만 아니라, 수입의 일부를 야전우체국에 예치해두었다. 종전(終戰) 후, 그녀는 자기가 저축한 돈을 찾으러 일본으로 되돌아간다는 것이 어려운 일이라는 사실을 깨달았다. 1991년, 일본 정부를 상대로 한 위안부들의 소송준비를 돕는 과정에서 문옥주는 혹시 일본 정부에 대한 자신의 보상청구를 강화할 수 있을 경우를 생각하여, 그동안 자신의 예금이 어떻게 처리되고 있었는지 조사해보았다. 그녀의 예금기록은 큐우슈우시의 쿠마모또에 있는 관련 영업소까지 추적되었다. 그 기록에 의해, 문옥주가 후미하라 옥주라는 이름으로 1943년 6월부터 1945년 9월까지 모두 26,145엔을 예금한 사실이 밝혀졌다. 그리고 1965년 3월, '청구권과 경제원조에 관한 한일 기본조약'에 따라 그녀의 구좌가 폐쇄되었을 즈음에는 그동안의 이자까지 합산하여 예금 총액이 50,108엔이었다. 이 조약에 따라 한국 정부는, 한국 국민이 일본을 상대로 제기한 모든 청구는 일본이 원조와 장기 저리 차관 형식으로 50억 달러를 한국에 대부해주는 것으로 청산된다는 데에 동의했다.

마담 X는 자신의 급료에 대해 다음과 같이 말하고 있다.

마마상은 우리가 번 돈의 반을 가져갔다. 장교들이 우리에게 가장 많이 지불했다. 그들은 별 3개를 달고 있었으며, 밤에 찾아와서 우리에게——절반은 마마상에게—— (해협 달러로) 4달러를 지불했다. 처음에는 우리에게 백인들의 돈으로 지불했으나, 나중에는 점차 일본 돈이 들어왔으며, 일본 돈은 전쟁 말기에는 아무런 가치도 없는 것이 되었다. 우리들 중에는 2000엔 이상 저금한 여자들도 있었지만, 그 돈을 모두 잃게 되었다. 다행히도 나는 일본 돈뿐만 아니라 해협 달러도 약간 가지고 있었다. 처음에 우리는 칩이나 입장권을 받았으며, 월말에 가서 이것을 현찰로 교환했다. 나는 팁을 받아본 적은 한번도 없지만, 타이선 호텔만큼은 나에게 지불을 했다. 내가 처음 있던 두 지역에서는 아무런 지급도 없었다. 일반 병사들에게는 한 시간이 허용되었고, 요금으로 2달러나 2엔을 지불해야 했다. 어떤 병사들은 자기들이 민가를 약탈할 때 훔친 보석들을 나에게 주었다. 전쟁 후, 불행히도 내가 저축해놓은 돈의 대부분이 아무런 가치도 없게 되었기 때문에, 나는 살아가기 위해서 보석들을 모두 팔아야만 했다.

건강 유지

건강 문제는 점령지 전역에 걸쳐 위안부들이 겪는 역경이었다. 군대마다 위안부들을 대하는 태도는 그 수준이 각기 다를 수도 있었지만, 당국이 위안부들을 소모품으로 간주하지 않고 그들에게 치료를 제공할 의향이 있었을 때조차도, 어디에서나 만연해 있는 질병은 처치 곤란한 문제들을 야기했다.

질병의 위협은 위안부들의 직업에 내재되어 있었다. 결국 질병에 대한 통제는 위안부제도 자체를 설립하는 가장 긴급한 동기가 되었다. 이에 덧붙여 모든 지역의 군대가 경험하게 되는 것으로서, 임시변통의 생활조건 하에서 상당수의 병사들이 수용된 속에서는 불가피하게 발생하는 건강 문제들이 있었다. 전쟁 후기에는 수송이 단절되었기 때문에 영양실조가 만연했고, 각기병이 심하게 나타났다. 의료보급품은 갈수록 점점 더 부족했고, 그나마도 전투에 임하고 있는 병사들을 위해 확보해두어야 하는 형편이었다. 열대기후는 온대지방에서 알려진 질병의 범위를 한층 더 확대시켜놓았으며, 남쪽에서 날아오는 위안부 증원 요청 메시지는 이같은 상황을 시사하는 불길한 소식이었다. 한편 기후가 혹독한 북쪽 지역에서는 결핵이 사망 원인으로 가장 두드러졌다.

성병은 예방이 기본 조치였다. 위안소에서는 병사들에게 콘돔을 지급했으며, 부대에서도 병사들이 휴가로 외출할 때는 그들이 공인되지 않은 성행위를 할 경우를 대비하여 콘돔을 지급하였다. 병사들은 그들의 섹스 상대가 모두 성병에 감염되어 있다고 가정하라는 지시를 받았다. 이에 대하여 마담 X는 다음과 같이 기술했다. "많은 병사들이 콘돔을 사용했지만 전부가 그렇게 한 것은 아니었다. 그 당시의 콘돔은 두껍고 투박했기 때문에 콘돔 사용을 거부한 병사들도 있었다." 어떤 때에는 병사들 자신은 기꺼이 콘돔을 사용할 의사가 있어도 전혀 구할 수가 없는 경우도 있었다. 몇몇 위안부들이 보고하는 바에 의하면, 사용한 콘돔을 씻어서 재활용하도록 강제적으로 의무화한 적도 있었다고 한다. 일반적으로 위안부의 방에는 병사들이 성교 후에 생식기를 씻을 수 있도록 과망간산액이 담긴 용기와 고무 튜브가 비치되어 있었다. 여자들도 성교가 끝날 때마다 이 용액을 관주(灌注)하도록 되어 있었으나, 러시아워에는 적셔둔 탈지면 뭉치로 외음부를 닦아내는 것이 고작이었다. 어떤 때는 소금물을 사용하기도 했는데, 매독에 감염된 경우에는 소금물이 탁해진다는 말이 있었다. 흔히 예방책으로나 혹은 치료로 여자들에게 살바르산이나 테라마이신 주사를 놓기도 했다. 살바르산은 흔히 '606호'라 부르는 것으로 나중에 많은 위안부들에게 나타난 불임 증상의 원인은 다분히 이로 인한 것으로 설명되기도 한다. 또한 그들의 일로 인한 생식기의 손상도 불임의 한 요인이었다. 위안부를 대상으로 한 위생강좌도 예방책의 일종이었다.

　당국은 병사들이 감염의 위험에 노출되지 않도록 나름대로 가능한 모든 방법을 시도했다. 영어권 군대 내에서는 소위 '가운뎃다리 퍼레이드'라고 이름붙은 검진이 매달 시행되었으며, 감염된 것으로 판명된 자에게는 엄중한 처벌이 기다리고 있었다. 이러한 조처는 감염 은폐를 조장할 가능성이 있다 해서 일부 군대에서는 이를 피했으나, 일본 군대는 항상 가혹한 수단으로 쏠리는 경향이 있었다. 성병은 부상이나 다른 질환에 이어 '3급' 사례로 간주되었으며, 이에 대한 처벌에는 일반적으로 일계급 강등이 포함되어 있었고, 부대 지휘관의 경우에도 기강이나 예방 면에서 나태하다고 의심될 때에는 동일한 처벌이 가해졌다. 그밖에 영창에 일정 기간 감금시키거나, 성병 전력이 화려한 환자는 병원에서까지도 구타를 가했다. 양쯔강의 충밍다오(崇明島)는 병세가 심각한 환자들을 격리해 놓는 장소로 이용되었는데, 이는 급속히 악화되는 치명적인 '흑매독' 환자를 보내서 죽게 내버려두는 섬이 있다고 동남아시아 연합군 사이에서 떠돌던 전설 같은 이야기를 상기시킨다. 흔히 있는 일로서, 장교들은 처벌을 피할 수 있었으며, 이들은 자바섬의 수라바야에 있는 어느 한 병원에서 가명으로 치료를 받았다.

위안부들의 경우에는 정기 건강검진에서 감염 여부가 판명되었다. 검진의 정확성은 상황에 따라 달랐다——어떤 때는 산부인과 전문의 군의관이 검진하기도 했으나 대개는 제대로 자격을 갖추지 못한 자들에 의해 시행되었다. 변색이나 고름처럼 눈으로 식별되는 증세를 검사하는 정도의 지식만 갖춘 위생병들이 검진을 하는 경우도 있었다. 위안부들 중에는 자기 빚을 갚을 시간을 잃게 되는 것을 원치 않은 나머지, 일할 수 있게 감염 상태를 묵인하고 통과시켜달라고 간청하는 경우도 있다는 보고도 있었지만, 그런 여자들은 염증 때문에 결국에는 일하는 것이 불가능하였다. 감염이 확인된 여자들은 저녁 점호시간에 지명되거나, 아니면 일간 지침회보를 통하여 이름이 밝혀졌다. 그러한 여자들은 고도로 조직된 건강검진 보고서 속에서 하나의 통계숫자가 되어버렸다.

이러한 보고서의 다수가 새로이 발견된 방위연구소 도서 문서에 포함되어 있다. 이 보고서들은 꽝뚱의 제21군단 산하 부대들 내에서 감염된 위안부들의 비율을 보여주고 있다. 각 부대별로 159명 중 28%, 223명 중 1%, 192명 중 10%, 122명 중 4%, 41명 중 2%, 그리고 180명 중 0%이다. 제15사단의 의무대가 1943년 1월을 대상으로 준비한 약식 보고서에는 일본인, 한국인, 중국인이 각기 분리되어 있다. 이 보고서에서 취급된 중국의 중심 지역들은 난징, 우후(蕪湖), 츠탄 그리고 첸장(黔江)이다. 주로 난징에 있던 일본인은 총 1095명 중 20명이 '검사에 불합격'했고, 역시 주로 난징에 있던 한국인은 총 198명 중 9명이 '불합격'이었다. 난징 이외의 지역에서는 일본인이나 한국인의 수를 능가하는 (그리고 현지에서 동원되었으리라 보이는) 중국인은 총 820명 가운데 '불합격'은 55명이었다——아마도 상대적으로 비효율적인 관리 수준이 원인이었을 것이다.

중국에서 근무한 어느 해군 군의관의 보고서는, 연도가 명시되지 않은 채 5월에서 11월까지의 월별 숫자를 기록하고 있다. 5월에는 검진 받은 283명의 여자들 중에서 4명이 병원에서 치료 받은 것으로 보고되고 있으며, 6월에는 328명 중에서 10명, 7월에는 365명 중에서 24명, 8월에는 380명 중에서 9명, 9월에는 342명 중에서 6명, 10월에는 352명 중에서 10명 그리고 11월에는 228명 중에서 2명이었다.

또다른 방위연구소 도서 문서는 홍콩 총독이 1942년에 작성한 것으로서 위생법에 관한 보고서이다. 이 보고서에는 콜레라와 각기병뿐만 아니라 성병이 퍼지고 있다는 점과, 좀더 효과적으로 통제할 수 있도록 위안소 운영업자 전원을 한 지역에 집결시키는 방안이 추진중이라는 점이 기록되어 있다. 선택된 지역은 완차이에 위치한 곳으로서, 이는 일본인들을 위한 거주지역으로 완전히 양도된 장소였다.

성병에 걸린 위안부들에 대한 기본 방침은 치료였고, 이는 안정된 지역에서는 일반적으로 채택된 방침인 것 같다. 그러나 위안부들이 치료도 받지 못한 채 죽어가도록 방치되거나 유기되거나 심지어는 살해된 사례도 찾아볼 수 있다. 일설에 의하면, 어떤 위안부의 질(膣)에다 총을 쏘아 관통시키는 일도 있었다고 한다. 치료를 받을 수 없는 지역에서는, 마늘과 민들레와 이름 모를 현지 약초 따위를 혼합하여 조제된 민간요법이 행해지기도 했다. 정식 치료를 제공하는 지역에서는 군병원과 민간병원, 북중국 철도병원 혹은 만주에 기거하는 모든 유형의 매춘부들을 위한 무료 진료소 등으로 그 종류가 다양했다. 위안부들이 치료비를 부담해야 하는 경우에는 치료비로 그들 수입의 상당량이 소비되었다. 대부계약으로 일하는 위안부들의 경우에는 치료비에 해당하는 액수가 대부금액에 추가되었으며, 이는 일본 공창제의 관행이었던 것 같다.

어떤 유형의 질병은 치료에 아무런 반응도 보이지 않았다. 여기에는 자궁내막염이나 질염 등이 포함되었다. 치료는 과망간산칼륨을 사용한 세

척이었다. 요도염은 매우 흔한 병이지만, 대체로 일주일 정도의 휴식을
취하면 치유될 수 있어서 이런 경우에는 일반적으로 휴가가 허용되었다.
요도염에 걸렸을 때조차도 어떤 위안부들은 수입을 위해서, 혹은 자기 집
으로 송금하기 위해서 일주일의 휴식을 단축하고 싶어했다. 마닐라 규정
에 의하면, 위안부의 병이 과로에 의한 것으로 군의관에 의해 판명될 경
우에는 치료비의 대부분을 위안소 운영자가 부담하도록 되어 있다. 위안
부들 역시 규정을 위반하거나 행동이 불미스러운 경우에는 해고되거나
정지 처분을 받을 수 있었다. 아편중독에다 자궁탈수로 고통을 겪고 있던
어느 위안부의 경우에서처럼, 병세가 심각한 여자들에게는 귀향이 허용
되었다는 보고도 간혹 발견된다.

대부분의 위안부들에게 발생할 수 있는 최악의 사태는 병에 걸리는 것
이 아니라 임신이었다. 임신에 대한 위안부들의 반응은 흔히 공포로 나타
났으며, 자살의 경우도 전혀 없었던 것은 아니었다. 약삭빠른 마마상들
은 여자들에게 사전에 약초 혼합제를 복용케 하여 그러한 가능성을 미연
에 방지했는가 하면, 또 어떤 운영주들은 임신한 여자들에게 약을 사용하
여 낙태시키도록 했다. 임신한 위안부들이 출산시까지 계속해서 병사들
에게 써비스를 제공했다는 보고도 있다. 어떤 여자들은 '생리중단'을 위
한 수술을 받았으며, 그로 인해서도 불임이 되었으리라 추측된다. 어쨌
든 상당수의 위안부들이 각종 질병과 생식계의 외상(外傷)의 복합적인
질환으로 후에 불임이 되었던 것은 사실이다.

마담 X는 다음과 같이 말하고 있다.

다행히도 나는 성병에 걸린 적이 없었다. 우리 중에 한 여자가 성병에 걸렸
는데, 그녀는 끌려가서 매를 맞아 죽었다는 소리를 들었다. 나머지 여자들은
꽤 건강한 상태를 유지했다. 우리들의 혼란스런 성생활을 감안할 때, 우리가
어떻게 건강을 유지할 수 있었는지 지금으로서는 이해가 안된다. 어쩌면 우
리들은 오로지 자신의 젊음으로 버티어낸 한 무리의 젊은 시골 여자들이었는
지도 모른다.

5. 태양의 제국

한국, 만주, 중국에서 전쟁이 벌어지고 있을 때 일장기가 휘날리는 곳에는 어디나 위안소가 있었다면, 일본 본토에도 역시 위안소가 있었다. 대부분 위안부제도는 군대가 가는 곳이면 어디든 따라다녔고, 따라서 전쟁의 진행은 곧 위안부들의 발자취를 드러내주는 것이기도 하다. 그렇다면 그 와중에 본국에서는 어떤 일이 벌어지고 있었을까?

일본

건강에 대한 예방책과 질서유지를 위한 체계가 확립되어 있는 공창제로 인해 본국에서 위안소의 역할은 제한된 것이었다. 게다가 전쟁이 확산되면서 '위안'을 필요로 하는 남성들이 입대해서 외국으로 싸우러 가버렸던 것이다. 허가된 시설을 이용할 수 없는 소수의 남성들을 위해 많은 위안소들이 세워졌고, 종종 한국인 여성을 고용했다. 전쟁이 발발할 즈음에는 홋까이도오 개발계획에 참여하거나 큐우슈우의 광산에서 일하는 한국인 노동자들을 위해 이미 한국인 여성들을 데려오기 시작한 지 오래였다. 홋까이도오에 있는 민간인들을 위한 창녀들은 속임수를 써서 모집했고, 그래서 그중 몇몇은 자살하기도 했다. 이것은 이미 잘 알려진 '백색노예제'의 한 현상이었다. 전쟁이 끝난 직후 위안부제도의 실상이 일부 알려지기 시작하면서 이 용어는 일본의 군대위안부제도를 묘사하는 데 사용되었다.

　요시미 교수가 방위연구소 도서에서 군대와 위안부제도를 연관시킬 수 있는 공식 문서들을 발견한 것과 같은 시기에, '홋까이도오 개발기념연구소(北海道開発記念研究所)'에서는 민간용 위안부제도와 군용 위안부제도의 중간 형태가 있었음을 보여주는 자료들이 발견되었다. 이 자료들은 「쿨리(coolie) 감독을 위한 징집지침서」라는 제목으로 1940년 육군성에서 작성한 것이다. 그들은 운영자들에게 홋까이도오에서 징용노무자로 일하는 중국인들을 위해 "그들의 성적인 요구를 고려해서" "복지시설"의 일환으로 중국인과 한국인 여성들을 모집할 수 있는 권한을 주었다.

　일본에는 현재 위안소로 사용되었다고 알려진 건물이 두 채 있다. 그 하나는 토오꾜오 동쪽의 소읍인 카시와에 있다. 이 건물에 대해서는 알려진 바가 거의 없다. 그렇지만 윤정옥 교수와 함께 활동하는 양정자씨는 그곳에 거주하는 한 한국인이 그 건물을 가리키며 자신이 1940년에 "쇼핑을 하다" 징용에 끌려갔노라고 말했다고 전한다. 그가 그 집을 본 것은 1947년, 즉 그 지역 주둔 공군기지와 헌병대에서 그 건물을 위안소로 사용하고 난 후이다. 그는 1964년 가족을 방문하면서 어떤 친척의 딸이 정신대에 끌려가서 돌아오지 못했다는 이야기를 듣고, 뒤늦게 그 건물에 한국인 여성들도 있었을지 모르겠다는 것을 깨달았다. 그는 돌아와 그녀를 수소문해보았으나 찾지 못했다.

　두번째 위안소 건물은 훨씬 더 악명 높은 계획과 연관되어 있다. 그것은 후지산 근처 중앙 산악지대에 있는 마쯔시로에 거대한 지하 대피소를 건설하는 계획이다. 이 대피소는 일본 본토에서 마지막으로 항전해야 할 때를 대비해서 천황의 가족들과 정부의 주요 기관이 다 들어갈 수 있게 되어 있었다. 끝까지 공식적인 언사로는 표현되지 않고 통상적인 낙관주의로 가려졌던, 전쟁의 최후 국면에 대한 이러한 생각은 '본토에서의 결사항전'이라고 묘사된다. 이는 연합군이 요구한 '무조건 항복'은 고사하고 그에 못 미치는 어떤 타협적인 평화조약이라도 맺기 위해서는 엄청난 대가를 치러야 했을 것임을 의미한다.

대피소 건설은 1945년 8월 일본이 항복하기 직전인 1944년 11월까지 계속되었으며 거의 다 완성된 상태였다. 이 엄청난 계획은 군부의 감독하에 니시마쯔구미 건설회사가 맡고 있었으며, 징용된 한국인 노동자들을 가차없이 억압하며 수행되었다. 감독 기술자 중 한 사람은 김석지라는 한국인이었다. 그는 자신의 국적이 알려지지 않았기 때문에 그러한 자리에 고용되었다고 한다. 그는 오오사까에서 공업학교를 졸업했고, 미하라라는 일본 성을 사용하고 있었다.

그의 말에 따르면 대피소를 건설하는 데 투입된 한국인 노동자는 7000명 가량으로서 152개의 막사에 나뉘어 수용되었다. 적절한 안전수칙은 무시된 채 터널을 파내는 작업이었으므로 당연히 매일 사망자가 나왔다. 여러가지 이유로 총사망자는 1000여 명에 달했다. 후에 기밀유지를 위해 천황이 거처할 대피소를 팠던 사람들을 죽였다는 소문도 돌았다. 전쟁이 끝나자 사회적 규율이 무너지면서 마을사람들이 모두 달려들어 그 대피소의 사치스러운 내장재를 약탈해갔다.

그 대피소 건설 현장의 위안소는 경찰이 집주인으로부터 세내어 수리한 양잠업 작업장이었다. 그는 한국인 노동자들이 그 지역 여자들을 괴롭히므로 이를 방지하기 위해 ‘오락소’가 필요하다는 이야기를 들었다고 한다. 집주인은 이 말을 듣고 ‘질이 좋은’ 시설이라고 생각했다. 결국 이 위안소는 한국인 노동자들보다는 건설 현장을 감독하는 군장교들이 애용했다. 집세는 한 달에 100엔이었으나 집주인은 몹시 난폭한 손님들의 행동으로 창문이 여러번 깨지기도 했다고 말했다.

업자는 하루야마라는 한국인이었다. 그는 한국에서 여자 네 명을 사왔다. 여기에 일본 북부지역에서 여자 여섯 명을 더 데려왔다. 여자들은 집을 떠나지 못했으며 볼일을 보러 나갈 때는 감시인이 따라붙었다.

최근 그 현장에서 감금된 상태로 일한 한국인 노동자와 일본인 사이에서 태어난 야마네 마사꼬(山根昌子)가 마쯔시로 계획과 그 의미를 널리 알렸다. 그녀는 부모가 북한으로 간 후에도 계속 일본에 남아 있었다. 마쯔시로 계획에 대한 그녀의 폭로는 재일 한국인의 지문날인거부운동과

결합하여, 일본에 장기간 거주해온 한국인들을 이방인으로 취급하는 일
본 정부의 처사에 항거하는 역할을 했다.

윤정옥 교수는 그 대피소 현장의 위안소를 방문하고, 그곳을 가부장제
와 식민주의가 가장 추악하게 드러난 상징으로 보존해야 한다고 역설했
다.

전쟁 후반기의 위안소에 대한 또다른 언급은 어떤 헌병 출신의 회고담
에서 나온다. 그는 태평양에 면한 동부의 제99해안대(九十九里浜)에 주
둔한 병사들의 사기와 전반적인 상황에 대한 내부 정보를 입수하기 위해
위안부들을 첩자로 활용했다. 이는 '본토에서의 결사항전'이 얼마나 전망
이 있는지 아주 실질적으로 판단하기 위한 것이었다. 이 지역에는 위안소
가 세 군데 있었고, 위안부가 60명 가량 있었다. 대부분의 위안부들은 일
본 북부지역 출신이고 한국인도 있었다. 그들 중 8명이 그들의 자세한 신
상기록——성격, 건강, 가족관계, 가정환경, 교육, 아버지의 직업, 빚
을 진 이유, 문자해독 능력, 기밀유지 능력——을 토대로 선발되었다.
그 헌병은 그들의 빚을 청산해주겠다고 제의해 업자들뿐 아니라 위안부
들의 협조도 얻어냈다. 그는 고객을 가장해서 그들을 정기적으로 방문했
으며, 쓸 만한 정보가 나오면 그 대가로 보통 지불되는 2, 3엔의 요금 대
신 50엔을 주었다. 그는 군부가 일본 내의 위안소를 수리해주기도 하고,
물건을 고정된 가격으로(암시장 가격이 아니라) 대주기도 했다고 말한
다. 위안부들은 당직 장교가 찾아오면 엎드려 절하곤 했다. 물론 절하는
것은 아주 귀한 손님이 오면 보통 하는 인사이기는 하다. 그러면 그 장교
는 통상적인 봉사료보다 많은 금액을 주겠노라고 공언하는 것이다.

그 흔적은 남아 있지 않으나 본토 내의 위안소로 사용된 장소라고 알려
진 곳이 또 한 군데 있는데, 나라(奈良) 지방의 야나기모또(柳本)이다.
그곳은 1943~44년, 약 3000명의 한국인 노동자들이 해군용 비행장을 건
설한 곳이다. 그곳에는 집 두 채에 한국인 여성이 각각 20명씩 있었다고
한다. 남아 있는 수송기록을 보면 그들은 단지 군수품으로만 기재되어 있
다. 이 위안소에 관한 정보를 제공한 사람은 이 비행장 건설에 고용되었

던 한국인 노동자이다. 전쟁이 끝나자 위안부들은 위안소에 갇힌 채 그냥 방치되어 있었는데, 마을사람들이 구조해냈다. 그도 위안부 셋을 구조했다. 그중 하나는 열병으로 사망하고, 나머지 두 사람은 한국으로 돌아갔다. 그들의 이야기는 일본 작가인 카와세 슌지(川瀬俊治)가 펴낸 나라 거주 한국인의 역사인 『나라 재일 조선인 역사(奈良在日朝鮮人史)』에 실려 있다(尹靜慕, 1992).

일본 내에서 위안소가 있었던 곳으로 알려진 곳은 토오꾜오만(灣) 동쪽에 있는 키사라쯔(梗津) 해군 항공기 공창(工廠)이다. 그곳은 '6개동(棟) 구역'이라고 불린다. 왜냐하면 그 지역은 그곳에 여섯 개의 위안소가 세워지면서 개발되기 시작했기 때문이다. 원래는 15개소를 세울 계획이었으므로, 1942년에 60명의 지원자 가운데 15명의 업자를 선발하였다. 그러나 최종적으로는 장교들을 위한 3개소를 제외하고 6개소만 세웠다. 위안부들은 대개 가까운 태평양 연안의 쪼오시에 있는 통조림공장에서 일하게 해준다고 속여서 모집한 한국인들이었다. 각 위안소에는 위안부들이 일곱 명씩 있었고, 그들이 하루에 100여 명의 남자들을 상대했다. 요금은 한 시간에 3엔, 하룻밤에는 7엔이었다. 업자들 중 세 명은 여자였다. 해군에서는 매주 건강검진을 했고 모든 물자를 대주었다.

전쟁 후반의 마지막 2년간 다른 오락시설은 물론이거니와 민간인이 경영하는 유곽들은 대부분 문을 닫아야 했다. 가능한 모든 노동력과 물자를 전쟁에 투입하기 위해서였다. 1944년, 토오꾜오 지역에서 이러한 시설은 8500개소에서 550개소로 감소했다. 대부분의 업소들은 군수산업에 징용된 노동자들을 위한 숙소로 재배치되거나 개조되었다. 일부는 군대를 위한 위안소 구실을 하기 위해 유지되는 경우도 있었다. 홋까이도오의 쿠시로에 있는 어뢰정 부대의 야전일지를 보면, 마을에 해군용으로 지정된 유곽이 여섯 개 있었고, 장교들은 위생교육을 받았다고 한다. 전쟁이 끝난 뒤에도 키사라쯔의 위안소들은 계속 남아 있었다. 결국은 점령군이 들어오면서 한 미군 장교가 시장(市長)과 '여성유흥오락협회'의 회장에게 점령군을 위해 30명의 여성을 준비해달라는 요청을 하기에 이르렀다.

그러나 이 단계에 이르면 대부분의 위안부들은 점령군에게 겁을 먹고 달아나버렸다. 그래서 미국인들에게는 해변가 마을에서 흔히 볼 수 있는 창녀들만이 남아 있었다.

류우뀨우 열도와 보닌 군도

일본 본토 남쪽의 류우뀨우 열도는 헌법상으로는 일본 영토이지만 일본의 다른 지역과는 확연히 구분된다. 이는 활발한 해양국가로서 이어져 온 류우뀨우 열도의 장구한 역사와 다른 일본인들이 알아들을 수 없는 특유의 토속어, 열대기후 등의 뚜렷한 특징들 때문이다. 그곳은 때때로 '거의 외국'이라고 묘사되며, 그곳의 주민들은 종종 '진정한' 일본인이 아니라고 취급당하기도 한다. 류우뀨우 열도는 남쪽에서 일본 본토로 진입하는 전략적 위치에 있다. 그래서 그곳은 전쟁중에 어울리지 않을 정도로 수많은 군대가 집중적으로 주둔하고 있었는데, 그 숫자가 10만 8500명에 달했다. 토오꾜오에서 800킬로미터 남짓 떨어진 류우뀨우 열도의 요충지 오끼나와는 1945년 4월, 일본군이 카미까제 특공대와 해군 특공함대로 무장하고 최후의 결전을 벌인 치열한 싸움터였다. 해군 특공함대는 말하자면 해군의 카미까제에 해당하는 것으로서, 전쟁의 막바지에 자폭이라는 절박한 임무를 띠고 출정하여 전설적인 얘깃거리가 되기도 했다.

김일면에 의하면, 오끼나와의 현청 소재지인 나하(那覇)의 쯔지 구역의 전통적인 유곽에 있던 여자들은 위안부로 자원하기를 거부했다 한다. 그들은, 자기들은 하루에 두어 명의 손님과 상대하는 데 익숙해져 있으며, 더이상 상대할 기운도 없다고 주장했다. 또한 그들은 본토인들이 평소에 자기들을 차별한 것으로 보아, 제대로 돈이나 지불할 것인지 믿을 수가 없었다. 오끼나와 사람들은 가짜로 결혼을 하거나 건강하지 못하다는 진단서를 만들어 징집을 피했다. 유곽의 포주들까지도 여자들의 빚을 탕감해주거나 기한을 연장해줌으로써 같은 섬에 사는 동포로서의 유대감을 과시했다.

즈리라고 불리는 게이샤와 비슷한 고급 기생들도 있었지만 그들은 아무에게나 난잡하게 섹스 써비스를 하는 법이 없었다. 한번은 특무대 특무상사가 "군인들은 오직 이 섬을 지키려는 일념으로 여기 와 있다"며 그들에게 뭔가 수치심을 자극해서 군인들에게 써비스를 하게 하려고 일장연설을 했다. 그러나 섬사람들은 그의 말에도 아무 반응이 없었다. 군당국은 차마 공권력을 동원할 수는 없었다. 그렇게 전략적으로 중요한 지역에서 주민들과 불화를 일으키는 위험을 감수할 수는 없었기 때문이다.

보고에 따르면 쯔지 지구 출신의 여성 몇명이 해군 특공함대에 써비스를 하겠다고 자원한 것으로 되어 있다. 아마도 그들이 나가서 자폭할 것이라는 사실이 묘한 감정을 불러일으켜서 그랬을 것이다. 그런 경우를 제외하면 류우뀨우 열도에 있는 대부분의 위안소는 한국인 위안부들로 채워졌다. 미군이 류우뀨우 열도에 총공세를 펼칠 무렵, 그 지역 여성들의 일부를 그곳에서 가장 가까운 본토인 큐우슈우로 피난시키려는 노력이 있었으나, 한국인 위안부들은 끝까지 군대와 함께 남아 있었다.

오끼나와 군사기록 가운데 위안소의 설치나 기존의 건물을 위안소로 사용할 목적으로 개조하는 데 관한 언급이 많다는 점은 주목할 만하다. 어떤 가옥을 위안소로 개조하기 전과 후를 선명하게 보여주는 한 쌍의 도면이 남아 있는데, 그것에 의하면 원래 6개이던 방을 11개로 나눈 것으로 되어 있다. 이는 다른 자료에서 종종 언급된 위안소의 비좁고 밀집된 환경을 생생하게 보여준다.

멀리 떨어진 보닌 군도는 일본 본토의 동남쪽에 있다. 전쟁이 진행되는 동안 그곳에는 1만 7700명 가량의 군인과 장교들이 있었다. 이 머나먼 섬 지역에도 위안소가 있었다는 언급이 있다. 그 위안소들은 일본 본토에서 옮겨온 것으로, 토오꾜오에서 직접 관리했다. 따라서 위안부들은 토오꾜오의 홍등가인 스자끼나 요시와라 등에서 데려온 사람들이었다. 찌찌지마 수비대 본부의 야전일지에 의하면, 1942년 5월에 동부방면군 사령부 참모장으로부터 전갈이 왔는데, 그 내용은 이 두 홍등가에서 업자들이 선발한 여자들을 열 명씩 차출해 15일에 보조요원 열 명과 함께 선편으로 보낸다는 것이었다. 또 업자들에게 '위락소'와 관련해서 편의를 제공하라는 요구도 있었다.

타이완

당시 포모사라고 불린 타이완은 일본이 비교적 일찍 점령한 지역이었다. 중국은 청일전쟁 이후 1895년에 타이완을 일본에 양도했다. 20세기 초반부터 진행된 동화정책으로 타이완 사람들도 한국인들과 마찬가지로 일본인으로 분류되었다. 또한 한국인들과 마찬가지로 타이완인들도 일본군에 입대했고, 침략군의 일부로 복무했다. 어떤 사람들은 말라야나 싱가포르같이 타이완인들과 같은 지역에서 이주한 사람들이 상당수 살고 있는 지역에서 일본어와 남방중국어를 통역하는 역할을 하기도 했다.

타이완은 남아시아 침공 계획을 세우기 위한 일종의 야전사령부 역할을 했다. 타이완에는 약 15만 5300여 명의 군인들이 있었지만 위안부제도의 실시에 관한 자료는 지극히 제한되어 있다. 입수 가능한 자료들은 대개 타이완 자체의 상황에 대한 것이 아니라 위안부들을 어떻게 모집해 왔는가에 대한 것이다. 그렇지만 몇 안되는 자료를 모아서 전체적인 상황을 그려볼 수는 있다. 이러한 자료들 중에는 스케치 모음집도 있는데 아직도 보존되어 있다.

그중 하나는 1944년경부터 남부 타이완에 위치한 야전병원 생활을 묘사한 것이다. 이것은 당직 군의관이 군용엽서에 그린 것인데, 총 65장 가운데 10장이 위안부들을 그린 것이다. 어떤 그림에는 '아마존과 당직 군의관들의 전투'라는 제목이 붙어 있는데, 한 텐트 안에서 세 시간 만에 200명의 여자들을 검사하는 주간 검진의 풍경을 묘사하고 있다. 그린 이의 말에 따르면 병을 앓고 있는 여자들은 그냥 쫓겨났다 한다. 대부분의 위안부들은 한국인이었고 중국인도 일부 있었다. 그들의 나이는 14세에서 18세 사이였다. 그들은 하루에 30명의 남자들을 상대했다. 4,50명의 여자들은 장교용으로 따로 취급되어 특별한 관리를 받았다.

이옥분

　후에 이기분으로 알려진 이옥분은 대구 근처의 부유한 집안 출신의 위안부라는 점에서 보기 드문 경우이다. 그녀의 아버지는 지주였을 뿐만 아니라 시청 공무원이었다. 이기분은 12살 때 두 남자의 꾐에 빠져 다른 소녀들과 함께 군함을 타고 타이완의 까오슝(高雄)으로 갔다. 나이가 너무 어렸으므로 그녀는 위안소인 듯한 곳에서 청소와 허드렛일을 했다. 위안부들 중 어떤 사람들은 일본식 옷을 입고 붉은 립스틱을 바르기도 했다. 얼마 후 그녀는 탈출해서 경찰서로 달려가 도움을 청했다. 그들은 그녀에게 집주소를 물어서 추적했으나, 결국 그녀의 신분을 밝힐 수 없다는 대답이 돌아왔다. 그녀의 어머니는 이기분에 대해 물어보러 간 일본 경찰에 겁을 먹고 이기분이라는 사람을 모른다고 대답한 것이다. 까오슝으로 회신이 오자 이기분은 후지모또라는 일본군 장교의 손에 넘어갔다. 그는 그녀의 신분을 밝혀주려고 노력했다. 숙식을 제공받는 대가로 그녀는 후지모또의 집안일을 해주고 그의 아이들을 돌보았다. 그녀는 타이완에 대한 폭격이 시작될 때까지 후지모또의 집에서 5년간 살았다. 폭격이 시작되자 후지모또는 가족들을 일본으로 보냈다. 이기분은 다시 군대에 배속되어 산꼭대기에 주둔한 부대에 딸린 위안소로 가게 되었다. 18세가 된 그녀는 그곳에 있던 40명의 한국인 위안부들 가운데 가장 나이가 어렸다. 가장 나이가 많은 사람은 24세였다. 위안소에서 그녀는 후지모또가 지어준 하루꼬라는 이름으로 불렸다.

　이기분은 주말에만 까오슝 외곽 산기슭의 학교건물에 설치된 위안소로 불려나갔다. 주중에는 부대에서 일했다. 그녀가 하는 일은 풀을 베어 태워서 그 지역의 폭격 목표물을 잘 안 보이게 연기로 은폐하는 것이었다. 위안소는 어떤 부부가 운영하고 있었는데 남자는 계급 표시가 안된 군복을 입고 있었다. 그들은 손님들이 들어오면 입장권을 받아 모아서 일주일에 한번씩 부대에 가서 현금으로 바꿔왔다. 그러나 위안부들은 현금을 받은 적이 없고 음식과 옷만 지급받았다. 위안부들은 하루에 2, 30명의 남자들을 상대해야 했고, 때로는 더 많이 상대하는 경우도 있었다. 그들은 절대로 혼자서 위안소 밖으로 나갈 수 없었다. 도망가려는 사람은 운영업자에게 호되게 얻어맞았다.

이기분은 장교들을 상대하는 위안부로 그래도 상황이 좀 나은 편이었다. 장교들은 사병들에 비해 덜 자주 왔고 느긋했다. 장교들은 태도도 나은 편이어서 그녀의 요구를 들어주기도 하고 극장에 데리고 가기도 했다. 이는 그녀가 학교를 다닌 덕분에 일본어를 잘했기 때문이기도 하다. 종종 치명적인 병이 위안부들 사이에 돌곤 하는 상황에서, 그녀의 일본어 실력은 그녀가 살아남는 데도 얼마간 도움이 되었을 것이다. 그녀는 성병에 감염된 위안부들이 치료도 받지 못하고 그냥 방치되었다고 말한다. 그녀가 상대한 사람들 중 몇몇은 카미까제 특공대였다. 그녀는 그들과 함께 노래를 부르며 축음기를 듣기도 했다고 회고한다. 그들 중에는 한국인도 있었는데 대부분 자기 조국에 대해 이야기하고 싶어했다. 다른 사람들은 타이완인들이었다. 그녀는 타이완에 약 7000명의 위안부가 있었을 것이라고 추측했다.

1945년 8월, 천황의 무조건 항복 발표를 듣자마자 위안소를 운영하던 부부는 위안부들을 그대로 버렸다. 이기분도 중국인으로 변장을 해서 그곳을 떠났다. 그녀는 술집에서 춤추고 노래하는 일용직 자리를 얻는 데 지장이 없을 정도로 그 지역 언어를 습득한 상태였다. 그러나 그녀는 추적을 피하기 위해서 한곳에 오래 머무르지 않고 돌아다녔다. 한번은 술집에서 한글로 된 회람을 읽게 되었다. 한국인들이 타이완인들에게 폭행당하거나 죽는 일이 잦으므로, 그 지역 한국인들은 모두 모여 안전대책을 논의하는 모임을 갖자는 내용이었다. 언덕 위의 사원에 1000여 명의 한국인이 모였다. 그러나 거기 나와서 말한 사람들은 모두 한국으로 돌아가는 수단을 강구하기 위해 서로 협력해야 한다는 의견을 내놓는 데 그쳤다. 그 모임은 나중에는 일종의 잔치처럼 되었으나, 폭력을 행사하는 타이완 사람들에 의해 해산되었다.

이기분은 계속 술집에서 일하면서 다른 두 명의 여자들과 함께 타이뻬이를 거쳐 장후아(彰化)로 갔다. 한 사람은 토끼꼬라고 불리는 한국인 여자였고, 다른 한 사람은 중국인이었다. 그들은 위험이 닥치면 무조건 숨을 작정이었다. 어느 날 그들은 굴을 발견하고 그 굴을 따라 계속 나가보니 바다까지 이어졌다. 그들은 운좋게도 태극기를 휘날리며 다가오는 화물선을 만났다. 그 배는 오끼나와에 억류되어 있던 한국인 포로들을 본국으로 송환하는 중이었다. 4일에 걸친 항해기간중 이기분은 노래자랑에서 금반지를 타기도 했다.

한국에 돌아온 이기분은 아버지는 돌아가시고 어머니는 오빠와 함께 살고 있다는 것을 알게 되었다. 지난 10년간 너무 변한 그녀는 가족들에게 목에 난 사마귀를 보여주고서야 그녀임을 증명할 수 있었다. 그녀의 친구인 토끼꼬는 결혼을 했지만 아이를 가질 수 없었다. 이기분은 결혼을 할 수가 없었다. 가족들에게는 그동안 공장에서 일했다고 말했지만 남편에게만은 그런 식으로 거짓말을 할 수 없으리라고 생각했기 때문이다.

처음에 그녀는 부산의 한 시장에서 일을 하다가 건강이 악화되기 전까지 조그만 까페를 운영했다. 그녀는 1991년 토오꾜오 소송 사건의 원고 중 한 사람이다.

제국의 구석

한국인들과 마찬가지로 타이완인 위안부들도 고향에서 멀리 떨어진 곳에서 생을 마감했다. 보고에 의하면 73명이 보르네오의 사라와끄로 갔고, 253명이 라바울로 갔다. 이름을 밝히지 않은 타이완 출신의 한 위안부는 1992년 토오꾜오에서 열린 국제공청회에서 띠모르의 위안부였던 자신의 경험을 차분하게 자세히 이야기했다. 간호부이던 그녀는 다른 열 명의 여자들과 함께 자신이 할 일이 간호부 일이라 생각하고 모집인의 제의를 받아들였다. "첫 주일에는 군의관이 와서 여자들이 처녀인지를 검사했다. 우리는 모두 처녀였다. 그러나 40세 가량의 뚱뚱한 지휘관이 와서 우리를 차례차례 강간했다." 이렇게 처녀성을 잃고 나자 오후에는 다른 군인들을 상대해야 했다. 여자들을 배당하는 방법은 남자들끼리 제비를 뽑아 해군 위안소로 가서 그 번호에 맞는 여자를 찾는 식이었다.

태평양 제도

캐롤라인 군도와 마셜 군도는 제1차 세계대전 때, 일본이 영국과 연합하여 독일과 싸우던 시절부터 전략적인 요충지였다. 국제연맹은 일본에게 이 섬들을 관리하라고 지시했지만 섬의 군사력을 강화하라고 하지는 않았다. 섬의 군사력이 강화되자 미국이 필리핀을 공격하거나 일본에 진출하는 것을 막는 아주 탁월한 방어벽이 되었다. 전쟁 초반에 점령된 괌이나 기타 섬들을 제외하면, 미크로네시아라고 알려진 이 섬들은 일본 해군의 관할권이었다. 이 섬들은 대륙 방향으로 갈 것이냐, 해양 방향으로 갈 것이냐 하는 팽창주의의 방향에 관한 논쟁을 둘러싼 일본 해군과 육군 사이의 정치적 경쟁의 일부로서, 해군에 의해 더더욱 강화되었다. 중국에서 접전이 있은 초반기에는 해군이 밀렸으나 진주만 공격 이후에는 해군이 주도권을 잡았다. 그 이후 해군의 병력뿐 아니라 위안소도 크게 증가했다. 미크로네시아 지역의 군병력은 14만 명 가량으로 증가했다.

캐롤라인 군도의 트루크는 주요한 해군기지로서, 그곳에는 마셜 군도에서 쫓겨온 사람들까지 합쳐 약 300명의 위안부가 있었다. 이곳은 또 더 남쪽으로 가는 데 필요한 중간기지 역할을 했다. 육군과 해군은 각기 다른 위안소를 따로따로 설치했는데, 해군의 경우 장교들을 위한 시설이 따로 있었고 요금도 달랐다. 이곳의 해군 위안소는 주로 토오꾜오만에 위치한, 가장 오래된 근대적 해군기지인 요꼬스까에서 인원을 충당했다. 손님들도 특별했다. 손님들은 대개 전쟁이 당초 예상했던 전략에 비해 훨씬 더 빠른 속도로 걷잡을 수 없이 위태롭게 치달음으로써 황급하게 대충 훈련을 마친 젊은 조종사들이었다. 이 젊은이들은 도착하자마자 상관들로부터 위안소를 이용하라는 권유를 받았다. 성행위를 하는 것이 그들의 사기를 올려줄 것이라는 이유에서였다.

그들 중 정말 충성심이 넘치는 일부는 구태여 그런 식으로 애국심을 고양하는 데 대해 그다지 열광적이지 않았다고 한다. 그러나 대부분은 환영해 마지않았는데 이것이 그들의 첫경험이었기 때문이다. 위안부들은 위안부들대로 평소에 오는 손님들의 거친 태도에 비해 이 젊은이들이 너무나 순진하고 친절한 데 놀랐다. 죽음을 불사하는 임무가 늘어나면 늘어날수록 위안부들은 애처로운 얼굴로 군인들을 가리켜 '한번 가면 그만인 잠자리들'이라고 표현하곤 했다. 위안부들은 그 군인들을 기리는 뜻에서 종이로 조그만 위패를 만들어놓기도 했다. 이는 전몰용사들을 위해 야스꾸니 신사에 바치는 제물과는 조금 다른 종류의 것이었다. 트루크에도 신사가 있었고, 가장 큰 신사에서는 추모법회가 열렸다.

또다른 손님들은 배가 정박하면 몰려드는 사람들이었다. 공고판에 계속 승전보가 나붙고 있었음에도 불구하고, 위안부들은 손님들 중에 조종사의 수가 계속 줄어드는 것으로 미루어 전쟁의 진행 상황을 짐작할 수 있었다. 결국은 공허한 것이긴 했지만, 가진 돈을 다 쓰고 죽을 수 있을까 의심스러워하는 남자들이 마지막이라 생각하고 돈을 넉넉히 뿌리는 것이 그들의 유일한 위안이었다. 그러나 그들이 살아남는다 해도 이 흩어진 조그만 섬들에서는 살 것도 거의 없었다.

티니안섬에는 60명의 일본인 위안부들이 세 개의 막사에 나뉘어 3조식 다다미방에 살았다. 이곳 위안부들은 일요일마다 쉬었다. 장교들은 화, 목·토요일에, 사병들은 월·수·금요일에 번갈아 왔다. 한번 돌아갈 때마다 제비를 뽑아서 순서를 정하는 것이 관례였다. 위안부들은 밤에는 장교들의 파티에 참석하기도 했다. 그들은 보통 1년 계약으로 있었으나, 태평양전쟁이 끝나면서 다른 수비대원들과 함께 죽었다.

중무장된 싸이판을 포함한 마리아나 군도에서는 위안시설이 주로 배로 공급되었다. 1942년 말경에는 토오꾜오의 적선구역(赤線區域, 赤線은 공창을 의미함―역주)인 타마노이(玉の井)나 나고야에서 모집한 150명의 위안부들이 있었다. 위안부들은 1개 수비대당 20명 정도의 비율로 배당되었다. 살아남은 사람의 말을 빌리면, 이 지역 위안소는 대개 야자나무 잎

으로 엮은 지붕 아래 야자나무를 쪼개 만든 침대 위에 얇은 매트리스만 깔고 촛불을 켜놓은 모습이었다고 한다. 어떤 어린 위안부는 이러한 상황에서도 토오꾜오로 돌아가서 조그만 까페를 차릴 돈을 모을 수 있을 거란 생각에 불평 없이 견뎌냈다고 전해진다. 2년 후 그녀는 고향으로 돌아가는 배를 탔지만 잠수함의 공격을 받아 다른 사람들과 함께 바다 밑으로 가라앉고 말았다.

아시아 전역에 파견된 일본군이 모두 원정의 스트레스에서 해방되기 위해, 아니면 마지막이라고 생각하고 최후의 방종으로 성행위에 의존한 것은 아니다. 마셜 군도의 어느 지휘관은 부대에 위안부가 필요하지 않느냐는 질문을 받고 이렇게 쏘아붙였다. "우리에게 배와 군인을 보내달라, 여자들말고!"(그래서 마셜 군도에 배정된 위안부들은 캐롤라인 군도의 트루크섬으로 보내졌다.) 마셜 군도는 알류샨 열도나 이오섬, 동부 뉴기니 본토와 마찬가지로 처음부터 전방이었다. 김일면에 의하면, 이곳에는 위안소가 있었다는 기록이 없다. 또한 그 이후의 위안소관련 자료에서도 이 지역에 대한 언급은 찾아볼 수 없다.

남태평양의 위안부제도와 관련해서 김일면은 다른 점령지역과 대조되는 공통점들을 적절하게 지적한 바 있다. 즉 해군과 공군의 경우 상대적으로 위안부제도의 역할이 크다는 것이다. 이는 장교용과 사병용 시설이 엄격하게 구분된 해군 전용의 위안부제도가 증가했음을 말해준다.

또 한가지 특징은 연합군의 반격이 본격화되면서 이 지역에서 죽음과 패전의 위험이 더욱 증가했다는 것이다. 이는 중국에서의 전쟁이 지루하면서도 일정한 강도로 지속된 소모전이었던 것과 대조적이다. 일본군이 처음으로 결정적인 패배를 맛보았던 태평양 지역에서는 심리적인 무방비 상태로 인해 특별히 광적인 행태를 보이는 경우가 많았다. 어떤 종족이든 떼죽음이나 멸종의 위기에 처하면 종족을 재생산하려는 충동이 강렬해지며, 그러한 본능은 위안을 얻을 수 있다면 마지막 순간까지 무엇이라도 붙잡으려는 의식적인 충동과 결합하게 된다는 이론이 있다. 그래서 남방 전선에서는 군인들이 포탄에 뚫린 지붕 사이로 별들이 반짝이는 위안소에서 최후의 세속적인 즐거움을 구했던 것이다. 죽음을 앞둔 남자들은 열대의 소나기가 등을 적셔도 아랑곳하지 않았다.

이 지역에서 한국인 위안부들은 수적으로는 가장 많았지만, 가장 덜 학대받은 민족이기도 했다. 이는 여러 국적을 가진 현지 여성들의 섹스 써비스가 가능했기 때문이기도 하고, 일본 여성들과 포주들이 새로 개방된 지역으로 자원해서 진출하는 경향이 점점 증가했기 때문이기도 하다. 남자들이 대개 군대에 끌려간데다가 공채나 전시채권의 강제매입 등으로 물자부족, 소비제한이 불가피해지는 등 전시의 불경기로 인해 본국의 단골손님들이 거의 끊어졌던 것이다. 여자들은 본국에서도 군수산업에 투입되었으나, 섹스 써비스업에 종사하는 사람들은 남방 전선으로 나가는 것이 권장되었다.

이러한 움직임을 전형적으로 보여주는 사례는 일명 미하라 요시에라고 알려지기도 한 시로따 스즈꼬(城田すず子)의 이야기이다. 그녀는 1986년 방송을 통해서 처음으로 널리 알려진 일본인 위안부이다. 일본에서의 위안부제도를 둘러싼 기밀유지는 한국만큼 강하지는 않지만, 그와 관련된 이야기는 그간 주로 당사자의 이름은 익명으로 한 채 제3자에 의해 출판되었다. 시로따는 해군 위안소에서 일하는 동안 감염된 질병에 대한 보상이나 치료를 해주지 않는 데 대해 공식적으로 항의하기로 결심했다. 이는 특히 그녀가 살날이 얼마 남지 않았다는 것 때문에 가능했다. 그녀는 할 수 있을 때 그 위안부제도의 부당함을 폭로하고 싶었던 것이다.

시로따 스즈꼬

1937년, 17세의 나이로 시로따는 그녀의 가족이 진 빚 2500엔을 갚기 위해 매춘부가 되기로 계약했다. 그녀는 타이완의 마꿍에 있는 위안소에 보내졌다. 그녀는 배가 들어올 때면 끔찍하게 많은 손님이 한꺼번에 밀어닥쳤다고 회고한다. 그녀는 기회만 되면 자유롭게 되기를 원했다. 그때 그녀에게 반한 오끼나와 출신 선원이 그녀와 결혼해서 그곳에서 구해주겠다고 약속했다. 이는 수세기에 걸친 일본의 매매춘과 게이샤 제도에 숱

하게 등장하는 그런 종류의 이야기이다. 전통적인 동양사회에서는 통상적인 중매결혼에서 낭만적인 애정이 싹트는 경우는 드물었다. 그것은 주로 직업여성과 상대하는 경우에 생겨나는 것이었다. 이 경우는 남성의 열정이 여성의 정조에 대한 관습적인 생각을 압도하는 것이다.

그러나 시로따의 동기는 순전히 그 상황에서 빠져나가는 것이었다. 그녀는 토오꾜오로 달아났다. 그 오끼나와인은 그녀를 따라와서 보상을 하라고 소송을 걸었다. 그래서 그녀는 다시 매춘부가 될 수밖에 없었다. 그녀는 남쪽으로 가는 대열에 합류해서 '해군 특별요원'의 자격으로 미크로네시아의 팔라우로 갔다. 위안부들은 트럭에 실려 여러 부대로 나뉘어 써비스를 했고 비상시에는 군인의 역할도 했다. 얼마 후 그녀는 매독에 걸려 섹스 써비스를 하는 일에서 제외되고 장부와 전표를 관리했다. 미크로네시아 전체가 광범위한 전투와 학살로 물들었음에도 불구하고 그녀가 있던 지역에서는 위안부들이 살아남았다. 전쟁이 끝나자 그녀는 미국의 수송선으로 송환되었다.

천황을 위해 '만세 구호'를 외치는 것에서 드러나듯 군인들은 대개 천황을 위해서 죽는 것이라고 알려져 있었으나, 사실은 그들이 죽는 진짜 이유는 적군이 그들의 어머니를 건드리지 못하게 하기 위해서라고 말했다고 그녀는 전했다.

말년에 시로따는 태평양 연안의 카니타에 후까쯔 목사가 세운 여인마을이라는 목장에서 살았다. 시로따의 방송은 방송문화재단으로부터 격려상을 받았다. 그녀는 여기서 받은 상금과 다른 곳에서 온 기부금을 합쳐, 카니타 해변을 굽어보는 곳에 '군대위안부들을 위하여'라고 새긴 기념비를 세웠다.

라바울

미크로네시아에서 조금만 내려가면 오스트레일리아령 (領) 영토의 전략적 중심지인 뉴브리튼섬의 라바울에 도착하게 된다. 이곳의 일본 해군과 육군 기지는 규모가 큰 편에 속한다. 이 지역은 난까이시(南海市)라고 불렸고, 태평양전쟁의 전환점을 이룬 솔로몬 군도와 뉴기니로의 원정에서 중심적인 역할을 했다. 솔로몬 군도의 과달카날에서 열세에 몰린 일본군은 그 작은 섬 하나를 점령하기 위해 결사적으로 싸우다가 결국 미군에게 패배한 것이다.

라바울은 일본군이 끝까지 지키고 있었다. 10만여 명의 군대가 주둔하고 있는 중무장된 지역이었으므로 일부러 애써 파괴하여 손실을 자초할 필요가 없었던 것이다. 동료들과 차단되어 고립되자 수비대 군인들은 자급자족을 하였다. 대개가 농민 출신인 그들은 고구마나 타피오카(카사바의 뿌리로 만든 녹말—역주), 고랭지 쌀 등을 재배하며 살아남았다. 그들은 코코넛기름으로 비누를 만들고, 산호가루로 치약도 만들었다. 부족한 것은 담배였다.

위안소는 대개 기지와 같은 수준으로 보급을 받았다. 김일면에 의하면 대부분의 기록에서 일본인들은 현지 여자들을 꺼렸다고 한다. 그들이 인종차별주의자라서가 아니라——그런 의식은 시간이 흐르고 서로 친해지면 자연히 사라지게 마련이다——널리 퍼진 피부병, 곪은 상처, 긁힌 자국, 모기 쫓는 데 사용되는 코코넛기름의 냄새 때문이었다고 한다. 그러나 영화제작자 세끼구찌 노리꼬(関口典子)는 「전쟁의 딸들(戰爭の女たち)」이라는 다큐멘터리를 만드는 과정에서 일본인들이 가족들을 해치겠다고 위협하면서 섹스를 강요했다고 주장하는 원주민들을 만났다고 한다.

위안소는 상륙 직후에 곧바로 세워졌다. 해군에서 처음으로 세운 두 군데의 위안소는 시외 산기슭에 위치한, 오스트레일리아인이 살던 집을 개조한 것이었다. 육군에서는 동쪽으로 조금 떨어진 지역에 3조식 다다미방을 열 개씩 둔 조립식 오두막을 세 채 지었다. 처음에는 14명의 한국인 위안부가 파견되었다. 위안부들은 '군수품만큼이나 신속하게' 도착했을 뿐 아니라 심지어 무선 도청기구——라바울처럼 외딴 곳에서는 필수적인 장비——보다도 먼저 도착했다.

처음에는 여자들이 너무나 부족하여 그들은 지독한 과로에 시달렸다. 센다 카꼬에 의하면 "중국에서보다 훨씬 나빴다"고 한 생존자가 말했다고 한다. 그녀는 또 점심시간도 따로 없어서 손님이 들어오는 중간중간에 주먹밥을 허겁지겁 먹어야 했다고 말한다. 너무 급하게 먹어서 음식이 목구멍까지 도로 올라왔지만 다시 삼켜야 했다고 한다. 때때로 남자들이 너무 서두르는 바람에 항문과 질을 혼동하기도 했다고 말한다.

라바울은 열대기후였으므로, 영어권의 군대에서 흔히 '아주 간다'고 묘사되는 노곤함과 정신적인 불균형을 방지하는 것이 섹스를 해야 하는 또 하나의 구실이 되었다. 이것은 공군의 경우 더 중요했다. 공군에서는 성행위를 제때 하지 못한 조종사는 사고를 당할 위험이 높다고 생각했다. 이 지역의 군인들은 위안부들의 써비스를 오락으로서 즐기기보다는 의무로 받아들이도록 교육받았다.

새로 도착한 위안부들은 보통 일을 시작하기 전에 군의관에게 검진을 받았다. 상하이 위안소에서 위안부들을 검진한 아소 박사는 방공(防空) 대대와 함께 라바울에 배치되었다. 라바울의 한 군의관은 어떤 민간업자가 일본에서 데리고 온 여자들 중 처녀는 딱 한 명이었다고 말했다. 그녀는 타이피스트로 일한다는 말을 듣고 따라온 것이었다. 그 군의관은 상황을 파악하고는 그 업자를 호되게 나무란 뒤 그녀를 일본으로 송환했다.

역시 타이피스트로 일하게 될 거라고 속아서 따라온 다수의 여자들이 집단적으로 항의해서 다시 일본으로 돌아간 경우가 있었다고 한다. 그러나 그들이 탄 배는 돌아가는 길에 침몰했다. 호송 도중 이런 식으로 사망한 경우는 무수히 많다. 어떤 경우에는 라바울에서 위안부들을 싣고 죽음의 섬 과달카날로 가던 배가 부건빌 해안에서 잠수함에 의해 침몰된 일도 있었다. 이때 몇몇 운좋은 위안부들은 해안으로 헤엄쳐와 살아났다고 한다. 이 중 전쟁이 끝날 때까지 살아남은 사람은 둘이다. 또 200명의 위안부를 실은 잠수함이 일본으로 돌아가던 중 어뢰에 맞아 가라앉은 경우도 있었다. 여기서는 단 세 명이 살아남았다.

라바울에서 처음으로 성경험을 한, 의대를 갓 졸업한 젊은 군의관의 이야기가 있다. 그는 산부인과를 전공했지만 섹스에 대해서는 이론적으로 만 알고 있었다. "해보고 싶지 않아서가 아니라, 창녀에게 가는 것은 그들의 수준으로 떨어지는 것이라는 느낌과 자존심 때문이었다." 그러나 정글에서의 생활은 본능적인 충동을 강화하고 문명의 영향을 희석시켜 마침내 그는 위안소를 찾아갔다. 처음 갔을 때 그는 위안부의 몸에서 나는 냄새와 그곳의 지저분한 모습에 혐오감을 느껴 도로 나오고 말았다. 두번째 갔을 때는 드디어 한 한국인 위안부를 배정받았다. 그녀는 일본어를 거의 못했다. 그러나 그는 도리어 잘되었다고 생각했다. 그가 원한 것은 순전히 육체적인 관계뿐이었다. 성행위를 한 후 그녀는 담뱃불을 붙여주었다. 그는 전에 담배 맛을 몰랐었지만, "이제는 담배를 피는 것이 향기로웠다." 그는 동정을 잃음과 동시에 담배를 배운 셈이다. 여자와 함께 있을 때면, 그는 일종의 성교 후 우울증 같은 것을 느끼기 시작했다. 하지만 그런 일이 반복되자 우울증은 사라졌다.

적군의 포격이 치열해짐에 따라 섹스 써비스를 즐기는 것도 점점 위험해졌다. 공습이 시작되었는데도 계속 위안소에 남아 있겠다고 고집하는 사람도 있어서, 장교들이 그들을 끌어내고 위안부들을 대피시켜야 했다. 사생활이라고는 없는 대피소에서도 성행위는 계속되었다. 한 한국인 생존자는 그런 상황에서 그녀가 수치심을 깡그리 잊을 수 있었다는 것이 놀라울 뿐이라고 회고한다. 마침내 사령관은 죽음을 불사한 마지막 항전에 대비해서, 짐이 되는 여자들을 모두 피신시키기로 결정했다. 간호부들은 일본으로 돌아갔고, 마지막으로 질탕한 향연을 벌이고 나서 위안부들은 캐롤라인 군도의 트루크와 마리아나 군도의 싸이판으로 이동되었다. 1944년 미군의 엄청난 공습으로 보아 거기 그대로 있었더라면 살아남은 사람은 거의 없었을 것이다. 위안부들이 떠난 후 라바울에서는 동성애가 크게 번졌고, 어떤 이들은 처음으로 현지 여자들을 찾아가기도 했다.

후일의 조사과정에서 라바울에 대한 다른 이야기들이 나타났다. 그중에는 일본 여자를 둘러싼 살인과 자살 사건은 물론, 한 여자를 독점하기 위해 장교들끼리 결투를 한 내용도 있다. 군속으로 대접받은 한국인 위안부들은 장교들과 마찬가지로 비교적 양질의 음식을 먹을 수 있었고, 일이 고되기는 했지만 가능한 경우에는 두세 달에 한 번씩 쉴 수도 있었다. 「전쟁의 딸들」을 만든 세끼구찌 노리꼬를 인터뷰하는 과정에서 코스모폴리탄 호텔에 있던 위안소에 대해 자세한 설명을 들을 수 있었다. 여기에는 아주 상세한 규정이 있었고, 쉽게 여자들을 고를 수 있도록 사진도 비치되어 있었다. 방문시간은 보통 30분이었다. 위안부 중 80%는 한국인이었고, 나머지 일본인 위안부들은 장교용으로 따로 취급되었다.

다른 설명에 따르면 군인들은 돈을 가지고 가는 것이 아니라, '30분 티켓'을 지급받았다고 한다. 제한시간 종료 5분 전에 벨이 울렸다. 이 이야기를 해준 사람은 때때로 자신의 입장권을 옆의 동료에게 5엔을 받고 팔아서 그가 1시간을 사용할 수 있게 해주었다고 한다. 이 입장권을 모아서 가면 부대에서 나중에 현금으로 바꿔주었던 것 같다.

'군수품'에 대한 미군측의 한 보고서에는 인접 지역에서 붙잡힌 포로들로부터 수집한 라바울에 관한 설명이 들어 있다. 이에 따르면 라바울 지역에는 20개소 가량의 유곽이 있었으며 대개 일본인 여자들이 있었다는 것이다. 여기는 주로 장교들이 이용했는데, 요금은 5엔이었다. 사병은 원칙적으로는 요금이 1엔이었지만, 실제로는 입장이 거의 불가능했다. 이 정보를 제공한 사람은 일등병이었으므로 유곽 내부에 관해서는 직접적인 정보가 없을지도 모른다. 다른 사람은 또 두 군데의 유곽에 100여 명의 한국인과 일본인 위안부들이 있었다고 말한다. 또다른 사람은 위안부의 수가 군인 2000명당 1명꼴이었으므로 장교를 제외하고는 거의 위안소를 이용할 수가 없었다고 말하기도 한다. 1944년 2월에 체포된 한 포로에 의하면 위안부들은 모두 이미 대피했었다고 한다. 그러니까 이 증언에 의하면 라바울의 위안소는 만 2년 가량 운영되었던 것으로 보인다.

토오꾜오 소송에서 세 사람의 원고 중 '원고 A'로 묘사된 사람은 라바울에 있었지만(제7장 참조) 피신하지 않았다고 한다. 왜냐하면 그녀는 다른 10여 명의 위안부와 함께 공습을 틈타 탈출했기 때문이다. 그녀는 정글속에서 감자로 연명하며 전쟁이 끝날 때까지 살아남았다. 그녀가 잠시 병

원에서 근무하다가 끌려간 위안소는 교회건물 안에 설치되어 있었다. 그
곳에는 일곱 나라에서 온 20명 가량의 위안부들이 있었다. 그중 몇 사람
은 그녀의 묘사로 미루어 흑인인 듯하다. 뉴기니 지역에는 인도네시아 출
신의 위안부가 있었다는 언급도 있다. 그 위안소 앞에는 위안부들의 사진
이 전시되어 있었다.

필리핀

동남아시아의 가장자리에 위치한 섬나라 필리핀은 3세기 동안 스페인
의 식민지였다가, 1898년 미국이 스페인과의 전쟁에서 승리하면서 미국
의 식민지가 되었다. 태평양전쟁이 발발할 당시 미국은 필리핀 군대를 훈
련시키고 독립에 대비하는 중이었다. 따라서 일본인들이 미국에 대한 반
(反)제국주의적인 감정을 불러일으킬 여지가 많지 않았다. 1942년, 필
리핀과 미국의 군대는 일본군에 맞서 격렬하게 저항했다. 필리핀에서의
전투에 근 50여만 명의 일본군이 투입되었고, 점령한 뒤에도 게릴라들이
계속 일본군을 괴롭혔다.

수세기에 걸친 스페인 문화의 영향으로 이 지역에는 원래부터 매매춘
이 성행하고 있었던 것으로 보인다. 다른 라틴족 사회보다도 스페인 문화
권은 상류층 여성들을 엄격히 감독하는 한편 이와 맞물려 제도적인 매매
춘을 허용한다는 면에서 동아시아와 비슷한 면이 있다. 또한 이 지역은
극심한 빈부차를 특징으로 한다. 가난은 여성을 매춘으로 내모는 가장 큰
요인이다. 현지 매춘부들을 구할 수 있었음에도 불구하고 일본인들은 특
히 게릴라의 저항이 극심한 지역의 경우 첩자의 염탐을 걱정하여, 위안부
를 외부에서 들여온 것 같다. 그러나 위안소를 설치하기 위해 말라야의
마담 X의 경우처럼, 현지 여성을 강간하고 납치해갔다는 증거도 있다.

1992년 3월, 필리핀과 관련된 위안소 운영에 대한 일본측 자료가 드러
나자 여성단체들은 코라손 아끼노(Corazon Aquino) 정부에 공식적인 조
사를 요청했다. '대통령 직속 인권위원회'(Presidential Commission on Hu-

man Rights)는 이 문제를 한 학자에게 의뢰하였는데, 그는 대규모로 매매춘을 강요했다는 증거를 찾을 수 없다고 보고했다. 그는 주로 전시 좌익게릴라운동에 관한 자료들에 의존했다.

1992년 7월, 일본 정부는 위안부 문제에 대한 주요 조사 결과 보고서를 발간하였다. 이것은 '필리핀 위안부에 관한 특별조사단'(Task Force on Filipina Confort Women)을 발족시키는 데 자극제가 되었다. 다른 여성단체들과 마찬가지로 이 특별조사단은 일본측 보고서에서 단서를 찾아 추적했다. 그들은 빠나이섬 일로일로 지역에 위안소가 두 군데 있었다는 헌병대 기록을 발견하고 그 장소를 찾아냈다. 그 기록에는 아침 8시부터 10시 사이에 위안부들이 자유롭게 거닐 수 있던 지역의 지도도 같이 들어 있었다. 그밖에 위안소 밖에서의 다른 행동은 특별한 허가를 받아야 했다.

다른 규정들은 다른 곳의 규정과 거의 비슷했다. 두 개의 위안소는 각각 '넘버 원 위안소'와 '아시아 홀'이라고 불렸다. 이 중 아시아 홀이 더 고급스러웠다. 넘버 원 위안소가 장교들에게 1시간에 3엔을 받는 데 비해 아시아 홀은 6엔을 받았다. 그보다 낮은 계급의 경우, 하사관이나 군속은 이용시간도 30분밖에 안되었는데, 아시아 홀은 2엔 50전, 이름으로만 넘버 원이라는 넘버 원 위안소는 1엔 50전을 받았다. 가난한 사병에게는 각각 1엔 50전과 1엔을 받았다. 이 위안소는 해군 위안소가 아니라 육군 위안소였으므로 계급이 낮은 사병도 장교와 같은 여자, 같은 침대를 누릴 수 있었다. 단지 이용시간이 좀더 불편했다.

일로일로의 위안부들은 건강했는가? 일로일로 보건소에서 발행한 보증서에 의하면 1942년 5월에는 단 한 명의 위안부만이 질염에 걸린 상태이고, 다른 사람들은 (생리중이던 한 사람을 빼고) 모두 건강하다고 되어 있다. 그러면 이 일로일로의 위안부들은 어떤 사람들이었는가? 이름은 지워져 있었지만, 나중에 그 이름들을 복원할 수 있었다. 건강한 까르멘과 그라시아, 감염된 마르가레따 하는 식으로. 한국인이나 중국인과는 달리 이들에게는 일본 이름을 붙이지 않았다. 아마 일본인들은 스페인식

이름 혹은 토속적인 이름들이 발음하기도 쉽고 기억하기도 쉽다고 생각
했을 것이다.

여성단체의 조사원들은 그 당시 상황을 기억할 수 있는 나이든 주민들
을 찾아냈다. 여러 대의 트럭이 여자들을 가득 싣고 와서 빠리 호텔이라
는 곳으로 데리고 간 상황을 기억하는 사람들을 말이다. 그들은 한국인과
타이완인이 있었다고 말했다. 위안소에서 일했던 사람들을 찾을 수는 없
었지만 그들이 나중에 죽음을 당한 게 아닌가 하는 언급이 있었고, 다른
식으로 성적인 노예생활을 해야만 했던 위안부 출신 15명을 빠나이에서
발견하기도 했다. 이름이 알려진 소수의 위안부들 가운데 토마사 쌀리녹
은 1942년 13세의 나이로 고향 집에서 잡혀온 일을 회고한다.

토마사 쌀리녹

토마사 쌀리녹이 집에서 자고 있을 때 군인 두 명이 집 안으로 들어왔
다. 그녀의 말을 직접 인용해보자.

그들은 나를 데려가려고 했다. 그래서 아버지가 그들과 싸웠다. 아버지는
히루까 대위의 칼을 맞았다. 나는 아버지가 쓰러진 곳으로 달려가서 끌어안
았으나 이미 아버지는 머리가 잘려나간 후였다. 나는 미친 듯이 울부짖었다.
그러나 일본군들은 나를 가차없이 끌고 나갔다. 그들은 나를 수비대 근처에
있는 어떤 집으로 데리고 갔다. 그 집은 이층집으로서 아래층과 위층에 방이
각각 세 개씩 있었다. 각방에는 욕실이 딸려 있었다. 그 집에는 이미 여자들
이 여러 명 와 있었지만, 숫자가 얼마나 되는지는 알 수 없었다.

이것은 분명히 위안소를 말하는 것 같다. 그러나 그녀는 그 당시 매우
어린데다가 끌려간 과정이 워낙 충격적이었을 것이므로, 그녀가 그 집에
서의 일과에 대해 별로 자세히 기억하지 못하는 것도 무리는 아니다.

내가 얼마나 오랫동안 그 끔찍한 집에서 있었는지 기억하지 못한다. 나는

이미 제정신이 아니었던 것 같다. 나는 항상 아버지 생각을 하면서 울었다. 가장 큰 상처는 내가 강간을 당한 것이 겨우 열세살 때였다는 것, 그것도 여러번 당했다는 것이다. 나는 그때 아직 초경도 하기 전이었다. 그 끔찍한 집에 끌려간 후에야 생리를 시작했던 것이다.

그녀는 그 집에 상당 기간 갇혀 지내면서 세탁일뿐만 아니라 하루에 네 남자를 상대해야 했다. 나중에 그녀는 그곳에서 도망쳤지만, 어떤 장교에게 붙잡혀 전쟁이 끝날 때까지 그의 정부 겸 하녀 노릇을 했다. 그 장교는 가끔 그녀에게 다른 남자들과도 자게 했다.

빠나이에서 드러난 다른 사례들이나 필리핀의 나머지 지역에서 최근에 드러난 사례들은 서로 공통점이 있다. 이러한 경우들은 공식적인 위안부 제도의 일부를 형성한다기보다는 개개인 혹은 어떤 집단이 주도하여 그 특별한 목적을 위하여 여자들을 강간하고 감금하는 형태이다.

그중 한 희생자는 선구적인 법정소송에 주도적인 역할을 하기로 결심했다. 1992년 10월, 그녀는 일본 대사관에 미야자와(宮沢) 총리 앞으로 서신을 보내어, 사과와 보상을 요구하고 일본군의 해외 파병을 중지하라고 요구했다. 마리아 로사 루나 헨슨이라는 이 원고는 14세의 나이에 앤젤레스 씨티의 거리에서 붙잡혀 감금당한 채 하루에 12명에서 20명의 남자에게 강간을 당했다. 그녀는 나중에 다른 여섯 명의 위안부들과 함께 몇달 동안 정미소 안에 갇혀 지냈다. 1944년 초, 그들은 게릴라들에 의해 구출되었다. 아직까지도 증인들 중 몇명이 살아 있다. 그녀는 후에 결혼을 하여 남편에게 그녀가 겪은 일을 털어놓았지만, 아이들에게는 이야기하지 않았다.

다른 여성들 중 한 명은 더 비극적인 삶을 살았다. 게르트루데스 발리살리사는 기술자와 결혼해 살고 있었는데, 남편은 일본군에 의해 다리를 건설하는 데 징용되고 그녀는 지휘관의 처소에 끌려가서 그의 정부 겸 하녀가 되었다. 또 그와 동시에 그녀는 매일 다른 남자들 몇명도 상대해야 했다. 그녀는 같은 기지에 억류된 다른 여자들과 이야기를 나눌 수가 없었다. 그 여자들 가운데 최소한 한 명이 탈출하려다가 총살당했다. 써비스를 거부할 경우 매를 맞았는데, 그 결과 불구가 되었다. 엎친 데 덮친 격으로 그녀는 남편에게도 버림받았다. 남편은 그녀가 성병에 감염되었을 거라고 생각했다.

바기오에서 온 한 보고서는 공식적인 위안부제도에 대해서 더욱더 직접적으로 언급하고 있다. 이 보고서는 『바기오 미들랜드 커리어』(*Baguio Midland Courier*)지의 편집자이자 필자이기도 한 쎄씰 오꾸보 아파블(Cecile Okubo Afable)이 제공한 것이다. 그녀의 중간 이름이 보여주듯 그녀의 아버지는 일본인, 그것도 오랜 역사를 지닌 일본인 집단의 일원이었을 수도 있다. 일본군이 들어왔을 때 그녀는 25세였다. 일본군은 그녀의 집을 점거하고 그녀의 아버지를 처형했다. 그녀의 아버지는 그녀의 묘사에 따르면 평화주의자였다. 그 집에서 가장 눈길을 끄는 것 중의 하나는 그랜드피아노였다. 일본군 지휘관은 그 집에서 잔치가 열릴 때면 그 피아노를 연주하기도 했다. 그녀의 집은 또 위안소로도 사용되었다. 그 지역에는 100여 명의 위안부가 있었다. 그녀는 그중 세 명의 이름을 기억하고 있다. 한 사람은 미군과 결혼한 일본인이었다. 그녀는 그들이 후에 어떻게 되었는지 알지 못한다. 다만 일부는 탈출했고, 일부는 기밀을 유지하기 위해 죽였다는 이야기만 들었을 뿐이다.

군 위안부제도의 또다른 측면은 수많은 위안소 운영업자들이 '빠나이 기업관리협회'(Panay Business Control Association)의 관리하에 운영되도록 공식적으로 인정해달라고 세부의 군당국에 요청한 데서 잘 드러난다. 이러한 경우 대개 한 업자가 술집·영화관·호텔·위안소의 경영을 한꺼번에 도맡았는데, 이 영업소들은 주로 군인과 군속을 위한 것이었고, 일본 민간인을 위해서도 제한적으로 영업을 했다. 재정은 기업관리협회에서 감독했다. 이는 전시체제에서는 늘상 있는 경우였다.

필리핀에 대해 김일면이 수집한 자료는 극히 제한되어 있다. 어떤 자료에는 두 남자가 강간을 했다는 죄목으로 총살당한 사건이 언급되는데, 이는 기율을 잡기 위한 조치로 드물지 않은 것이었다. 셜리 후이는 자바에서의 억류생활에 대해 이야기하면서, 강간을 했다는 죄목으로 그 자리에서 총살을 당한 군인들도 있었다고 말했다. 중국에서도 이러한 사례가 있었다. 군당국에서는 이런 사건이 일어나는 것을 매우 싫어했을 것이다. 왜냐하면 바로 위안소 시설이 강간 같은 사건을 방지하려는 대안으로서 마련된 것이기 때문이다.

마닐라에서 위안부들로부터 고소당한 전직 경리담당관은 일본군이 처음에는 주변에서 구할 수 있는 필리핀 여자들을 이용했다고 회고했다. 그러다가 곧 그들은 한국과 일본에서 데려온 여자들로 대치되었다. 특히 일본에서 온 위안부들은 오랫동안 남부지역의 창녀들을 조달하고 있었던 아마꾸사시마(天草島)에서 데려온 사람들이었다. 이 장교는 위안소에서 중국, 한국, 스페인, 러시아, 인도네시아 등 다양한 국적의 여자들과 관계를 가졌노라고 시인했다. 그러나 결국에는 일본인과 일종의 심리적 친밀감을 가질 수 있어서 일본인을 선호했노라고 말했다. 또다른 자료에 의하면 여행 온 학생들이 전쟁으로 인해 길을 잃고 흘러들어와 매춘을 하게 된 경우도 있었다고 한다. 종족에 따른 요금을 보면, 한국인이 하룻밤에 3엔 50전, 일본인이 5엔 50전, 스페인 계열은 11엔, 미국인은 13엔이었다. 스페인과 미국인들은 희소가치가 있었으므로 요금이 비쌌다.

과달카날섬의 재앙에서 살아남은 1만 2000명의 생존자들이 마닐라로 왔다. 그들은 너무나 굶주린 나머지 한동안 섹스에는 관심도 없었다. 어떤 사람은 여자보다 고구마가 더 좋다고 말했다고 전해진다. 다시 건강을 회복하자, 그들은 처음으로 자신들이 아직 살아 있다는 것을 실감했다. 후에 나온 자료에 의하면 마닐라에는 다국적 위안소가 있었다고 한다. 그곳에는 로비에 항상 몇명의 여자들이 나와 있어서 여자를 직접 고를 수 있었다고 한다. 그런 곳에는 이런 간판이 붙어 있었다. "군용 위안소 제○호." 요금은 군표로 지불되었으나 위안부들은 군표보다 비누 같은 것을 더 좋아했다. 다바오에는 일본의 시내와 비슷한 일본인 타운이 있었다고도 한다. 그러나 그곳의 위안부들은 여러 나라 출신이 섞여 있었다.

싱가포르와 말라야

싱가포르는 전전(戰前)의 대영제국에는 왕관의 보석과도 같은 존재였다. 그곳은 난공불락의 해군기지로 여겨졌고, 그래서 영국 정부는 전쟁이 발발하기 불과 몇해 전에 싱가포르에 6000만 파운드 가량을 쏟아부었다. 싱가포르는 진주만, 지브롤터, 몰타와 함께 세계 4대 해군기지의 하나로 알려져 있다.

말라야 반도의 남단에 이렇게 강력한 해군기지를 구축한 영국측은 이로써 말라야의 풍부한 주석과 고무 자원을 보호하고자 했다. 그래서 별볼일 없다고 치부하던 일본군에게 말라야와 싱가포르가 단 두달 만에 전광석화같이 넘어가버린 것은 영국과 일본 양측에 다 충격적인 사건이었다. 야마시따 토모유끼 장군이 이끄는 정예 25군단은 2개 사단 4만 명 정도였고, 영국군은 그 두 배 가량 되었다. 1941년 12월 8일 첫 포격이 시작되었고, 1942년 2월 15일에 영국은 항복했다.

싱가포르는 쇼오난(昭南)── ‘쇼오’는 천황의 통치연대 명칭인 쇼오와(昭和)에서 따온 것이며, ‘난’은 남쪽이란 뜻──으로 바뀌었다. 이 지역은 1930년대 만주 합병 후에 그랬듯이 일본이 사업에 직접 개입하는 식으로 통치되었다. 거대한 민간자본이 유입되었는데, 주로 점령지역의 전략적 자원을 착취할 목적으로 만들어진 재벌과 연계된 ‘국책회사’와 기생충처럼 한몫 잡아보려는 사업가들이었다. 이렇게 한몫 잡으려는 사람들은 막강한 권한을 가졌을 뿐 아니라 자연히 뭔가 특별히 봐줄 수도 있는 군의 고급장교들은 물론, 기업의 중역들의 요구에도 부응해나갔다. 뭔가 특별한 부탁을 하려면 주체할 수 없을 정도의 향응을 제공하면서 협상을 진행하는 것이 가장 좋은 방법이었다. 그들은 고급장교들에게 당장 돈을 쥐여주었을 뿐 아니라 후일의 안락한 생활을 기약하는 기초를 다질 수 있는 기회를 제공했다.

싱가포르에서 고급 향응장은 야마또 여단이라 불리는 조직이 지배했다. 일본인들에게 야마또는 유서깊고도 많은 의미가 내포된 이름이었다. 이 여단은 상륙하자마자 "군대가 아침에는 이 성, 저녁에는 저 요새를 집 어삼키듯이, 싱가포르에서 가장 멋진 호텔과 식당, 까페의 경영권을 가 로채버렸다. …야마시따 제독이 말라야를 정벌한 것 못지않게 기운찬 돌 격이었다."(金一勉, 1976)

　김일면은 장교들의 사치스러운 생활에 대해 자세히 설명하고 있다. 그 들은 이전에 살던 식민통치자들로부터 정교하고 아름다운 저택과 호텔 을, 그 안에 든 집기들과 함께 인수했다. 그들은 토착민 여자들뿐 아니라 식민지 관리의 여자들까지도 넘겨받았다. 그들의 표현을 빌리면 '백인의 착취에서 해방시켰다'는 것이다. 김일면은 그 예로 버마에서 전사한 어떤 장교의 일기 중 한 부분을 인용하고 있다.

　　4월 16일. 9시 30분 싱가포르에 무사히 도착. 상륙해서 영국인들로부터 몰수한 멋진 호텔에 투숙. 호텔에 감금되어 있던 영국인 여자 한 사람이 욕실 로 와서 내 등을 씻어주고, 보름 동안의 선상생활에서 쌓인 여독을 말끔히 풀 어줌. 오후에는 프랑스인 매춘부를 불러 술을 따르게 하고 밤에 같이 지냄.

　나이든 주민들은 당시에 군인들이 군용 유곽 밖에서 줄지어 기다리고 있었다고 회고한다. 싱가포르 전 총리 리콴유(李光耀)도 일본군들이 이 렇게 줄지어 기다리던 풍경을 기억한다. 1992년 여름 위안부 문제가 한 창 주목받고 있을 당시 리총리는 일본 방문중이었다. 그는 그 자신을 포 함한 당시 싱가포르 사람들의 대부분은 그러한 시설이 있음으로 해서 싱 가포르 여자들에 대한 강간이 줄어들 것이라고 안도했다고 회고한다. 그 러나 그 위안부제도의 배경을 이해한 뒤로 그는 앞으로 다시는 일본군의 해외 파병으로 인해 그러한 관행이 되풀이되는 일이 없어야 함은 물론, 희생자들에 대해 배상을 해야 한다는 의견을 지지하게 되었다.
　나이든 싱가포르 사람들이 일본군 점령기간을 회고하는 구술 가운데는 일본인이 경영하는 유곽에 관한 언급이 있다. 그중 하나는 지금의 번화가인 오차드가(街) 지역인 케언힐에 있었다. 또다른 곳은 게일랑 지역 어딘가에 있었는데, 그곳은 전쟁 전에도 매춘굴로 유명한 곳이었다. 70대의 한 싱가포르인은 게일랑의 위안소가 줄지어 늘어선 떼라스 하우스(지붕이 납작한 집들이 이어진 형태—역주)에 있었는데, 집과 집 사이의 벽을 뚫어 서로 지나다닐 수 있게 통로를 만들어놓았다고 회고했다.

일찍이 집을 떠나 떠돌다가 징용에 끌려가 고역스러운 일을 하는 것을 피하려고 자원해서 군속이 된 어떤 한국인 간수는 이보다 좀더 일반적인 내용을 이야기한다. 그가 근무한 수용소에는 중국인, 말레이인, 인도인이 섞여 있는 위안소가 있었다. 시내에는 20여 개의 유곽이 있었는데 대개는 중국인들이 버리고 간 집에 설치되었고, 인원은 한국인이 300여 명, 일본인이 100여 명 가량 되었다. 그는 그 위안부들 대다수와 함께 배를 타고 고향으로 돌아왔는데, 그중에는 그와 같은 고향 출신도 있었다고 한다.

전직 군인인 한 일본인은 언론에 편지를 보내 그의 전쟁경험담을 알려왔다. 그는 당시 18세의 순진한 소년으로서 나이든 상관의 손에 이끌려 싱가포르의 위안소를 찾았다고 한다. 그는 건물 아래의 공터에 다시 사용하려고 말리는 콘돔이 한 무더기 널려 있는 광경을 보고 기겁을 했다고 한다. "나는 그 추악한 성충동에 침을 뱉어주고 싶은 느낌에 사로잡혔다." 그는 여자가 없는 배 위에서 상급자들이 여자 대신 어린 해군병사들을 이용했다고 회고하면서, "우리 목숨을 책임지게 되어 있는 상관들에게 환멸을 느꼈다"고 술회한다. 이러한 동성애가 배 안의 기율을 위협하는 것은 분명한데, 이로써 해군이 위안소를 설치하는 데 선도적이었던 이유가 설명이 될 것이다. 그 일본 해군 출신은 이러한 경험의 충격에서 벗어나지 못했다. 그는 "성충동이 공허하다는 느낌, 그것은 동서고금을 막론하고 앞으로도 계속 짊어져야 할 짐이라는 느낌"을 표현하는 것으로 이야기를 마치고 있다.

방위연구소 도서 자료 중에는 1942년 중반, 군당국에서 설치하지 않은 그 지역의 시설에서 부대원들이 '특별 위안'을 추구하는 것을 금지한다는 일과명령서가 들어 있다. 싱가포르는 그 지역에서 가장 중요한 항구로서 그곳에는 이미 광범위하게 조직된 매춘체계가 있었다. 어떤 병사는 군인들이 현지 여성과 함께 군용차나 인력거 같은 것을 타고 지나가는 것이 보기가 심히 불쾌했다고 말한다. 군인들은 식당이나 위안소에서 맥주병이나 유리잔을 깨뜨리면 업주에게 보상하기로 되어 있었다. 마사고라는 한 장교용 위안소는 위안부들을 잘 감독하지 않았다는 이유로 두 달간 영업정지 처분을 받기도 했다.

이제까지 입수된 정보에 비추어볼 때, 김일면의 저서나 1992년 7월 발간된 일본 정부 보고서에 들어 있는 수많은 자료들 가운데에서 말라야에 관한 자료가 없는 것은 매우 특이한 일이다. 그러나 곧 이어 여러 조사자들이 발굴되지 않았던 군사자료들을 뒤져서 말라야의 상황에 대한 자세한 설명을 발견했다. 이 중에는 1942년 3월에 말라까에 주둔했던 한 부대의 야전일지도 들어 있었는데, 그 일지에 위안소의 규정에 대한 초안과 위안부들에게 가는 순서를 정한 당번 배정표 그리고 위안소를 방문한 사람들의 숫자 등이 적혀 있었다. 1942년 4월, 그 부대는 콸라삘라에 있었는데, 그곳에서는 다른 지역과 마찬가지로 실제 혹은 가상의 중국인 저항군을 수색하여 섬멸하는 임무와 위안소에 찾아가는 일이 번갈아 진행되었다. 이곳의 위안소에는 콸라룸푸르에서 데려온 23명의 중국인 위안부가 있었다. 그 일지에 의하면 위안소 규정은 역시 오늘날까지 남아 있는 세렘반 수비대의 규정과 일치한다. 승인된 위안소 이외의 유곽에 출입하는 것은 금지되었으며, 위안소에 출입하려면 미리 표를 구입해야 했다. 콸라삘라에서는 식당을 겸하는 위안소 이외의 장소에서 먹거나 마시는 일이 금지되어 있었다. 말라야 군당국의 위생실태 보고서에는 1943년 어느 달의 콘돔 배급 실태가 적혀 있는데, 7월에는 네그리 셈빌란에 1000개, 뻬라끄 1만 개, 8월에는 말라까에 5000개, 셀랑고르에 1만 개, 뻬낭에 3만 개, 9월에는 행정요원용 5000개, 민간용 1500개 등이다.

싱가포르 주둔 제25군 본부에서 나온 일본인 국적자 통계에 의하면 1942년 8월 말라야와 수마트라에는 195명의 일본인 위안부가 있었다. 입수 가능한 증거에 의하면 말라야의 위안부는 대개 현지에서 구한 중국인들이었다. 싱가포르와 말라야에서 다수를 차지하는 중국인들은 강렬한 반일감정을 갖고 있어, 일본군이 싱가포르를 점령하자 곧장 보복에 나섰다. 이에 맞서 일본인들은 물론 첩자활동의 위험이 있긴 했지만, 중국인 여성을 납치해다 섹스 써비스를 하게 만드는 것이 중국인 남자들의 반일 저항운동에 대한 적절한 처벌이라고 여겼다. 중국인 집단의 지도자들은 점령된 초반부터 일본측의 요구를 들어줘야 했다. 그 가운데는 해협달러 (말라야에서 발행하여 싱가포르, 뻬낭 등 동남아 등지에서 통용되는 달러—역주)로 5000만 달러의 전쟁기금과 군대를 위한 '위안'을 제공하는 일도 포함되었다. 이 '위안'이라는 알쏭달쏭한 요구가 구체적으로 무엇이었는지는 알려져 있지 않다. 왜냐하면 막대한 돈을 요구하는 문제라든가 그 당시와 전후에 중국인 공동체의 노력 여부가 지배적인 논의였기 때문이다.

『아사히 신문』의 기자인 마쯔이 야요리(松井やより)는 오래 전부터 동남아 지역에 관심을 가져온 사람으로서, 전직 군 통역관으로부터 침략 직후에 말라야 지역에 처음으로 위안소가 세워졌다는 이야기를 들었다(尹貞玉, 1992). 그는 홍등가의 여자들을 모집하기 위해 방콕에 파견되었다. 처음에 그는 성병에 걸리지 않은 여자를 단 2명밖에 구하지 못했다. 그는 이들을 처음으로 세워진 위안소에 고용했는데, 그 위안소는 말라야와 타이의 접경지대에 있었다. 그 뒤로 위안부들은 주로 현지 중국인들로 충당했다. 쿠알라룸푸르의 위안소에서 일하던 마담 X를 붙잡아온 것이 아마도 그 위안소들에 인원을 채우기 위해 군대가 나서서 여자들을 찾은 전형적인 방식일 것이다.

일본인들은 어차피 중국인들이 집단 전체의 차원에서 협력할 전망은 없다고 판단했으므로 마음놓고 중국인들을 괴롭혔다. 그러나 말레이 사람들이나 인도 사람들과는 좀더 나은 관계를 유지하려 했다. 왜냐하면 그들 대부분은 일본이 후원하는 '자유 인도의 임시정부'를 지지하는 경향이었기 때문이다. 마담 X는 그녀가 있던 위안소가 다음과 같았다고 기억한다. "우리 중에는 중국인이 8명, 수마트라에서 온 말레이인이 3명, 한국인이 2명, 타이인이 1명 있었다. 말라야 출신의 말레이인은 없었다. 또 인도인 위안부도 없었다."이들은 위안부로 강제징집되지 않았던 것이다. 그러나 물론 다른 곳에서와 마찬가지로 다양한 종족의 여자들이 경제적 곤란이 심화됨에 따라 먹고 살 방도로 위안부의 길을 택한 것도 사실이다. 다른 지역에서와 마찬가지로 이곳에서도 유라시아인에 대한 수요가 많았다. 다른 정보원에 의하면 쿠알라룸푸르에 있던 17개의 위안소 가운데 20여 명의 한국인으로 구성된 위안소도 있었다고 한다. 말라야 지역의 특징은 일본에서 추방된 14명의 늙은 매춘부들이 위안소를 경영하는 일에 고용되었다는 사실이다.

현지인의 말에 따르면 위안소는 수비대가 주둔하는 곳이면 어디나 세워졌다고 한다. 그러니까 총 20여 개가 있었던 셈이다. 쿠알라룸푸르에는 17개에서 24개의 위안소가 있었는데, 식민지 귀족을 위해 비슷한 목적으로 사용되던 호텔에 설치되었다. 일본군이 이 지역에 들어오자마자 기회주의적인 사업가들이 신속하게 위안소를 세운 것을 보면 일본군의 상륙을 대비해 일본인들이 은밀히 구축한 지하조직이 이러한 요구에도 부응했던 것이 아닌가 하는 의심이 든다. 또 중국인들까지 포함해서 현지인들도 이에 협조적이었던 듯하다. 마담 X의 말에 따르면 세르당에 있는 그녀의 마을로 군인들을 인도한 것은 30세 가량의 중국인이었다고 한다. 그녀는 쿠알라룸푸르의 타이선 호텔로 가게 되었는데, "타이선 호텔의 위안소는 중국인 마마상과 그녀의 남편이 운영하고 있었다. 그녀의 이름은 추이차우였고 남편의 이름은 아용이었다. 그들의 성은 끝내 알 수 없었다. 남편은 위안소의 전반적인 운영을 담당했고, 여자는 위안부들을 관리했다." 일본이 항복했다는 소식이 전해지자 위안부들 가운데 몇몇이 그 부부를 붙잡아서 물에 빠뜨려 죽였다.

버마

버마는 동남아시아에 위치한 좁고 산이 많으며 정글로 뒤덮인 나라로서, 태평양전쟁사에는 버마로(路)와 '죽음의 철도'로 알려져 있다. 버마로는 중국으로 들어가는 뒷문 격으로서, 쟝지에스 장군의 국민당이 서방으로부터 전쟁물자를 제공받는 통로이기도 했다. 중국이 이렇게 외부 세계와 연결되어 있다는 것이 일본으로서는 신경 쓰이는 일이었다. 일본은 충칭(中京)에 본부를 둔 국민당을 쓸어버리지도 못하고 그들의 통로를 효과적으로 차단하지도 못했다. 일본을 궁지에 몰아넣은 쟝지에스의 능력은 바로 버마로를 통해서 서방과 연결되는 데 있었다. 이는 또한 태평양전쟁이 동남아시아까지 확산되어야 했던 이유를 설명해주는 것이기도 하다. 랑군의 부두에 상륙한 보급품은 철도로 라쇼까지 와서 도로를 통해 충칭까지 왔다. 따라서 버마를 점령하고 버마로를 차단하는 것은 중국을 고립시키는 마지막 단계였던 것이다.

악명 높은 시암-버마 간 철도는 '죽음의 철도'라는 별명이 붙어 있었다. 이 철도건설에 동원된 6만 명의 연합군 포로 가운데 거의 5분의 1 가량이 철도건설중에 사망했고, 아시아 전역에서 징집된 민간인 노동자 25만 명 가운데 3분의 1 가량이 사망했던 것이다. 그 철도는 칸차나부리라는 태국의 산악지대를 가로질러 '세 개의 탑 통로'를 넘어 버마로 들어와서 탄뷰자야트라는 마을에 이른다. 이 철도가 완공되자 물자가 더욱 빨리 버마로 들어올 수 있게 되었다. 버마는 25만 명 이상의 일본 군대가 거쳐간 핵심적인 전선이었던 것이다.

『아사히 신문』 기자 마쯔이는 위안부에 관한 국제회의에서 시암-버마 간의 죽음의 철도로 가장 먼저 달린 기차는 '매춘부 열차'였다고 말한 영국 작가의 말을 자세히 설명했다. 그후 당시 철도건설 부대의 지휘관이었던 사람과 면담할 기회가 있었는데, 그는 철도건설 초기에 이미 한국인 위안부들로 구성된 위안소가 타이 지역 정류장에 가설되었다고 회고했다. 그러나 상황이 너무나 나빠서 위안소에 관한 한, 1943년 철도가 완공되기까지 더이상은 진전이 없다가 완공을 축하하고 부대원들도 위로할 겸, 각 역에 신속하게 위안소가 세워졌다는 것이다. 어느 날 밤, 각 역마다 6, 7명의 한국인 위안부들이 내렸다. 각 역에는 60명 가량의 남자들이 대기하고 있었다. 발행된 표가 사람수보다 많은 경우도 있었다. 그런 경우는 한 사람이 한번 이상 방문했다는 의미이다. 물론 한번 갔다 오면 다음 차례가 될 때까지는 한참 기다려야 했다.

한 오스트레일리아인에 따르면 어떤 포로들은 국제법에 맞추는 시늉을 하느라고 가끔 노동의 대가로 임금을 받기도 했는데, 그 돈으로 위안부에게 가라고 권유를 받기도 했다. 그들은 차라리 좀더 나은 음식을 먹는 것이 낫겠다고 생각하고 그 제안을 거절했다.

버마가 그렇게 힘들기만 한 지역은 아니었다. 적어도 장교들에게는 그리고 초반에 승승장구할 때는, 마이미오의 그 화려한 여름 휴양지에서 장교들은 영국제 고급 승용차를 몰고 오오사까 홍등가 출신 업자들에게 넘어간 식당으로 가곤 했다. 여기서 그들은 게이샤의 사미센 가락에 맞추어 일본 노래를 부르곤 했다. 본국에서는 여자들이 몸치장 같은 것을 포기한 채 추레한 전시 복장으로 상징되는 팍팍한 생활을 하고 있을 때, 이 장교들은 성장을 하고 머리 치장에도 한껏 멋을 부린 여인들의 시중을 받으며 지냈다. 그들은 현지에서 빚은 술도 마셨지만 사께, 위스키, 브랜디 같은 고급 술도 마셨다. 이러한 것들은 화려한 가재도구들과 함께 군수품을 운송하기로 되어 있는 선박으로 가져온 것들이었다.

이보다 더 정교하게 치장된 곳은 랑군에 있는 장교 클럽이었다. 점령군 사단이 큐우슈우의 쿠루메에 있는 징집 본부에서 전통적인 식당의 설비 일습을 갖춰가지고 온 것이다. 그 클럽은 일본식 다다미와 침구, 휘장, 창호지로 된 미닫이 칸막이와 가구 들로 치장이 되어 있었다. 그곳에는 게이샤, 하녀, 요리사, 미용사, 재단사, 세탁부, 심지어 산부인과 의사까지 포함하여 150여 명의 직원이 일했다. 당시의 한 통신원이 회고하는 바에 따르면 하인들이 아니고서는 이 여인들을 가까이에서 보는 것이 '아주 어려운 일'이었다고 한다.

김일면은 버마에 관한 여러 단편적인 언급들을 모아서 간략하게 요약하고 있다. 버마의 위안소는 그야말로 '인종박물관'이라는 점이 특징이다. 그만큼 현지의 여성들을 많이 이용한 것이다. 그의 계산에 따르면 종족간의 비율은 대개 한국인 10명당 버마인 4명, 중국인과 인도인 2명, 일본인 0.8명꼴이다. 이러한 상황에서 일본인 위안부들은 자연히 가장 특혜받은 계급의 전유물이 되었고, 대개는 게이샤 같은 유형의 역할을 했다.

버마인 위안부들은 위안부제도에 특히 적극적으로 참여한 것으로 보인다. 왜냐하면 그들은 영국의 지배에 대하여 다른 어떤 민족보다도 강하게 저항하였기 때문이다. 1930년대에는 꽤 큰 규모의 반란이 일어나기도 했는데, 일본이 버마를 영국의 식민지배로부터 해방시키겠다는 약속을 널리 환영하는 분위기였다. 일본은 이를 인정하여 보호국 정부를 만들도록 허가했고, 이는 전쟁이 끝난 후 버마 정부의 근간이 되었다.

센다 카꼬는 버마에 있었던 위안부가 총 3200여 명에 달하고, 그중 2800여 명이 한국인이었을 것이라고 추정한다. 중국 국경지대에 주둔하면서 버마로를 지배하게 된, 거칠기로 소문난 용(龍)부대에 딸린 위안부들은 전부 한국인이었다. 후에 다시 설명하겠지만, 이 위안부들의 대다수는 버마에서 일본군이 마지막 항전을 하는 과정에서 끔찍한 운명을 맞이했다.

버마 중부에서 남부에 걸쳐 주둔한 늑대부대는 한국인 지원병의 비율이 높았다. 1983년 '일본전후책임청산협회'의 회장인 유스끼 케이꼬(臼杵惠子)는 이 지원병 중 한 사람과 인터뷰를 하여 버마에서의 상황에 관해 훌륭한 자료를 입수했다. 유스끼는 한국을 자주 오가면서 5권으로 된 독립운동사를 보았는데, 거기에는 일본의 지배하에서 겪은 다양한 개인적인 체험들이 들어 있었다. 이 체험담 가운데 일부는 학도병들의 회고록이었다. 그녀는 특히 이규동이 버마의 어떤 전쟁포로에 대해 이야기한 부분에 관심이 갔다.

이규동

이규동은 1944년 1월 20일 조선인 학도병으로 입대할 당시 토오꾜오대 학생이었다. 그는 학도병에 자원해 6개월간의 훈련을 마친 후 포병대의 일병이 되었다. 총 5000명의 군대는 남쪽으로 가는 화물선을 타게 되었다. 배 위에서의 상황은 너무나 열악해 어느 일본 병사는 이 비참한 상황을 마감하고자 뱃전에서 몸을 던지기도 했다. 싱가포르에서 배를 내려 모울메인에 도착했을 땐 이미 적군의 폭격이 본격적으로 시작되고 있었다. 모든 이동은 밤에 이루어져야 했다. 낮에는 정글 속에 숨어 있었다.

바모와 메이크틸라의 작전에서 그의 임무는 탄약을 나르는 것이었다. 늑대부대의 지휘관들은 연대장에서 분대장에 이르기까지 모두 작전에서 사망하여 사실상 괴멸된 상태였다. 살아남은 사람들은 주로 감자줄기를 삶아서 연명했다. 1945년 8월, 타톤에 도착한 그는 다른 사람들과 함께 재편성되었다. 그의 마지막 임무는 사망자와 실종자 명단을 만드는 것이었다. 일본의 항복 소식을 듣고 그는 착잡한 심정이었다. 조선이 독립할 것이라는 전망에 기쁘면서도 일본군에 자원입대한 자신이 그 새로운 질서에 적응할 수 있을지 의심스러웠던 것이다.

전쟁포로 수용소에서 몇달을 보낸 후 한국인들만 따로 분리되어 싱가포르에 집단수용되었다. 그곳에서 그들은 한국 국적을 되찾고 일본 이름을 버릴 수 있었다. 이규동은 더이상 이와모또 요시오로 불리지 않게 되었다. 그들은 위안부였던 여성들과 합류했다. 그들 중에는 그가 버마에서 복무할 때 만난 사람도 있었다. 한국인들은 한국어 교습과 강의, 놀이, 소식지 발간 등을 포함해 고국으로 돌아가기 위한 계획을 세웠다. 위안부들은 거의 문맹이었다. 심지어 학생이었던 사람들도 한국어와 한국 역사에 대해서는 단편적인 지식만 갖고 있을 뿐이었다. 또 그들이 일본군에 자원한 것을 어떻게 해석해야 할 것인가라는 논란도 있었다. 그들은 자신들이 당시에 그렇게 할 수밖에 없었던 압력을 받은 게 사실이지만, 어쨌든 그것을 끝까지 거부한 사람도 있었다는 것을 인정했다. 결국 그들은 아무 조건 없이 '조국의 품안으로' 돌아와 환영을 받았다.

유스끼 케이꼬가 이규동의 회고록을 읽을 당시 이규동은 한 사립대학의 교수로 재직중이었다. 그녀는 그를 직접 찾아가 위안부와의 접촉에 관한 정보를 더 알아냈다. 그가 위안부들과 처음 만난 것은 버마의 모울메인에 도착했을 때였다. 미야자끼라는 나이든 일본군이 그를 밖으로 데리고 가주겠다고 제의했다. 결국 그들은 위안소로 가게 되었다. 들어가면서 미야자끼는 큰소리로 외쳤다. "자, 여기 데려왔다!" 알고 보니 여자들이 미야자끼에게 부대에 한국인 병사가 있으면 데리고 오라고 부탁했던 것이다.

위안부들의 이름표가 벽에 붙어 있었다. 다 일본 이름이었다. 위안부는 모두 다섯 명이었는데, 그가 보기에는 다 20세 이하인 듯했지만 더 나이가 들어 보이게 꾸미고 있었다. 그들은 그를 따뜻하게 맞아주었다. 그들의 첫번째 질문은 고향이 어디냐는 것이었다. 그는 전남 목포 출신이었다. 그와 가장 가까운 지역 출신은 사다꼬라 불리는 여인으로서 전북 군산 출신이었다. 후에 다른 한국인 군속이 열어준 환영파티에서 그는 최근의 한국 상황에 대해 얘기했다. 그 자리에서 그는 위안소의 목적에 더 걸맞은 그런 종류의 여흥을 즐기고 싶지 않냐는 제안을 받았다. 사다꼬는 그를 자기 방으로 데리고 갔다. 그는 전혀 성적인 충동을 느낄 수 없었다. 그는 단지 그녀가 일본의 침략에 같이 희생된 동포로만 보일 뿐이었다. 그들은 이야기를 나누었다. 그녀는 군산의 어느 까페에서 일했다고 말했다. 그녀의 집안은 너무 가난했고, 그녀는 좀더 수입이 나은 일자리를 찾아 여기까지 오게 된 것이다.

잠시 후 옆방에서 "이와모또, 볼일 다 봤냐"는 소리가 들렸다. 그는 다 끝났다고 대답했다. 나오면서 그는 군표로 받은 30엔을 모두 그녀에게 주었다. 사병의 월급이 20엔이었으므로 아마도 군속이 군인보다 더 나았던 것 같다. 그러나 사실은 뭔가 수상쩍은 거래가 있었다는 것을 의미한다. 이규동은 부대로 돌아오면서 사다꼬의 써비스를 즐기지 않은 것이 잘한 일인지 못한 일인지 생각했다. 아마도 그녀는 같은 동포가 손님으로 온 것을 환영했을 것이다. 이 일은 내내 그의 머리에서 떠나지 않았다. 그는 그녀를 다시 만나보지 못했다. 전쟁이 끝난 후 그는 이러한 경험을 「조선인 삐」라는 시에서 회고했다.

그가 이런 식으로 다시 위안부를 만난 것은 강가에서였다. 그 한국인 여인은 빨래를 하고 있었다. 그는 그녀가 위안소를 세울 때 선발대로 온

이라는 것을 알았다. 그는 그날 밤 위안소에 오라는 초대를 받고 한국인 장교 한 사람과 함께 갔다. 그곳에는 6명 가량의 위안부가 서양식 드레스를 입고 있었다. 모울메인의 위안부들이 한복을 입고 있던 것과는 대조적이었다. 그들은 촛불 아래서 술을 마시고 한국 노래를 부르며 이야기를 나누었다. 친절해 보이는 한 여인은 전라도 출신으로서, 위안부들의 대부분이 초등교육도 받지 못한 것과는 달리 중등교육까지 받은 사람이었다. 이때 술취한 일본 장교가 나타나 당장 써비스를 하라고 하는 통에 잔치는 끝나버렸다. 이쯤에서 돌아가는 것이 현명한 그런 상황이었다. 위안부들은 다음날 다시 문을 열 것이니 내일 찾아오라고 말했다. 그러나 그의 부대는 새벽에 이동했다.

이규동이 위안부와 세번째로 만난 것은 일제후퇴를 하던 중 통구에서였다. 그는 흐트러진 차림에 기진맥진한 여자 두 사람이 기이하게도 한떼의 남자들을 이끌고 앞장서서 걸어가는 것을 보았다. 아마 남자들은 여자들이 감당할 수 있는 속도로 천천히 걷기 위해 그들을 앞에 세운 것이었으리라.

싱가포르 수용소에서는 조국 해방의 기쁨에도 불구하고 전통적인 파벌의식이 강하게 드러나 지역과 혈연에 따른 구분이 확실하게 지켜졌다. 이규동은 경주 이씨였는데 이들은 대개 군속이었지만 학도병도 한 사람 있었고, 자원병이 한 사람, 위안부도 두 사람 있었다. 이 수용소 안에서는 학도병의 수가 많을수록, 위안부의 수가 적을수록 서열이 높은 것으로 여겨졌다. 여기서 진해 김씨는 위안부가 20명이나 되었으므로 그중에 가장 낮게 매겨졌다.

당시 군인이었던 한국인이나 타이완인이 전시의 경험을 회고하는 데 있어서 특이한 점은 자신이 위안부의 써비스를 이용했다는 사실을 결코 시인하지 않는 것이다. 오늘날 이 문제는 도덕적인 차원의 분노뿐만 아니라 애국주의적 감수성과 긴밀하게 연관되어 있어서, 그들이 이러한 사실을 인정할 가능성은 더더욱 희박하다 하겠다.

앞서 언급한 미군 심리전팀이 버마 북부에 있던 위안소의 위안부와 업
자들에 대해 작성한 보고서는 위안부제도에 관한 가장 상세한 자료에 속
한다. 위안부들은 1944년 8월, 중국 국경 근처의 미치나에서 일본군이
퇴각할 무렵에 체포되었다. 업자와 그의 아내, 처제는 서울에서 식당을
경영하던 사람들이었다. 그러나 전시에 사업이 기울면서 그들은 1942년
중반 군당국에 허가를 요청하여 버마로 위안부들을 데려가는 역할을 했
다. 군당국은 이미 이러한 요청을 환영한다고 공표한 바 있으므로 이는
통상적인 순서였다.

그 업자는 22명의 여자들을 모집하여 가족들과 계약을 끝냈다. 그는 여
자들의 성격과 외모, 나이——나이는 대개 19세에서 21세 사이였다
——에 따라 300엔에서 1000엔까지 선불해주었다. 군에서는 재정적인
문제는 관여하지 않았지만 모든 육군 본부에 운송, 식량, 의료 같은 문제
를 지원해주라고 요청하는 편지를 그 업자에게 써주었다.

1942년 7월, 이 업자 부부는 703명의 한국인 위안부 파견단과 90명의
일본인 사업가들과 함께 부산에서 배를 탔다. 그들이 탄 배는 7척으로 이
루어진 선단(船團) 가운데 하나였는데, 뱃삯은 무료였으나 식비는 업자
들이 지불해야 했다. 타이완에서 22명의 여자들이 더 탔다. 랑군에 도착
하자 위안부들은 여러 부대에 각각 할당되었고, 이 문제의 그룹은 114보
병연대에 배속되었다. 이리저리 이동한 끝에 그들은 미치나에 정착하여
그 지역에서 세번째로 위안소를 열었다. 먼저 세워진 두 군데 가운데 한
곳에는 한국인 위안부가 20명 가량 있었고, 또 한곳에는 깐뚱에서 비슷한
식의 계약을 맺고 데려온 중국인 위안부가 21명 있었다. 만달라이 근처의
마이미오 너머 전방지역에는 일본인 위안부가 전혀 없었다.

위안소의 운영방식은 문옥주의 설명과 거의 일치한다. 위안부들은 무
료(그리고 의무적인) 건강검진과 음식은 물론 수입의 절반을 받았다. 진
료는 군측에서 제공했고, 음식은 군 보급창의 보조를 통해서 업자가 담당
했다. 업자는 위안부들에게 옷이나 기타 생활용품을 팔기도 했다. 법적
으로는 위안부들은 빚을 다 갚고 나면 자유로이 고향으로 돌아갈 수 있었

다. 그러나 이 집단에서 유일하게 빚을 다 갚은 위안부는 더 있으라고 설
득을 당했다.

　운영수칙은 114연대가 마련했다. 이 수칙들은 앞서 말한 것과 같은 형
식의 시간표와 요금과 입장권, 계급 구분 등을 따르고 있었다. 그러나 어
떤 때는 연대장인 마루야마 대령이 하급장교들의 입장료를 한번에 3엔에
서 2엔으로 내리기도 하고, 장교들이 와서 하룻밤 지내는 요금을 20엔에
서 10엔으로 줄이기도 했다. 위안소에서 일한 사람들은 모두 마루야마가
‘일본군 중에서 가장 악질적인 장교’라는 데 입을 모았다. 그는 덩치가 크
고 가학증세를 보였으며, 냉정하고 이기적인 사람이었다. 그는 자주 참
호에 들어가 숨곤 했으므로 군인들 사이에서는 ‘두꺼비’로 통했다. 그는
사병뿐 아니라 소령급의 장교들까지 구타하는 일에 중독되어 있다시피
했다. 그는 또 사병들의 식사량를 늘려달라는 요구를 했다는 이유로 사병
들 앞에서 중대장을 네 번이나 구타했다. 전방의 절박한 상황에서도 그는
서열에 따른 예절을 조금이라도 어기는 경우 5일간 독방에 가두는 벌을
가했다.

　보급이 줄어들 때에도 마루야마는 사치스럽게 살았다. 그는 계란과 고
기를 얻기 위해 자기 전용 닭을 기를 정도였다. 그는 여가시간의 대부분
을 위안소에서 보냈고 술고래로 알려져 있었다. 그는 사병들의 복지보다
는 위안부들의 음식사정과 복지에 더 신경을 썼다. 심지어 그는 참호에
잠깐 들어가 있을 때에도 위안부를 끼고 들어갔다고 전해진다. 그가 총애
한 위안부는 카와하라 스미꼬(한국 이름은 하돈례)라고 했다. 체포된 위
안부들 중에 그녀도 포함되어 있었으나, 이러한 사실을 완강히 부인했
다. 그러나 그녀도 대령이 음탕한 성격이라는 데에는 동의했다. 퇴각하
면서 대령은 그녀가 허리띠가 없는 것을 보고 칼집 달린 허리띠를 주었다
고 한다. 그는 또 강을 건너는 데에도 부상자들보다 위안부들을 먼저 건
너게 했다고 한다. 그가 결국 어떻게 되었는지는 알려져 있지 않다. 아마
도 자살했을 것이라고 추정되고 있다.

　연대본부에서 나온 두 사람이 주로 방문객의 신분을 확인하기 위해 미

치나의 위안소에 상주하고 있었다. 또 만취나 폭력 사태를 통제하기 위해 헌병 한 사람이 주둔하고 있었다. 위안소에는 매일 장교가 10~15명 가량, 사병들은 80~90명 가량 드나들었다. 그 위안소에는 22명의 위안부가 있었으므로 통상적으로 제시되는 숫자보다는 훨씬 적은 수의 남자들을 상대한 셈으로 부담은 좀 덜한 것으로 보인다. 손님이 만취한 상태일 경우 위안부는 그 손님을 거절할 권리가 있었다. 건강문제를 살펴보면, 미치나에 위안소가 설치된 18개월 남짓한 기간 동안 6건의 성병 발병 사례가 있었고, 사단 야전병원의 군의관이 치료를 담당했다. 군인들 가운데에서도 주로 콘돔을 사용하지 않아 성병에 감염된 사례가 있었다. 그렇지만 연대본부의 업무에 지장을 줄 정도로 심각한 사태는 일어나지 않았다.

미치나에서 63명의 위안부들을 고용하고 있는 세 군데 위안소를 철거하는 작업은 1944년 7월 말에 시작되었다. 위안부들은 민간인 복장 위에 진녹색의 군복을 걸쳐입었다. 그들은 작은 배 10척에 나누어 타고 이라와디강을 건넜다. 거기서 부상자들은 육로로 이동하는 것이 불가능했으므로 강 하류로 떠내려보냈다. 며칠간 힘든 여행을 하는 도중 그들은 소규모 전투에 휘말려 서로 흩어졌다. 중국인 위안부들은 중국군에 투항했으나, 한국인과 다른 나라 출신의 위안부들은 퇴각하는 일본군을 계속 따라갔다. 이들은 강으로 가는 것이 더 안전하다고 생각하여, 업자가 뗏목을 만드는 동안 버려진 집에 숨어서 기다렸다. 그러다가 그들은 영국인 장교가 이끄는 카친 부대의 포로가 되었다. 63명의 위안부 가운데 행군 도중 4명이 사망했는데 그중 2명은 일본군으로 오인되어 총에 맞아 죽었다.

인도네시아

네덜란드령 동인도에서도 위안부제도가 광범위하게 발견된다는 것은 그리 놀라운 일도 아니다. 일본인들은 그 이전부터 상거래를 통해 이 지역에 대해 잘 알고 있었고, 이미 정착해 있던 일본인들은 전쟁의 영향을 상대적으로 훨씬 덜 받았다. 이곳에서 특히 대규모의 징용이 이루어졌다는 것은 널리 알려진 사실이다. 물론 위안부제도도 이러한 상황과 더불어 발달했다. 그러나 인도네시아에서 현지 여성들을 위안부로 고용하는 일은 드물었다. 정보의 대부분을 현지인의 조사에 의존했기 때문이다.

김일면의 책은 이 부분에 대해서는 아주 소략하다. 그에 따르면 자바 지역에서는 반둥, 자카르타, 수라바야, 말랑에 위안소가 있었다고 기록되어 있다. 그 위안소들은 다 민간업자들이 운영했다. 인도네시아로 가는 항로는 초반부터 연합군의 잠수함 공격을 받기 쉬운 상태였으므로 이곳에 오는 한국인의 수도 그만큼 적었다. 그러나 현지에 사는 유라시아인에 대한 수요는 엄청났다. 김일면은 네덜란드계 여성들에게 매춘이 강요되었다고 적고 있으나 그 이후의 일은 생략하고 있다. 네덜란드계 여성들은 억류되어 있는 그들 남편의 사진을 침대 옆에 걸어두고 일본인들을 상대해야 했다고 서술되고 있다.

수마트라에서는 위안부들이 '잘란(길이라는 뜻) 삐'라는 별명으로 불렸는데, 이는 그들이 종종 개발되지 않은 이 넓은 섬지역을 순찰하는 부대 뒤를 졸졸 따라다녔기 때문이다. 위안부들의 순위에서는 타이완 사람이 한국인보다 더 위였다. 더 동쪽에 위치한 술라웨시에서는 해군이 민간 행정 지배권을 갖고 있었다. 처음에 그 지역의 최고 상급자는 아나미 제독이었는데, 그는 나중에 전쟁기간중 마지막 육군성 장관이 되었다. 그는 천황이 항복하자 전통적인 '셋뿌꾸(切腹)' 방식으로 자살했다. 술라웨시에 있을 때에도 그는 격식을 중요시했다. 그는 처음에는 위안소의 설립에 반대했으나 결국은 현실적인 이유로 설득당했다. 이 지역의 위안소는 주로 메나도와 마까싸르 주변 지역에 있었다. 메나도의 위안소는 고풍스러운 가구로 장식된, 네덜란드 사람이 살던 저택에 설치되었다. 위안부들은 주로 현지의 미나하사 여자들이었는데, 일본인들과 용모가 매우 비슷하여 일본 의상을 입으면 일본인인지 아닌지 구분하기가 어려울 정도였다고 한다.

빠레빠레에서 나온 1946년 6월자 전후(戰後) 보고서에는 남부 술라웨시에 대한 자세한 묘사가 들어 있다. 이 보고서는 술라웨시 총독부에서 2차로 은퇴한 그룹의 대표가 일본 복원성(復員省. 動員省이라는 뜻—역주)에 제출한 것이다. 이 보고서에는 '매매춘 시설'이라는 말이 사용되고 있으며 마까싸르, 빠레빠레, 불루꿈바, 마깔레, 싱깡, 메나도 등지에 이러한 시설이 최소한 29개 가량 있었다고 서술하고 있다. 위안부들은 '원하는 대로 일할 수 있었고', 식량은 군인들과 똑같이 배급받았다. 규정에 의하면 위안부들은 수입의 절반을 받도록 되어 있으나 빠레빠레의 업자는 이 규정을 무시하고 90%까지 인상했다고 한다. 총 280여 명의 위안부들 중 111명은 또라자족, 67명은 자바인, 7명은 마까싸르인, 4명은 만다르인이었다. 이외에도 부기족, 중국인, 까로싸인, 엔레깡인 등등이 있어 버마의 경우보다 더 잡다한 인종박물관이었다. 전쟁이 끝나자 그들은 옷가지와 다른 소지품과 돈을 가지고 각자 떠났다. 이 보고서는 주로 기억에 의존한 것이라는 주석이 붙어 있다. 왜냐하면 대부분의 요원들은 이미 일본으로 돌아온 뒤였기 때문이다. 통상적으로 그러하듯 철수하기 전에 기록은 모두 불태워졌다.

자바 동부의 수라바야의 상황이 어떠했는가는 두 명의 일본 여성에 의해 밝혀졌다. 그중 한 사람은 인도네시아와의 정치적 관계를 취급하는 특수작전부대의 타이피스트였다. 1935년부터 수라바야에서 산 그녀는 특수작전부대의 임무에 능통했을 뿐 아니라 정보도 풍부했다. 위안부 문제에 관해서 그녀는 직업적으로 몸을 파는 일본인 여성들로 이루어진 장교클럽과, 막사처럼 지어진 건물에 주로 한국인 위안부들이 있는 사병용 위안소가 구분되어 있었다고 말한다. 장교 클럽의 요금은 2엔 50전이었고, 사병용 위안소는 1엔에서 1엔 50전이었다. 위안부들은 수입의 80%를 가져갔다. 그들은 하루에 8명에서 10명 정도의 남자들을 상대했고, 생리 때는 이틀, 그리고 기타 이유로 휴식을 취하고자 할 때는 하루 반의 휴일을 가질 수 있었다.

또 한 사람의 정보제공자는 간호원이었다. 그녀는 하루 일과 중 하나가 어떤 위안부가 생리중이며, 어떤 위안부가 일하고 있는지 알려주는 일이었다고 한다. 어떤 장교들은 아예 부대 밖에 인도네시아인 정부(情婦)를 거느리고 살기도 했다. 이러한 상황은 인도네시아측에서 나온 자료에 더 잘 나타난다. 빤디르 껠라나(Pandir Kelana)의 『까다르와띠: 다섯 개의 이름을 가진 여인』(*Kadarwati: The Woman of Five Names*)이라는 작품에서 이러한 주제가 소설화되기도 했다. 그 간호원 자신은 부대를 거의 떠난 적이 없다고 했다. 왜냐하면 인도네시아 원주민은 별문제가 없었지만, 네덜란드와 관련된 주민들과 일본이 적대적 관계였기 때문이라는 것이다. 버마인들과 마찬가지로 인도네시아인들은 일본의 점령을 계기로 식민지 상태를 청산하고자 했던 것이다. 전쟁이 끝나자 위안부들은 연합군과의 관계를 고려하여 간호원으로 행세했다.

『꼼빠스』(*Kompas*)라는 신문에는 몇사람의 직접적인 목격담이 실렸다. 그중 한사람은 서(西)깔리만딴 지방의회의 의원으로서, 리아우 군도에 주둔한 일본인 아래서 일하던 당시, 위안부들이 그 지역의 '옐로 하우스'로 들어가는 것을 보았다고 회고했다. 또다른 사람은 솔로에 있었는데, '후지'와 '찌요다'라는 이름의 위안소를 기억한다. 그 집에는 15세에서 17세 사이의 위안부 100여 명이 고용되어 있었고, 그중에는 인도네시아인도 있었다고 한다. 그들은 전쟁이 끝나자 뿔뿔이 흩어졌다.

주간지 『뗌뽀』(*Tempo*)의 지방주재원은 대규모 조사를 실시하여 그 결과를 1992년 7월 15일, 7월 25일, 8월 18일자에 내보냈다. 그중 전체 위안소에 해당되는 표현에는 이런 것도 있다.

군대위안부의 운명은 제각각인 듯하다. 어떤 이들에게는 칠흑 같은 어둠이요, 어떤 이들에게는 잿빛이며, 어떤 이들에게는 그저 희미하다.

인도네시아에서 위안부들을 모집한 방식은 한국과 일본에서의 경우와 그리 다르지 않았다. 어떤 경우에는 이미 매매춘을 하던 여성들을 활용하기도 했다. 어떤 사람들은 특히 부모를 돕기 위해 장학금이나 일자리를 준다는 제의에 넘어갔다. 그러나 가장 흔한 방법은 현지 지방 행정기구를 통해 간접적으로 모집하는 방식이었다. 이는 한국에서의 소위 '관(官)의 중개'와 비슷한 것이다. 종종 '서명한 동의서'를 얻어내기도 했다고 말하지만, 대부분의 여자들은 그 동의서의 내용을 알지 못했다. 응가이라라는 또 한 사람의 증인은 이미 10대의 나이로 솔로에서 네덜란드 사람을 상대하는 매춘부 노릇을 하고 있었다. 그녀는 네덜란드 사람들은 비교적 후했지만 일본인들은 그렇지 않았다고 말한다. 일본인들은 그녀를 포함해서 그 도시의 매춘부들을 끌어모아 로즈 호텔의 위안소에 집어넣었다. 그녀는 기본적인 의식주는 제공되었으나 손에 쥐는 현금이 너무 적어서 가족들을 부양할 수가 없었다고 말한다. 그녀는 호텔을 떠날 수도 없었다. 아마도 위생과 관련된 문제 때문인 듯했다. 또다른 증인은 렘방의 헤이호 지원부대(헤이호란 인도네시아 독립운동 과정에서 일본군의 훈련을 받은 군속 지원부대를 말한다)에서 근무했다. 그는 렘방 지역의 위안부들이 대부분 직업여성이었거나 최소한 자발적으로 위안부가 된 사람들이었다고 회고한다. 그의 말을 빌리면 위안부들은 씨티 호텔에 묵었고, "고급스런 음식을 먹고 예쁜 옷을 입어보려고 위안부가 된 것 같았다. 최소한 강제로 위안부를 모집한 사례는 없었다. 내가 아는 한, 게이샤의 생활이 대다수 사람들의 생활보다는 나았다."

1993년 5월에 나온 인도네시아의 『까르띠니』(*Kartini*)라는 여성지에는 한 자바 출신 위안부의 얘기가 실려 있다. 그녀는 반둥에 있던 자기 집에 두 명의 일본군이 와서 그녀 자매를 강제로 끌어간 얘기를 다음과 같이 하고 있다.

요하나와 리까

일본이 자바를 점령한 지 한 달쯤 후의 일이다. 요하나와 그의 언니 리까는 방적공장을 그만두고 숨어 있었다. 아버지가, 일본군이 젊은 여자를 찾아다닌다는 소문을 들었기 때문이다. 군인들은 집 앞을 기웃거리며 망을 보던 뚜쟁이의 안내로 그들의 집에 쳐들어왔다.

아버지는 우리가 있다는 사실을 숨기려고 했지만 소용이 없었다. 군인들은 방을 샅샅이 뒤져 우리를 찾아냈다. 그들은 부모님에게 우리를 포기하면 그 대가로 돈을 주겠다고 강요했다. 만약 이에 동의하지 않으면 그 자리에서 죽이겠다고 했다. 부모님은 눈물을 흘리며 안타깝게 우리를 넘겨주었다.

리까와 나는 뚱쟁이의 집으로 갔다. 그곳에는 10대의 젊고 아리따운 소녀들이 10여 명 와 있었다. 그들은 자바 중부, 따시끄, 가루뜨, 메나도, 암본 등지에서 온 사람들이었다. 나는 그들의 이름을 다 기억하지는 못한다. 그러나 우리를 관리하던 '마마상'의 이름은 잊을 수 없다. 그녀의 이름은 마미 수까에나였는데, 그녀는 나중에 우리가 임신하는 것을 막으려고 우리에게 약초를 달여서 계속 마시게 했다.

약 한달 후에 그 뚱쟁이는 그들을 데리고 자카르타로 갔다. 그는 여자들에게 일본인의 집에서 가정부 노릇을 하게 될 거라고 말했다. 그러나 그곳은 철조망으로 둘러싸여 있는데다가 무장군인이 밤낮으로 지키고 서 있었다. 여자들은 마치 포로처럼 취급되었다. 일주일이 지났다. 요하나와 리까를 비롯한 40여 명의 여자들은 배를 타고 보르네오로 옮겨갔다. 그곳에서 그들은 높은 벽으로 둘러싸여 일본군이 밤낮으로 지키는 사꾸라라는 요새로 갔다.

우리는 각자 방을 배정받았다. 리까와 나는 같은 부대의 다른 방을 배정받았다. 우리에게는 각자 일본 이름이 주어졌다. 각 방의 문에는 그 방에 있는 사람 이름이 적혀 있었다. 나는 요꼬짱이라고 불렸다. 우리는 의복과 화장품을 지급받았고, 성장을 하고 몸단장을 잘하고 있으라는 명령을 받았다.

어느 날 저녁 7시쯤 한 병사가 내 방으로 들어왔다. 나는 그를 즐겁게 해주어야 했다. 나는 처음에 저항했으나 그는 화가 나서 나에게 으르렁댔다. 나는 방어본능에 몸을 잔뜩 웅크리고 있었다. 그는 나를 때리고 옷을 찢어 발가벗겼다. 곧 이어 내게 남은 마지막 자존심과 위신마저도 갈가리 찢겨나갔다. 리까와 다른 여자들에게도 똑같은 일이 벌어졌다. …부대의 경비가 워낙 삼엄했으므로 우리는 저항할 수도 없었고 달아날 수도 없었다. 결국 우리는 이런 운명을 받아들이는 수밖에 없었다. …그들은 우리의 청춘을 그렇게 빼앗아간 데 대해 수치심을 느껴야 마땅했다. 우리는 하루에 5명에서 10명의 군인들을 상대해야 했고, 거절하는 경우에는 매를 맞거나 고문을 당했다.

어느 날 그녀는 생리가 시작되어 일을 할 수 없었다. 그런데 써비스를 거절당한 군인이 소총을 집어들고 그녀의 무릎을 내리쳤다. 그녀는 심하게 부상을 당해서 그 이후로 여러번 치료를 받았으나 정상적으로 걸을 수 없게 되었다.

모든 사람이 위안부들을 착취했다. 특히 마마상은 더했다. "군인이 팁을 주고 가는 경우 일본인 마마상이 들어와 돈을 모두 빼앗아가서 아무것도 남지 않았다. 우리는 그저 생존할 만큼의 음식과 의복을 지급받을 뿐이었고, 일주일에 한번씩 정기검진을 받았다."

위안부들은 또한 엄중하게 감시당해 부대 밖으로는 나갈 수 없었다. 부대 밖에는 수많은 로오무샤(勞務者——징용 온 노동자들)들이 있었던 것이다. "어떤 로오무샤가 우리와 애기를 나누다 들키면, 그 로오무샤는 즉각 총살을 당했다." (그녀는 이런 일로 처형당하는 광경을 여러번 보았다고 했다.) 4개월 후, 위안부들은 브루나이의 어떤 부대로 옮겨갔다. 그들은 그곳에서 몇달 지낸 후 다시 싱가포르로 갔다가, 다시 말라야로, 그리고 다시 보르네오의 산다깐으로 갔다. 산다깐으로 항해하는 도중 배가 어뢰에 맞았다. 요하나는 두 명의 유라시아인 위안부가 수영을 할 줄 몰라서 익사하는 광경을 보았다. 그녀는 붙잡을 나뭇조각 하나 없었지만 가까스로 육지까지 헤엄쳐갔고, 거기서 리까와 다시 만났다. 부상자들은 병원으로 옮겨져 치료를 받았고, 그리고 나서는 다시 군인들을 상대해야 했다. 이번에는 필리핀 위안부들과 같이 있었다. 그녀와 리까는 이 고립무원의 산다깐 부대에서 전쟁의 마지막 3년간을 지냈다. 상황이 너무 절망적이어서 자살하는 사람도 몇명 있었다. 그중 하나는 그녀의 친구인 이넴으로, 그녀는 임신을 했는데 아기 아버지가 누군지 영영 찾을 수 없다는 데에 절망하였다. "어느 날 군인 한 사람을 상대하고 나서 그녀는 그 군인의 권총을 집어들고 스스로 목숨을 끊었다."

　일본군 출신으로서 인도네시아에 남아 있다가 귀화한 니오만 불레렝은 수라바야에서 위안부들을 경험했다고 시인했다. "일본 사람들은 전쟁중에도 군인들의 생물학적인 본능을 완전히 무시할 수는 없다고 생각했던 것 같다. …이에 따라 일본군이 점령한 곳이면 어느 지역이나 이러한 목적을 위해 위안소가 세워졌다." 그가 주둔한 수라바야 지역에서는 위안소가 대개 높이 솟은 대나무 담장에 둘러싸여 있어서, 현지에서는 '대나무집'이라고 불렸다. 몇몇은 장교용으로 제한되어 있었으나, 그는 장교들이 위안소를 드나드는 것이 어색해서인지 개인적으로 정부를 두는 것을 선호했다고 말한다. 주로 저녁에는 다같이 모여서 파티를 하고, 그 다음에 섹스 써비스를 원하는 사람은 하룻밤을 그곳에서 지냈다. 다른 보고서들에서 드러나는 것 같은 집중적인 써비스보다는 시간적으로 훨씬 느긋한 유형이었다.

　방까섬의 위안부였던 한 여성은 그녀의 집이 공교롭게도 부대 근처였기 때문에 억지로 끌려갔었다고 회고한다. 20세의 나이에 그녀는 이미 과부였다. 이 사실을 알게 된 일본인들 중 몇몇은 자기와 결혼해주면 그녀의 부모들까지 부양하겠노라고 유혹하기도 했다. 게다가 삼베옷밖에는 걸칠 수 없는 불안정한 생활에서 벗어날 수 있다는 것이 이 일을 하게 만든 또다른 이유였다. 20여 명의 다른 위안부들과 함께 '큰집' 생활을 하던 그녀는 자정까지는 술을 나르고 그 이후에는 섹스 써비스를 했다. 여기서는 요금이 모두 현물, 주로 보석이었다. 어느 날 한 장교가 그녀를 그녀의 방이 아닌 자기 거처로 데리고 갔다. 그곳에서 그녀는 전쟁이 끝날 때까지 그의 정부로 편안하게 살았다. 그녀는 나중에 다시 결혼했다.

　발리의 덴빠사르에 있는 옹가예 호텔 위안소의 경비로 근무한 적이 있는 사람은 주로 위안부들이 한 써비스의 혹독함에 대해 이야기했다. 여기서 군인들은 "농담하거나 노래를 부르거나 술에 취할 겨를이 없었다." 너무나 손님이 많은데다가 위안부는 고작 20명이었으므로 그것은 도저히 불가능했다. 경비의 임무는 손님들의 이름과 부대명을 적고 위안부들의 사진을 보여주는 것이었다. 그중 한 명을 고르고 나서 그들은 300루피짜리 표를 샀다. 이 티켓 한 장으로는 겨우 10분간 써비스를 받을 수 있었다. 그는 위안부들이 하루에 평균 10여 명의 남자들을 상대했다고 추정한다. 위안부들은 수입의 반을 가졌는데 상당한 돈을 모으기도 했다. 경비의 한 달 월급이 고작 75루피인 것을 생각하면 많은 돈이었다. 그러나 위안부들은 손님을 거절할 수는 없었다. "죽을까봐 무서워서였다." 호텔은 24시간 문을 열었는데, 육군과 해군은 각각 이용시간이 달랐다.

『뗌뽀』지의 기자 두 명은 해군 특수경찰——이는 육군으로 치면 헌병대에 해당하는 것이지만, 헌병대처럼 폭넓은 정치적 영향력을 행사하지는 못했다——에 근무한 전직 해군 장교의 회고담에서 찾아낸 단서들을 추적하려고 했다. 그 회고담에는 암본과 마까싸르에 위안소를 세운 이야기가 포함되어 있었다. 특히 마까싸르의 위안소는 '투'라는 중국인 사업가에게 위탁되었다. 마까싸르(현재의 우중빤당)에서 두 기자는 그곳의 위안소에 있던 두 여성을 찾아냈다. 그러나 그중 한 사람만이 얘기를 하겠다고 했다. 처음에 그녀는 사무실에서 일하다가 베앙꼬로쁘 호텔의 종업원으로 일하게 되었고, 거기서 어떤 장교에게 강간을 당했다. 그때부터 그녀는 종업원 겸 위안부가 되었다. 그러다가 그녀는 다른 여자들과 함께 어떤 집에 갇혀서 하루에 세 명 내지 다섯 명의 남자들을 상대해야 했다. 그녀와 같은 이름을 가진 여자들이 여럿 있었으므로 그녀는 씨티 1로 알려졌다. 그들은 먹고 싶은 대로 먹을 수 있었고 옷도 지급받았다. 그러나 현금은 받지 못했다. 그들은 현지 병원에서 일주일에 한번씩 건강검진을 받았다.

목격자에 의하면 술라웨시 북부에서는 남자 두 명이 위안소의 하인으로 고용되어 일했다고도 한다. 메나도와 또모혼의 두 위안소 단지는 (아마 현역에서 은퇴한 듯한) 일본인 장교와 그의 독일인 아내가 경영하고 있었다. 또모혼에서는 양재를 가르친다는 명목으로 미나하사의 마을 처녀들을 100여 명이나 끌어모았다. 그들은 10채의 집에 나뉘어 기거했는데, 그 집들은 모두 일본인이 깨끗이 치우고 도망가지 못하게 담장을 설치해놓은 집들이었다. 군인들은 한국인, 타이완인, 심지어 인도네시아인 헤이호까지 오후 3시에서 7시까지 섹스 써비스를 받으려고 길게 줄을 늘어서곤 했다.

물질적인 조건은 '괜찮은 편'이었다고 한다. 그들은 정기적으로 검진을 받았을 뿐 아니라 음식과 의복도 풍부하게 지급받았다. "그들은 매력적이었고 이상하게도 전혀 병에 걸리는 일이 없었다." 임금도 지불되었다. 이렇게 비교적 나은 조건이었음에도 불구하고 위안부들이 수시로 비명을 지르는 일이 있었다. 그 뒤로 메나도의 위안소 자리는 현지 말로 하면 바로 위안소라는 뜻을 가진 마하께레뜨라고 불리게 되었다. 위안부들 가운데 두 명이 달아났다고 알려졌으나, 둘 다 그들의 고향에서 다시 붙잡혔다고 한다.

인도네시아에서 만난 위안부 중에는 말레이 화교 출신의 겡 시에 레이라는 여성이 있었다. 그녀는 결혼을 했었으나 그녀의 아버지가 그 마을을 집중적으로 공격한 헌병대에 붙잡혀간 후, 겉보기에는 친절한 한 장교의 제의를 받아들여 인도네시아에서 일하겠다고 했다. 그녀는 아홉 명의 여자들과 함께 자바로 가는 배를 탔다. 그러나 그 배는 자바에 그들을 내려놓지 않았다. 그 대신 몇명의 여자들이 더 탔다. 그들 중 일부는 결혼한 사람들이었다. 그들은 할마헤라 군도의 모로따이로 갔다. 그곳에서 그들은 방을 배정받았는데, 그때 비로소 그들의 의무가 휴가 나온 군인들을 접대하는 것이라는 사실을 알게 되었다.

그렇게 외딴 곳에서 그들은 자신의 운명을 받아들이는 수밖에 없었다. 요금이 200루피인 사병들은 오후 1시에서 3시 사이에 번갈아 들어왔고, 하사관은 350루피에 이용시간은 오후 3시에서 5시인 반면에, 장교들은 '수천' 루피를 내고 밤 8시에서 아침까지 머무르는 경우도 있었다. 위안부들은 매일 다섯 명에서 열 명의 남자들을 상대했다. 그들은 받아놓은 티켓의 수에 따라 급여를 받았는데, 어떤 사람은 월 6만 루피의 엄청난 수입을 올리기도 했다. 그들은 휴일이 있었고 시장에도 갈 수 있었다. 또 매주 콘돔을 지급받고, 정기검진을 받았으며, 필요한 경우에는 치료도 받았다. 10개월 가량 지난 후, 연합군이 진격해오자 술라웨시 북부에서 퇴각할 수밖에 없게 되었다. 위안부들은 마을로 흩어져 전쟁이 끝날 때까지 숨어 있었다. 말라야 출신들은 고향으로 돌아가기가 너무나 수치스럽다고 여겼으며, 그래서 시에 레이는 자바에서 재혼했다. 남편이 죽자 그녀는 여승이 되었고, 절에서 이 인터뷰를 하게 되었다. 그녀는 보상을 받을 생각은 없다고 말했다.

일본인의 정부가 된 다른 사례들도 있다. 자바의 솔로에서 온 한 여성은 일찍이 어머니를 여의고 아버지는 네덜란드군에 들어갔다가 실종되었다. 그녀는 쩨뿌에 있는 일본인 식당의 종업원으로 일했다. 한 젊은 군인이 매번 팁을 후하게 주어 그녀의 주의를 끌었다. 그는 일본인들이 좋아하는 스타일의 널찍한 욕실에서 그녀를 유혹했다. 곧 이어 그들은 잠시 동거를 했다. 그러나 그들 사이에서 딸이 태어나기도 전에 그는 다른 곳으로 이동했다. 그녀는 다시 식당에 나가서 일을 했으나 일본인들은 아무도 그녀를 건드리지 않았다. 다들 그녀를 그 군인의 정부라고 여겼기 때문이었다. 그러나 그는 결국 돌아오지 않았고, 그녀는 다시 결혼을 했다. 그녀의 딸도 결혼을 해서 가정을 가지게 되었다. 이 모녀가 일본 정부에 요구하는 것은 오직 그녀의 옛 애인이자 딸의 아버지인 그 사람이 아직 살아 있다면 한번 만나보는 일이다. 이미 죽었다면 그들은 그의 무덤이 어디 있는지만이라도 알고 싶다고 했다.

또다른 경우는 일본측의 지시를 받은 꾸두스 지역의 지방 관리가 여자들을 황마공장에 강제로 고용한 것이다. 이 이야기의 주인공은 당시 겨우 열두살이었지만, 곧 그 공장의 일본인 부사장 집으로 옮겨가게 되었다. 명목상으로는 거기 살고 있는 세 명의 재단사들 시중드는 일을 하러 간 것이다. 그러나 그녀는 또한 그 부사장의 정부가 되어야 했다. 공장에서 일하는 여자들 가운데 정부를 고르는 것은 흔한 일이었다. 그녀는 한 달에 200루피를 받았고, 때로 100루피까지 더 받을 때도 있었다. 또 그녀는 옷을 자주 선물받기도 해서, 그녀 자신뿐만 아니라 그녀의 식구들까지도 비록 삼베옷이나마 잘 얻어입을 수 있었다.

술라웨시의 따나 또라야에서 온 한 사람은 인터뷰를 하는 과정에서 또
라야의 여성이 일본인과 결혼한 경우는 알지만 위안부가 되었다는 사람
은 없다고 말했다. 다른 증거들에 비추어보면, 현지 사람들이 위안소 문
제에 관한 한 정보가 매우 어두웠다는 것을 알 수 있다. 사실 위안소라는
것은 일본에서도 그렇게 공공연히 언급되지는 않았다. 싱가포르의 케언
힐의 경우에서 볼 수 있듯이, 위안소뿐만 아니라 그 거리 전체가 통제되
어 일본 군인만 출입하게 만들어놓은 경우가 많았다. 이 정보제공자가 알
고 있는 단 한가지의 사례는 당시 18세의 소녀가 그녀와 그녀의 아버지의
목숨을 위협하는 바람에 할 수 없이 일본인과 결혼해야 했다는 내용이었
다. 그러나 그 일본인은 그녀에게 아주 잘해주었고, 전쟁이 끝나서 본국
으로 돌아가게 되자 그녀에게 일년 동안 먹고 살 만큼의 돈과 의복과 식량
을 남겨주었다는 것이다. 그를 따라 일본으로 가지 못한 그녀는 재혼을
했다. 그녀가 일본인과의 사이에서 낳은 아이는 후에 일본에 가서 아버지
를 만날 수 있었고, 그가 1982년에 사망할 때까지 재정적인 후원을 받았
다고 한다.

다른 지역에서는 보기 드문 이와 비슷한 형식의 결혼 사례들이 술라웨
시에서는 빈번했던 것으로 보인다.

다른 곳에서와 마찬가지로 위안소의 허가와 감독은 민간행정부의 협조
와 헌병대의 개입으로 병참본부에서 담당했다. 일본군이 점령한 초창기
에는 기존의 창녀들을 위안부로 이용했던 것으로 보인다. 그 시기의 위안
부들 중에는 현지인뿐 아니라 네덜란드계 여성도 있었다. 이 지역의 네덜
란드계 인구는 아시아 다른 지역에서의 유럽인 인구에 비해 수적으로도
훨씬 많았을 뿐 아니라 그 직종도 훨씬 다양했다. 창녀도 그 대표적인 경
우라 할 수 있다. 일본인들은 항상 그 여성들이 어느정도 동의하든, 또
동의 내용을 그들이 이해하고 있건 아니건 상관없이 일본어와 네덜란드
어, 말레이어를 섞어서 만든 동의서에 서명을 하도록 만들었다. 많은 매
춘부들이 이 동의서에 자진해서 서명했으나 나중에는 후회하게 되었다.

기록에 의하면 전형적인 유형은 "자유롭게 시작해서 감금된 채 끝난다"는 것이다.

대개는 자원자들로 이루어진 원래의 위안소에서 위안부들이 개인의 정부가 되거나 성병으로 일을 못하게 됨으로써 그 수가 줄어들자, 일본인들은 업자들에게 좀더 집중적으로 새 위안부를 끌어올 수 있는 권한을 부여했다. 그런 과정에서 네덜란드계 여성들이 점점 더 늘어나게 되었다. 때때로 애까지 딸린 네덜란드계 위안부들 대부분이 수용소 생활을 하게 되는 데는 1, 2년도 걸리지 않았다. 한편 수용소 밖에서 가난하게 사는 여성들은 유혹에 넘어가거나 강압적으로 끌려가기가 쉬웠다. 어떤 사람들은 억류되기 전에 감금생활을 할 것인지 매춘을 할 것인지 선택하라고 강요당하기도 했다. 수용소의 끔찍한 생활을 이미 경험해본 사람들은 수용소 생활 대신 기꺼이 매춘을 고려하기에 이르렀다.

셜리 후이는 민간인 수용소가 전쟁포로 수용소의 상황보다 별로 나을 것이 없었으며, 양쪽 다 사망률이 3분의 1에 이르렀다고 말한다. 한 증인의 말을 들어보자. "어떤 여성들은 지원자는 나서라는 말을 듣고 일본인들을 기꺼이 따라갔다. 그들은 그럴 만한 이유가 있었던 것이다." 또 사람들을 강제로 끌어갔다고 증언한 사람은 그 말 뒤에 이렇게 덧붙이기도 했다. "또다른 사람들은 속박과 수용소 생활을 견디지 못하여 자진해서 따라나서기도 했다."

심지어 공장에서 일을 하게 해준다는 식의 구실을 대도 수용소에 있는 사람들은 그것이 무엇을 암시하는지 이미 알고 있었다.

젊고 예쁜 여자들에게만 접근하는 것을 보아서는, 소위 공장이라는 그곳이 사실은 유곽일 것임이 분명했다. 지원자는 100여 명 가량 되었다. 그들의 의무는 남태평양의 전쟁터에서 돌아와 휴식과 오락이 필요한 병사들을 즐겁게 해주는 것이었다. 내 경험에 의하면 여자들은 절대로 강제로 따라간 것이 아니었다. 일본인들은 항상 거절할 수 있는 기회를 주었다.

　수용소 밖의 여자들을 갈취했을 뿐 아니라 일찍이 수용소의 여자들에게 접근한 두 명의 악명 높은 업자들은 자카르타 지사(知事)의 명령으로 1943년 6월에 세워진 사꾸라 클럽의 사장이었다. 또 하나는 장교들을 위해 세워진 테레사 클럽이었다. 한 네덜란드인 증인의 말에 따르면 테레사 클럽의 문 앞에는 어린아이들이 모여 엄마가 일을 끝내고 나올 때까지 기다리고 있었다는 것이다. 그는 또 덧붙이기를, 공식적인 용어로 말하자면 이러한 경우 강제가 전혀 없었다는 것이다.

　수용소의 운영권은 1943년 11월 7일까지 일본 내무성에 있었고, 그후로는 육군성으로 그 책임이 넘어갔다. 아마도 연합군이 인도네시아에 상륙하리라는 예상 때문이었을 것이다. 그러나 실제적으로 군부대가 수용소를 인수인계받은 것은 1944년 4월 1일이었다. 그리고 자바에서 네덜란드계 여성들을 강제적으로 매매춘에 동원한 것은 바로 이 과도기였다. 역설적인 말이지만 수마트라에서 군부대가 앞서 말한 것 같은 상황에서 권한을 넘겨받게 된 것이 이러한 관행에 종지부를 찍는 계기가 되었다.

　수마트라 수용소의 여성들에게 가해진 압력에 관한 보고서는 아쩨, 브라스타기, 빠당, 빨렘방 등의 상황에 대해서도 언급하고 있다. 특히 빨렘방에서는 오스트레일리아인 간호부가 관련되어 있다. 그러나 이러한 경우에도 대개는 거절하는 것이 가능했던 것으로 보인다. 브라스타기의 경우 8명 중 2명 정도가 수락을 한 것으로 되어 있으며, 빨렘방에서는 여자들의 가족을 협박하는 것이 효과적이었다고 한다. 이러한 이야기로 미루어보아 직접적으로 폭력을 행사하지 않았다는 설명을 이해할 수 있다.

　빨렘방에서 오스트레일리아인 간호부들이 겪은 일들은 인도네시아의 사례들에 대한 보충자료가 된다. 문제의 사건은 1942년 3월, 500여 명의 민간인 여성들과 함께 32명의 간호부가 수용되어 있던 한 수용소에서 일어났다. 그들은 싱가포르에서 65명의 간호부들을 피난시키던 바이너 브루크 호가 침몰할 때 살아남은 사람들이었다. 살아남은 사람들 중 21명은 방까섬에서 일본인들에게 학살당했다. 방까에서 살아남은 유일한 사람인 비비안 불윙클이 빨렘방에 같이 수용되어 있었다.

간호부들에 의하면 일본인들은 부대 근처의 집을 비우게 해서 그 집에 침대를 들여놓고 장교용 클럽 겸 유곽으로 썼다는 것이다. 3월 28일 아침, 간호부들은 자신들이 장교들을 즐겁게 해줘야 할 것이라는 이야기를 들었다. 처음에는 네 사람만 필요하다고 했다. 그러나 간호부들은 자기들 중에 골라가는 것을 거절했다. 그렇지만 동시에 전혀 협조하지 않겠다고 하는 것도 좋지 않을 것 같아 타협책으로, 그리고 "여러 명이 같이 있으면 안전하다"는 원칙을 상기하며 가장 나이 어린 간호부 한 명과 병이 난 세 명만 빼고는 모두 그 클럽으로 가겠다고 했다.

출발하기 전에 그들은 되도록이면 추하게 보이려고 애썼다. 굶주린 이 여성들은 클럽에서 장교들이 제공한 음식을 먹고, 후일을 위해 주머니에도 음식을 꽉꽉 채워넣었다. 그들은 술은 거절했다. 그들에게는 립스틱이 주어졌다. 그리고 그들은 섹스만 한다면 뭐든지 주겠다는 말을 들었으나 거절했다. 한 시간쯤 후에 네 명을 제외하고는 다 돌아가도 좋다는 말을 들었다. 그리고는 그 네 명조차도 가도 좋다는 허락을 받았다.

그들은 지사에게 이 일을 알려 다시는 그런 식으로 희롱을 당하지 않았다. 그 지사가 격식을 중요시해서 그랬을 수도 있고, 아니면 수용소의 다른 여성들이 더 만만해서 그랬는지도 모른다.

수용소에서의 압력은 자바에서 더 끈질기고 잔혹했다. 분명히 강제력을 동원했다고 여겨지는 경우는 (앞서 이야기한) 사마랑, 마겔랑, 반둥에서의 사건이었다. 마겔랑 클럽은 헌병대의 측근인 일본인 퇴역 장교가 운영하고 있었다. 1943년 12월, 지사를 포함한 몇명의 일본인들이 여자들을 고르기 위해 가까운 문띨란 수용소로 갔다. 네덜란드인 수용소 관리자의 도움으로 그는 50여 명의 여자들을 골라냈다. 그 네덜란드인 관리자는 어머니들에게 딸들을 숨기라고 충고하고, 다른 여자들은 병원에 보내고, 수라바야에서 자진하여 일본군을 상대한 전력이 있는 여자들을 설득하는 등 다양한 조치를 취해서 후환을 막았다. 이러한 조치는 효력이 있었다. 그러나 일본인들은 1월에 다시 나타나 7명의 자원자뿐 아니라 8명을 더 잡아갔다. 납치된 여자들의 어머니들이 완강하게 저항했으므로 인도네시아 경찰이 동원되어 그들을 통제해야 했다. 납치된 여자들은 마겔랑 클럽으로 갔다. 그중 두 명은 며칠 후에 돌아왔고, 다시 8명의 자원자가 그곳으로 가게 되었다.

1944년 3월, 반둥 근처 치하삐뜨 수용소에서 8명의 여성들이 수용소 사무실에 불려갔다. 근처에 있는 중국인들과 잠깐 같이 지낸 뒤, 그들은 현지의 장교 클럽으로 가게 되었다. 그곳에는 이미 네덜란드인 여성과 현지 여성들이 일하고 있었다. 8명 중 6명은 완강하게 저항했으므로 며칠 후 다시 수용소로 보내졌다. 다른 두 사람은 남았다. 그중 반둥에서 일해야 했던 한 사람은 네덜란드에서 처음으로 공식적으로 자기의 신분을 밝혔다. 그녀의 이름은 케트예 로이제벨트로서 『폴크스크란트』(*Volks-krant*)지를 통해 그녀가 어떻게 위안부가 되었는지에 대해 이야기했다. 그녀는 다른 어머니의 경우와 달리 자신의 딸이 납치되지 않은 것이 얼마나 다행인지 모른다고 말했다. 그녀의 큰딸은 당시 열두살로서 너무 어렸던 것이다. 그녀는 위협적인 분위기에 굴복하고 말았다고 한다. 특히 반항하던 여자들이 영영 사라져 총살당한 것 같은 상황이 벌어지고 난 다음이라 더욱 그러했다고 한다.

위안소에서의 생활은 그녀가 예상했던 것보다는 견딜 만한 편이었다. 그녀가 만난 일본인들은 예의바르고 심지어 순진하기도 했다. 그리고 꽤 인간적으로 만들어진 규칙이 그래도 지켜지는 편이었다고 한다. 예를 들어 손님은 써비스를 받기 전에 반드시 샤워를 해야 했다. 그러나 16, 7세 된 소녀들에게 이런 생활은 너무 힘든 것이어서 몇몇은 자살을 하기도 했다. 나이든 여자들은 어린 소녀들을 격려해주려고 했으나, 소녀들이 칼로 팔목을 그어 자살하는 경우가 몇건 있었다고 한다. 로이제벨트의 사례는 좀더 나은 음식과 나은 수입을 원하는 지원자를 찾은 다음, 병원이나 식당에서 일하게 해준다고 유혹하는 방법을 쓰고, 마지막으로 위협을 가하는 일반적인 위안부 모집의 유형을 확인해준다.

6. 악몽의 끝, 그리고 또다른 악몽의 시작

전쟁중 위안부로 살아가는 것은 끔찍한 일이었지만, 국가간의 적대관계가 종식되었다고 해서 곧 대다수의 여성들이 그러한 상황에서 벗어날 수 있었던 것은 아니다. 우선 무엇보다도 전쟁의 마지막 국면을 견뎌내는 것이 문제였다. 위안부와 관련된 사람들은 이 시기에 당연히 매우 야비한 행동을 보이곤 했다. 전쟁의 마지막 국면과 평화 상태로의 이행기——한국의 경우 이 시기가 매우 짧고도 그늘진 시기였다——에 위안부에게 닥친 불행에 대한 증거는 다른 시기들의 것보다 더 단편적이다. 그 이유는 분명하다. 즉 격렬한 전투가 있었던 지역의 경우 대규모의 죽음과 파괴, 조직과 의사전달 체계의 해체, 기록의 손실 혹은 의도적 말살, 길고도 고통스러운 송환과 재정착 과정 등이 그 이유인 것이다.

위안부제도에 관한 증거들을 특별히 공식적으로 은폐했음을 보여주는 예는 1945년 8월 18일자(즉 항복한 지 3일 후) 제1남방원정대 최고사령관 지령서를 읽어보면 알 수 있다. 그것은 다음과 같다.

8월 1일자로, 싱가포르 주둔 일본 해군의 위안부제도와 연관해서 고용된 사람들은 101호 병원의 민간인 고용인으로 임명한다. 대부분의 여자들은 간호보조원으로 임명한다. 그밖의 지시는 제1남방원정대의 지시에 따른다.

셀레베스의 마까싸르에서 8월 20일자로 민간행정부에 보낸 전갈도 비슷한 내용이다. "모든 지역의 일본인 여성들은 각기 그 지역 병원의 간호부로 임명한다. 이 전갈 내용이 이해되었으면 소각할 것."

위의 전달문이 모든 일본인 여성(그리고 통상적으로 그러하듯 식민지 여성들도 포함하는 것이다)을 지칭하고 있는데, 이는 국제 관례상 간호부들이 더 확실하게 보호받는 것을 보아 그들을 더 잘 보호하기 위해서 나온 것일 수도 있다. 첫 전달문의 8월 1일이라는 날짜는 전쟁의 끝이 임박했다는 징후가 뚜렷하게 나타나기 이전이다. 따라서 이와는 다른 동기들이 있다고 볼 수도 있다. 그러나 그러한 절차가 확대되었다는 것은 분명히 항복을 예상한 반응이라고 할 수 있다. 그 동기가 무엇이건간에, 그것은 전쟁이 끝난 직후 얼마 동안 위안부제도의 본질을 은폐하는 효과를 거두었다.

직접적으로 군사적 침략의 위협을 받는 지역에서는 전쟁이 막바지로 치달을수록 섹스 써비스의 상황이 특히 광적으로 나타났다. 김일면의 『천황의 군대와 조선인 위안부』에 나오는 한 젊은 장교는 강박관념에 사로잡힌 듯 매일 밤 위안소를 출입했던 것으로 묘사되고 있다. 매일 밤이 그의 생애의 마지막 밤이 될 수도 있었던 것이다. 그리고 그는 기회를 놓쳤다고 후회하면서 죽고 싶지는 않았던 것이다. 이러한 행동이 계속되어 그는 마침내 안색이 창백해지고 발기 불능이 되어, 그의 '꼬마놈'이 말을 안 듣는다고 불평하기에 이르렀다.

적어도 카미까제 특공대원들은 그들이 언제 죽게 될지를 비교적 정확하게 알고 있었던 것 같다. 그들은 살아 있는 동안의 마지막 일주일간은 무료로 섹스를 할 수 있었다.

자결을 불사하는 부대는 카미까제뿐만이 아니었다. 어쩔 도리 없이 패배를 맞이해야 하는 어떤 일본 군대는 교꾸사이(玉碎)――죽을 때까지 싸우거나, 항복하는 대신 집단자살을 하는 것――의 전통을 따르는 경향이 있었다. 교꾸사이는 깨어진 보석이라는 의미로서 중국 고사에 나오는 "온전한 기왓장이 되느니 깨어진 옥이 낫다"는 말에서 나온 것이다. 그러니까 수치스러운 삶보다는 명예로운 죽음이 낫다는 것이다. 이러한 심리

상태에 있는 군인들은 여자들도 이런 죽음의 의식에 동참해주기를 원했다. 또 전방의 토치카에 간 위안부들도 이런 맥락에서, 배급된 총의 마지막 총알을 자살할 경우를 위해 남겨두라는 이야기를 들었다.

위안부가 포함된 교꾸사이에 대한 가장 끔찍한 이야기는 주로 버마 북부 전선이나 미크로네시아에서 나온 것이다. 미치나에서 중국 국경을 넘으면 라멍이라는 곳이 있는데, 이곳에 일본군은 지하 참호와 통로로 연결된 12개의 진지를 설치해놓고 있었다. 위안부들은 이 지하통로로 진지 사이를 오가며 섹스 써비스를 했다. 최전방으로서는 보기 드물게 그곳에는 5명의 한국인과 15명의 일본인 위안부가 있었다. 1944년 봄부터 일본군은 압도적으로 많은 수의 중국군으로부터 공격을 받기 시작했다. 이 절망적인 상황을 타개하기 위해 그들은 매일 밤 20명씩 자살조를 짜서 적군에게 가능한 한 피해를 많이 입히고 죽는 계획을 택했다. 당연히 이 자살조는 우선적으로 섹스 써비스를 받았다. 그러나 상황이 더욱 절박해지자 위안부들도 부상병을 간호하고, 탄약을 나르고, 식사를 준비하는 일을 도와야 했다.

그곳 지휘관은 너무 늦기 전에 위안부들을 피난시키는 것을 고려했다. 그러나 그의 부관이 위안부들은 차라리 그들과 함께 죽기를 원한다고 설득했다. 김일면에 의하면 일본인 위안부는 혹 그럴 수도 있었겠지만 한국인의 경우는 그럴 가능성이 없었을 것이라고 한다. 김일면은 한 일본인 위안부와 눈을 부상당한 한 병사가 지휘관에게 결혼식을 올려달라고 부탁한 일도 있었다고 말한다. 지휘관은 그들의 요청을 받아들였다. 그러나 결혼식에 쓸 사께(酒)가 없어서 신랑 신부는 술 대신 물을 담은 잔을 교환했다. 그 뒤로도 3개월 이상 전투가 계속되었는데 마침내 그 병사는 아내의 인도를 받아 마지막 남은 수류탄을 적군을 향해 던졌다. 그 아내는 청산가리──이 상황에서 구할 수 있는 최상의 독약이었다──를 먹고 자살했다. 몇가지 사례들을 보면 라멍의 한국인 위안부들은 일본이 항복하는 시점까지 살아남았고, 라멍에 진주한 연합군에게 심문을 받은 한 위안부의 사진이 보도된 바도 있다고 한다.

　근처에 있는 텅위에서 공격을 받은 위안부들은 훨씬 더 불운했다. 이 도시는 옛날식 성벽으로 둘러싸여 있는데, 일본군은 주민들을 몰아내고 이곳을 요새로 사용했다. 이곳의 일본군 부대에는 7명의 한국인 위안부들이 있었다. 라멍에서의 전투가 끝나자 중국군은 육로와 항로를 통해 텅위에를 집중공격하기 시작하여 마침내 8월 중순경에 성벽을 돌파했다. 이어 격렬한 시가전이 벌어졌다. 의무요원까지 전투에 동원되었으며, 위안부들은 간호병 노릇을 해야 했다. 그러나 그들이 할 수 있는 일이라고는 고작 부상병들에게 먹을 것을 날라다 주고 배설물을 치우는 일뿐이었다. 싸움이 막바지에 달하자 그들은 참호 속에 숨었다.

　그러는 동안 지휘관은 남아 있는 수류탄을 나누어주면서 마지막 수류탄은 자살하는 데 사용해야 한다는 지시를 내렸다. 일본군 부상병들은 스스로 목숨을 끊었다. 개중에 아직 움직일 수 있는 사람은 중국군과 싸우다 죽었다. 한국인 위안부들이 이러한 지시사항을 기꺼이 따를 것인지가 의심스러웠던 지휘관은 상사 한 사람을 시켜 위안부들이 잠을 자고 있는 밤을 틈타 참호 안으로 수류탄을 두 개 던져넣었다. 이 수치스러운 이야기를 전달해준 사람은 미치나 부대에 속해 있던 위안부인데, 그는 희생당한 한국인 위안부를 기리는 기념비 하나도 없는 것이 유감이라고 말했다. 이러한 소감은 다른 상황에서도 계속 나타난다.

　이 일화는 그러한 일이 비일비재했다는 것을 암시하기 위해 인용되곤 했다. 그러나 미크로네시아에서처럼 압도적인 규모로 연합군이 공격해와서 퇴각이 불가능한 상황인 경우를 제외하고는 그리 흔하지 않은 것으로 보인다. 캐롤라인 군도의 트루크에서는 1944년 2월부터 집중포격이 있었다. 그래서 세 군데 위안소를 포함한 이 최대의 해군기지 시설 대부분이 폭격당했다. 뇌물을 주면서 군 지휘관과 밀접한 관계를 유지하고 있던 이 지역의 몇몇 위안소 운영업자들은 연합군의 공격이 시작되자 고용하고 있던 위안부들을 데리고 피난할 준비를 했다. 그러나 총공세가 시작될 무렵에도 아직 100여 명의 위안부들이 남아 있었다. 그들은 기지 뒤쪽 언덕에 있는 빵나무들 사이의 참호에 들어가 숨었다.

미군의 상륙이 임박한 것처럼 보였다. 일본측의 선편이나 연료 제공이 불가능한 상황으로 보아, 수비대로서는 길버트 군도의 타라와나 더 동쪽에 있는 태평양 섬의 요새들에 있던 사람들의 본보기를 따라서 교꾸사이하는 도리밖에 없었다. 그들은 위안부들이 처리하기 번거롭고, 그렇다고 미군의 손에 넘어가는 것은 더욱 곤란하다고 결론을 내렸다. 밤에 공습이 뜸한 틈을 타서 소위 한 사람이 부하 둘을 데리고 참호로 다가갔다. 그는 경기관총으로 무장을 하고 있었다. 참호로 갔으나 너무 조용해서, 참호 안에 사람이 있는지가 의심스러웠다. 그는 사람이 있는지 보려고, 일본 국가인 키미가요를 휘파람으로 불었다. 이 소리에 위안부 중 몇명이 일어나 나왔다. 그는 그 자리에서 그들을 쏘고 곧바로 참호 안으로 들어가 살육을 계속했다.

그는 칠흑같이 어두운 참호 속으로 기관총을 무차별 난사했다. 귀가 먹먹할 정도로 사납게 퍼부어대는 총소리와 찢어지는 듯한 비명소리가 뒤섞이고, 곧 이어 비명소리는 낮은 신음소리로 바뀌었다. 마침내 소위는 방아쇠를 놓고 미쳐 날뛰는 듯한 사격을 멈추었다. 아수라장이 된 참호 안에는 문자 그대로 죽음의 침묵이 얼어붙은 장막처럼 감돌고 있었다. 그는 횃불을 켜들고 사격의 결과를 살펴보았다.

흙벽에는 마치 도마뱀붙이처럼 여기저기 피가 튀어 있었다. 여자들 중 어떤 사람들은 목이 잘려나간 채 거칠게 자른 빵나무 부목을 꽉 붙들고 있었다. 포개어 쓰러져 있는 사람들, 서로 끌어안고 있는 사람, 통나무처럼 뻣뻣이 넘어진 사람, 모두가 피에 흠뻑 젖은 채 죽어 있었다.

마리아나 군도의 싸이판에서는 위안부들이 실제로 그 지역의 여자들과 함께 적군의 손에 넘어가지 않기 위해 물에 빠져 자살하기도 했다. 이는 아마도 태평양전쟁사에서 가장 무자비한 사건일 것이다.

필리핀의 루손에서도 이와 비슷한 비극이 있었다. 물론 여기서는 한국인 위안부를 일부러 제거했다는 확실한 증거는 없다. 아무리 불리한 상황이라고 해도 퇴각할 방법은 있었다. 해군은 위안부들 일부를 피난시켰지만, 육군의 경우는 그렇게 할 만한 여유가 없었다. 마닐라에서는 육군이 퇴각할 때 500여 명의 여성들이 같이 나왔고 그중의 일부는 위안부였다. 퇴각하기 전에 간호병과 군의관들은 부상병과 일반 부상자들에게 모르핀을 주사하여 그들을 죽였다.

1945년 1월 중순경, 생존자들은 산따페 요새 뒤편에 도착하여 잠시 종려나무로 만든 피난처에서 휴식을 취했다. 3월이 되자 식량 위기가 심각해졌다. 5월이 되자 미군이 진격한다는 소식이 들려와, 그들은 다시 이동할 수밖에 없었다. 우기가 시작되었으므로 사정은 더욱 어려워졌다. 그들은 이제 걸칠 옷도 마땅히 없어서 움직일 때고 잠잘 때고 겨우 담요 한 장뿐이었다. 어떤 이들은 그때까지도 시계 같은 것을 간직하고 있다가 음식과 바꾸기도 했다. 그러나 음식을 만드는 것이 불가능했으므로 그들은 무엇이든지, 심지어 쌀까지도 그냥 날것으로 먹어야 했다. 그들은 정글에서 발견되는 것이면 무엇이든 먹으며 살아가야 했다. 무엇을 먹었는가에 대해서는 여러가지 가능성이 있고, 그중에는 상당히 수상쩍은 것도 있다. 그들은 종려나무의 열매를 돌로 찧어서 먹기도 했고, 게를 잡아먹고 설사가 나서 죽기도 했다. 도마뱀은 이것보다는 덜 위험했다. 여자들이 도마뱀을 잡아서 그것을 산 채로 씹어먹을 때 그들의 얼굴은 입가에 피가 줄줄 흐르는 것이 살기등등한 모습이었다고 전해진다.

다음 단계는 식인(食人)의 단계였다. 처음에는 죽은 사람을 먹었으나, 나중에는 소위 '낙오자'들을 죽여 식량으로 삼았다. 필리핀 게릴라에게 발견된 사람은 모두 죽음을 당했다. 그 이유 중 하나는, 풍부한 자료조사에 의거한 윤정모의 소설 『에미 이름은 조센삐였다』에 의하면, "일본의 침략에 대한 복수로 그들을 죽여 땅을 비옥하게 하려고" 그런 것이다. 이보다 운이 좋아 살아남은 사람들은 수척해진 얼굴로 미군에게 발견되어 결국은 본국으로 송환되었다.

퇴각하는 과정에서 한 위안소 운영업자는 기이한 행운을 맞이하였다. 현지의 한 필리핀 남자가 그가 고용한 위안부 중 한 사람과 결혼하고 싶어했던 것이다. 그는 그녀의 후견인 행세를 할 수 있었고, 신랑의 집안식구로 받아들여져 신랑의 집에 머물면서 전쟁이 끝날 때까지 그의 도움을 받았다. 그는 위안소를 경영하는 동안 2000여 명의 위안부들을 고용했다고 한다.

전쟁의 막바지에 한국인 위안부들이 필리핀을 빠져나오는 데 어려움을 겪었다면, 필리핀 위안부들 역시 위험에 처하기는 마찬가지였다.

후아니따 하모뜨

오라까 빌딩에 머문 지 3주째, 나는 일본인들이 동요하는 것을 느낄 수 있었다. 나는 미군이 마닐라를 해방시키기 위해 진격중이라는 소식을 들었다. 일본인들이 우리를 이용한 것은 바로 그때였다. 어느 날 그들은 우리를 모아놓고 트럭에 태웠다. 우리는 다른 수비대로 갔는데, 나중에 알고 보니 산띠아고 요새였다. 그곳에 도착하자 일본군들이 많이 보였다. 그들은 우리를 강간하기 시작했다. 그날 오후 최소한 10여 명의 일본군이 나를 강간했다. 밖에서는 포탄 터지는 소리와 총소리가 들렸다.

일을 다 끝내자 그들은 다시 우리를 산띠아고 요새 밖으로 데리고 가서 수비대 바로 앞에 있는 교회로 갔다. 그 안에는 사람들이 많이 모여 있었고, 밖에는 무장한 군인들이 지키고 있었다. 무슨 일인가 일어날 것 같아서 군중 한가운데로 들어가야겠다고 생각했다. 피닝을 찾으려 했지만, 보이지 않았다. 갑자기 총소리가 들리고 사람들이 쓰러지기 시작했다. 총소리가 들리자마자 나는 본능적으로 바닥에 엎드렸다. 사람들이 내 위에 겹쳐 쓰러졌다. 피가 내 몸으로 온통 흘러내리는 것을 느낄 수 있었다. 사람들이 울부짖고 외치는 소리도 들었다. 나는 일본군들이 교회에 아직 있을까봐 무서워 고개를 들지 못했다.

잠시 후 사방이 조용해졌다. 귀에 들리는 소리라고는 부상당한 사람들의 신음소리뿐이었다. 그들은 도와달라고 외치고 있었다. 나는 그들 중 몇몇 사람이 일어나는 것을 보았다. 또 몇몇 사람이 부상당한 사람들을 도와주고 있었다. 나는 교회 밖으로 달려나가 교회 담벼락 근처에 숨었다. 미군이 나를 발견하여 대피소로 데리고 갔다.

　위안부들을 죽이는 것보다 더 흔한 방법은 그냥 아무 설명도 없이 그들을 내버리는 것이었다. 미군 심리전팀에게 붙잡혀 신문당한 사람들과는 별개로 다른 군대를 따라 미치나에서 퇴각하던 위안부들은 일본군과 함께 북을 뜯어 만든 뗏목으로 이라와디강을 건너려고 했다. 이들 가운데 5분의 1 가량만이 그 험한 물살과 적군의 총탄을 피해 살아남았다. 버마에서도 1945년 4월에 랑군의 본부장교들이 타이 국경 부근의 모울메인으로 퇴각하면서, 장교용 위안소에 있던 30여 명의 일본인 위안부들을 데리고 갔다. 그들은 70여 명 가량 되는 한국인 위안부들에게는 일언반구 말도 없이 그대로 떠나왔다.

　뭔가 상황이 바뀌었다는 증거는 어느 날 갑자기 위안소를 찾는 손님들의 발길이 뚝 끊어졌다는 것이었다. 위안부들은 바로 옆에 있는 필름 배급소에 온 선전부대 장교 둘을 만났다. 그들은 필름 배급소에 보관되어 있는 필름이 영국군 손에 들어가는 것을 막기 위해 필름을 없애러 온 사람들이었다. 어떤 사람의 이야기에 의하면 몇몇 위안부들이 그들을 불러들여 돈을 받지 않고 하룻밤 재워주었다는 것이다. 또다른 목격자들의 이야기로는 그들이 퇴각하는 도중에 이 위안부들을 만났다고도 한다. 어떤 이는 맨발에 옷보따리를 머리에 인 한 한국인 위안부가 철길을 따라 퇴각하는 일본군을 앞질러가는 놀라운 광경을 보았노라고 회상하기도 한다. 어떤 사람들은 그녀가 나중에는 그들과 보조를 맞추어 천천히 갔다고도 한다. 그러나 그녀는 결국 부대를 앞질러서 어둠 속으로 사라져버렸다.

　이 퇴각로에서 가장 큰 장애물은 너비 200미터 가량의 시탕강이었다. 그 강에는 철교가 있었으나 이미 파괴되어버렸다. 강을 건너는 유일한 방법은 올라타든, 매달리든 뗏목을 이용하는 것이었다. 어떤 사람이 본 바에 의하면, 위안부와 종업원, 그밖의 사람들을 포함한 100여 명의 여자들이 군복을 입고 군용화폐를 잔뜩 싸들고 강을 건너려고 모여 있었다고 한다. 그들 누구도 이 화폐가 곧 아무 쓸모 없게 되리라는 생각을 떠올리

거나 심각하게 고려해보지 않은 듯했다. 이 보기 딱한 보따리야말로 위안
부들이 그 오랜 기간의 성적인 학대의 대가로 내세울 수 있는 유일한 보상
이었던 것이다.

그들 중 몇몇은 그 돈보따리를 아라칸이나 이라와디 삼각주에서, 아니
면 페구 요마를 건너도록 간직하고 있다가 젖은 지폐들을 꺼내 햇빛에 말
리기도 했다. 그 여인들을 정글의 폭우와 학살의 만행에서 견디게 해준
것은 바로 이것이었는지도 모른다. 많은 위안부들이 시탕강을 건너는 과
정에서 유랑생활에 종지부를 찍었다. 고생을 해서 몸이 약해진데다가 돈
까지 짊어지고 있어서 많은 사람들이 뗏목을 놓쳐버리고 물살에 떠내려
갔던 것이다.

콸라룸푸르의 뿌두 감옥 근처, 타이선 호텔에 있었던 중국계 말레이인
위안부 마담 X는 해방군이 오는 광경을 볼 수 있었다.

어느 날 나는 유럽인들이 도시로 행진해 들어오는 것을 보았다. 누군가가
우리를 위안소에서 풀어주며 도망가라고 말했다. 유럽인들이 들어오니까 일
본인도 중국인도 우리가 어떻게 되든 개의치 않았다. 그들은 우리가 그들을
지목할까봐 두려워하고 있었다. 그러나 우리 위안소에 있던 여자들은 마마
상과 그 남편을 붙잡아서 물에 빠뜨려 죽였다. 나는 세르당으로 돌아와 부모
님을 찾았다.

그녀는 '운이 좋은' 편에 속했던 것이다.

점령군을 위한 위안

만주에서 취재한 한 사건은 전쟁이 끝난 후 수많은 위안부들에게 닥친
운명을 전형적으로 보여준다. 싱수 부대 소속의 한 군의관은 간호부들을
집합시켜놓고 "우리의 안전을 보장하고 소련군과의 적대관계를 피하기
위해서는, 여러분들에게 무슨 일이 요구되든 고향으로 살아서 돌아가려

면 다 견뎌야 한다"고 말했다.

심지어 간호부들까지도 점령군에게 육체를 제공해야 했다면, 위안부 출신들은 이미 '타락한' 몸이라는 기존의 관념에 따라 그런 역할을 계속 수행했으리라는 것은 자명하다. 어떤 위안부들은 대안을 찾기도 했지만, 그러한 증거는 매우 드문 편이다. 몇몇 위안부들은 그들을 실은 배가 고향이 보이는 곳에 이르자, 막상 자기 앞에 놓인 어두운 전망을 견딜 수 없어 스스로 바다에 몸을 던졌다고도 한다. 부대에 남아 있던 사람들은 이번에는 점령군을 상대로 계속 위안부 노릇을 해야 했다. 예를 들어 한국인 위안부 배봉기는 오끼나와에서 미군들을 상대로 계속 위안부 생활을 했다. 그녀는 또 술집과 카바레에서 잡일을 하기도 했다. 비슷한 상황에 처한 많은 여성들과 마찬가지로 그녀도 부대에서 얻어낸 물건들을 암시장에 유통시키기도 했고, 필요에 따라 이런저런 역할을 번갈아 수행했다.

윤정모의 『에미 이름은 조센삐였다』의 화자는 그가 전형적인 홍등가인 온천지역에서 성장했다고 회고한다. 그의 어머니는 호스티스들에게 물건을 공급하고, 돈을 빌려주는 일을 하며 살고 있었다. 그 책에서, 그는 어머니가 그 지역에서 흔히 요구되는 일제 화장품이나 그런 유의 물건들을 절대로 취급하지 않는 것을 눈여겨본다. 어렸을 때 그는 어머니가 호스티스들 옆에서 장사나 하는 사람이 아니라, 차라리 멋진 호스티스였으면 좋겠다고 생각한다. 그는 뒤늦게서야 진실을 깨닫게 된다.

일본 당국은 재빨리 위안부제도의 논리를 미 점령군에게 적용했다. 그러나 이 경우에 주된 관심사는 일본인들에 대한 강간을 예방하고 혼란을 방지하는 것이다. 김일면은 이 새로운 상황에서 당국에 봉사하는 업자들을 승리하거나 패하거나 어떤 상황에서도 결국 살아남는 '시궁창 쥐'에 비유한다.

이 위안부제도의 중요한 차이점은 속임수나 회유가 전쟁기간중에는 주로 한국인들에게 사용되었다면, 이제는 일본인 여성들을 대상으로 그러한 수법이 사용되었다는 것이다. 어떤 경우에는 많은 여성들이 학생징집요강에 의해 선발되기도 했다. 그들은 토오꾜오 근처 카와사끼에 있는 군수품공장이 폭격당하자, 반쯤 남아 있는 기숙사에 머물고 있었다. 그들의 집도 다 파괴되어 돌아갈 데도 없었다. 그런 상태에 있을 때 네 명의 남자가 '새생활사회봉사협회, 관광부'라고 씌어진 두 대의 트럭을 몰고 왔다. 제대한 군인처럼 보이는 그 남자들은 여자들에게 '애국관광'에 참여하라고 권하면서 좋은 대우에, 일본에서 구할 수 있는 가장 훌륭한 음식을 먹게 될 것이며, 자선사업에 관심이 있는 자애로운 사장 밑에서 일하게 될 것이라고 말했다.

잠시 의논을 한 끝에 30명의 여자들이 트럭에 올라탔다. 그들은 자선사업하는 곳으로 간 것이 아니라, 미군 부대의 위안소로 갔다. 그곳에서 그들은 내무성을 대표하여 나왔다는 어떤 사람의 이야기를 들었다. 그는 그들에게 '가장 귀한 곳'――이 말은 통상적으로 천황 혹은 천황의 궁에서 봉사하는 것을 가리키는 말이다――의 긴장 완화를 위해 특별 자원봉사를 하게 되었으니, 자부심을 갖고 일해달라고 말했다. 또 그들의 희생이 역사에 길이 남을 것이라고 말했다.

밤이 되자 미군 병사들은 일본군이 요구한 것과 똑같은 종류의 써비스를 요구했다. 탈출을 시도한 여자들은 일본인 경비에게 붙들려왔다. 전쟁이 끝나고 나서 어떤 연합군 부대는 일본군이 저지른 강간행위에 대한 보복으로 일본인 여성을 강간하는 것은 당연한 일이라고 생각하기도 했다. 그러나 이러한 경우에는 조직화된 유곽에 출입하는 것이 가능했으므로, 아마 미군들은 그들의 행동을 강간이라는 견지에서 생각해보지 않았을는지도 모른다.

또다른 자료들도 있다. 다른 사례를 보면, 본토에서의 결사항전을 위해 토오꾜오 근처로 이동한 100여 명의 위안부들이 1945년 9월까지도 그대로 배치되어 있었다. 그들은 당시 내무성 공안국의 지시로 여성 특공대(카미까제의 공식적인 명칭)로 활동하면서, '모든 일본 여성들의 방패'가 되어 '견딜 수 없는 일도 견뎌야'(천황의 항복선언에 나오는 구절임) 했다고 한다. 그들은 토오꾜오 주둔 미군을 위한 위안소 네 군데에 나뉘어 배치되었다.

또다른 사례를 보면, 히로시마 근처의 쿠레에 있는 주요 해군기지에는 원폭으로 집이 없어진 여자 아홉 명이 '소녀대'에 소속되어 있었다. 내무성에서 관장하는 공안유지위원회에서 나왔다는 한 장교가 그들을 찾아와서 진정한 봉사를 할 수 있는 기회가 왔다고 말했다. 그들은 전쟁중 소녀대에 가입하면서 혈서로 맹세한 그 약속을 지킬 수 있게 되었다는 것이다. 그는 "점령군의 더러운 손아귀에서 일본 여성의 순결을 지켜줄 수 있는" 사람은 오직 그들뿐이라고 말했다.

이 말에 설득이 되었든 아니면 그 현란한 수사에 넘어갔든, 그들은 트럭을 타고 어떤 2층 목조건물로 갔다. 그곳에서 그들은 총으로 무장한 점령군 해군 병사에게 몸수색을 당했다. 그 여자들이 자기방어를 위해 칼 같은 것을 지니지 않았을까 의심한 것이 분명했다. 그리고는 그들은 '의식을 잃을 때까지' 계속 강간을 당했다(金一勉, 1976).

그리고 나서 그들은 좀더 영구적으로 만들어진 위안소로 갔다. 다시 장교 한 사람이 나타나 일장연설을 했다. 그는 일본 여성의 본보기가 되도록 순종해줄 것을 당부했다. 그들 중 최소한 한 명이 목숨을 끊었다.

이러한 상황은 중앙 당국의 체계적인 기획을 증명하는 것이다. 이러한 사례들은 아무리 참담한 상황에서도 꼼꼼하게 조직하고, 변화에 실질적으로 적응하는 일본인의 성향을 보여주는 것이기도 하다. 1945년 8월 15일, 항복한 지 불과 이틀 만에 점령군의 요구에 맞게 공창제도를 정비하려는 목적으로 내무성, 후생성과 시경찰국의 국장들이 모인 회의가 열렸다. 바로 다음날, 경찰 대표들이 주요 매춘업자들과 일본 하이포텍 은행의 대표 두 명과 함께 좀더 구체적인 계획을 세웠다.

여기에서 채택된 지침은 첫째, 모든 매춘업자들은 경찰국의 지시에 따라 협조한다. 둘째, 경찰은 그들의 영업을 촉진하기 위해 비밀 지시를 내린다. 셋째, 하이포텍 은행은 필요 경비의 최소 79%를 조달한다는 것이었다. 그로부터 얼마 지나지 않아 9월 초순경, 거대한 홍등가인 아사꾸사 지역에서 경찰·은행 대표단과 57명의 매춘업자들이 모였다. 경찰은 적

정수의 위안부를 모집하는 데에 위협적인 수단이 필요하다고 여겨질 경우에는 폭력배를 동원하는 것을 묵인하겠다는 것을 분명히했다. 은행측은 2400만 엔을 제공하기로 했으며, 업자들은 유흥오락협회(Recreation and Amusement Association)라는 영문 명칭의 단체를 결성했다.

전후의 피폐한 상황과 마비된 경제상황으로 인해 위안부들을 모집하는 데 굳이 위협적인 수단을 사용해야 할 필요는 거의 없었다. 일자리는 물론이고 겨우 지낼 만한 거처를 구하기도 어려운 시기였기 때문이다. 11월 말이 되자 2만여 명의 여성들이 위안소에 모였다. 그로부터 2개월도 안되어 대다수가 성병에 감염되었다. 이는 또한 미군에게도 손실을 가져오는 사태였다. 심한 곳은 한 부대의 감염률이 68%나 되었다.

문제는 일본군의 경우와 달리 업자측에서 콘돔 사용을 강요할 수가 없었다는 사실이다. 점령군 당국은 뒤늦게야 감염이 빠른 속도로 진행되고 있다는 사실을 알았다. 당국은 군인들에게 위안소의 출입을 금하고 위안소를 폐쇄했다. 그와 동시에 당국은 어떤 형태로든 매매춘이 지속되어야 한다는 것을 깨달았다. 군당국이 취한 안전조치라고 해야 고작 콘돔을 나눠주고 위생교육을 시키고 감염된 병사들이 초기에 치료를 받을 수 있도록 의무대를 설치하는 정도였다. 어떤 유곽에 있는 여성들은 검진을 받기도 했다.

공식적인 위안소가 실패로 돌아가자 그 대신 부대와 멀지 않은 곳에 조그만 유곽들이 생겨났다. 그 유곽들은 주로 외국에서 돌아온 위안소 업자들이 경영하고, 역시 전쟁중에 위안부였던 여성들이 있었다. 그 위안부들은 그렇게라도 하지 않으면 고국에 남아 있는 사람들보다 더 피폐한 생활을 해야 했다. 통화가 완전히 혼란스러운 상태였으므로 그들은 화대를 담배나 음식, 옷가지 같은 현물로 받는 것을 좋아했다. 그들은 이 물건을 직접 사용하거나 암시장에 내다 팔았다.

점령군으로 인해 매매춘이 다시 성행하게 된 사정을 생각하면, 전후의 폐허에서 제일 먼저 복구된 곳이 홍등가라는 사실도 그리 놀라운 것은 아니다. 홍등가는 전통적으로 일본에서는 '세 가지 업종 지역'——즉 까페, 유곽, 게이샤집이다——이라고 불렸다.

남한에서도 비슷한 상황이 벌어졌다. 그러나 중앙정부에서 조직하는 일은 없었다. 한동안은 중앙정부 자체가 점령군이었고, 군정은 모든 매매춘을 철폐했다. 그러나 한국전쟁을 계기로 부대 혹은 기지 부근에 매매춘이 성행했다. 이 문제는 여전히 사회문제로 남아 있고, 종종 여성단체의 항의거리가 되곤 한다. 북한측의 경우는 토오꾜오 소송 이래 위안부 문제가 공론화되면서 이 문제에 관심을 보이기는 하지만, 다른 문제들과 마찬가지로 이러한 문제에 관한 북한측의 사정에 대해서는 거의 알려지지 않고 있다.

정상생활로의 복귀

상당수의 위안부들은 전쟁중에 살아남아 동남아에서 본국으로 송환되었다. 그외 위안부들은 있던 곳에 그대로 정착하기도 했다. 1950년대 말, 일본인 사업가와 관광객이 이 지역에 다시 오게 되자, 그들을 맞기 위해 일본 식당이 문을 열었는데, 식당의 종업원들 가운데에는 과거에 일본군과 접촉한 경력이 있는 사람들이 꽤 있었다.

이렇게 현지에 정착한 한국인 위안부의 사례가 타일랜드에서 여론화되었다. 베트남에서도 몇몇 사례들이 밝혀졌다. 1964년, 서울의 언론은 그 전해에 남부 베트남 당국으로부터 44세 된 한국인 여성이 그곳에서 사망했는데, 상속인 없이 재산만 남겼다는 통지가 왔다고 보도했다. 그러면서 한국에서 그 여성의 재산을 상속할 만한 사람을 찾고 있다고 그 기사는 말했다. 그 여성의 재산은 대략 미화 2만 달러 가량인데, 다이아몬드가 18개, 미화 1835달러, 까페와 농장의 이익금, 그리고 동산 약간이었다. 한국에서 수많은 사람이 나섰으나, 실제로 그 여성과 친인척 관계로 확인된 사람은 아무도 없었다.

베트남에 재산을 상속할 만한 가족이 없는 것으로 보아 그녀는 전쟁이 끝난 후에도 다른 위안부들과 마찬가지로 매춘을 계속한 것으로 보인다.

베트남에서 나온 또 하나의 사례는 베트남 지역사회에 완전히 동화된 경우이다. 배옥수는 위안부로 버마에 갔다. 그 뒤 그녀는 사이공에 오게 되었고 그곳에 억류되었다. 그녀는 베트남 사람과 결혼하여 아이들을 낳았다. 1975년 베트남전쟁이 끝나자 그녀와 다섯 자녀들은 한국측이 베트남 난민들을 구조하기 위해 보낸 배에 탔다. 그녀는 남편과 결혼한 딸 하나를 베트남에 남겨두고 왔다. 그녀는 1987년 60세의 나이로 한국에서 사망했다.

정부측의 공식적인 송환절차가 즉시 마련되지 않은 경우, 병사들이 자진해서 송환을 추진하는 경우도 있었다. 버마에서 일군의 일본인 위안부들이 버려지자 사병들 일부가 그들을 동정하여 몰래 배에 태워주기도 했다. 후뻬이의 우편 당번병은 전쟁이 끝나자 그의 근무 지역의 위안부들이 현지인에게 속옷까지 강탈당했다고 말한다. 다행히 그때가 한여름이었으므로 옷이 별로 필요없었다고 한다.

한 한국인 징집병은 상하이에서 송환되기를 기다리며 한국인 술집에 자주 드나들고 있을 때, 한커우에 있는 한국인 위안부 출신 여성들을 많이 보았다고 말한다. 그들은 얼굴에 종기가 나 있었는데, 군대에 있을 때 걸린 성병을 치료하는 중이라는 것을 알 수 있었다. 그러나 그저 겉으로 드러나는 증상만을 억제하는 정도였다. 대부분의 여자들은 상하이에 그대로 남았다.

중국과 동남아시아의 안전지대에 있던 대부분의 위안부들은 송환되었다. 때로 송환되기를 싫어하는 경우도 있었다. 수라바야에서 온 한 타이피스트는 귀국선에서 한 선실에 100여 명의 위안부와 아이들까지 타고 있는 것을 보고 충격을 받았다고 말한다. 이에 항의하자 그녀는 다음과 같은 이야기를 들었다고 한다. "그들을 인간으로 대우할 필요가 없다. 그들은 짐승만도 못하다. 우리가 그들을 받아준 것만 해도 고마워한다." 타이완 출신의 한 조사가는 한국으로 가는 귀국선의 탑승자 명단에서 타이완인으로 보이는 이름을 253개나 발견했다. 그는 그들 대부분이 위안부일 것이라고 추측했다. 그러나 그들의 그 다음 행로는 알려지지 않았다.

본국 송환에서 가장 차이가 나는 것은 남부 사할린의 경우이다. 이곳은 일본 영토였지만 전쟁이 끝나자 소련군에 의해 점령되었다. 한국인 징용 노동자들은 일본인들에 의해 방기되었고, 이들 가운데 몇사람은 일본 정부를 상대로 한 소송의 원고가 되기도 했다. 전쟁 말기에는 신중하게 생각하고 행동할 여유가 없었던 것이 사실이다. 소련이 일본에 선전포고를 한 것은 전쟁이 끝나기 불과 일주일 전이었다. 히로시마에 원폭이 투하되고, 곧 이어 러시아 탱크가 북사할린의 국경을 넘어왔다. 시쯔까(현 뽀로나이스끄)에는 20여 명의 한국인들로만 구성된 위안소가 있었다. 원폭 투하와 소련군의 진격에 놀란 위안부들은 기차역으로 달려갔다. 그때 일본인들을 빽빽히 태운 마지막 기차가 떠나고 있었다. 위안부들은 겁에 질려 멈춰달라고 소리치며 기차를 따라갔다. 몇사람은 기차를 멈추게 하려고 기차를 앞질러 선로 위에 올라섰다. 그러나 기차는 점점 속도를 내면서 기적을 울리며 그들에게로 다가갔다. 여자들 가운데 몇사람은 기차 바퀴에 깔려 숨졌다. 이 사건은 한 일본인 생존자가 사할린 소송 당사자에게 말해준 것이다.

만주에서 일본의 방어선이 무너지는 것 또한 순식간이었다. 지역이 워낙 넓은데다가 철도망이 잘 발달되어 있었으므로, 만주 지역에서는 전부는 아니더라도 꽤 많은 수의 한국인들이 본국으로 돌아왔다. 만주 지역, 특히 만주 남부는 예전부터 한국인 소수 집단이 있었고, 그래서 이들은 어느 지역보다도 한국인 피난민에 대해 관대했다.

1956년, 만주의 푸순(撫順)에서 형기를 마친 전범 한 사람이 석방되어 본국으로 송환되기 전에 중국을 둘러볼 기회가 있었다. 그래서 그는 새로운 체제가 사회개혁을 위해 노력하는 모습을 볼 수 있었다. 이 개혁에는 여성재활쎈터도 포함되어 있었는데, 이곳은 전직 위안부 혹은 그와 비슷한 일을 하던 여성들이 성병 치료를 받고 직업훈련을 하는 곳이었다. 마오 체제는 재교육을 통해 매춘을 놀라울 정도로 없애버리는 데 성공했다고 오랫동안 주장했다. 그러나 그들이 거둔 성공은 다른 곳에서와 마찬가지로 그리 영속적인 것은 못되었다.

만주에서 가족의 품으로 돌아온 사람들은 대부분 그들의 경험에 대해 함구하고 있다. 어떤 사람은 전쟁기간 동안 징집되었을 때 원래 하기로 되어 있던 일——즉 식당 종업원이나 간호부 따위——을 했던 것처럼 가장하기도 했다.

가부장적인 정조관념과 도덕률이 지배하고, 성에 대해 전혀 개방적이지 않은 사회에서는 그 끔찍한 경험이 수치스러워 많은 여성들이 침묵을 지켰다. 많은 사람들이 그들의 운명을 자신의 탓으로 돌리고 있었는지도 모른다. 그러한 위치에서 여성들은 전쟁중의 경험을 드러내서 보상을 받기보다는 차라리 그대로 침묵을 지키는 것이 낫다고 생각하는 것이다. 여성의 순결에 그렇게 엄청난 도덕적 가치를 부여한다는 사실 때문에, 위안부로 희생당한 이들에게는 바로 그 순결을 잃었다는 것이 더욱더 참담하고 심리적으로도 상처가 큰 경험인 것이다. 행복한 결혼과 가정에 대한 전망은 극단적으로 줄어든다. 결혼을 한 사람들도 그들의 경험을 수십년 동안 비밀로 했으며, 결혼행위 자체를 고문처럼 생각했다. 그들의 극심한 정신적 고통은 그들에게 가해진 잘못을 공식적으로 인정한다고 해서 사라지는 것이 아니었다. 재산을 상속할 아들을 낳는 것이 매우 중요한 사회에서 이 여성들의 대다수는 각종 질병, 끔찍한 경험들, 원하지 않는 아이를 유산시키거나 질병의 예방 혹은 치료를 목적으로 복용해야 했던 약물의 후유증으로 불임이 되거나 불구가 되었다. 때로 그들은 생리를 아예 멈추게 하여 언제든지 군인들을 상대할 수 있도록 하는 수술을 받기도 했다. 그들은 정상인 척하고, 전쟁중에 겪은 고통에 대해 침묵해야 한다는 요구에 적응하는 데 어려움을 느꼈다.

남편이 아무 일도 없었다는 듯한 태도를 보인다고 해서 그들의 심리적인 고통이 견디기 쉬워지는 것은 아니었다. 그들 중 대다수는 그들의 전쟁중의 경험과 연관된 각종 신체적·감정적 문제들을 가지고 있었으며, 이로 인해 그후에도 제대로 일을 할 수가 없었다. 아무런 보상이 없었으므로 경제적으로 가난한 것이 당연했고, 많은 경우 그들은 경제적으로 생산적인 활동을 할 수가 없었다. 아니면 전쟁중에 하던 일을 계속해야만 했다. 대다수는 경제 피라미드의 제일 아래편으로 밀려내려갔다. 아마도 전쟁기간중의 경험이 많은 위안부들에게서 안정된 가정생활을 할 수 있는 가능성을 완전히 빼앗아버렸다고 말하는 것이 정확할 것이다.

대다수의 위안부들에게 강간과 가혹 행위는 평생 계속되는 고통의 전주곡일 뿐이었다. 강간당한 여성은 타락한 여성이라는 관념이 아시아 전역에 아주 뿌리깊게 남아 있었다.

예컨대 필리핀의 게르트루데스 발리살리사는 전쟁이 끝난 후 가족들에게 내몰림을 당했다.

미군이 들어오자 격렬한 싸움이 벌어졌다. …나는 빠져나와 그냥 달려갔다. …레가스삐시의 우리 집에 도착했을 때 남편은 내가 무슨 몹쓸 전염병이라도 옮은 양 대했다. 친척들도 나를 경멸했다. 일본 사람들과 마찬가지로 남편도 나를 원할 때면 언제나 나를 그냥 덮쳤다. 그러다가 나는 무슨 가구처럼 취급을 받았다. 남편은 아이들에게 나를 ‘엄마’라고 부르지 못하게 했다. 그는 몇년 후 나를 아이들과 갈라놓았다. 아이들도 나를 엄마로 인정하지 않으므로 나는 현재 아이들과 전혀 연락하지 않고 있다.

강간은 불의(不義)가 아니라 타락이라는 관념은 아시아에만 있는 것이 아니다. 전쟁이 발발할 당시 수녀가 되려고 예비단계를 밟고 있던 얀 뤼프는 전쟁중 겪은 그 끔찍한 경험으로 인해 교회의 입장에서는 그녀가 수녀로서 적합하지 못하다는 것을 알게 되었다.

강제로 끌려가 위안부가 되었던 마담 X의 말을 들어보자.

당신은 내가 일본인을 싫어할 거라고 생각할 것이다. 그렇지만 사실은 아니다. 나는 그저 남자들이 싫고, 섹스가 싫을 뿐이다. 이건 정말 끔찍한 얘기다. 그렇지만 난 같은 집에 사는 사위도 보기 싫다. 내가 결혼을 했을 때 남편은 항상 섹스를 원했다. 그럴 때마다 나는 이 핑계 저 핑계로 거절하곤 했다. 물론 때때로 섹스를 해야 할 때도 있었다. 그렇지만 임신을 할 수가 없었다. 내가 섹스를 싫어하므로 남편은 두번째 부인을 얻어 그녀와의 사이에 세

자녀를 낳았다. 나는 그에게 내 경험을 감히 말하지 못했다. 남편하고 잘 때면 나는 종종 악몽을 꾼다. 그러면 남편은 항상 '무슨 일이야? 무슨 일이야?' 하고 묻는다. 나는 내가 왜 악몽을 꾸는지 말할 수가 없다. …나는 50여 년을 이 끔찍한 비밀을 간직한 채 살아왔기 때문이다. 물론 내가 겪은 일이 내 잘못은 아니지만, 사람들이 내 이야기를 알면 나에게 뭐라고 할지 두렵다. 이웃이 뭐라고 할지 생각해보라. 아무에게도 얘기할 수 없다는 것은 끔찍한 일이다. 내 남편에게도 아이들에게도 말할 수 없다는 것은. 때때로 나는 정말 우울한 기분이 된다. 그러나 아무도 왜 그런지는 모른다.

인도네시아에서 위안부로 4년을 지낸 요하나는 천만다행으로 이해심이 많은 남자를 만났다. 그는 그녀의 과거를 받아들였을 뿐만 아니라, 그녀에게 일어난 일이 그녀 자신의 잘못은 아니라는 것을 어느정도 설득하기까지 했다. 그는 그녀에게 부끄러워할 것이 없다고 말했다. 그녀는 아들을 낳을 수 있었고, 이제는 손자까지 두 명 두었다. 그녀는 사려깊은 남편과 가족을 가질 수 있던 운좋은 극소수에 속하는 사람이었다. 그러나 그렇게 운이 좋은 그녀조차도 이렇게 말한다.

그 끔찍한 일을 당한 지 이제는 여러 해가 지났지만 내 마음속에는 깊은 슬픔과 고뇌가 있다. 그 상처는 세월이 지나도 치유되지 않는다. 나는 일본 정부가 우리에게 보상을 해줄 것을 요구한다. 그러나 여기에 생각이 이르면, 그 액수가 얼마나 되든지 돈으로는 결코 우리가 겪은 일을 보상할 수 없으리라는 생각이 든다.

『병사들의 육군사』의 저자인 이또오 케이찌는 일본의 태평양전쟁 영웅들을 안치해놓은 최대의 신또오 사원인 야스꾸니 자리에 간호병들과 '야전위안부'들을 기리는 기념비를 세워야 한다고 주장했다. 그는 위안부들이 전방에서 싸운 군인들이 겪은 모든 일을 함께 겪었다고 역설했다. 1975년, 김일면은 이에 대해서 이또오가 위안부들을 존중해준 것은 인정하지만, 위안부 자신들은 그러한 기념비를 세우는 것이 수치스러운 일을 영속화하는 것으로 느낄 것이라고 비판했다. 그가 아는 위안부들의 대다수는 그저 "가능하다면 과거를 지우개로 지우듯 지워버리고 싶을 뿐"이라고 했다.

1990년, 위안부 문제에 적극적인 한국의 여성단체들이 수없이 많은 얼굴없는 무명 위안부들의 고초를 기리는 기념비를 세워야 한다고 주장하게 된 것은 그러한 태도가 180도 바뀌었음을 나타낸다. 그들은 아직도 통용되고 있는 남성주의적 태도의 가장 극단적인 형태에 의해 고통을 받고 있는 것이다. 이는 여성을 그저 필요에 따라 이용하다가 버리는 성적인 대상으로만 취급하는 것이다.

연합군과 미 점령군이 위안부들을 만났을 때 보여준 태도를 보면 이러한 점이 여실히 드러난다. 전쟁 말기에 북부 보르네오에 주둔한 연합군 하사관이었던 한 제보자는 연합군이 위안부들은 물론, 일본인과 타이완인 간호원들을 대규모로 강간했다고 말했다. 일본 남성이 서양 여자들을 강간했으므로 일본 여자를 강간하는 것쯤은 괜찮다고 하는 것이 일반적인 생각이라면, 이는 여성의 인권을 전적으로 무시하는 것이다. 위안부들을 붙잡아 잇속을 채운 한 오스트레일리아 병사는 그들이 저항하지 않았으므로 자신의 행위는 강간이 아니라고 주장했다. 또다른 오스트레일리아 병사는 자신의 행위가 옳지 않았다고 하는 대신, 그 여자들이 "너무 깡말라서 같이 잘 맛이 안 났다"고 말했다.

그렇다면 문제는 분명해진다. 결국 남자들이 시작한 전쟁에 모든 여자들이 희생된 것이 아닌가? 여성에 대한 학대와 핍박은 위안부제도라는 극단적인 형태를 띠어야만 주목할 가치가 있어지는 것인가?

7. 문제제기와 폭로

　강요된 매춘과 관련된 유일한 전범재판의 희생자와 피고의 이름은 봉해져서 2025년까지 공개되지 않는 것으로 되어 있었다. 그 재판은 네덜란드령 인도네시아에서 위안부로 일해야 했던 네덜란드 여성에 관한 재판이었다. 1948년 당시 바따비아(현재의 자카르타를 말함)에서 열린 그 재판은 네덜란드 사람들 이외에는 거의 관심을 끌지 못하다가, 1992년 헤이그에 보관되어 있던 문서가 공개되면서 국제적으로 주목을 받게 되었다.

　여러가지 이유로 후속 재판은 이루어지지 않았다. 우선 1945년부터 1950년까지 인도네시아 독립전쟁으로 인해 피고나 증인을 제대로 확보하는 일이 불가능했다. 또 국제적인 맥락에서 보면 서방 연합군은 과거에 적군이었던 국가와 손을 잡으면서 냉전 전략에 치중하기 위해 전쟁과 관련된 재판을 1949년을 기해서 완전히 종결하려고 했다. 윈스턴 처칠의 말을 들어보자.

　앞으로 우리의 정책은 과거의 범죄와 공포를 말끔히 씻어버리는 것이다——물론 어렵겠지만. 그리고 우리 모두의 구원을 위해 미래를 바라보는 것이다.

　재판이 종결된 또 하나의 중요한 요인은 네덜란드계 여성들이 위안소에서 일하게 된 상황이 매우 다양하다는 것이었다. 그들은 일본이나 한국에서와 같은 경로를 밟아 처음에는 직업적인 매춘부들이 계속 매춘행위를 하던 것에서 시작되어, 나중에는 다양한 속임수와 압력, 마지막에는 물리적인 힘을 행사하여 모집된 사람들이었다. 여러가지 자료를 참조해 보면, 최소한 52명의 네덜란드계 여성이 매춘을 강요당했다. 다른 자료들을 보면 그 수가 100여 명에 이른다고 되어 있다.

일본이 항복한 후 전쟁범죄조사단은 이 사건에 책임이 있는 일본군 장교들, 사마랑의 군의관들과 위안소 운영업자들을 추적해내는 데 성공했다(제2장 참조). 처음에 위안소를 창안해낸 오꾸보 대령은 1947년 1월 일본에 있는 자택에서 신문을 받았다. 이틀 후, 그는 한 사원에서 전통적인 방식으로 자결을 했다. 다른 경우와 마찬가지로 그는 위안소를 운영한 데 대한 모든 책임이 자신에게 있다는 유서를 남겼다.

이와 관련된 세 건의 재판을 일본인들은 소위 '백마사건'이라고 불렀다. 다시 말해서 백인 여성이 말처럼 이용되었다는 것이다. 피고 가운데 노자끼 장군은 감옥에서 자살했고, 오까다 소령은 사형선고를 받았으나 당시 자신은 아무런 결정권도 없었다는 것을 근거로 무죄를 주장했다. 그러나 그는 당시 유럽계 여성들을 모집하는 데 상당히 열성적이었던 것으로 드러났다. 8명의 장교들이 각각 7년에서 20년 가량의 징역을 선고받았다. 네덜란드어 통역관으로 일한 사람은 2년 징역을 선고받았다. 가장 가벼운 형을 받은 사람은 군의관이었다. 그는 위안부들의 건강 관리를 소홀히하여 대부분 성병에 감염되게 한 죄목으로 고발되었다. 장교 2명은 무죄로 석방되었다. 피고석에 선 이들 가운데 몇몇은 위안부들을 모집하는 데 식당에서 일하게 해준다는 식의 속임수를 쓴 적이 있다고 시인했다.

이 사건과 또다른 전범재판들을 지켜본 『아사히 신문』의 한 기자는 재판과정을 다음과 같이 비판했다.

그들은 변호할 기회도 주지 않고 사형을 선고했다. 모든 재판은 네덜란드어로 진행되었다. 피고는 단지 '예' 혹은 '아니오'라는 대답만 할 수 있었으며, 설명을 하려고 하면 즉시 처형하겠다고 위협했다. 피고가 병이 나도 약품이 지급되지 않았다. 판사는 피고측과 변호인들에게 모욕적인 언사를 사용했다.

많은 전범재판과 마찬가지로 재판 절차는 기본적으로 미리 이루어진 조사 내용을 단지 확인하는 것에 지나지 않았다. 그 재판들은 법률적으로는 이것저것 뒤섞인 형태를 취하고 있었는데, 그것은 그 재판에 연루된 국가들이 제각기 다른 법제도와 재판 절차를 갖고 있었기 때문이다.

1965년의 한일 기본조약

다른 어느 나라보다도 위안부제도의 피해를 많이 입은 한국에서는 전쟁이 끝나자 위안부들이 어느덧 일반 국민들 속으로 섞여들어갔다. 강간이라든지 강요된 매춘의 문제가 재판으로 드러난 경우는 없었다. 또한 양국 정부가 남성 중심적이었으므로, 이 문제가 전후 보상의 차원에서 거론된 적도 없었다. 한국은 잠시 평화상태를 누리다가 곧 이어 1950년 한국전쟁을 치러야 했다. 전쟁은 1953년 7월까지 계속되었다. 이 동족상잔의 결과는 분단된 한반도와 이 전쟁을 기화로 전후 경제를 복구한 일본의 급상승이었다.

1965년까지도 일본과 한국 사이에는 기본조약이 체결되지 않았다. 한일협정은 한국 정부의 입장에서 보면 전쟁중의 고통에 대한 보상을 거론할 수 있는 절호의 기회였다. 협정이 늦어진 이유는 당시 한국의 대통령인 이승만이 일본과 실질적인 관점에서 접촉하는 것을 거부했기 때문이다. 1948~60년 그가 대통령으로 재직하는 동안, 그는 정상적인 외교관계를 일절 거부했으며, 어떤 협상의 여지도 없이 천문학적인 보상금을 요구했다.

과거에 위안부였던 사람들과, 그들과 연관된 단체가 요구한 사항의 유효성은 이 1965년 조약에 달려 있었다. 이 협정이 이루어지기 위한 중대한 진전은 바로 미군정이 남한에 남아 있는 일본 자산을, 공유자산으로부터 시작해서 나중에는 사유재산까지 동결해버린 데서 시작되었다. 소련군이 주둔한 북한에서는 모든 일본인의 자산이 임시인민위원회에 의해 국유화되었다. 남한에서 그러한 자산은 1958년의 한미협정에 의해 형식적으로 각 지방단체의 소유로 되어 있을 뿐이었다.

한국은 연합군과 일본 간의 전쟁을 종결짓는 1951년의 쌘프란시스코 강화조약에 가입하지 못했다. 북한측에서는 공산당과 연합하여 중국에서 일본에 대항하는 게릴라전을 펼쳤다고 주장했으나, 한국은 일본의 식민지였으므로 독립국가로서 어느편에 속해서 싸웠다고 인정받지 못했다. 그러나 쌘프란시스코 강화조약은 한국에 독립을 안겨주었고, 일본과 한국 간의 중재에 의한 청구권의 법적 조정의 기틀을 제공했다. 이것이 바로 1965년 한일협정의 기초가 되었다. 초반 협상의 단계에서 일본은 이 문제를 쌍방간의 청구권 문제로 취급했다. 그러나 미군정은 일본측의 주장을 무시하고 한국 내의 동결 자산을 모두 남한측에 불하했다.

한국측에서 요구한 것은 체불임금, 일본 내에 동결되어 있는 저축, 구체적인 피해 등이었다. 이 모든 것은 서류로 제출되어야 했다. 그러나 서류라는 것은 문제가 많았다. 왜냐하면 태평양전쟁과 한국전쟁으로 인해 모든 것이 대혼란 상태였기 때문이다. 당시의 일본 법에 기초하여 일본인들이 만든 행정 법령들에 의거하여 보상을 요구하는 일은 그다지 쉽지 않았다. 한국에 대한 일본의 식민지배는 다른 식민체제와 마찬가지로 국제적으로 공인된 체제였기 때문이다.

당시의 국제적인 상황은 청구권에 관한 증거들을 완전히 조사해서 완결지을 수 있는 것보다 훨씬 빠른 시간 내에 이 문제를 종결짓게 했다. 그러니까 엄밀하게 말하면 법적이라기보다는 정치적인 해결에 쌍방이 동의했다는 것이다. 1965년의 기본조약에 의해 일본측이 제공한 기금은 독립경축기금이라고 불렸다. 이 기금에는 미화 3억 달러의 원조와, 미화 2억 달러의 차관, 그리고 미화 3억 달러 상당의 사채 계획이 포함되어 있었다. 명시될 수 있을 정도로 시급한 청구권에 대한 보상의 배분은 한국 정부의 책임으로 넘겨졌다. 일본은 조약의 조항에 의해서 청구권에서 면제되었다.

그러나 한국 정부가 개인적인 청구권을 기각할 권리는 없다는 주장이 계속 제기되었다. 여기에는 물론 위안부 문제도 포함된다. 한일협정은 이러한 문제에 관한 한 한국 국민에 대한 외교적 보호를 포기하는 것에 다름아니었던 것이다. 일본 정부는 이 문제를 법정으로 넘기는 데 동의했다.

협정의 또다른 약점은 한국 정부가 남한 영토 내에 거주하는 한국인의 청구권만을 다룰 수 있고, 재일교포에 대해서는 아무 조치도 취할 수 없게 되어 있다는 것이다. 쌘프란시스코 강화조약이 체결된 후 일본 각의는 상이군인과 유공자 가족 지원을 위한 소급법을 통과시켰다. 이 소급법은 한국인이나 타이완인들이 일본 국적을 갖고 있던 시기까지 포함하는 것이었다. 이는 다시 말해서 일본에 잔류해 있는 사람들의 경우, 일본 국적을 취득함으로써 이 법률의 혜택을 받을 수 있다는 것이다. 일부는 일본 국적을 취득했지만, 그렇지 않은 한국인들에게는 1965년의 기본조약으로 전혀 선택의 여지가 없게 되었다. 이로써 실질적으로 귀화한다는 것이 불가능하게 되었다.

재일교포들의 영주권은 1952년의 강화조약에서 인정된 바 있다. 그러나 그렇다고 해서 일본 국적을 취득하지 않은 한국인에 대한 무수한 차별대우가 사라진 것은 아니었다. 여기에는 지문 날인과 외국인 등록증 지참의 의무가 포함된다.

위안부나 강제징용자 같은 한국인 소송인들은 그들이 전쟁 당시 일본 국적을 가지고 있었다는 것을 근거로 전쟁시의 보상을 요구하고 있다. 그들은 UN 인권소위원회가 프랑스 국적을 갖고 프랑스군에 복무한 세네갈인이 연금을 받을 권리가 있다고 인정한 사례를 들고 있다. 물론 이러한 결론에 이르기까지는 지리한 법률적 공방이 있었다.

1965년의 기본조약에서 위안부 문제는 완전히 제외되어 있다. 1950년

대와 60년대에 걸쳐 한국전쟁 이후의 혼란과 뒤이은 군사독재의 억압을
거치면서 위안부 문제는 그다지 우선권이 없었다. 일본인들에 의해 강제
로 섹스 써비스를 해야 했던 수많은 한국인 위안부들이 대개 가난한 하층
민 출신이었다는 사실 또한 이 문제를 지배엘리뜨들이 대수롭지 않게 여
기는 데 일조했을 것이다. 또 한국과 일본 사회뿐 아니라 일본이 지배하
고 있던 모든 지역에서 전통적으로 여성의 지위가 낮다는 사실, 그리고
강간과 성적 학대가 전쟁 경험의 일부였다는 사실 등이 이 문제를 그다지
큰 문제가 아닌 것처럼 만드는 데 기여했을 것이다. 위안부 문제를 여성
의 인권에 관한 더 큰 문제로 전환하고 이 문제를 여성에 대한 성차별적인
태도에 대한 비판의 계기로 삼게 되기까지는 여성의 인권에 대한 태도도
달라져야 했고, 또한 1990년대 들어 한일 양국에서 각 여성단체들이 목
소리를 높여 이 문제에 대한 캠페인을 벌여야 했다.

초기의 움직임: 1972년의 강제징용 문제

이 문제를 본격적으로 제기하려는 움직임은 1972년 한국인강제징용조
사단의 발족과 더불어 이루어졌다. 조사는 주로 일제시대의 강제노동에
관한 것이었다. 일본에 끌려간 노동자들은 일본인 노동자들보다 훨씬 적
은 임금을 받았는데, 그 임금마저도 절반 정도는 일이 끝나면 돌려주는
저축의 형식으로 강제로 공제했다. 물론 1945년 일본이 무너짐으로써 이
저축을 받게 된 경우는 극히 드물었다. 1965년의 기본조약에서 일본으로
부터 받은 보상기금 중 일부가 이들에게 분배되었다. 그러나 보상의 내용
은 형편없었다. 또 그러한 보상을 받을 자격을 갖춘, 일본에 저축계좌를
갖고 있던 문옥주 같은 위안부들은 전후에 곧장 나서지 않았다는 이유로
전혀 보상을 받지 못했다.

또다른 문제는 징용에 끌려가 돌아오지 못한 사람들에 대한 정보가 없
었다는 점이다. 그들 중 대부분은 일본이나 기타 전투지역에서 전투·포
격·질병 등으로 사망했을 것이다. 그러나 그에 대한 기록이 남아 있는

일본 노동성과 후생성에서 그와 관련된 정보를 얻어내는 것은 오랫동안 거의 불가능한 일이었다.

징용은 여자근로정신대의 일환으로 각종 전시산업에 동원된 여성들을 포함한다. 보편적으로 인정되는 숫자는 여성 징용자가 20만 명을 헤아리며, 그 가운데 위안부는 8만 명 가량 된다고 한다. (남성 징용자들의 수는 더 많지만, 정확한 통계는 나와 있지 않다.) 여자근로정신대 전체가 위안부였던 것은 아니지만, 한국에서는 일반적으로 여자근로정신대로 끌려간 사람들이 결국은 위안부가 되었을 것이라고 보기 때문에, 강제매춘에 연루되지 않은 사람들조차도 나서기를 꺼려 하고 있다. 공식 명칭인 여자근로정신대는 종종 위안부를 완곡하게 표현하는 말로 쓰이곤 한다.

1992년 초, 한국 정부가 최초로 강제징용 실태를 파악하기 위해 조직한 위원회의 조사 기록은 대개 여학생들을 여자근로정신대에 동원한 학적부 기록을 토대로 하고 있다. 한국에서 교편을 잡고 있던 한 일본인 여성은 1943년에 교장으로부터 토야마 비행기 부품공장에서 일할 국민학교 6학년 여학생 여섯 명을 선발하라는 요구를 받았다고 회고한다. 선발된 학생들은 신체 건강하고 집안이 가난한 학생들이었다. 그녀는 그들 모두가 위안부가 되었을 거라고 말한다. 그녀는 이러한 가능성 때문에 근심스러웠다고 한다. 그러나 후일의 조사에 의하면, 징벌로 그렇게 된 경우를 제외하면 이렇게 선발된 여학생들은 대부분 실제로 그들이 받은 교육을 더 효율적으로 이용할 수 있는 군수산업에 투입되었다고 한다.

초창기의 조사작업은 강제노동에 초점을 맞춘 것이기는 했지만, 위안부 문제를 제기하는 데 도움을 주었다. 그럼에도 여전히 1980년 중반까지는 위안부 문제가 남성 중심의 한국 사회에서 상대적으로 비중이 적은 이슈였다. 그후 1988년 서울올림픽을 전후해서 비로소 강한 여성해방론의 입장이 대두되기 시작했다.

한국의 여성해방론과 여성단체

1988년 초, 민주화와 더불어 새로운 여성단체들이 속속 발족되었다. 이화여대 윤정옥 교수가 이끄는 단체도 한국교회여성연합 내에 형성되었다. 이 단체는 후에 위안부 문제에 관해 중심적인 역할을 하게 된다.

여성해방론의 영향을 받아 이 단체는, 매매춘은 기본적으로 가부장제적인 관념인 정조를 더럽히는 것이라는 전통적인 관념을 폐기했다. 그 대신에 여성의 성적인 자유와 자기결정 능력을 중요시했다. 윤정옥 교수와 그외의 회원들은 김일면조차도 원래 매춘부였던 일본인 위안부와 '순진한' 한국인 위안부를 구분하고 있다고 비판했다. 그들은 가부장제 사회에서는 '얌전한' 여성이든 '타락한' 여성이든 성적인 자유가 없기는 마찬가지이므로 둘 사이의 구분은 무의미하다고 말한다.

여성의 성을 이용함으로써 도리어 조종당하고 있다는 것을 깨닫지 못하는 남성이나, 그들에게 강요된 '정조관념'을 내면화하고 있는 여성이나, 성의식의 변화 없이는 성이 다시 편리한 통제수단으로 사용될 위험이 여전히 계속될 것이다.

오랫동안 한국 여성단체의 주된 관심사는 주로 일본에서 오는 기생관광과 미군기지 주변의 매매춘 문제였다. 당국은 이러한 행위를 묵인하거나 심지어 방조했으며, 이러한 행위가 외화 수입의 근원이라고 여기기도 했다. 한국의 한 지도급 교육자는 기생관광을 '애국적'이라고 표현하기까지 했다. 1972년 박정희 정권은 계엄령을 선포하고, 기존의 질서를 유신체제로 대치하고, 모든 정치적 활동을 금지하는 동시에, 월남전의 한국군 참전으로 벌어들인 외화를 대신할 자원으로서 관광산업을 집중적으로 육성했다. 그리하여 "남성들의 피를 파는 것이 여성들의 육체를 파는 것으로 대신되"었다. 이에 따라 한국을 방문한 일본인 관광객의 수는 1972

년의 96,531명에서 1973년에는 217,287명으로 대폭 증가했다. 한국 관광 안내 책자에 즐겨 사용되는 말을 빌리면, '조용한 아침의 나라'에서 매춘 관광을 장려한 결과였다. 처음으로 일본인 관광객이 가장 많은 비중을 차지하게 되었고, 1973년에는 관광수입이 2억 7000만 달러에 달했다. 베트남전쟁 기간중 외화 수입이 최고에 달했을 때는 1968년의 1억 5000만 달러였다.

1970년대 한국의 억압적인 정치상황에도 불구하고 일본의 여성단체와 연대하여 활동한 교회여성연합은 양국의 공항에서 매춘관광에 반대하는 시위를 벌였다. 양국 정부에서는 이렇다 할 제재를 가하지 않았다. 1975년이 세계여성의 해였기 때문이다. 그러나 한국의 여성단체들은 오랫동안 일제시대부터 지속된 관의 주도하에 있었다.

1977년 매춘관광에 대한 일본 라디오의 한 토크쇼에서 어떤 여행사 직원이 한 말은 다음과 같다.

질문: 아내들이 매춘관광에 대해 아는가?

답: 열 명 중 다섯은 모른다. 남편들은 그저 국내외의 출장이라고만 말한다. 알고 있는 사람들도 단지 자신에게 끼칠 영향에 대해서만 염려한다. 다른 아시아인에 대한 경멸적인 태도를 반영하는 것이다.

질문: 얼마나 많은 단체여행이 매춘과 연관되어 있는가?

답: 80% 정도는 이 목적으로 여행을 간다. 여행사에서 주관하는데, 저녁 여흥의 일부로 간주된다. 수입의 대부분은 일본 회사가 가져간다.

질문: 현지 여성들은 어떤가?

답: 매춘은 어디에나 있다. 동남아시아의 궁핍한 상황에 비추어보면 요금이나 팁은 그 여자들과 그 나라로서는 큰돈이다. 비판하는 사람들은 경제구조의 배경을 알기만 하면 아무도 그런 써비스를 받으려 하지 않을 것이라고 한다.

질문: 일본의 입장에서는 수치스러운 일이 아닌가?

답: 모든 나라의 관광객들이 매춘관광에 관여하고 있다. 그러나 서양인들은 각자 가기 때문에 눈에 띄지 않을 뿐이다. 일본인들은 단체로 다니니까 눈

에 띈다. 민족성이 그러하니 어쩔 수 없다. 비판적인 사람들은 어쨌거나 그렇게 함으로 인해서 일본인들이 '섹스 동물'이라는 명칭을 얻게 된 것이고, 그건 수치스러운 일이라고 말한다.

질문: 일본 여성에게는 책임이 없는가?

답: 여성들은 대개 어디서나 이러한 상황을 이해하고, 또 남성다움의 표현으로 생각한다. 결혼생활의 평화를 위해 어쩔 수 없이 이런 방향으로 적응하는 것 같다. 비판적인 사람들은 이것이 결혼관계, 성관계에 대한 이해 부족에서 나온 것이므로, 여성에게도 책임이 막중하다고 말한다.

그러나 매춘관광은 동남아시아에서 여성에게 가해지는 착취의 일부일 뿐이다. 일본의 클럽에서는 수만명의 외국인 여성이 혹사당하고 있으며, 때로는 폭행을 당하기도 한다고 알려져 있다. 널리 알려진 사례는 후꾸오까현에서 윤락생활을 하던 필리핀 여성 마리크리스 시오신이다. 필리핀으로 돌아온 그녀의 시신은 두부(頭部)가 손상되고 성기를 칼로 찔린 이외에도 칼자국이 무수히 나 있었다. 성적인 고문을 당한 끝에 살해당했음이 분명했다. 게다가 시신이 온통 구타로 인해 피투성이였음에도 불구하고, 공식적인 일본측의 부검 결과는 그녀가 간염으로 사망했다는 것이었다. 코라손 아끼노 대통령은 거센 항의를 받고 23세 이하의 필리핀 여성이 일본에서 '유흥가' 생활을 하는 것을 금지했다. 그러자 필리핀 여성들을 모집하던 필리핀 남성들은 "일본인들이 필리핀의 10대 여성을 좋아한다"는 이유로 이에 거세게 반발했다.

윤정옥 교수가 이끄는 단체는 위안부 문제야말로 도덕성과 여성해방론, 애국주의 등 어느 면으로 보나 충격적인 문제이므로 이를 현 체제의 관행에 대한 비판적인 감정을 불러일으키는 계기로 삼고자 했다. 매춘관광단을 '산업역군'으로 치켜올리는 데서도 이 두 가지 문제가 연관되어 있음이 드러난다. '산업역군'은 곧 전시의 일본군 병사에 해당하는 존재로서 이제는 각 산업전선에 배치되어 경제대국으로서 일본의 부에 기여하는 한편, 외국의 억압받는 여성으로부터 위안을 제공받는 것이다. 물론 때때로 일본 군대에 봉사한 매춘업자들이 그대로 매춘관광업자로 이어지는 경우도 있다.

한국에서 이 문제를 파헤치는 데 중심적인 역할을 하고 있는 윤정옥 교수는 위안부 문제를 부각시켜야만 하는 개인적인 사유를 갖고 있다. 윤교수 자신이 학생 정신대를 가까스로 피한 경험이 있다. 아주 절묘한 시기에 그녀의 부모는 그녀가 나중에 교수로서 재직하게 된 이화여대의 전신인 이화여전에서 그녀를 자퇴시킨 것이다. 윤정옥 교수가 위안부 문제와 전후 연합군기지 부근의 매춘이 밀접하게 연관되어 있다고 생각하게 된 것은 야마따니 테쯔오(山谷哲夫)가 한국인 위안부 배봉기의 경험을 토대로 해서 1979년에 제작한 영화 「오끼나와의 할머니: 어느 종군 위안부의 증언(沖繩のハルモニ──ある從軍慰安婦の證言)」을 보고 나서였다. 배봉기는 처음으로 자기 신분을 밝힌 위안부였다. 책으로도 출판된 배봉기의 인생은 다른 위안부들의 삶과 마찬가지로 미 점령군하에서도 똑같은 역할을 담당한 것이었다.

배봉기

배봉기는 당시 29세의 기혼녀였다. 한 업자가 나타나 그녀에게 "입만 벌리면 바나나가 그냥 입 속으로 떨어질 정도로" 살기 좋은 곳에서 일하게 해주겠다고 접근했다. 한국과 일본에서 전시하의 궁핍한 생활을 견뎌야 하는 많은 이들에게 좀더 편안한 삶에 대한 유혹은 늘 등장하는 이야기이다. 배봉기는 1944년, 하루에라는 일본 이름을 가진 한 여성과 함께 오끼나와에 도착해 다른 네 명의 한국인 여성과 함께 류우뀨우 열도의 토까시끼섬에 있는 위안소로 가게 되었다.

현지의 청년여성연합은 크게 반발했지만, 당국은 일본군으로부터 일본 여성을 보호하기 위해서는 위안소를 설치해야 한다고 설득했다. 오끼나와 부근의 전투는 워낙 치열했으므로 배봉기와 또 한 사람의 위안부만이 살아남았다. 후에 그녀는 오끼나와인들은 물론 미군들까지 상대하여 매춘을 계속했다. 류우뀨우 열도가 다시 일본 영토가 되자 그녀는 한국으로 돌아가기보다는 일본에 영주권을 신청하는 쪽을 택했다. 그녀는 후에 북한과 연계된 조총련계의 보살핌을 받았다.

1988년 초, 윤정옥 교수 그룹은 체계적인 행동을 하기 위한 구체적인 단계를 밟기 시작했다. 그것은 배봉기를 만나기 위해 오끼나와를 방문하는 것으로 시작되었다. 이 방문에 뒤이어 4월에는 교회여성연합이 후원하는 국제쎄미나에서 이 방문 결과를 발표했다. 그 주제는 '여성과 관광문화'였다. 한달 뒤, 그들은 로스앤젤레스에서 방송된 「전쟁 속의 세계」(The World at War)라는 텔레비전 프로그램에서 강력한 비판을 제기했다. 이 프로그램에서 인터뷰한 전 일본군 병사들은 위안부가 전적으로 자원자로 구성되었다고 주장한 것이다. 남성들이 이런 말을 믿는 것은 어찌 보면 당연했다. 이또오 케이찌 같은 당국자의 말에 의하면 병사들은 대체로 위안부들을 어떻게 모집했는지 알 수 없었다고 한다. 그들에게 위안소란, 고향에서 흔히 보던 유곽과 너무나 흡사했던 것이다. (그렇다고 해도 그들이 위안부들에게 어떻게 그곳에 오게 되었느냐고 물어볼 생각은 왜 못했는가 하는 문제는 남는다.)

이러한 행동은 의식의 진전에 중대한 기여를 했다. 윤정옥 교수 그룹은 위안부 문제가 매춘관광이나 군기지 근처의 매매춘에 반대하는 캠페인과 더불어 또 하나의 이슈로 제기될 수 있음을 보여주었다. 교회여성연합의 사회위원회 내에 정신대문제연구위원회가 만들어졌다. 앞서 살펴본 바와 같이 한국에서는 위안부라는 말이 보편적으로 사용되지는 않으며, 정신대라는 말이 위안부와 동일시되었다.

활동가들에게 1989년의 가장 특기할 만한 사건은 한국여성단체연합이 히로히또 천황의 장례식에 공식 조문단을 파견하는 데 대한 반대시위를 벌인 것이다. 이 시위는 1919년의 비극적인 독립만세 시위가 열린 서울 파고다공원에서 열렸다. 여기서 나온 선언문은 위안부 문제에 초점을 맞추면서 일본측의 사과를 요구하고 있다.

같은 해에 윤정옥 교수와 다른 두 사람은 몇편의 글을 쓰기 위해 답사를 떠났다. 그들은 오끼나와에서부터 시작했다. 이때에는 배봉기가 그들을 만나지 않으려고 했다. 그녀의 친구에 의하면 그녀는 완전히 은둔생활을 하고 있다고 했다. 그녀는 1991년에 사망했다. 징용에 끌려간 노동자들과 위안부들이 토오꾜오에 모여 배상 청구 소송을 제기하던 바로 그날, 배봉기의 추모예배가 있었다. 당국은 배봉기의 시신을 보호자에게 양도하지 않으려고 했다. 왜냐하면 배봉기의 보호자들은 북한과 연계되어 있고 배봉기는 남한에 연고가 있었기 때문이다. 이러한 구분은 그녀가 생존한 당시에는 이루어지지 않던 것이었다.

윤정옥 교수 일행은 하루에의 유해를 찾으려고 토까시끼섬으로 갔다. 그녀는 전쟁중에 사망했다. 그들은 또 위안소로 징발된 집도 방문했다. 그 집의 소유자는 전 소유주의 딸인 독신 여성이었는데, 하루에와 아끼꼬라는 이름으로 불리던 배봉기도 기억하고 있었다. 그녀는 그들의 북방 민족 특유의 흰 피부와 체격이 인상적이었다고 술회했다. 그녀 자신은 행복한 결혼생활을 하지 못했다. 그녀의 설명에 의하면 "이 집에서 섹스가 너무나 많이 이루어졌기 때문에, 자기 몫이 그와 더불어 다 쇠진되었다"는 것이다.

조사단은 타일랜드에 거주하고 있는 위안부와, 일본측의 전쟁회고록에 두드러지게 많이 등장하는 라바울의 위안소 자리도 방문했다. 아마도 라바울이 유명해진 이유는 그곳에 주둔한 부대의 병사들이 많이 살아남아 이야기를 했기 때문일 것이다. 그중에는 상하이의 위안소과 관련해서 이 책의 앞부분에 등장한 아소 테쯔오 박사도 있다.

라바울은 육군과 해군이 동시에 주둔한 거대한 기지였다. 연합군측은 이 기지를 해체하여 막대한 손실을 자초하기보다는 항복을 받을 때까지 그대로 놓아두는 편을 택했다. 윤정옥 교수 일행이 라바울 기지를 방문할 즈음, 그 기지는 당시 오스트레일리아에 거주하고 있던 세끼구찌 노리꼬의 「전쟁의 딸들」이라는 다큐멘터리 영화의 중심이 되어 있었다. 윤교수는 전쟁 당시 사망한 일본군이나 오스트레일리아군을 기리는 기념비는 있어도, 그곳에서 똑같이 고통을 겪은 현지인들을 기리는 기념비는 없었다고 말했다. 그녀는 여덟살의 나이로 일본군의 청소부 노릇을 하며 살았다는 부루나이라는 사람을 만났다. 그는 아직도 간단한 일본어를 할 줄 알았는데, 군대가 도착하자마자 곧 이어 여자들이 도착했노라고 명랑하게 술회했다. 이는 "위안부들이 군수품만큼이나 빨리 도착했다"고 하는 김일면의 지적을 확인시켜주는 것이다. 부루나이는 해군본부 옆에 위안소가 줄지어 세워졌으며, 외곽 기지에서 라바울로 찾아온 군인들이 위안소 밖에서 길게 줄지어 기다렸다고 말했다.

아무도 증언하지 않다

1989년 윤교수 일행의 답사 결과는 위안부 문제를 중점적으로 다룬 「종군위안부 발자취를 따라서」라는 일련의 글로 나오게 되었다. 그러나 윤교수의 노력은 일차 자료의 부족으로 1990년까지도 난항을 거듭했다. 그녀가 글에서 거론하고 있는 유일한 실제 사례는 오끼나와의 배봉기와 전쟁 후 타일랜드에 정착해 살고 있는 유유따라는 한국인 위안부의 경우 뿐이었다. 윤교수는 외국에 거주하는 다른 위안부들을 찾아서 고국으로 돌아오게 했으면 한다는 희망으로 글을 맺을 수밖에 없었다. 그녀는 이러한 일이 있기 전에 우선 사회적 인식이 변해야 한다고 생각했다. 그녀와 다른 활동가들은 이를 성취하기 위해 싸우기로 결심했다.

두번째로 전면에 나선 위안부 유유따는 타일랜드의 한국 대사관에 의해 발견되었다. 유유따의 한국 이름은 노수복이며, 결혼해서 타일랜드에 살고 있다. 그녀는 사실 1985년, 그녀의 경험에 대해 얘기해달라는 정부측의 강연 요청을 받고 한국에 온 적이 있었다. 전쟁 문제에 관심을 갖고 있는 자유주의적 성향의 『아사히 신문』은 그 당시 유유따를 인터뷰했으나, 윤교수가 그녀를 인터뷰하는 데는 어려움이 있었다. 유유따는 한국어를 다 잊어버렸다고 주장했다. 윤교수는 이것이 쓰라린 기억을 억누르려는 심리와 연관된 것일 거라고 추측했다. 또다른 요인을 들자면, 『아사히 신문』의 여기자와는 과거를 자유롭게 이야기할 수 있었지만, 당시 한국 언론이 그녀가 원하는 것 이상으로 그녀의 신상에 대해 많이 보도했기 때문에 한국인을 만나 얘기하는 것이 꺼려졌을 수도 있다.

18세의 나이로 유유따는 불행한 결혼생활을 청산하고자 부산에서 도망쳤다. 그러다가 운나쁘게도 경찰에 붙잡혀 다른 위안부들과 함께 싱가포르의 위안소로 가게 되었다. 다른 위안부들과 마찬가지로 그녀는 전쟁이 끝난 후에도 동남아시아에 남아 타일랜드의 식당에서 일했고, 마침내 그곳에서 결혼을 했다. 다른 경우들과 마찬가지로 그녀 역시 불임이었다. 그녀의 남편은 다른 젊은 여자에게서 두 아들을 얻었다. 두 아들은 유유따를 어머니로, 그들의 생모는 큰누나로 알고 성장했다고 한다.

배봉기와 유유따가 나서기 이전, 위안부의 직접적인 증언에 가장 가까웠던 것은 '이남님' 이라는 이름으로 1982년에 출간된 회고록이었다. 여기에서는 한 여성이 1인칭으로 1945년 초 국가총동원법에 의해 자신이 징집당한 일을 기술하고 있다. 그때쯤이면 여성이 징집당하면 그 다음에 어떻게 되는지에 대해 대개 소문이 돌 때였다. 그러나 이남님은 자신의 운명에 순응했다. 왜냐하면 그때까지도 징집되지 않고 남아 있는 미혼 여성은 아주 부유한 집의 딸이거나, 아니면 관직에 종사하는 집안의 딸이었기 때문이다. 그녀는 자신의 가족이 더이상 자신의 문제로 고통받지 않아도 된다는 사실, 그리고 징용 간 노동자들이 그러하듯 얼마간의 돈을 송금할 수도 있으리라는 생각으로 위안을 삼았다.

그녀의 말에 의하면, 그녀는 여수에서 100여 명의 여자들과 함께 출발했으나, 부산에 도착할 즈음에는 그 수효가 1000여 명으로 불어나 있었다고 한다. 그녀의 이야기는 그들이 이미 군사적으로 절망적인 상황에 처한 랑군의 위안소에 배치된 과정을 추적하고 있다. 여기에는 그들이 겪은 고초와 학대가 생생하게 담겨 있다. 50명 중 단 20명만이 전쟁이 끝날 때까지 살아남았다고 한다. 그녀는 한국인을 위해 특별히 만들어진 수용소에서 6개월간 억류되었다가, 한국으로 돌아왔다. 그녀는 고향으로 돌아가지 않고 인천항의 술집에서 일하다가 거기서 만난 손님과 결혼을 했다. 남편은 그녀의 과거를 알고는 떠나가버렸다. 각 대중매체는 다투어 '이남님'이라는 인물을 추적하려고 했으나 실패했다.

한국에서 위안부 문제에 대한 관심이 은근히 지속되어왔다는 것은 1982년에 윤정모가 풍부한 자료를 바탕으로 해 쓴 소설 『에미 이름은 조센삐였다』를 출간한 데서도 드러난다. 그 소설은 술취한 미군 병사가 서울의 길거리에서 한 소녀의 머리채를 휘어잡고 가는 광경에서 영감을 얻고 있다. 이 작품은 이러한 현대적 사건에 초점을 맞추기보다 일제하에서 이와 유사한 경험들을 탐구하는 데 중점을 두고 있다. 이 작품에서 작가는 김일면이 인용하는 임종국(林鍾國)뿐만 아니라, 센다의 작업에도 영향을 받았다. 윤정모는 이 작품의 배경으로 필리핀에서 취재한 구술기록을 사용하고 있다. 이 이야기의 대부분은 과거에 위안부였던 어머니가 아들에게 하는 고백으로 이루어진다. 그 아들은 그가 일본인의 피를 물려받은 것이 아닌가 하고 의심하지만, 결국은 어머니가 구해준 한국인 부상병의 아들임이 드러난다. 이러한 사실이 밝혀진 후에도 아들은 계속 어머니를 경멸한다.

노태우의 방일과 그 후유증

1990년 초에 출판된 윤정옥의 보고서는 한국 사회에 상당한 영향을 끼쳤다. 우선 위안부 문제에 대한 인식이 고조되었다. 이와 더불어 한국교회여성연합은 서울지역여학생대표자협의회와 연대하여 노태우 대통령의 일본 방문을 기회로 삼아 1990년 5월 '노태우 대통령 방일에 즈음한 여성계의 입장'이라는 공동성명을 발표했다. 이 문제를 한국 정부는 공식적으로 거론하지 않았다. 그러나 노대통령의 방일 시일이 촉박해지자 이를 구실로 한국 외무부는 일본 정부에 2차대전중 징용자들의 명단을 시급히 확보해달라고 요구했다.

노태우 대통령의 방일기간중, 새로 천황에 즉위한 아끼히또는 한국인에게 가해진 고통에 대해 '지극히 유감'이라고 말했다. 그러나 한국측의 활동가들은 정작 범죄가 저질러진 당시 천황이었던 그의 사망한 부친으로부터 적절한 사과가 없었다는 것을 감안하면 이러한 말을 충분한 사과의 뜻으로 받아들일 수 없다고 주장했다.

이 단계에서 위안부들은 징용자의 특수한 범주로 언급되지 않았다. 그러나 공식적으로 징용자의 명단을 요청한 것은 다른 수많은 문제들의 맥락 속에서 위안부 문제를 다시 한번 제기한 셈이 되었다. 이러한 문제들 중에는 일본에 장기간 거주하고 있는 한국인에 대한 전후의 학대도 포함되어 있었다. 또한 전쟁 후 소련이 사할린을 점령한 뒤 남부 사할린에 버려진 한국인들에 대한 지원과 보상을 요구하는 소송도 여러 건 있었다. 또 군속으로 복무한 이들이나, 연합군측으로부터 B급, 혹은 C급 전범——주로 포로수용소의 경비——으로 기소된 사람들에 대한 보상을 요구하는 소송도 있었다. 다른 일본의 판례들이 그러하듯이, 이 소송도 꽤 오랫동안 미결 사건으로 남아 있었다.

일본 정부는 징용자들의 명단을 제공하라는 한국 정부의 요청을 받아들였다. 노동성에서는 90,804명의 명단을 넘겨주었는데, 이들 중에서 후에 공식화된 한국인강제징용조사단에서 수집한 12만 6000명의 명단과 일치한 것은 단 2만 명뿐이었다. 그중 한 자료는 국회도서관에 마이크로필름으로 소장된 점령군 총본부의 서류에 나온 1587명의 명단이었다. 이 명단에는 오끼나와 점령 당시 그 섬에 있다가 본국 송환에 임박해서 하와이로 옮겨간 한국인 노동자들의 명단이 포함되어 있었다. 이 명단 중 153명은 여성이었다. 그러나 이것을 완전히 새로운 정보라고 할 수는 없었다.

비슷한 시기에, 하와이로 이동한 집단에 속한 한 한국인이 2818명의 명단을 제출했다. 그들 중 일부의 행방을 추적해보았으나 실제로 발견된 사람은 거의 없었다. 특히 여자들 중에는 행방을 찾을 수 있는 사람이 전혀 없었다. 결국은 대부분의 노동자들이 글을 모르고, 더군다나 서로 다른 지방 방언을 사용했으므로 이름을 쓸 때 기록자의 자의로 씌어졌을 것이라는 결론이 내려졌다. 또다른 문제는 한국인의 이름이 중국인의 이름과 마찬가지로 이름 자체로 성(性)을 구분하기가 어렵다는 것이다. 대체

로 남녀 구별이 명확히 되어 있는 기존의 이름 가운데에서 하나를 고르는
서양식 이름과 달리, 한국인의 이름은 한자에서 가족의 항렬을 따라, 혹
은 길하다는 글자를 따서 마음대로 만들어낼 수 있다. 게다가 조사가 더
욱 어려웠던 이유는 한국인의 성(姓)이 매우 수가 적어서, 본관으로 구분
해야 할 정도라는 것이었다.

일본측의 부인

1990년 5월 노대통령의 일본 방문이 있은 지 한달 후, 일본 의회에서
위안부 문제가 거론되었다. 사회당 의원인 모또오까 쇼지(本岡昭次)는 6
월에 열린 참의원 예산위원회에서 노동성 직업안정국장 시미즈 타다오
(淸水傳雄)에게 질문했다. 직업안정국에는 이와 관련된 자료가 소장되
어 있다고 알려져 있었다. 모또오까의 질문 내용은 한국인 징용자 가운데
위안부가 포함되어 있는가 하는 것이었다. 그는 최근에 출판된 후지(富
士) 출판의 '15년전쟁'에 관한 주요 자료집 씨리즈 중 주로 전쟁지역에서
의 군의관 보고서들이 들어 있는 자료집을 비롯해서, 정부가 공식적으로
위안부들을 관리하는 데 관여했다는 강력한 증거들을 이미 확보하고 있
었다. 이 자료들 가운데는 야마 3475부대에서 만든 위안소에 관한 세부
규정은 물론이고, 상하이 위안부에 관한 아소 박사의 보고서도 들어 있었
다. 모또오까는 또 흔히 '사상경찰'이라고 알려진——고등경찰은 20세
기 초반에 주로 '위험한 사상'을 억압하기 위해 만들어진 것이기 때문이었
다——「특별고등경찰 월례보고서」의 최신 발간본도 언급했다.

이 월례보고서는 원래 내부용으로서 기밀로 분류되어 있었으나, 전후
에 특별고등경찰이 폐지되면서 기밀 분류가 해제된 문서였다. 이 자료들
은 후에 출간되어 풍부한 사료를 제공했다. 그러나 장관이나 다른 정부
대변인들은 이러한 문서나 다른 증거들에 대해 아는 바 없다고 부인했다.
그들은 이에 대해 조사를 하겠다고 약속했음에도 불구하고, 이러한 자료
들을 충분히 유효한 증거로 인정하지 않았다.

시미즈 국장은 모또오까에게 징용의 절차는 국가총동원법에 의거해서 이루어진 것이라고 답변했다. 그가 '윗분들'로부터 들은 이야기에 의하면 여기에는 위안부가 포함되어 있지 않다는 것이다. 그리고 나서 다음과 같은 대화가 이어졌다.

모또오까: 해군 작전 애국대, 남방 파견 구국대, 군대위안부 같은 문제들이 완전히 파묻혀 잊혀지고 있다는 것이 사실인가? 이를 반드시 조사해서 밝혀야 한다. 하려고만 하면 가능한 일 아닌가?
시미즈: 윗분들에게 들은 이야기를 포함해서 내가 아는 바로는, 위안부에 관해서 말하자면, 그들은 민간인 업자들이 데리고 군대를 따라다닌 것이다. 솔직히 말하면, 지금 조사를 한다고 해도 사건의 진상이 제대로 밝혀지는 것이 가능할지 의문이다.

시미즈의 이러한 말은 후에 활동가들이 정부 관리들의 면전에서 되쏘아붙일 때 즐겨 인용되었다. 강제징용에 어떤 것이 포함되는가에 대해 결론이 나지 않는 토론이 좀더 이어진 후, 카또오 코이찌(加藤紘一) 관방장관이 모또오까에게 시간이 좀 걸리겠지만 노동성이 주축이 되어 이 문제를 조사하겠다고 확언했다.

모또오까는 전쟁으로 비롯된 이처럼 분명한 문제를 제대로 해결하지 않고서는 한일간의 신뢰관계가 구축될 수 없다는 점을 강조하며 이 문제를 계속 밀어붙였다. 그는 「특별고등경찰 월례보고서」의 출간으로 징용에 경찰이 막대한 역할을 했음이 명백히 드러났음에도 불구하고 조사에 참여할 부서에 경찰 당국이 포함되지 않았다고 지적했다. 그는 경찰청이 조사단에 포함되어야 한다고 주장했다. 관방장관은 비록 월례보고서에 관한 이야기는 금시초문이지만, 그럼에도 불구하고 조사단은 가능한 모든 자료들을 조사할 것이라고 확언했다.

한국 여성계의 6개항 요구

한국의 여성단체들이 의사 기록을 통해서 1990년 6월의 이 공방에 대해 알게 된 것은 몇개월이 지난 다음이었다. 그들은 이에 자극을 받아 '정신대연구회'라는 이름으로 모였다. 여기에는 한국교회여성연합측에서 나온 7명과 한국여성단체연합에서 나온 지역별·직능별 대표 24명이 참여했다. 또다른 단체들도 다섯 개 정도 함께했는데, YWCA와 학생대표단 등을 포함해서 모두 37명이었다. 이 연합체는 일본 정부에 보낼 서한을 작성했다. 이는 위안부 문제와 관련된 모든 여성단체들간의 연결을 담당하는 협의체의 역할을 하게 되었다. 이 단체는 '한국정신대문제대책협의회' 혹은 줄여서 '정대협'이라고 불렸다. 이 단체는 1990년 11월 16일에 창립되었고, 윤정옥 교수가 의장을 맡았다. 또 후에는 이효재(李效再) 교수가 공동 의장을 맡게 되었는데, 이효재 교수는 아시아의 다른 나라들과 활발한 접촉을 벌였고 UN 인권소위원회와도 접촉했다.

일본의 카이후 토시끼(海部俊樹) 총리에게 보내는 공개 서한에는 여섯 가지 요구 조항이 들어 있다.

우리들은 지난 6월 6일에 귀국의 참의원 예산위원회에서 있었던 종군위안부에 관한 답변 내용을 '참의원 예산위원회 회의록 제19호'를 통해서 읽었습니다. 그것에 의하면 사회당의 모또오까 쇼지씨가 강제연행에 관련하여 종군위안부에 대한 조사를 정부에 요청한 데 대해 답변을 한 노동성 직업안정국장 시미즈 타다오씨는 '징용의 대상 업무는 국가총동원법에 기초한 총동원업무이며 법률상 각호 열기(列記)되어 있는 업무와 종군위안부의 업무하고는 관계가 없다' '종군위안부에 관해서 옛날사람들의 애기를 종합해보니 민간업자들이 그러한 분들을 군과 함께 데리고 있었던 것 같으며, 이것의 실태에 대해서 조사하여 결과를 낸다는 것은 솔직히 말해서 못한다'고 말하고 있습니다.

우리들은 귀정부측의 이러한 답변 내용이 역사적 사실에 반하며, 또 전쟁을 일으키고 많은 희생을 낳게 한 전쟁 가해국의 정부로서 무책임한 발언이라고 생각하고 여기에 항의하는 공개 서한을 보내는 바입니다.

오늘날까지 종군위안부에 관한 역사를 발굴하는 작업은, 일본군에 의한 증거인멸과 전쟁 책임에 대한 일본 정부의 불성실한 태도, 또한 '위안부'에 대한 사회적 편견 등에 의해서 별로 진행이 안되어왔습니다. 그러나 몇몇의 용기있는 증언이나 남아 있는 자료를 통해서 그 실태의 일부는 밝혀지고 있습니다.

그 속에는 '천황' 직속의 일본군의 요청에 의하여 위안부용으로 '조선인 여자정신대'를 동원하라는 명령을 받고 제주도나 시모노세끼의 조선인 여성을 징용했다고 하는 당시 노무보국회의 동원 책임자의 증언도 있습니다. (주1) 그러므로 종군위안부를 동원하는 업무가 징용의 대상 업무에 포함되고 있었다는 것은 명백합니다.

위의 증언과 당시 위안부였던 사람들의 얘기에 의하면 조선인 여성들은 '여자정신대'라는 이름으로 또는 잡역부라고 속아서, 또는 논밭에서 일하는 중에 사람사냥을 당하듯이 연행되어 각 전쟁터에 설치된 군대 위안소의 위안부로서 일해야 했다고 합니다. 이러한 강제연행이 총동원업무로 기술이 안되었다면 그것이야말로 일본군이 만행을 은폐하려고 한 증거가 아니겠습니까.

그 당시의 군의의 증언에 의하면 위안소 규정을 정하고 성병 검사를 하는 등 위안소의 관리는 군이 했다고 합니다. (주2) 그리고 무엇보다도 위안소를 이용한 것은 일본 군인이며 이 죄는 엄격히 규탄을 받아야 할 것입니다.

이상의 논거에 의해서도 정부의 답변은 밝혀지고 있는 사실을 무시한 것이며 이러한 사실을 몰랐더라면 그것은 일본 정부가 강제연행에 대한 조사에 성의가 없다는 것을 나타내고 있습니다.

전쟁중 일본은 많은 젊은 조선인 여성들을 속여서 강제로 끌고 가 병사들의 성욕 처리의 도구로 하는 비인간적인 짓을 하고 죄를 지었습니다. 그리고 패전 후는 그때까지의 '내선일체'를 뒤집어놓고 조선인 종군위안부를 죽이거나 버리고 왔으며, 생존자에 대해서는 오늘날까지 아무런 보상도 안한다는 이중의 죄를 짓고 있습니다. 지난 5월 (1990년) 일왕 (日王)이 과거의 양국관계에 대해서 '통석을 금할 수 없다'고 말하며 불충분하나마 반성의 뜻을 표명하고, 일본 정부도 '조선반도에서 연행되어온 모든 사람'들의 조사를 한다고 표명한 직후, 종군위안부와의 관계를 부정하고 조사를 거부한다는 것은 또다시 죄를 짓는 것입니다.

그러한 의미에서 우리들은 일본 정부에 대하여 다음과 같이 요구합니다.

1. 일본 정부는 조선인 여성들을 종군위안부로서 강제연행한 사실을 인정할 것.

2. 그것에 대해 공식적으로 사죄할 것.

3. 만행의 전모를 스스로 밝힐 것.

4. 희생자들을 위해서 위령비를 세울 것.

5. 생존자와 유족들에게 보상할 것.

6. 이러한 잘못을 되풀이하지 않기 위해 역사교육에서 이 사실을 가르칠 것.

이렇게 함으로써만 일본은 이 죄로부터 해방되어 진정한 도의를 갖춘 민주국가로 될 수 있을 것입니다. 한국 여성계는 앞으로의 일본 정부의 실천을 지켜볼 것입니다. 11월 30일까지 성의있는 답변을 요구합니다. [주 1과 2는 각각 요시다 세이지와 아소 박사의 문헌을 언급하고 있다. ─인용자 주] (공개 서한의 원문은 한국정신대문제대책협의회, 『정신대문제자료집』 I, 41~42면 참조─역주)

37개 여성단체가 서명한 1990년 10월 17일자의 이 공개 서한은 서울의 일본 대사관과 한국 정부측에 전달되었다. 당시 한국 정부는 이 문제에 관해 거의 관심을 기울이지 않는 상태였다. 그 달 말, 이 공개 서한을 직접 토오꾜오의 일본 외무성에 전달할 수 있는 기회가 생겼다. 윤교수와 같이 활동하던 사람들 중 세 명이 태평양전쟁 희생자를 위한 합동추모회에 참석하기 위하여 오끼나와에 가게 된 것이다. 돌아오는 길에 그들은 토오꾜오에 들러서 이 문제에 관해 매우 적극적으로 동조하는 사회당 소속의 참의원 시미즈 스미꼬(淸水澄子)가 의회 회의실에서 주관한 위안부 문제에 관한 비공식 토론회에 참석했다. 그녀는 또한 그 공개 서한이 외무성에 전달되도록 주선해주었다.

윤교수의 동료들과 회합을 가진 후 시미즈 스미꼬는 모또오까의 선례

를 따랐다. 노동성의 대변인은 노동성과 후생성 양쪽에서 조사를 진행했
으나 이 문제에 관한 증거를 발견할 수 없었다고 답변했다. 그녀가 한국
의 여성단체들이 일본 외무성에 전달한 공개 서한의 내용을 요약하자, 노
동성 대변인은 이는 전시의 국가총동원법에 의해 이루어진 일이므로 외
교적인 문제라기보다는 국내의 문제이고, 따라서 그 서한은 노동성이 적
절한 부서로 회부하겠다고 답변했다.

이러한 회피 작전에 굴하지 않고 1991년 4월 모또오까는 다시 예산위
원회에서 이 문제를 거론했다. 카이후 토시끼 총리도 출석해 있었다. 카
이후 총리는 그 서한을 보았다고 시인했다. 그는 분명히 이러한 상황을
알고 있어야 마땅했다. 왜냐하면 그가 1월에 서울을 방문했을 때 여성단
체들이 파고다공원에서 시위를 벌인 바 있기 때문이다. 그러나 그는 답변
할 만한 구체적인 자료들이 부족하다고 말했다. 토론은 외무성 아시아국
장에게로 넘어갔다. 그는 여성단체들의 여섯 가지 요구 조항을 낭독하
고, 서울의 일본 대사관측에서 그 여성단체들에게 직접 답변을 할 것임을
시사했다.

노동성 대변인은 국가총동원법에 의거해서 여자근로정신대를 모집하
게 된 구체적인 과정을 상세히 설명했다. 그는 일본인들에게는 정신대가
단지 군수산업에 인원을 징발하는 것을 의미할 뿐이었다고 말했다. 대부
분의 경우 이러한 묘사가 정확하다고 할 수 있다. 노동성 대변인은 증거
가 부족하다고 하면서 이것이 어떤 방식으로든 위안부와 연관된 적은 없
다고 주장했다.

한편 한국의 정대협은 두 통의 독촉 서한을 더 보냈다. 이 서한에는 만
족할 만한 답변이 없을 경우, 전세계의 여성단체들과 연계하여 대대적인
캠페인을 벌이겠다는 내용도 들어 있었다.

1991년 4월 초, 서울의 일본 대사관측은 정대협 대표단에게 구두로 답
변했다. 6개항의 요구에 대해서 일본측의 답변은 한국 여성을 강제로 연
행해갔다는 증거가 없다는 것이었다. 그러므로 공식적인 사과도, 해명
도, 위령비도 필요없다는 것이었다. 또한 일본과 한국 사이의 모든 보상
청구권의 문제는 이미 1965년의 기본조약에 의해 타결되었다는 것이 답

변의 내용이었다. 더욱이 일본의 교과서에는 '계속해서' 아시아에 대한 일본 침략을 유감스러워한다는 내용이 실릴 것이라는 것이었다. (전쟁 당시 일본의 역할에 관해서는 일본 안팎에서 종종 논란이 일어나곤 한다. 일본 교과서들을 점검해본 결과 위안부 문제를 간단하게나마 언급한 것은 단 한 편뿐이었다.)

서울의 일본 대사관측은 이 답변을 대중매체를 통해 배포하려고 했다. 그러나 한국 정부가 이를 승인하지 않았다. 1991년이 되어서도 한국 정부는 이 문제를 널리 제기하는 것이 시급한 일인지 의심스러워하고 있었던 것이다.

작용과 반작용, 그리고 돌파

정대협은 일본측 반응에 대해서 위안부 문제와 이에 대한 일본측 답변을 쟁점화하는 캠페인을 벌이는 것으로 대응했다. 정대협은 정신대 관련 시와 사진전을 겸한 강연회를 개최했다. 이러한 활동으로 인해 한일 양국 간뿐만 아니라 한국 내 각 단체들의 상호연대도 공고해졌다. 이 전시회에는 아소 박사가 찍은 상하이 위안소 사진과 규정들도 함께 전시되었다.

강연회에는 200여 명의 청중이 참가했다. 일부는 그만하면 만족할 만한 인원이라고 했고, 다른 이들은 부족하다고 말했다. 이 강연회에서 윤정옥 교수는 위안소의 실제 상황은 규정보다 열악한 경우가 더 많았다고 지적했다. 윤교수는 또 대부분의 위안소에서는 한 손님당 30분을 배정했지만, 시로따 스즈꼬의 경우를 보면 트럭에 실려 이 부대 저 부대로 이동하는 것뿐만 아니라, 일본에서도 그 규정보다 훨씬 많은 수의 손님을 상대해야 했으며 이에 대해 그녀가 지독한 혐오감을 느꼈다고 했다고 말했다. 또한 윤교수는 또다른 경우에는 위안부들이 전투에서 보조적인 의무를 행할 경우도 많았다고 설명했다. 시로따의 경우는 본국으로 송환되었으나, 후유증으로 남은 건강상의 문제에 대해서는 아무런 치료도 보상도 받지 못했다고 한다.

윤교수는 또 북한이 이 문제에 적극적으로 개입하지 않는 것은 심각한 문제라고 지적했다. 그녀는 한반도의 분단이 민족 전체가 당면한 일반적이고 정치적인 문제에서 지극히 개인적인 문제에 이르기까지 모든 문제의 근원이라고 지적했다. 그녀는 일본의 공직자가 만약 한반도가 통일되면 일본에 심대한 위협이 될 것이라고 한 말을 인용했다. 덧붙여 그녀는 양심적인 일본인과 또한 양심적인 한국 남성들의 적극적인 참여를 희망한다고 말했다. 이들은 그때까지 실제적으로는 위안부 문제에 그다지 적극성을 보이지 않고 있었다.

윤교수는 또한 정신대에 끌려간 사람들 전부가 위안부가 된 것은 아니라는 점을 지적할 필요가 있다고 말했다. 그녀는 결국 대구의 방직공장에서 종전을 맞이했던 한 여인의 사례를 들었다. 그러나 그녀는 이러한 구분이 도덕적인 근거에서 이루어져서는 곤란하다고 말했다. 왜냐하면 어느 경우든 강제로 봉사한 것이기 때문이다. 결국 여자들 스스로는 선택의 여지가 전혀 없었던 것이다.

이 모임에 이어서 다시 6개항의 요구를 반복해서 제기한 또 한 통의 공개 서한이 작성되어 일본의 카이후 총리에게 전달되었다. 또한 이들은 한국 국회에 청원서를 내, 6개항의 요구가 실현되도록 정부가 지원을 해달라고 요청했다. 정부는 이에 대해 별다른 반응을 보이지 않았다.

이 강연회가 개최된 직후인 1991년 5월, 윤정옥 교수는 일본에서 열린 '아시아의 평화와 여성의 역할'이라는 심포지엄에 참석했다. 이는 일본의 여성단체와 남북한과 연계된 재일 한국인 단체들이 주최한 것이었다. 그 심포지엄은 일본과 한국의 여성단체들간의 의식을 고양하고 상호협력을 진작시키는 데 중대한 역할을 했다. 또한 1991년 후반에는 위안부 문제를 다룬 영화 「아리랑」이 상영됨으로써 이에 대한 의식이 더욱더 고양되었다. 이 영화의 제목은 한국 민요에서 따온 것으로서, 여러 맥락에서 면면히 나타나는 민족적 전통의 상징이다. 이 영화는 한국인 박수남에 의해 만들어졌고, 오끼나와와 한국에서 전쟁에 참가한 퇴역 군인들을 인터뷰한 내용을 토대로 했다. 위안부를 대표해서는 배봉기 한 사람만이 등장했다.

여성단체들의 노력은 1991년 8월 14일에 일대 전환점을 맞았다. 김학

순이 위안부로서 그녀가 겪은 일들에 대해 공개적으로 증언하겠다고 나
섬으로써 위안부 문제를 공식적인 사법적 쟁점으로 끌어올린 것이다. 이
러한 행동은 사할린에 버려진 사람들에 대한 소송과 일본군에 복무할 당
시 저질러진 전쟁범죄로 기소된 한국인들에 대한 소송에 뒤이은 것으로
서, 그 당시로서는 아주 희망적인 것으로 보였다.

김학순의 결심은 일본 정부가 아무런 책임을 지려 하지 않는다는 데 대
한 분노감에서 비롯되었다. 그녀의 행동은 또한 그녀의 증언으로 인해 수
치스러워하거나 후유증을 겪을 만한 가족이 한 사람도 없었다는 것 때문
에 더 쉬울 수 있었다. 직접적인 계기는 원폭피해자이자 이 여성단체들의
도움을 받고 있던 그녀의 친구가 제공했다. (원폭으로 인해 피해를 입은
한국인들의 경우에는 1990년 노대통령의 방일 이후 일본 정부에서 특별
조치를 약속한 바 있다. 그 이후 그들을 돕기 위한 재단이 설립되었고,
몇년 만에 40억 엔에 달하는 기금이 조성되었다.)

김학순

김학순의 위안부 경험은 다른 많은 사례들에 비해 그렇게 길거나 다양
한 편은 아니다. 그럼에도 불구하고 김학순의 경우는 사죄와 보상이 반드
시 필요하다는 것을 명확히 보여준다. 김학순은 만주에서 태어났다. 김
학순의 부모는 1919년의 만세운동 이후 만주로 피신했었다. 아버지가 사
망하자 어머니는 한국으로 돌아가 재혼했다. 김학순은 의붓아버지와의
생활이 불행했으므로 종종 가출을 시도하곤 했다. 14세의 나이로 김학순
은 평양의 기생——일본의 게이샤에 해당하는 것——학교의 학생이 되
었다. 김학순은 악기 다루는 법, 노래, 서예와 각종 예의범절을 배웠다.
김학순의 학비는 다른 몇몇 학생과 마찬가지로 기생 권번에 입교하는 동
시에 기생 권번의 수양딸이 되면서 면제되었다.

김학순은 열일곱살에 졸업을 했다. 그러나 열일곱의 나이는 당장 일을
시작하기엔 두살 가량 어렸으므로, 그의 양아버지는 1939년 김학순과 다
른 졸업생들을 데리고 국내보다 더 나은 사업환경을 찾으려는 기대를 안
고 뻬이징으로 갔다. 그들은 결국 다른 여자들과 같은 운명이 되었다. '깃

발이 있는 곳에 장사치가 꾀게 마련'이었다. 물론 그들이 중국으로 여행을 했다는 것 자체가 군당국의 허가를 얻어 이루어진 일이긴 하지만, 어떻게 그들이 일본군의 통제하에 들어가게 되었는가 하는 과정에 대해서는 설이 분분하다. 어쨌거나 그들은 양아버지와 헤어져 군용 트럭에 실려 밤새 달려 어떤 버려진 중국식 집으로 들어갔다. 그곳에서 그들은 발가벗겨져 강간당했다. 이렇게 '신고식'을 치르자 그들은 다른 한국인 여자들과 함께 한국어를 할 줄 아는 나이든 여자의 휘하에 놓이게 되었다. 그 여자는 그들에게 일본 이름을 하나씩 붙여주었는데, 김학순은 아이꼬라고 불리게 되었다. 그들이 원래 있던 위안소는 티에삐전(鐵壁鎭)이라는 곳이었다. 그러나 그들은 정기적으로 부대의 이동을 따라 전선 가까이 다가갔다.

그들은 돈을 받지 못했고, 그저 간신히 먹고 입는 것만 지급받는 정도였다. 김학순은 섹스 써비스를 해야 했을 뿐만 아니라, 작전이 시작되기 전에는 노래하고 춤추는 역할도 해야 했다. 다른 사례들에 따르면 위안부들은 중국인 '첩자'들이 참수형을 당하는 것을 강제로 지켜봐야만 했다고도 한다. 아마도 그들에게 겁을 주기 위해서였던 것 같다. 김학순은 결핵에 감염되었으나 쉬지도 못했다. 그러다가 김학순은 금화나 은화를 사고파는 떠돌이 한국인——통화가 극도의 혼란상태에 있던 시절이라 꽤 이익이 남는 장사였다——에 의해 구출되었다. 그 거간꾼은 일이 없는 날 부대에 들러 김학순을 상하이의 프랑스 조차지(租借地)에 있던 자신의 전당포로 감쪽같이 빼돌렸다. 그들은 결혼해서 전쟁이 끝날 무렵에는 1남 1녀를 두고 있었다.

김학순은 또 그곳에서 임시정부의 대표이던 김구 선생이 한국인들에게 한국의 미래에 관해 연설하던 것을 기억한다. 그후 그들은 김구 선생을 따라 고국으로 돌아왔으나, 김구 선생은 결국 이승만의 측근에게 시해당하고 만다. 김학순은 당시 다른 사람들과 함께 잠시 북한 지역에 억류되어 있었다.

김학순의 남편은 군납일을 맡아 하면서 가족을 부양했다. 남편과의 관계는 원만치 못했다. 남편은 취했다 하면 김학순이 과거에 위안부였다는

사실을 들추어내며 비난했고, 자신이 아니면 진작에 죽었을 거라고 말하
곤 했다. 남편은 한국전쟁 후 건물 붕괴 사고로 죽었다. 딸도 콜레라로
사망했다. 김학순은 또다시 경멸을 받으며 사는 것이 두려워서 재혼을 고
려하지 않고, 전국 각지를 돌아다니며 행상으로 생계를 꾸려갔다. 그러
다가 아들마저 열살 때 수영을 하다가 익사하자 가족을 부양해야 하는 책
임도 끝이 났다.

　김학순은 자신이 증언을 하는 주된 목적은 결코 금전적인 보상이 아니
라 너무나 오랫동안 감추어진 진실을 폭로하는 것이라고 주장한다. 김학
순은 이러한 목적을 이루기 위해 천황 면전에서 자결을 할까도 생각했다
고 말한다. 한일 양국의 여성단체들은 실질적인 대안으로서 법적인 자문
을 얻어 소송을 준비했다.

　김학순이 공식적으로 모습을 드러낸 뒤 얼마 지나지 않아, 비록 본명을
밝히지는 않았지만 김학순의 소송에 동참하고자 하는 위안부 출신의 여
성이 두 사람 더 나타났다. 그들은 편의상 원고 A, B라고 불리게 되었다.
물론 후에 밝혀진 사례들에서는 위안소 규정대로 임금을 받았다고 하지
만, 그들은 임금을 받은 적이 없다고 말했다. 원고 A는 일본의 방직공장
에서 일하자는 제의를 받고 따라나섰다가 라바울로 끌려갔고, 원고 B 는
선불로 30엔을 받은 뒤 상하이로 끌려갔다고 한다.

원고 A와 원고 B의 경우

　원고 A 는 이진희라는 가명을 사용했다. 후에 사람들 사이에서 '처녀사
냥'이라고 불린 징집령이 그녀가 살던 시골에까지 이른 것은 1942년이었
다. 그 당시는 위안소라는 것에 대해 잘 알려지지 않았을 때였다. 좀더
나은 일자리를 찾으려고 이진희는 징용을 피해 난생처음으로 기차를 타
고 부산으로 도망갔다. 부산에서 이진희는 더 신기한 일도 보았다. 백화
점에 처음으로 승강기가 설치된 것이다. 가게에서 정신없이 이 광경을 보
고 있는데 일본인 한 사람과 한국인 한 사람이 다가왔다. 그들은 방직공

장에 취직을 시켜주겠다고 했고, 거기서 받는 월급이면 재봉틀을 살 수도 있을 것이라고 했다. 이진희는 집을 나온 순진한 시골처녀였으므로 아마도 눈에 금방 띄는 표적이었을 것이다.

그녀는 배를 타고 시모노세끼로 갔다가 다시 히로시마로 갔다. 그곳에는 벚꽃이 만발해 있었다. 그곳에서 다시 다른 배로 갈아탔는데, 남자가 100여 명 되었고 여자는 세 명뿐이었다. 그녀는 그 배를 타지 않으려고 했지만, 결국은 배를 타고는 극심한 뱃멀미에 시달리며 후회를 했다. 이진희보다 두살 많은 다른 두 여자는 중국인과 한국인이었다. 그들은 라바울로 가는 길이었다. 라바울에 도착하자마자 그들은 야전병원으로 끌려가 군의관 앞으로 갔다. 열흘 동안 그들은 붕대 빨래를 비롯해서 온갖 세탁일을 다 했다.

그리고 나서 그들은 여러 방으로 칸막이가 쳐진 교회건물로 들어갔다. 그들 앞에는 한국인, 중국인, '흑인'을 포함해서 '7개국 국적을 가진' 20여 명의 여자 사진이 진열되어 있었다. 그날은 일요일이었고, 교회 안은 군인들로 가득 차 있었다. 그녀는 위안소를 둘러본 뒤 위안부들과 합류해서 일하라는 명령을 받았다. 그녀는 반항했으나, 두들겨맞은 끝에 굴복하고 말았다. 한 손님당 배당된 시간은 경우에 따라 달랐다. 그러나 어떤 때에는 트럭 다섯 대가 한꺼번에 와서 군인들을 내려놓고 가면, 서로 앞다투어 줄지어 서는 적도 있었다. 그런 경우에는 배당된 시간을 조금이라도 넘기는 사람은 문자 그대로 걷어차여 쫓겨났다.

폭격이 심해지자 위안부들은 동굴 안에서 장기간 대피해야 했다. 그들 가운데 10명이 정글 속으로 도망쳐 그 지역의 주식인 고구마로 연명했다. 그래서 그들은 라바울에서 여자들을 한꺼번에 피신시키는 데 낄 수 없었다. 오랫동안 그들은 전쟁이 끝난 것조차 모르고 살았다. 그러다가 마침내 발견되어 1946년 4월경에 귀국했다.

그때 만성질환을 앓고 있던 이진희는 가족에게로 돌아가지 못했다. 그녀는 서울에서 식모살이를 했고, 거기서 돈을 벌어 치료를 할 수 있었다. 결혼은 생각하지도 않았다.

그녀는 목숨을 내놓는 한이 있더라도 일본 정부의 사죄를 받아낼 수 있다면 무슨 일이든 결사적으로 하고 싶다고 말한다. 그녀는 이제 '더이상 흘릴 눈물도 없다'고 말했다.

원고 B는 아주 가난한 일용노동자의 딸로서, 학교교육은 전혀 받지 못했다. 그녀가 18세 되었을 때 집 앞에 서 있는데, 두 남자가——그중 하나는 일본인이었다고 한다——다가오더니, 상하이에 가면 돈을 벌 수 있다고 말했다. 그러더니 그들은 그 자리에서 3, 40엔을 주겠다고 제의했다. 그녀의 집안 형편으로 보면 엄청난 금액이었다. 그녀는 가족에게 뭔가 도움이 될 수도 있다는 생각에 들떠, 단숨에 그 돈을 받아 어머니에게 건네주고 그들을 따라나섰다.

그녀는 다른 15명의 여자들과 합류했는데, 모두 한복 차림이었다. 그들은 가까운 여인숙에 모였다가 기차를 타고 뻬이징으로 갔다. 마침내 그들은 상하이 부근의 한 시골역에 내렸다. 그들을 데리고 간 두 사람은 그들을 헌병 두 사람에게 인계했고, 헌병들은 그들을 군용 트럭에 태우고 두 시간 가량 달려 한 군부대로 갔다.

그들은 부대에서 얼마간 떨어진 텐트에 묵었다. 그녀가 들어간 텐트는 '제1호'라고 했다. 그녀에게 카네꼬라는 일본 이름이 붙여졌다. 그 텐트는 2, 3제곱미터 가량 되었고, 갈댓잎을 엮어 바닥을 깔았다. 침구라고는 담요 두 장뿐이었다. 여자들에게 군복이 지급되었다.

카네꼬는 한 일등병이 들어와 섹스 써비스를 요구할 때까지도 그들이 여기 왜 왔는지 깨닫지 못하고 있었다. 그는 그녀를 마구 때려 자신의 요구대로 하도록 했다. 도망갈 생각도 하지 못한 채 그녀는 4년 동안 그곳에 있었다. 손님들은 오전 8시부터 들어왔고, 사병들이 오전에, 장교들은 오후에 들어와서 때로는 밤을 지내고 가는 경우도 있었다.

텐트를 위안소로 사용하는 것은 드문 경우였다. 특히 비가 많이 오고 겨울에는 추위가 심한 지역이어서 더 지내기가 어려웠다. 날이 궂으면 군인들은 텐트 안에서도 외투를 입고 있었다. 겨울철에는 뜨거운 물통을 수건으로 싸서 끌어안고 추위와 싸워야 했다. 또 텐트는 청소하기도 힘들었다. 식사는 하루 두 번, 오전 10시와 오후 4시에 부대 식당에 가서 했다. 여자들은 4명씩 짝을 지어 식사를 했고 부대 규칙에 따라 식사중에는 이야기를 할 수 없었다. 그들의 식사를 준비하는 주방장은 부대 소속이 아니라 현지에서 고용한 사람이었다. 식사는 언제나 부족했다.

카네꼬는 하루에 평균 10명에서 15명 군인들을 상대했다. 주말에는 더 많은 적도 있었다. 장교들은 콘돔을 사용했으나, 사병들은 거의 사용하지 않았다. 매주 군의관이 성병 검사를 했고, 예방약으로 살바르산이 주사되었다. 이 약 덕분인지, 아니면 워낙 젊고 건강해서인지 카네코는 거기서 지내는 동안 성병 증세를 전혀 보이지 않았다. 그러나 그 후유증은 나중에 나타났다.

3년 후 그녀는 미야자끼 소위와의 사건으로 부상을 당했다. 그는 술에 취해 텐트로 들어와 써비스를 요구했다. 다른 군인을 상대하는 중이었으므로 그녀는 즉시 그를 맞을 수가 없었다. 그는 그녀에게 ‘짐승’이라느니 ‘바보’라느니 하면서 그들 모두 죽어야 한다고 외쳤다. 그리고 나서 칼을 빼 그녀를 그어대고, 그녀의 하복부를 걸어찼다. 그녀는 칼에 찔려 골반을 다쳐, 현재까지도 거동이 불편한 상태이다. 그녀의 아랫배에는 아직도 흉터가 남아 있다.

그렇게 폭력을 휘둘러도 배상은 없었다. 여자들을 감독하는 것은 나이든 일본인 부부가 했는데, 위안부들은 그들을 ‘어머니’ ‘아버지’라고 불렀다. 카네꼬는 그들이 기모노를 한 벌 주면서 입으라고 한 것만 기억난다고 했다. 전쟁이 끝났을 때 텐트 밖에서 그 소식이 들려왔다. 카네꼬는 대기하고 있던 트럭 두 대 중 하나에 올라타고 한국으로 돌아왔다. 그녀의 부모는 이미 돌아가신 후였다. 그녀는 남아 있는 오빠에게 아는 사람 집에서 일을 해주었노라고 거짓말을 했다.

25세 되던 해 그녀는 농사꾼과 결혼을 했으나 아이를 가질 수 없었다. 50세 되던 해 그녀는 재혼을 했고, 현재까지도 80세 된 남편과 함께 얼마 안되는 생활보조금으로 근근이 살고 있다. 그녀는 남편에게 자신의 이야기를 '차마 밝힐 수 없으므로' 자신의 이름을 밝히지 않겠다고 했다.

　일본에서의 소송을 진행하기 위해 '종군위안부문제 우리여성 네트워크 (從軍慰安婦問題ウリョソンネットワーク)'라는 단체가 결성되었다. 이와 동시에 일본기독교여성도덕개혁협회의 타까하시 키꾸에(高橋キクエ)를 의장으로 하는 기금모금단체도 생겨났다. 김학순의 경우 이외에 원고 A, B와 유족이 대신 나선 5명을 포함한 11명의 참전 군인, 유족이 대신 나선 11명을 포함한 21명의 군속들의 소송도 함께 제기되었다. 배상청구액은 각각 2000만 엔으로서 최소한의 '명목상 금액'이었다. 소송은 이들이 대표하는 각 범주에 포함되는 모든 사람들을 대표하는 집단소송으로 간주되었다.

　김학순이 자신과 같은 사람들이 좀더 많이 나서주기를 기대하며 위안부로서 최초로 공식석상에 모습을 드러내자, 서울에서는 정신대 신고전화가 개설되었고, 후에 부산에도 신고전화가 개설되었다. 그러나 그 결과는 곧바로 드러나지 않았고, 처음에 신고한 사람들은 익명이거나 가명을 사용했다. 이 일을 더욱 가속화하기 위해 여성단체들은 국무총리실, 내무부, 외무부, 대통령 비서실과 국회에까지 '정신대문제실무대책반'의 설치를 요구하는 편지를 보내게 되었다.

8. 성 (性)의 정치성

1945년, 연합군에 항복한 일본군의 수는 250만 명에 달했다. 그들 대부분, 그리고 어쩌면 그들의 부인들까지도 위안부제도에 대해 알고 있었을 것이다. 위안부는 언제나 전쟁터 바로 가까이에 있었다. 일본에서는 공창제도가 공공연히 운영되고 있었다. 그러나 1962년 센다 카꼬가 위안부 문제에 관한 연구를 시작하기까지는 모두가 집단적인 기억상실증에 걸려 있는 듯했다. 센다 카꼬가 1973년에 출간된 그의 저서 『종군위안부(從軍慰安婦)』에 필요한 자료를 충분히 모으기까지는 적지 않은 시간이 소요되었다.

한 일본인 학자의 말을 빌리면, 이 책은 '숨겨진' 베스트 셀러가 되었다. 이 책은 날개 돋친 듯 팔려나갔으나 아무도 이 책을 갖고 있노라고 공공연히 말하지 않았으며, 심지어는 읽어본 적이 있다고 인정하지도 않았다. 센다의 책은 일본부인협회가 매춘관광에 공식적으로 반대 입장을 표명한 뒤 꼭 일년 만에 출간되었다. 바로 그해는 일본 여성단체가 한국의 여성단체와 함께 양국의 공항에서 매춘관광에 반대하는 시위를 벌인 해이기도 하다.

집단적 기억상실증은 일본에만 국한된 사정이 아니었다. 한국인 위안부들도 역시 그들의 굴욕적인 기억을 지워버리려 애썼다. 아마도 많은 사람들이 위안부의 고통에 대한 김일면의 중대한 저서가 나오는 것을 원치 않았을 것이다. 김일면이 한국인임에도 불구하고, 그의 저서 『천황의 군

대와 조선인 위안부』는 일본어로 출간되어 양심적인 일본인 문헌의 일부
가 되었다. 한국에서는 처음에 이 책이 거의 반향을 불러일으키지 못했
다. 그럼에도 불구하고 이 책은 여러번 판을 거듭했고, 이는 위안부에 대
한 진상이 전파되고 있다는 것을 의미했다.

그후 1979년, 배봉기를 소재로 야마따니의 영화가 나왔다. 배봉기의
경험은 일본군의 성행위와 미 점령군의 성행위가 동전의 양면——여성
에 대한 착취——일 뿐이라는 연관성을 뚜렷이 보여주었다. 이는 또한
한국과 일본에서 성장하고 있던 여성운동에 깊은 영향을 주었다.

일본에서의 의식의 전환은 1982년에 비약의 계기를 맞았다. 후에 일본
전후책임청산협회의 중심 인물로 활동하게 된 여성 언론인 유스끼 케이
꼬는 그 당시 한국에 와서 살면서 한국어를 배우고, 사람들과 교류하면서
위안부 문제를 연구했다. 1980년대 초의 한국 상황에서는 어떤 종류의
정치적 활동도 하기 어려웠다. 그러나 유스끼가 맺은 인간관계는 1980년
대 말에 와서 큰 도움이 되었다. 게다가 윤정모의 『에미 이름은 조센삐였
다』가 1982년에 출간되었고, 1983년에 요시다 세이지는 그의 기념비적
인 저서 『나의 전쟁범죄: 조선인 강제연행』에서 전쟁기간중 자신의 행위
를 놀라울 정도로 적나라하게 그려냈다.

일본의 공식적인 입장이 위안부제도나 여성들의 강제징발에 대해 어떤
책임도 지지 않으려고 하는 것임을 감안할 때, 요시다의 회고록은 매우
중요한 의미를 띤다. 요시다의 회고록은 위안부가 실제로 있었다는 증거
라는 점 이외에도, 징발과정에 대한 유일하고 독자적인, 거의 공식적인
기록인 것이다. 전쟁기간중 요시다는 노무보국회의 일원이었는데, 노무
보국회의 임무는 전국을 돌며 징용을 하고 경찰에 협조하는 것이었다. 그
는 시모노세끼 동원국에서 일했다. 시모노세끼는 부산항에서 하루도 안
걸리는 거리에 있다. 그의 주된 업무는 일본 서부지역의 육군·해군 당국
의 명령에 따라 징용된 노동자들을 주요 산업에 배치하도록 관리하는 것
이었다. 특히 일본 서부의 탄광은 매우 중요한 지역이었다. 그 당시는 물
론이고 그후로도 오랫동안 그는 자신이 저지른 약탈행위가 전쟁의 불가

피한 일부라고만 생각했다. 그는 1970년대 후반에 은퇴하였는데 그 이후 이 일을 생각하면 할수록 공포에 사로잡혔다고 한다. 그의 말에 따르면 이것은 갑작스럽게 마음이 변해서가 아니라, 여러가지 상황이 점차 쌓여 온 결과라는 것이다.

그에게 한 기자가 접근해서 전쟁기간중의 경험을 글로 써달라고 청탁했다. 그중 일부가 출간되자 그는 한 출판사로부터 회고록을 내보자는 제의를 받았다. 일기장을 제외하면 일차 사료가 거의 없었으므로 그는 기록들을 서로 교환하고 점검해보려는 의도에서 40여 명의 전우들에게 연락을 취했다. 대부분은 그의 제의를 거절했고, 그중 일부는 그 뒤로 연하장마저 보내지 않았다. 그러나 그는 시모노세끼 지역에서 약간의 도움을 받을 수 있었고, 마침내 그의 책이 출간되었다. 그 저서는 널리 관심의 대상이 되어서, 텔레비전 인터뷰와 강연회까지 열리게 되었다. 그의 저서는 한국에도 영향을 주어서, 1985년에 서울대에서 강연회를 해달라고 초청해오기도 했다. 그러나 선동을 우려한 한국 정부는 그의 입국을 막았다. 그가 강연회에 초청받은 계기는 한국인 위안부인 유유따의 한국 방문이었다. 요시다의 책이 출간된 1983년에 『아사히 신문』의 마쯔이 야요리 기자는 타일랜드에 있는 유유따를 방문해서 인터뷰 기사를 쓴 바 있다.

요시다는 또 재일 한국인과도 연대를 맺었다. 그는 그들을 통해서 재일 한국인에게 자행되는 차별대우에 대해 알게 되었다. 예를 들어, 한국인 학생들은 학교에서 집적거림을 당하지 않으려면 일본 이름을 써야 했다. 그는 또 모든 외국인에게 의무화되어 있는 지문 날인이 특히 한국인을 겨냥한 정책이라는 사실도 알게 되었다. 그는 재일 한국인이 처한 상황에 대해 자신에게도 일말의 책임이 있다고 느꼈다. 그는 한국인들이 일본에 남게 된 역사적 이유를 폭로함으로써 그들의 상황이 조금이나마 개선되기를 원했다.

강제징용에 대해 폭로하려는 요시다 세이지의 지속적인 노력에도 불구하고 일본 당국은 그를 계속 무시했다. 심지어 1991년 소송으로 인하여 공식 조사위원회가 만들어지고, 여러 공식 문서 보관소에서 너무나 분명

한 증거기록들이 발견된 이후에도 그러했다. 요시다는 어떠한 탄압보다
도 대중의 무관심을 더 개탄스러워했다. 그러나 전쟁중 일본에 의한 어떠
한 잔혹행위도 없었다고 주장하는 극우파들은 요시다의 저서에 비상한
관심을 기울이고 그를 협박했다.

요시다의 저서에 가장 강력한 비판을 제기한 사람은 식민 업무를 위한
훈련을 담당하기 위해 설립된 대학의 역사학 교수인 하따 이꾸히꼬이다.
그는 한국에서의 조사에 의하면 요시다의 설명은 근거 없는 것이라고 주
장했다.

일본에서 위안부 문제에 대한 의식이 결정적으로 높아진 것은 1986년
이었다. 일본인 위안부였던 시로따 스즈꼬가 라디오 인터뷰에서 자신의
경험을 이야기했던 것이다. 일본인의 경우가 보통 그러했듯이 시로따는
그녀의 가족이 진 빚을 청산하려고 계약을 맺었다. 그녀의 경험은 이미
알려진 사실들과 대동소이했으나, 그녀가 일본인이라는 사실 때문에 많
은 관심이 집중되었으며 그 이전에 한국인들이 한 이야기들을 확증하는
셈이 되었다.

그후 일본 내에서 위안부 문제는 한국으로부터의 어떤 자극이 없는 한,
별다른 진전을 보이지 못했다. 한국 내에서의 진전이 가능해진 것은
1987년 군사정권이 약화되고 민주세력이 성장하면서 윤정옥 교수 등이
이끄는 단체가 형성되면서부터이다. 한국정신대문제대책협의회(이하 '정
대협'으로 약칭)는 앞에서 살펴본 바와 같이 위안부 문제에 관해 활동을 벌
이는 중심 세력의 역할을 했다. 윤교수는 이화여대 영문과 교수이면서,
일본어를 유창하게 구사했다. 윤교수는 그녀가 말하는 '일본의 양심적 인
사'들과 연대해서 일을 할 수 있는 이상적인 인물이었다.

그후로 한일 양국에서 위안부 문제에 관여하는 단체의 수는 점점 늘어
났다. 재일 한국인으로부터의 조직적인 지원은 1990년 12월 토오꾜오에
서 '종군위안부문제를 생각하는 모임'이 결성되면서 시작되었다. 이로부
터 몇달 뒤, 쿄오또-오오사까 지역에서도 이에 상응하는 '조선인종군위
안부문제를 생각하는 모임'이 결성되었다. 또한 이미 전쟁청구권에 대해

서 태평양전쟁희생자유족협회와 협력관계에 있던 일본인 조직인 일본전후책임청산협회도 강력한 지지를 보냈다. 일본전후책임청산협회의 유스끼 케이꼬는 이미 1982년에 남한과의 연계를 이룬 바 있거니와, 그러한 인연으로 양국간을 연결하는 역할을 담당하게 되었다. 그녀는 또 1992년에 자신의 취재 결과를 『현대의 위안부(現代の慰安婦)』라는 저서로 펴냈다. 이 책은 전쟁 당시의 매매춘과 한국에서의 미군기지 부근의 매매춘, 그리고 마닐라의 매춘관광 등을 여타의 여성문제들과 더불어 다루고 있다. 이 저서의 핵심은 위안부 문제가 단순히 일본이 전쟁기간중 여성을 착취했다는 데 그치는 것이 아니라, 여성에 대한 남성의 착취라는 일반적인 문제와 통한다는 의식이다.

일본 총리의 한국 방문

한국의 노대통령의 방일, 윤정옥 교수의 출판물들, 1990년 일본 의회에서 벌어진 위안부에 대한 논란 등 일련의 사태는 미야자와 키이찌(宮澤喜一) 일본 총리가 1992년 1월 16일 한국을 방문함으로써 절정을 이루었다. 이와 더불어 두 가지 커다란 진전이 위안부 문제를 한일관계에 있어서 첨예한 문제로 격상시켰다. 1991년 12월 6일, 세 명의 한국인 여성이 토오꾜오의 정부를 상대로 세계적으로 널리 보도된 법적 소송을 제기했다. 이러한 진전에 힘입어 요시미 요시아끼 교수는 방위연구소 도서에서 확실한 증거를 잡아냈다. 그것은 일본 군당국이 위안소 운영의 배후에 있었다는 반박할 길 없는 확실한 증거서류였다. 이 확정적인 증거서류는 1992년 1월 11일, 발행 부수가 엄청난 『아사히 신문』 지상을 통해 널리 소개되었고, 일본 정부는 불과 몇시간 만에 과거에 그 사실을 부인했는데 운영업자들의 원성이 대단하든 이와 무관하게 군대가 위안소 문제에 깊이 연루되었음을 시인하지 않을 수 없었다. 1992년 1월 12일에 이르러서는 온 세계가 위안부의 진정한 의미를 처음으로 알게 되었다.

이때가 미야자와 총리의 방한을 불과 닷새 앞둔 시점이었으므로, 위안부 문제가 한일회담에 영향을 끼치는 것이 불가피해졌다. 미야자와 총리의 방한은 한일 양국에서 위안부 문제에 관한 논란을 크게 불러일으키는 계기가 되었다. 미야자와와 같은 정당 소속인 한 보수파 의원은 이러한 상황을 개탄하면서 다음과 같이 말했다. "위안부는 마치 과거로부터 온 원한 맺힌 유령처럼 미야자와의 베갯머리에 나타났다."전통적으로 일본과 한국에서는 이러한 상황에 대해 법회나 샤머니즘적인 굿거리 등으로 대처해왔다. 그러나 한 한국 여성 논평가는 이렇게 말한다.

위안부가 되어야 했던 여인들의 한을 풀어줄 수 있는 것은 무당이 아니다. 그것은 여성해방의 이상과 이를 성취할 수 있는 시민의식의 각성이다.

미야자와 총리는 서울을 떠나기 전에 한국 언론과 기자회견을 가졌다. 그는 아주 강한 어조로 유감과 사죄의 표시를 해서, 그 말을 영어로 옮겨놓으면 너무 과장된 듯 보여 설득력이 없을 정도였다.

방문기간중 그는 대통령과 한국 국회에 거듭 사죄의 말을 했다. 그러나 활동가들은 사죄와 더불어 있어야 하는 배상문제에 대해서는 전혀 언급이 없었다는 이유로 그를 비판했다. 배상문제에 대해서 미야자와 총리는 이미 1965년의 기본조약으로 얘기가 끝났다는 입장을 고수했다. 그러나 미야자와 총리와 그의 대변인은 소송인들이 법에 호소할 권리는 갖고 있다는 것을 인정했다. 그는 또 이 문제가 '눈에 보이는 보상'을 받아 마땅한 '영혼의 상처'와도 관련된 문제라고 말했다. 또 그는 보상의 차원에서 어떤 조치가 이루어질 가능성은 한일 양국에 각각 진상조사위원회가 만들어져 보고를 받은 후에 고려하겠다고 말했다.

이와 동시에 북한 당국에서는 이 문제가 북한 주민과도 연관이 된다는 취지의 발언을 했다. 그 발언에 따르면 위안부 문제는 일·북한간의 관계 정상화의 일환으로 해결되어야 한다는 것이다. 당시 일본과 북한의 관계는 아주 어려운 협상의 과정에 처해 있었다. 물론 북한은 1965년 한일 기본조약의 적용 대상이 아니다.

미야자와 총리가 국회에서 사죄의 말을 길게 늘어놓는 동안, 국회의사당은 유가족협회를 비롯해 위안부 문제에 관계된 여러 단체에서 동원된 시위대로 둘러싸였다. 유가족협회 회원이라는 한 노인(朱基成—역주)은 징용에 끌려간 동생의 유해를 돌려달라고 요구하러 나왔다가 경찰에게 구타를 당하여 시위 도중 사망했다. 이 사건은 한국인 징용에 대한 일본의 무책임한 태도를 극적으로 드러내주었다. 시위에 참가한 유가족들은 사망 일시와 장소만 알아도 장례식이나 추모식 등으로 마음을 달랠 수 있을 것이라고 말했으나, 사망 사실조차도 확인되지 않은 것이다.

보상을 위한 움직임이 점점 거세짐과 동시에, 한국의 상황은 이 긴장상태를 흩트리는 구실을 했다. 한일간의 협조와 이해관계가 일치하는 한일협회의 임원들은 미야자와 총리의 사죄에 만족한다는 성명을 발표했다.

위안부 문제는 어떤 단계에서는 완전히 청산되어야 할 문제이며, 이 문제에 대한 논란이 절정에 달했을 때 마침 미야자와 총리가 와서 사죄를 한 것은 중장기적인 안목에서 볼 때 매우 바람직한 일이었다.

민자당의 김종필 최고위원은 법적인 배상 문제에 중심적인 의미를 지니는 1965년의 한일 기본조약에 대해서 다음과 같이 말했다.

그 당시는 일본도 여유가 없었고, 한국은 생존하기에도 벅찬 상황이었다. 이것은 가슴 아픈 문제이지만, 지금으로서는 과거의 사정을 이해하고 이를 감정적으로 생각하지 말아야 한다.

소송이 시작되다

1991년 말은 최초로 한국인 위안부가 제기한 소송으로 인해 활동가들의 목소리가 높아진 시기였다. 익명인 다른 두 명의 위안부들과 더불어 제기된 김학순 소송사건에 문옥주(서론 참조)와 다른 다섯 명(제7장의 김학

순, 원고 A, B의 경우 참조)이 합류했다. 여기에다가 이 소송은 또 36명의
군인과 군속의 배상 문제까지 포함하고 있었다. 공식적으로는 아시아-태
평양전쟁한국인희생자보상청구소송이라고 불린 이 사건의 첫 재판은
1991년 12월 6일에 열렸고, 공교롭게도 1941년 12월 7일에 있었던 진주
만 공격 50주년 기념일과 맞아떨어졌다. 첫날은 주로 형식적인 절차로
서, 143면에 이르는 공소장 제출이 있었다.

　일본의 법절차는 '유럽식'을 따르고 있었으므로, 몇달의 간격을 두고
열리는 공판에서 이에 대한 격론이 벌어질 예정이었다. 그래서 일본에서
의 소송사건은 해결되기까지 매우 오랜 시간이 소요되는 경우가 많았다.
이를 가장 극명하게 보여주는 예는 문부성의 교과서 검열권에 반대하는
소송사건이었다. 이 소송은 31년간의 법정투쟁 끝에 결국 1993년에 패소
로 끝났다. 사할린에 버려진 한국인 강제징용자들이 제기한 소송은 위안
부 사건의 변호인단 대표인 타까기 켕이찌(高木健一)의 주관으로 1979
년부터 1989년까지 계속되다가 소련과 한국의 외교관계가 개선되면서 사
할린 교포의 송환이 가능해짐으로써 중단되었다. 그러다가 이 사건은
1990년, 송환된 교포들이 한국에서 적응하는 데 여러가지로 어려움을 겪
게 되면서 보상문제에 초점을 두어 재개되었다.

　위안부 소송장의 첫 부분은 '보상 청구 원인'이라는 제목이었다. 여기
에는 군인·군속 징용, 위안부제도에 이르기까지 한국에서의 일본 식민
정책의 발전과정을 기술하고 있다. 여기에는 수많은 당국의 발표와 자료
들이 들어 있다. 소송장의 두번째 부분은 원고들의 개별 사례를 기술한
것인데, 그중 일부는 이 책의 앞부분에 이미 소개한 바 있다. 세번째 부
분은 '보상 청구의 이유'라는 제목으로서 보상의 법률적인 근거를 기술하
고 있다. 이 소송의 근거는 위안부제도가 바로 인도(人道)에 관한 죄라는
점이다. 이는 뉘른베르크 국제군사재판 이후의 국제관습법으로 자리잡
았다. 이러한 소송제기에 있어서 그것이 현지 법률에 얼마나 적합한가는
문제 되지 않는다. 각국의 법률이 국제법을 따르도록 되어 있는 것이다.
인도에 관한 죄라는 개념은 개개인에 대한 것이 아니라, 정치적·인종

적·종교적 그리고 최근에는 성적인 집단 같은 일정 계층을 대상으로 한다. 이 소송에서는 원고들이 자의적으로 끌려가고 버려지는 과정에서 일본 국적을 지닌 사람들과 다른 취급을 당했으므로, 이는 한국인에 대해 잔혹행위를 가한 것이 된다. 위안부의 경우에는 여기에다가 성적인 차별이 가중되었으며, 이는 한국 사회에서 여성의 정조가 매우 중시되었다는 사실과도 연관된다. 이러한 행위가 범죄의 차원에 이르렀으므로, 민사상 보상청구가 가능해진다.

원상회복을 위한 소송은 바로 일본이 일본의 무조건 항복을 요구한 포츠담선언을 받아들인 데서 비롯된다. 포츠담선언은 다른 조항들과 더불어 한국이 '노예상태'에서 해방되어야 한다는 조항이 들어 있는 카이로선언을 실행하자는 것이었다. 이는 곧 일본군에 속해 해외에 파견된 한국인의 본국 송환과 그들의 권리 회복을 포함한, 전반적인 원상회복을 원칙으로 하는 것이다. 일본의 전쟁범죄에 대한 보상이 이루어지기까지는 사실상 '노예상태'가 지속되고 있다고 보아야 하는 것이다.

본국 송환이나 재정적인 보상 같은 형식적인 의무 이외에도 신의칙(信義則)의 의무라는 것이 있다. 이는 모든 사회적 규약에 내포된 개념으로서 '어떤 사회적 관계를 맺은 당사자간에 서로의 안전을 배려해야 한다'는 부수조항이다. 또 여기에다가 조리(條理)상의 의무라는 것도 있는데, 이는 형식법의 결점을 메우기 위해 본질적인 정의의 개념이 도입되어야 한다는 것이다.

네번째 부분은 보상금액인데, 원고들이 겪은 고초를 금액으로 완전히 환산한다는 것은 불가능하지만, 1인당 적어도 2000만 엔은 되어야 한다고 기술하고 있다. 마지막 부분은 요약이다. 여기에는 "전제와 예속, 압박과 편협을 지상에서 영원히 제거하겠다"는 일본 헌법의 전문을 인용하고 있으며, 원고들이 같은 상황에 처한 많은 사람들의 대표로서 나온 것이라는 사실이 언급되어 있다. 또 1990년 노태우 대통령의 방일 당시 천황의 사과나 카이후 총리의 사과를 인용하면서 바로 이러한 것이 일본이 이 문제에 책임을 져야 함을 보여주는 증거라고 말하고 있다.

1차 공판은 1992년 6월 1일에 열렸다. 이 공판에 대한 대중적 관심은 187명의 방청객이 모여들어 37석밖에 안되는 방청석을 놓고 추첨으로 좌석을 배정해야 했던 사정으로도 잘 드러난다. 그 이후의 공판에서도 같은 일이 반복되었다.

카네다 키미꼬

카네다 키미꼬(가명 박복자—역주)는 가난한 농촌에서 태어났다. 그녀의 아버지는 정미소의 사무원이었다. 그녀가 열살 되던 해 그녀의 아버지는 목사가 되기로 결심하고 서울의 한 신학교에 입학했다. 그는 그녀를 다른 목사의 집에 맡겼다. 아버지가 졸업을 하고 시골 교회의 목사가 되자 가족들은 다시 모여살게 되었다. 1937년 그녀가 16세 되던 해, 아버지는 모종의 혐의를 받고 숨어다니며 살게 되었다. 기독교도들을 박해한다는 원칙이 있는 것은 아니었으나, 어떤 경우에는 기독교가 반일운동의 구심점이 되는 경우가 있었고, 일본의 정책에 반대하는 국가의 기독교 선교사들과도 연계가 되어 있었다.

가족들은 다시 뿔뿔이 흩어지고 키미꼬는 목사 집에서 식모로 일하게 되었다. 1938년, 여자친구들이 공장에 일자리를 찾으러 가보자고 제의했다. 근처의 일본인 거주지에 사는 한 일본인 중개자가 접근하여 그들에게 공장에서 일하면 월급을 많이 받을 수 있어서, 공장에 들어가고 싶어하는 사람들이 많다고 회유했다. 다음날 세 사람은 경찰관 세 사람에게 이끌려 서울 서대문 근처의 한 일본인 가정으로 들어갔다. 그곳에는 10여 명의 여자들이 모여 있었다.

다음날 아침 일본 군인 두 명이 키미꼬와 다른 여자들을 텐진행 기차에 태웠다. 다음날 아침 11시경 목적지에 도착했을 때, 여자들은 불안했지만 어쩔 도리가 없었다. 그들은 다시 트럭을 타고 2시간 가량을 달려 한 군부대로 갔다. 그곳에는 3, 40명의 한국인 여자들이 바지와 간단한 윗옷, 아니면 중국옷을 입고 있었다. 그들 중 몇사람이 새로 온 사람들에게 한국어로 '죽는 것보다 더한 고생을 겪게 될 것이지만, 명령에 따를 수밖에 없을 것'이라는 취지의 말을 했다. 그들은 즉시 한국어를 사용했다는 이유로 야단을 맞았다.

　다음날 아침, 20명의 다른 여자들과 함께 그들은 말이 끄는 수레를 타고 텐진으로 돌아와서 다시 기차를 타고 4시간 정도 달려서 떠시엔(德縣)이라는 지방 소읍으로 갔다. 그들은 다시 그곳에서 마차를 타고 세 시간을 달려서야 목적지에 도착했다. 그들은 카네야마 부대의 의무실에 모여서 어떤 하급장교의 연설을 들었다. 그는 이렇게 말문을 열었다. "여러분들은 이 먼 길을 오면서 마음속에 분명한 각오가 있었을 줄로 안다." 이 말에 여자들이 반발했다. "우린 공장에서 일하게 된다고 해서 속았다! 집에 가겠다!" 그러나 그는 말을 이었다. "무슨 불평들인가? 군인들은 여러분들을 위해 싸우고 있다. 조금만 참고 견디면 좋은 날이 올 것이다."

　그리고 나서 그는 그들을 2평 정도 되는 방에 각각 집어넣었다. 키미꼬는 8호실을 배정받았다. 그곳에는 방이 3, 40개 정도 있었는데, 그녀와 함께 온 여자들은 20여 명 정도였으므로 방이 다 차지는 않았다. 그녀와 다른 여자들은 하루에 2, 30명의 군인을 상대해야 했다. 그럼에도 그녀는 세 명만 상대하고 나면 고통스러워 견디기가 힘들었다. 어떤 위안부는 술 취한 군인에게 끌려나가 총에 맞기도 했다. 사흘째 되는 날, 키미꼬는 반항하다가 다리를 대검으로 찔렸다. 그녀에게는 아직도 그때의 흉터가 남아 있다.

　그녀는 상처를 치료하는 동안 20여 일을 방안에 갇혀 지냈다. 그리고 나서 다른 네 명의 위안부들과 함께 떠시엔을 거쳐 뻬이징으로 갔다. 그녀는 거기서 마차로 5시간 가량을 달려가서 다른 부대에 배속되었다. 이 위안소에서 그녀는 3호실을 배정받았다. 그럴 즈음 그녀는 명령에 순종하는 길만이 유일한 살길이라는 것을 깨달았다. 생활의 고통을 조금이나마 덜어보려고, 그녀는 중국인 군속의 부추김을 받아 아편을 피우기 시작했다. 그녀는 아편을 담배에 섞어 피웠다. 그러면 두려움과 고통이 덜어졌다. 그녀는 1년 넘게 스쟈좡(石家莊)에 있었다.

그 뒤로도 그녀는 계속 이동했고, 한곳에 약 1년간 머무르면서 북부 중국의 이곳저곳을 돌아다녔다. 그녀는 총 6년간 위안부 생활을 했다. 때로 그녀는 낮 동안 세탁·청소·간호 같은 일을 하고 밤에는 군인들을 상대해야 했다. 그곳에서는 입장권, 줄서기, 콘돔 지급, 주간 진료 등의 관례가 통용되었다. 식사는 부대원들과 똑같았다. 그녀는 급료를 얼마 받았다는 것은 언급하지 않았다. 그러나 입장권이 있었다는 것으로 보아 통상적인 요금체계가 적용되었을 것으로 보인다. 어쨌거나 그녀의 수입은 아편을 계속 사서 피울 정도는 되었던 것 같다.

딱 한번 그녀는 성병으로 인해 귀가 부어올라 살바르산 주사를 맞았다. 1944년 그녀는 자궁 탈수로 고생하다가, 운좋게도 야나기 부대를 담당하는 한국인 장교의 동정심을 사서 헌병대의 허가를 얻어 아편중독 치료와 자궁적출술을 이유로 귀국할 수 있었다. 그 당시 그녀의 나이는 24세였다.

키미꼬는 가족을 찾을 길이 없었다. 그러나 교회와 연관이 되었으므로 그녀는 다른 두 여자들보다는 쉽게 사회에 적응할 수 있었다. 그녀는 결혼을 하지 않았다. 건강이 매우 나빠진 그녀는 안정제를 복용해야 잠을 잘 수 있었다. 키미꼬는 지금 일자리가 있긴 하지만, 여유만 있다면 은퇴하여 노인 요양소에 들어갔으면 하고 바라고 있다.

처음으로 증언한 사람은 카네다 키미꼬였다. 그녀는 직장에서 차별대우 받는 것을 피하기 위해 전에 쓰던 일본인 이름을 쓰겠다고 했다. 그녀는 다른 원고들과 찍은 사진에서도 모자를 써서 얼굴을 가렸다. 변호인단 대표 타까기는 이 소송이 세계인의 이목을 끄는 중대한 사안이라는 점을 강조했다. 그는 미야자와 총리가 한국에서 "법의 처리를 기다리고 있다"고 한 말을 비판했다. 그에 따르면 미야자와 총리는 이 사건의 당사자이지 중립적인 위치가 아니라는 것이다. 그가 일단 사죄를 했으므로 법원에서 정부의 입장을 대변하는 쪽도 이에 상응하는 태도를 취해야 한다는 것이다. 그는 이 소송사건의 사실들은 이미 확인된 것으로 취급되어야 하며, 논의의 중심은 보상문제에 두어야 한다고 주장했다. 그는 보상이 정

의와 도덕의 관점에서의 원상회복으로 이해되어야 한다고 말했다. 그는
또 이 문제가 원고들이 생존해 있을 때 해결되지 않으면 한일간의 화해 가
능성이 모두 사라지게 되므로, 매우 시급한 사안이라고 말했다.

법정에서 위안부 문제를 전담하고 있는 변호사 후꾸시마 미즈호(福島
瑞穗)도 발언했다. 그녀는 원고 중 일부가 여전히 익명으로 남기를 고집
한다는 사실 자체가, 이들이 과거에 겪었고 여전히 겪고 있는 고통의 정
도는 물론이요, 한국 사회에서 정조라는 관념이 얼마나 중대한 것인가를
보여주는 증거라고 역설했다. 그녀는 위안부에 대한 군당국의 통제와 이
동에 대해 알려진 사실들을 간단히 소개했다. 그녀는 또한 속임수, 강제
구인 그리고 마지막의 유기에 이르기까지의 과정을 처음으로 설명했다.
그들이 적절한 보상을 받지 못한 채 남아 있는 한, 여성의 권리에 대한 침
해는 여전히 계속되는 셈이라고 그녀는 말했다.

다음 공판은 9월 14일에 있었다. 문옥주(서론 참조)가 증언했다. 정부
대변인은 7월 6일자 공식 보고서(제9장 참조)에 비추어 위안소의 감독과
위생관리에 일본 정부가 책임이 있다는 것을 시인했다. 그러나 그들은 원
고들의 개별적 사례들을 확인시켜줄 만한 자료가 아직 발견되지 않았다
는 것을 이유로, 그 이상은 인정하지 않으려 했다. 타까기 변호사는 문옥
주의 예금구좌가 그녀의 증언이 사실임을 증명하는 자료라고 주장하면
서, 더욱 광범위한 자료들을 발견하기 위한 조사가 계속되어야 한다고 주
장했다.

세번째 공판은 12월 7일에 열렸다. 이기분은 증언을 하다 말고 격앙되
어 이렇게 울분을 터뜨렸다.

당신들은 내가 타이완에서 어떻게 살아남았는지 상상이나 할 수 있는가?
나는 거지 흉내를 내어 얼굴과 몸에 온통 진흙을 시커멓게 바르고 옷을 찢어
구걸을 하며 살았다. 이렇게 동정을 구걸하여 돈을 얻은 것이다. …고향으
로 돌아왔을 때 나는 어머니들이 자기 아이들을 부르는 소리를 차마 들을 수
없었다. 나에게는 아이가 없고, 영영 아이를 가질 수도 없다는 생각이 들자

참을 수가 없었다. 당신들이 내 고통을 이해할 수 있겠는가 ?

그녀의 경우는 정말로 간절히 이해를 구하는 가슴 아픈 애원이었다. 한
국의 어머니들은 아무개 부인, 혹은 아무개 여사라는 명칭보다 주로 자식
의 이름으로, 즉 아무개 엄마라는 명칭으로 불리는 것이 보통이기 때문이
다.

6월의 첫 공판 이후, 9명의 원고들은 다른 5명의 위안부들과 함께 일본
으로 갔다. 그 5명의 위안부들은 소송까지는 원하지 않지만, 당시 진행되
고 있던 공식 조사에서 증언을 하겠다고 했다. 조사위원회는 그들의 제안
을 거부했다. 그들의 생생한 증언을 거부한 이유를 그들은 사생활을 존중
하기 위해서라고 둘러댔다. 기꺼이 신문을 받겠다고 나선 위안부들의 태
도나 소송사건에서 그들의 증언이 지니는 중요성을 감안하면 매우 미심
쩍은 처사라 아니할 수 없었다.

매번 공판이 끝나면 법정에서 무슨 이야기가 오갔는지 각 관련단체들
에 전달되었다. 이 과정에서 한번은 이 문제에 공감을 표하는 여성의원
타께무라 야스꼬가 강제징용문제특별위원회를 대표해서 메시지를 보냈
다. 이는 의회 내에서 이에 상응하여 협조하는 행동을 보여주는 것이었
다. 6월의 공판이 끝나자 25명의 사회당 의원들이 카또오 관방장관에게
청원서를 제출했다. 그들은 1990년 10월에 한국 여성단체에서 제기한 6
개항 요구와 같은 내용의 5개항을 내놓았다. 카또오 장관은 위안부 문제
와 정부 기관 사이의 연관에 대한 어떤 증거도 없다고 계속 공공연히 주장
했다. 그리고 나서 한국 정부측에서 최초로 이 문제에 대한 적극적 관심
을 표명했다. 한국 외무부에서 카또오 장관에게 역사적 사실의 규명을 촉
구하는 서신을 보낸 것이다.

한국 국회의 외무위원회는 윤정옥 교수와 그 동료들을 출석시켜 그들
의 6개항 요구를 들었다. 소송이 천천히 진행되어가면서 또다른 활동이
시작되었다. 정대협이 매주 수요일 서울의 일본 대사관 앞에서 시위를 함
으로써 추동력을 유지하고자 했던 것이다. 이 수요시위는 그후로도 꾸준

히 이어지고 있다.

그러나 소송이 제기되면서 그로 인한 가장 극적이고, 직접적이며, 갑작스러운 결과는 무엇보다도 전시의 방위청 문서 원본의 발굴이었다. 일본 당국은 오랫동안 이러한 문서가 있다는 것조차 인정하지 않았다. 위안소에 관한 공식 문서가 없던 상황에서 일본 당국의 입장은 위안소가 개별적인 민간업자들에 의해 운영되었고, 위안부들은 모두 자원한 사람들이라는 것이었다. 이 새로운 문서는 위안시설에 일본 군부가 얼마나 직접적으로 개입했는가를 보여주었다.

1992년 1월 초, 쮸우오 대학의 요시미 요시아끼 교수는 이 소송사건을 전해 듣고, 일본 방위청 소속 국립방위연구소 도서에 위안부와 관련된 전쟁 당시의 자료가 있다는 것을 기억해냈다. 일본은 전쟁 이후에 방위청을 해체하지 않았는데, 이러한 조직들은 새 헌법의 적용을 받고 있는 상태였다. 요시미 교수는 이 문서들 중 다섯 가지를 검색해냈다. 그가 이렇게 신속하게 서류를 찾아냈다는 것은 뒤집어보면 그동안 당국이 관련자료를 아예 찾아낼 의사가 없었다는 사실을 말해준다. 요시미 교수가 발견한 자료의 전반적인 특성은 다음에 발췌된 내용에서 알 수 있다.

1. 1938년 3월 4일자로 육군성이 북지나 파견군에 보낸 공지: '위안부 모집을 부적당한 요원이 담당하여 육군의 이름을 사용하면서 납치를 일삼아 경찰 수사까지 초래하고 있으므로, 파견군은 요원 선정에 신중을 기하고 군대의 체면에 손상이 가지 않도록 민간인·헌병대와 긴밀한 협조관계를 맺을 것.'

2. 1938년 6월 27일자로 북지나 파견군 참모본부에서 예하 부대에 보낸 회람: '강간을 비롯한 불법행위로 인해 주민들 사이에 반일감정이 고조되어 공산군 게릴라에 가담하는 사례가 늘고 있음. 이를 시정하기 위해 군인 개개인을 엄중히 단속함과 동시에 조속히 성적 위안시설을 갖추기 바람.'

3. 1938년 12월 10일자로 한커우 지역 수비대에 관한 두번째 상황보고서: '지난번과 같은 혼란(1년 전의 난징학살사건을 지칭하는 것)을 피하기 위해

서 수비대원들이 막사를 떠나거나 위안소를 방문할 때는 반드시 단체행동을 할 것. 위안소는 11월 25일에 설치되었으며 혼잡을 피하고 간편하게 하기 위하여 입장권제도를 실시하고 있음.'

4. 1939년 4월 중순경, 꽝뚱 주둔 제21군에서 육군성에 보내는 정기보고: 여기에는 이 지역에서 군의 관할하에 있는 위안부 854명이 지역과 군부대 별로 나뉘어 성병감염 비율이 표시된 도표가 들어 있다. 여기에다가 전방 지역의 현지인 이외에도 부대원들의 출신 지역에서 데려온 150여 명의 위안부들이 민간영업자의 관할하에 있다고 덧붙여 있다. 또한 이 보고서에는 현지인들이 운영하는 다른 위락시설이 증가하여 위안소 이용률이 떨어지고 있다고 지적하고 있다.

5. 1942년 6월 18자, 해외 파견군에게 보내는 일반 회람에는 위안소 관리 규정과 성병 예방을 위한 귀환 병사들에 대한 검진이 언급되어 있다.

다음날인 1월 11일, 『아사히 신문』에는 이 '존재하지 않는다던' 서류의 주요 내용이 발췌되어 실렸다. 오후판에는 정부측 소식통의 다음과 같은 시인 내용도 수록되었다.

군이 이 문제에 깊이 연루되어 있었다는 것은 부인할 수 없다. …사건의 진상이 학자들과 시민단체들에 의해 빠른 속도로 드러나고 있다. 정부 당국과 민간단체 모두가 사건의 진상을 계속 조사해나가야 할 것이다.

그러나 바로 같은 글에서 이 소식통은 그렇다고 해도 '직접적인 징용'의 증거는 없다고 주장했다. 일본 정부 대변인은 그보다 며칠 전에 워싱턴의 한국 대사관에서 발표한, 미군측의 전시보고서에 의하면 일본군이 한국인 위안부들을 관리하고 있었다는 내용을 무시해왔다.

요시미 교수가 발견한 문서가 출간된 후 몇주일 동안, 수십종의 비슷한 문서들이 발굴·발표되었다. 이 서류에는 전쟁기간중 미국인들의 연구 자료들도 포함되어 있었는데, 이러한 내용들은 기존의 증거들을 보강해주는 동시에 위안부 문제에 관한 다양한 태도들을 드러내 보여준다는 면

에서 대중매체를 통해 활발한 토론을 야기했다. 요시미 교수는 1992년
『세까이(世界)』지 3월호에 이 '새로운' 자료와 일치하는 것으로 드러난 기
존의 일화들을 참조하면서, 자신이 입수한 서류의 전문을 기고했다.

1992년 1월 20일, 정대협은 한국 정부가 희생자들을 위해 긴급히 생계
대책을 마련해야 한다고 촉구하였다. 또 정대협은 독립기념관에 위안부
들을 기리는 기념비를 세워야 한다고 요구했다. 그들은 일본 정부에 다음
과 같은 성명을 보냈다.

우리는 정신대 문제의 진상 규명과 배상에 대한 우리의 6개항 요구를 받아
들이지 않는 미야자와의 방한을 반대해왔다. 그러나 방한한 미야자와 일본
수상은 정작 실질적인 보상의 문제를 회피한 채, 입에 발린 기만적인 사과만
을 되풀이하고 돌아갔다. 이전과 아무것도 달라진 것이 없는 일본의 이러한
태도가 식민지 잔재의 청산을 요구해온 우리 국민과 희생된 영령에 대한 모
독이자 시대착오임을 엄중히 경고하면서, 우리는 다시 한번 만행의 전모의
규명과 실질적인 배상이 선행되지 않는 어떠한 사과도 인정하지 않을 것을
밝히며 일본 정부에 대해 다음과 같이 요구한다.

첫째, 우리는 일본이 12세의 어린 학생들까지도 교육행정조직을 동원하여
근로정신대로 강제동원하고 노예노동자로 혹사시켰다는 사실에 분노를 금치
못하며, 일본 정부에 대해 근로정신대를 포함, 전쟁기간중의 인력 동원과 수
탈의 진상을 밝히고 그들의 노동에 대한 정당한 대가를 지불할 것을 비롯, 이
에 대한 적절한 조치를 강구할 것을 강력히 요구한다.

둘째, 일본 정부가 처음으로 국가가 저지른 범죄임을 공식 인정한 이상,
국가에 의한 배상이 이루어져야 한다. 정신대를 비롯한 전쟁피해자들에 대
한 배상은 언급조차 되지 않았던 65년의 조약으로 정신대에 대한 국가의 보
상이 끝났다는 것은 일반인의 상식으로도 납득하기 어려운 것이다. 뿐만 아
니라, 당시 '인정'되지도 못했던 범죄에 대한 피해보상이 당시의 '일괄타결
론' 조항으로 해결되었다는 것은 어불성설이다. 일본 정부의 관여 사실을 입
증하는 명백한 증거와 생존자의 증언이 속출하는 지금, 65년의 기만적인 한
일 청구권 협정은 당연히 새로 개정·보완되어야 한다.

셋째, 이와 아울러 피해자 개인에 대한 적절한 배상도 조속한 시일 내에 이루어져야 하며, 여기에는 희생자와 유족에 대한 배상도 반드시 포함되어야 한다. 이와 관련하여 우리는 최근 일본 정부가 '구제기금' 운운하며 문제를 일본 정부의 시혜 차원으로 호도하고 있는 것에 강력히 항의하며, 배상은 피해자들의 권리이자, 일본 정부의 의무임을 분명히해둔다. 또한 우리는 개인에 대한 배상문제에 관하여 일본이 법체계를 이용한 교묘한 말장난을 되풀이할 경우 결코 이를 묵과하지 않을 것임도 더불어 밝혀둔다.

넷째, 우리는 '우리 세대의 잘못이 두 번 다시 되풀이되지 않도록 다음 세대에 역사를 바르게 전달하겠다'는 미야자와의 발언을 주시하며, 그것이 어느 정도 충실히 이행되는지 지켜볼 것이다. 아울러 반일교육의 중지를 요구한 카또오 관방장관의 발언에 대해서도 우리는 진정으로 우호적인 한일관계는 역사의 진실을 올바로 배우고 가르칠 때 비로소 가능한 것임을 일러둔다.

우리는 이상과 같은 우리의 요구사항이 관철될 때까지 끝까지 투쟁할 것임을 다짐하며, 일본 정부의 조속한 해결의지를 다시 한번 강력히 촉구한다.

(성명서의 원문은 정대협, 『정신대문제자료집』I, 62면 참조—역주)

1992년 1월 공식 문서가 최초로 발견됨에 따라 이 쟁점은 의회에서도 다시 다루어지게 되었다. 1992년 2월 참의원 예산위원회에서는 사회당 의원 이또오 히데꼬(伊東秀子)가 다시 이 문제를 제기했는데, 그녀는 이미 방위연구소 도서에 대해 개인적으로 조사활동을 벌여 56점의 새로운 자료를 확보해놓은 상태였다. 그녀는 미야자와 총리가 한국에 가서 사죄 발언을 한 것을 치하하는 동시에, 그 사죄의 실질적인 내용을 채울 수 있는 보상문제를 전혀 거론하지 않은 것에 대해 유감을 표했다. 그리고 그녀는 소·일 공동선언에서 일본 정부의 청구권 포기 선언을 회고하며, 이것은 국가의 청구권 및 국가나 개개인의 사안에 대한 외교적인 보호를 포기하는 것이지, 국가나 개인의 개별적인 청구권 자체를 포기하는 것은 아니라고 말했다. 그녀는 또 위안부 문제에 관해서는 한일 기본조약에 대해서도 똑같은 말을 할 수 있는 것 아니냐고 말했다.

외무성 경제협력국장은 1965년 한일협정과 더불어 국내법도 같이 통과

되어 법률적인 근거에서 한국측의 재산권이 완전히 종결되었다고 주장하면서, 1965년 기본조약의 적용 범위에 대해 상세하게 설명했다. 그의 결론은 일본 법정에서 그러한 개별 소송인들의 의뢰를 받아 소송을 제기할 변호사는 아무도 없다는 것이었다.

이또오는 총리가 방한중 적절한 법적 조치가 이루어지기를 기다리고 있다고 언급한 것을 상기시켰다. 그녀는 또한 한일간의 기본조약이 타결될 당시 일본 정부는 위안부 문제에 대해서 순전히 "민간인 업자가 데리고 다녔을 뿐"이라는 입장을 고수했다는 점을 지적했다. 그런데 미야자와 총리가 새삼 사죄를 했다는 것은 그 이후로 새로운 사실이 드러났음을 인정하는 셈이라는 것이다. 이는 가해자로서 일본의 도덕적·정치적 책임 문제를 제기하는 것이다. 그녀는 총리의 사죄 발언이 "군부의 개입을 부인할 수가 없었다"는 점에서는 부정적인 성격을 지녔다고 말했다. 그녀는 총리에게 처음에 발견된 서류에는 없는 여러가지 측면들을 다루고 있는, 최근에 발견된 56점의 서류에 대해 알고 있는지, 그리고 그 자료들이 그가 사실을 인정하는 데 영향을 주었는지를 질문했다.

미야자와는 그녀의 질문에 대한 답변을 정부측의 조사위원회 활동을 한 카또오 관방장관에게 미루었다. 카또오 장관은 정부측에서도 최선의 노력을 다한바, 새로운 자료들을 발굴해냈다고 하면서, 다시 외무담당 국장에게 답변을 미루었다. 그는 그 새로운 자료들이 군당국이 위안부의 모집과 위안소 관리에 관여했다고 그 이전에 시인한 바를 다시 확인시켜주는 것이었다고 말했다.

이또오 의원은 이러한 발언이 새로이 발견된 자료들의 의의를 제대로 인정하는 것이 아니라고 반박했다. 그녀는 미리 배부한 두 점의 서류에 주의를 집중시켰다. 하나는 꽝뚱 지역의 나까야마 수비대에 딸려 있던 위안소 규정에 관한 것으로 부관이 감독을, 경리국장이 재정문제를, 군의관이 위생문제를 책임진다고 되어 있었다. 그외에도 요금, 시간, 계급간의 차등 등이 아주 상세히 나와 있었다. 다른 하나는 타이완과 육군성 사이에서, 남방 전역(戰域)군 참모본부에서 '현지인' 위안부들과 세 명의 업자들을 보르네오로 후송해달라는 요구에 관해 주고받은 전문이었다. 그녀는 총리에게 이러한 자료에 대해 어떻게 생각하느냐고 물었다.

미야자와는 그가 한국을 방문할 당시에는 그렇게까지 상세한 정보를 갖고 있지 못했으나, 어쨌든 기본적으로 군부가 개입했다는 것은 알고 있었다고 답변했다. 이또오 의원은 와따나베 미찌오 외무성 장관에게 텔레비전에 출연해서 실질적으로 군부가 얼마나 개입했는지는 불확실하다고 말했을 때와 입장이 달라졌는가를 물었다. 그는 새로 발견된 증거자료에 입각하여 군당국의 개입 정도를 판단해야 할 것이라고 답변했다. 그해 내내 비슷한 쟁점들이 계속 의회에 상정되었고, 이는 정부가 진상을 조사하여 발표하겠다고 약속한 1992년 7월까지 계속되었다.

대중매체와 대중의 관심

활동가들은 7월까지 그냥 기다릴 수가 없었다. 1992년 3월 28일부터 한국교회여성연합은 위안부였던 심미자, 황금주와 함께 후꾸오까, 토오꾜오, 카시와 등 위안소의 위치가 확인된 지역에서 대중집회를 열었다. 곧 이어 문옥주와 정대협 임원들이 후꾸오까 시민단체의 초청을 받아 후꾸오까를 방문했다. 문옥주는 후에 다시 일본을 방문해서 위안부 시절 개설한 자기 이름의 예금구좌를 추적했다. 그러다가 '문옥주의 군사우편예금지불을 요구하는 모임'이라는 이름의 단체가 결성되기에 이르렀다.

1992년 4월, 서울 기독교회관에서는 정대협과 '민주사회를 위한 변호사모임'이 함께 주최하는 공청회가 열렸다. 공청회의 결론은 대개 위안부 문제를 시효가 없는 인도(人道)에 대한 죄로 취급해야 하며, 1965년의 기본조약을 재해석할 필요가 있다는 방향으로 집중되었다. 한일 기본조약은 위안부 문제나 강제징용자의 예금구좌를 언급하고 있지 않으므로, 조약이 체결되었다고 해서 배상의 가능성까지 모두 배제된 것은 아니라는 것이다. 특히 일본 정부가 최근에 와서야 공식적인 관의 개입을 인정하게 되었으므로 더욱 그러하다는 것이다. 한국 정부가 일본 정부의 미온적인 태도를 염두에 두고 일본 정부를 대상으로 법적인 절차를 밟는다면, 개개인이 소송을 제기하는 것이 더욱 용이할 것이다. "이는 단지 우리 정부의 문제가 아니라, 개개인으로서 우리 각자의 민족적 자긍심과도 관계되는 것이다." 또 동남아시아의 전쟁희생자들과 연대하는 방법도 제안되었다. 또 한국 정부가 일본 정부에 대해 보상을 청구해야 하며, 일제하 강제징용자에게 생계수단을 제공해야 한다고 주장하는 공개 서한을 채택했다.

한국 정부는 각 도시에 4개월 동안 희생자신고쎈터를 개설하고 조사를 위해 기한을 연장하여 1992년 7월에 조사를 완료하기로 했다. 김학순은 세계여성의 날 기념식에서 한국여성단체연합에 의해 올해의 여성으로 선정되었다. 정대협의 공동의장인 이효재 교수는 UN 인권소위원회에 군대위안부 문제를 상정한 것을 기해 기자회견을 갖고 다른 아시아 국가의 여성단체들과 연대하여 활동하겠다고 말했다.

관련단체의 지속적인 활동에 대한 대중매체의 꾸준한 보도 역시 위안부 문제에 관한 대중의 관심을 지속시키는 데 기여했다. 김학순과 정대협 임원들은 토오꾜오 소송의 첫 공판이 끝난 후 몇차례의 대중집회에 참여했다. 법정에 나간 후 김학순과 그의 일행은 하꼬네의 온천에서 잠시 휴식을 취했다. 그녀는 기분이 좋았으며, 어릴 때 다닌 권번에서의 기생교습 덕분에 익힌 음악과 노래 솜씨를 여전히 유지하고 있음을 보여주었다.

오오사까와 토오꾜오 지역에서 몇차례의 대중집회가 있었다. 코오베에서는 극우파들의 시위가 있었는데, 위협적이긴 했지만 이들의 사기를 꺾지는 못했다. 토오꾜오에서는 한국 YWCA가 주최하는 총회가 열려 450명이 참석했다. 김학순은 전시에 겪은 자신의 경험을 이야기했고 UN 평화유지군의 일환으로 일본군을 해외에 파병하는 것을 반대한다고 주장했다. 그녀는 아직도 일본 군인만 보면 몸서리가 쳐진다고 말했다. 해외파병 문제는 일본의 좌익들이 위안부들의 활동을 지지하게 되는 계기를 제공하기도 했다. 위안부들은 일본의 재무장, 혹은 일본 군국주의의 부활에 대해 감정적으로 강하게 반발하고 있었다. 일본 군국주의에 희생된 외국인들과 공동으로 일본 좌익은 자신들이 핍박받고 있다는 것을 의식하고 있었다. 좌익은 파병에 드는 비용을 전쟁희생자들에 대한 보상 비용으로 사용해서 국제적 신뢰를 구축하는 것이 더 낫다고 주장했다.

일본에서는 이와 관련된 토론이 광범하게 벌어졌다. 타까기 켕이찌가 소송인들을 대신해 작성한 소송장에 의하면 이는 대중적인 주도권이 관의 태만을 극복한 전례 없는 경우라는 것이다. 4개 협력단체들——종군위안부문제연구협회, 일본전후책임청산협회, 재일조선인민주협회, 종군위안부문제 우리여성 네트워크——은 토오꾜오에 핫라인을 개설했다. 쿄오또-오오사까 지역에 개설된 핫라인은 조선인종군위안부문제를 생각하는 모임 지부에서 운영했다. 토오꾜오 라인은 240여 건의 전화를 접수했다. 근처의 우라와에서는 24건이 접수되었다. 쿄오또와 오오사까의 다른 두 군데에서는 각각 96건과 61건의 접수를 받았다. 동부와 서부지역의 현격한 차이는, 동부지역의 경우 보상을 지지하는 사람들이 반대자의 수를 초과한 반면, 서부지역에서는 그와 반대현상이 일어났다는 것이다. 전화신고자 중 일부는 추가로 면담에 응하겠다고 말했고, 이들은 후에 긴요하고도 유용한 정보를 제공했다.

여론에 대한 또다른 표본조사는 토오꾜오 최대의 상가지역이자 유흥가인 긴자에서 무작위로 이루어졌다. 일반적으로 여성들과 나이든 사람들 사이에서는 위안부 문제가 널리 알려져 있었다. 전쟁기간중 타이완에 있었다는 한 할머니는 16세의 나이로 군대 타이피스트가 되겠다고 자원했으나 절대로 가지 말라는 권유를 받았다고 말했다. '그렇지 않으면 큰 희생을 치르게 될 것'이라는 이야기를 들었다는 것이다. 이것이 그녀가 위안부 문제에 대해 처음으로 알게 된 계기였다. 17세의 한 소년은 자기가 좋아하는 여배우가 나오는 드라마를 보고서 위안부 문제에 대해 알게 되었지만, 정말 믿기 어려웠다고 말했다.

또 신문지상의 편지나 인터뷰 등을 통해 더 상세한 토론이 이루어졌다. 특히 19세기에 이미 정당운동을 펼쳤을 정도로 오랜 자유주의 전통을 자랑하는 『아사히 신문』에서 활발한 지상토론이 이루어졌다. 『아사히 신문』은 1913년의 역사적인 헌정운동에서도 두드러진 역할을 한 바 있으며 제1, 2차 세계대전 사이, 특히 1936년의 쿠데타 기간에는 극우파의 표적이 되곤 했다. 심지어 『아사히 신문』은 전체주의적인 체제하에서도 저항의 색채를 띠기까지 했다. 새로운 헌정질서하에서 『아사히 신문』은 정치적 관료주의 색채를 띤 현 체제를 지성적으로 비판하는 자세를 견지해왔다. 요시미의 방위청 도서 자료들이 처음으로 발표된 다음날, 『아사히 신문』에는 위안부 문제에 관해 「역사를 외면하지 말자」는 제목의 사설이 실렸다.

정부는 군부나 정부의 개입을 부인하는 입장을 견지하고 있으나, 이러한 시설들이 일본 군부의 정책에 의해 설립되었다는 것도 너무나 널리 알려진 사실이기 때문에, 그런 면에서 보면 최근의 자료들이 그리 놀라운 것도 아니다. 수치스러운 경험을 되돌이키고 싶어하는 사람은 아무도 없다. 그러나 그것이 아무리 전쟁이라는 특별한 상황이었다고 할지라도, 당시 식민치하에 있던 한국에서 많은 사람들을 끌어와서 남자들은 강제로 노동과 군복무를 시키고, 여성들은 군인들에게 성적인 위안을 제공하는 역할을 담당케 한 일이 불과 반세기 전, 바로 우리나라에서 일어났던 것이다. 우리는 이러한 사실을 계속 짊어지고 가야만 한다. 우리는 역사를 외면할 수 없다. …

자기비판과 사죄는 적극적인 보상행위가 수반될 때에만 진실한 것으로 받아들여질 수 있다. …아무리 특수한 청구권의 문제를 다루더라도, 정부측에 우선 요구해야 할 일은 강제징용과 위안부 문제에 관해 철저한 진상조사를 실시해야 한다는 것이다. 이는 공공기관에 그저 겉치레로 협조공문을 보내서 자료를 모으는 차원에 그쳐서는 안되고 관계기관, 연구자, 외국 정부 들과의 긴밀한 협조를 전제로 하는 본격적인 조사가 되어야 한다.

이 사설은 미국과 캐나다에서 철저한 조사를 거쳐 전쟁기간중 억류되었던 일본인의 자손들에게 보상금을 지급한 최근의 사례를 언급하고 있다. 이는 아마도 일본의 경우에도 하나의 전범(典範)으로서 참조할 수 있을 것이다. 그들은 억류가 '인종적 편견', 전쟁의 흥분상태, '정치가들의

태만'에 의한 것이었다고 결론지었다. 그 이후로 일본 정부측의 조사는
『아사히 신문』에서 권장한 노선을 따르기보다는 그렇게 하면 안된다고 경
고한 바로 그 노선을 따라갔다.

　보도기관에 투고된 편지들은 정치적 이유에서든, 아니면 과거를 회상
하면서 동정심에 젖어서이든 위안부에 대한 보상을 지지했다. 49세의 한
학자는 다음과 같이 편지를 보냈다.

　　나는 이러한 사죄 발언을 들으면서 속으로 이렇게 외치지 않을 수 없었다.
이제 와서! 정말 이렇게 뒤늦게! 왜 저런 사죄를 진작에 하지 못했을까?
나는 이 긴긴 세월의 심연을 건너지 못하고 이미 사망한 수많은 한국인 위안
부들의 운명을 생각했다.

한 학생(23세)의 편지이다.

　　형식적으로는 사죄를 했다. 도대체 일본인들이 요즈음 유행처럼 들먹이는
'국제화'가 허울뿐이라는 것을 깨달으려면 이러한 사실들이 얼마나 더 많이
발견되어 쌓여야 하는 것인가? …우리는 왜 진주만 공습 50주년을, 그리고
중일전쟁 60주년을 맞는 오늘까지도 전쟁의 상흔들이 끊임없이 들추어져야
하는지 다시 검토해볼 필요가 있지 않을까?

중일전쟁에 참전했던 퇴역 군인(73세)의 편지이다.

　　젊은 시절에 그렇게 모진 육체적 학대를 받았으니 원한이 골수에 사무친
것도 당연하다. 그러나 모든 위안부들이 군에 의해 강제로 징집된 것은 아니
었다. 위안부 모집을 업으로 삼는 사람들도 있었다. 그중에는 한국인도 있었
고, 중국인도 있었다. 또 스스로 돈 때문에 위안부가 된 여성들도 있었다. …
그들은 부대를 따라 산을 넘고 강을 건넜다. 때때로 그들은 군수품 운반을 돕
거나, 아니면 실제 전투에 참가해서 싸우기도 했다. 군인들은 그들에게 A급
무공훈장을 받을 만하다고 말하곤 했다. 어쨌거나 다시 돌아올 수 없는 청춘

을 전쟁터에 바친 위안부들에게 어떤 종류의 보상이든 하는 것이 올바른 일
이라고 생각한다.

중국에 주둔했던 전직 헌병 한 사람은 운영업자와 군장교들이 타락한
공모관계를 맺고 있었다고 회고했다. 장교들은 위안소 건축에 필요한 자
재들을 20% 할인된 가격으로 공급해주었다. 그 헌병은 보상을 해주어야
한다는 입장이었고, 일본인 위안부도 이에 포함되어야 한다고 덧붙였다.
또 중국에 주둔했던 어떤 군의관은 좀 다른 이야기를 했다. 그는 위안부
들을 검진했을 뿐 아니라, 그들을 즐겨 찾았다고 말했다. 또 자기 구역의
위안소를 총관리했던 소위 출신도 있었고, 각 지역에 위안부들을 안배하
는 제도에 대해 설명한 전직 헌병도 있었다.
야마따니 테쯔오 감독은 영화 「아리랑」을 너무 한(恨)에만 집착했다고
비판했다. 기만당한 위안부도 있고, 강제로 끌려온 위안부도 있지만, 일
부는 지난 세기말의 카라유끼들처럼 한밑천 잡으려고 뛰어든 사람들이었
다는 것이다. 테쯔오의 말을 빌리면, 성적인 문제를 순전히 철학이나 도
덕의 견지에서 재단할 수는 없고, 생리적인 문제도 있다는 것이다. 본능
적인 충동은 그렇게 쉽게 중화되는 것이 아니다. 그는 동시에 전쟁 당시
한국에서의 상황이 식민지 백성으로서 한국인을 차별하는 것뿐 아니라
상류층에 대해 빈민층 여성을 극도로 차별하는 현상이 벌어지고 있었다
고 했다. 빈민여성은 제국 군대의 성적 노리개가 된 것이다. "한국인 위
안부의 문제는 일본인들의 실물 크기 음화(陰畵)이다." 그는 군대연금의
형식으로 보상을 해야 한다고 주장했다.

일본 우익의 태도

위안부에 대한 보상에 반대하는 의견은 그들이 당시 급료를 받음으로
써 이미 보상을 받은 것이나 마찬가지라는 의견에서 그렇게 해묵은 쟁점
을 다시 거론하는 것이 무의미하다는 의견에 이르기까지 다양하다. 어떤

이들은 이 문제를 일본인 활동가들이 거론하는 것에 반대하는데, 그 이유는 어느 나라든지 드러내기 꺼림칙한 치부가 있다는 것이다. 유력한 경제지인 『산께이(産經)』지는 속담을 인용하여 "냄새나는 데에는 뚜껑을 덮어두어야 한다"는 논지를 폈다. 한 기사에서는 위안부 문제 같은 것은 공공연히 시위를 하거나 학교에서 가르칠 만한 것이 아니라 그저 입에서 입으로 은밀히 전해지는 데 그쳐야 한다고 말했다. "어느 나라에서든 군대와 성문제를 관리하는 것은 골치 아픈 문제일 것이다." 또한 요꼬스가 미해군기지의 윤락가에서 몸을 파는 여자들이 그러하듯, 모든 한국인 위안부들이 강제로 끌려간 것은 아니라고 이 기사는 주장했다. 나뽈레옹 시대의 역사를 보아도 나뽈레옹의 부대에는 각 중대마다 종군위안부들이 6명씩 딸려 있었다는 것이다. 이러한 설명의 취지는 일본군을 변호하기 위한 것이 아니라, "이것이 한 국가의 하부조직과 인긴 역사의 실상"이라고 말하고 있다.

한 편지에는 당국의 견해——이것이 공공연히 설파된 적은 없지만——에 상당히 영향을 받은 것으로 보이는 의견이 표현되어 있다. 70세 된 퇴역 군인의 편지이다.

이 문제에 관해 함부로 조사가 이루어질 경우 이는 또다른 불의를 낳을 것이며, 보상에 대한 요구가 끊임없이 쏟아져나올 것이다. 중국과 한국에서는 물론이려니와, 멀리 동남아나 태평양 국가들로부터도 이런 요구들이 나올 것이다. 전쟁피해보상 청구권자들이 받아들일 만한 액수로 보상문제가 타결이 된다고 해도, 결국은 일본 국민들이 현재보다 몇배나 많은 세금을 내야 하는 지경이 될 것이다.

그는 일본이 과거의 잘못을 반성하고 다시는 이러한 잘못이 되풀이되지 않도록 해야 한다고 결론을 내리고 있다. 그러나 희생자 개개인에 대한 보상은 실질적으로는 불가능하며, 대신 일본측이 가능한 한 경제적 원조를 제공하는 것이 유일한 방법이라고 말했다.

또 일본에 살고 있는 65세의 한국인 사업가는 상호 호혜적인 삶의 방식을 선호하는 한국인들의 의견을 대표하고 있다. 그는 일본이 한국의 주권과 재산을 강탈했다고 말하고, 그러나 일본은 한국의 근대화에 많은 돈을 투자한 것이 사실이며, 한국 정권을 세운 지도자들은 당시 이미 도입되어 있던 근대적 교육제도의 이득을 본 셈이라고 말했다. 일본 지도부의 팽창주의는 "양 국민에게 상당한 고통을 안겨주었다." 위안부 문제도 사실은 갑자기 제기된 것이 아니고, 반세기 전으로 거슬러올라간다고 그는 말했다. 굳이 지금 이 시점에서 사죄와 보상 문제가 거론된다는 것은 한국 정부의 무성의를 드러내주는 것이라고밖에는 말할 수 없다는 것이다. 그는 또 이 '불행한 여인들'은 앞으로 살날이 얼마 남지 않았다고 말했다.

한국 정부는 이제 그들을 도와주어야 한다. …가해자를 탓하는 데는 아무런 용기도 인내도 필요없다. 그러나 가해자를 용서하는 것은 용기와 관용과 인내를 요구하는 일이다. 재일동포의 한 사람으로서 나는 한국 정부가 그러한 인내심을 가졌다고 믿는다. 어떠한가?

35세 된 한 회사원의 편지는 과거를 그저 그대로 묻어두고 싶어하는, 꽤 상당수의 태도를 대표한다. "위안부 문제는 비록 우리 전후세대와 직접적으로 연관되지는 않지만, 우리와 우리나라에 대해 제기되고 있는 매우 심각한 쟁점이다." 국가간의 장벽이 허물어지는 현대의 세계정세를 길게 설명한 다음 그는 이렇게 말한다.

한국인들이 국가적 차원의 보상 요구와 함께 갑작스럽게 들고 나온 과거의 위안부 문제는 현재와 미래 사회를 위해 최대의 노력을 경주하고 있는 우리에 대한 '심리적인 공격'이 될 우려가 있는 것이 아닌가 하는 느낌을 준다. 젊은 세대를 다시 과거의 한일관계로 끌고 들어갈 필요는 없다. 나는 역사에 얽매이기보다는 미래 역사의 창조를 위해 총력을 기울여야 한다고 본다.

이 편지의 논지는 며칠 뒤 한 학생의 편지에 의해 반박당했다. 그는 정작 '심리적인 공격'은 일본이 과거의 잘못을 제대로 보지 않고 이를 바로잡지 않는 것이라고 말했다. 반면 한국인 사업가의 편지에 대해서는 어떤 사람이 양국간의 좀더 균형 잡히고 희망찬 관계를 바란다는 의견과 함께 호의적인 논평을 보냈다.

또다른 주장들이 『아사히 신문』의 전쟁사 비평에 실렸다. 한 필자는 일본의 군부가 전쟁에 대한 책임이 있는 것은 사실이지만, 일본군에 의해 자행된 잘못을 너무나 가차없이 드러내는 것은 현재 세대와 그들의 자손들에게 자신감의 상실을 초래할 우려가 있다고 경고했다. 그는 또 이 증거로 걸프전 때 일본의 정책이 혼란스럽고 과단성이 없어 국제적인 웃음거리가 되었던 사실을 지적했다. "민족적 자긍심이 없는 나라에 미래가 있겠는가?"라고 그는 말하면서 위안부 문제를 지적했다.

『아사히 신문』에 나타난 것과는 달리 대부분의 위안부들은 위안부 생활이 가져다 줄 재정적인 이익에 매료된 것이다. 미군이 일본을 점령하고 오락을 위해서 카바레와 댄스 홀을 열라고 요구했을 때도 똑같은 상황이 벌어졌다. 전날까지만 해도 군수품공장에서 바지를 만들던 일본의 처녀들이 벌떼같이 몰려든 것이다. 이에 대한 불행한 기록들이 『아사히 신문』의 자료철에 남아 있을 것이다. 이런 식으로 역사를 자학하듯 파헤치는 일은 그만두어야 할 때다.

모든 여성들이 위안부의 주장에 동조한 것은 아니었다. 그들의 주장에 공감하면서도 이를 반박하는 주장을 내놓은 것은 한 소규모 여성단체였는데, 이들은 자신들이 여성이므로 남성우월주의라는 비판은 면할 수 있다고 생각한 듯하다. 가장 두드러진 인사는 한국과도 친교가 있는 자유직 언론인인 카미사까 후유꼬(上坂冬子)이다. 그녀는 초기의 동화정책으로 인해 한국인과 결혼해서 한국에 살고 있는 일본 여성들의 고초에 대해 쓴 바 있다. 토오꾜오 소송이 시작되기 전날이자 진주만 공습 기념일에 그는

『마이니찌 신문』에 일본이 언제까지나 사죄를 계속해야 하느냐는 내용의 기사를 썼다. 그녀는 저작권도 50년간 지속될 뿐이라고 말했다. 그는 일본만이 전적으로 전쟁의 책임을 져야 한다는 것에 반대하고, 이는 오랫동안의 작용과 반작용이 축적되어 절정을 이룬 것으로 보아야 하므로 그 책임을 져야 할 대상은 좀더 광범위하다고 주장했다.

1992년 2월, 카미사까 후유꼬가 쓴 또 한 편의 기사가 「아무도 말하려 하지 않으므로, 내가 감히 쓴다」는 제목으로 주간지 『슈우깐 포스트』(週刊ポスト)에 실렸다. 그녀는 왜 그동안 위안부 문제에 대한 진지한 토론이 없었는가를 묻는 것으로 글을 시작했다. "피상적인 동정이나 손쉬운 사과로는 과거에 그러한 고통을 겪은 이 여인들에게 도리어 모독이 되지 않겠는가?" 한편으로는 전투에 나선 군인의 영웅적인 이미지와 다른 한편으로는 '위안'을 바라는 군인의 이미지 간의 감정적인 긴장감을 언급한 후, 그녀는 위안부 문제에 관한 논의에 만연해 있다고 여겨지는 '그릇된 가정들'을 지적했다.

우선 한국인 징용자들은 일본계 미국인이 받는 것과 같은 의미에서 인종차별을 당하지는 않았다는 것이다. 그 이유는 한국인과 일본인은 다같이 일본 백성이었고, 국가총동원법은 양 국민에게 똑같이 적용되었기 때문이라는 것이다. 즉 전쟁이라는 상황에서는 어디나 인권이 무시되게 마련이라고 그녀는 말하고 있다.

둘째, 1905년의 을사보호조약과 뒤이은 한일합방은 영미동맹, 포츠머스 조약, 러일전쟁의 종결과 더불어 이루어졌고, 당시의 기준으로 보아 불법적인 조약은 아니었다는 것이다. 그녀는 서구의 박물관에 세계 각지에서 약탈해온 문화재들이 진열되어 있는 것을 비난하는 사람은 없다고 말한다. 즉 기준이란 시대에 따라 변한다는 것이다.

셋째, 일본은 한국에 대한 보상을 고려하지 않겠다고 한 것은 아니라는 사실이다. 일본과 한국의 관계는 이승만 대통령 시절에는 전면 금지되었고, 그의 하야 이후에야 협상이 재개되어 1965년 한일협정의 타결에 이르렀다는 것이다.

그녀는 또 몇년 전 센다 카꼬가 위안부에 대해 상세한 연구결과를 발표했을 때에는 정치적인 반향이 거의 없다가 최근에 갑자기 이 문제가 제기된 것에 의문을 표시했다. 그녀는 최근의 사태가 경제적인 동기에 의해서, 즉 일본에 모종의 압력을 가하거나, 남북한 관계 개선을 도모하려는 의도로 발생한 것이 아닐까 하고 추측한다.

카미사까에 의하면 그녀가 아는 한국의 언론인들은 이 사태가 애초에 한국 쪽이 아닌 일본에서 발단이 되었다고 말한다는 것이다. 이는 마치 몇년 전의 교과서사태와 같은데, 그때도 교과서의 용어들이 반동적인 방향으로 바뀐 것으로 일본 언론이 오해한 결과 논란이 빚어졌다고 한다. 카미사까는 위안부 문제가 어떤 종류의 사회변화를 꾀하는 과정에서 하나의 담보물로 이용된 것이 아닌가 하는 생각이 든다고 말한다. 그녀는 미야자와 총리의 사죄가 그것으로 문제를 해결하리라는 의도에서였건, 아니면 그저 시간을 좀 끌어보자는 생각에서였건, 잘못된 것이었다고 생각한다. 그녀는 자신이 원폭피해자에 대한 책을 썼음에도 불구하고 차라리 미국의 조지 부시 대통령이 일본 영토에 핵무기를 사용한 데 대해 사죄할 생각이 없다고 말하는 그러한 태도가 낫다고 생각한다. 그녀는 미야자와가 다음과 같이 말할 용기를 가졌어야 한다고 주장한다. "나는 위안부 제도가 일본군이 전투지역에서 현지 여성들의 피해를 최소화하기 위해 필요악으로서 채택되었던만큼, 지금으로서는 이에 대해 사죄할 준비가 되어 있지 않다." 그녀는 현재 일본 정부가 종전 후 47년이 지난 오늘에 와서 이미 오래 전에 폐지된 군대가 한 일에 대해 책임을 져야 한다고는 생각지 않는다고 말한다. 그러나 그녀는 위안부들이 개인적으로 피해에 대한 소송을 제기해서 적절한 보상을 받을 권리는 갖고 있음을 인정한다. 그녀는 이데올로기적인 개입은 단지 무의미한 혼란만을 초래할 뿐이라고 경고함으로써 글을 맺고 있다.

이 기사가 나간 후, 『슈우깐 포스트』에는 편지가 밀물처럼 쏟아졌다. 그중 반 이상은 카미사까의 의견에 찬성한다는 내용이었다. 이 보수적인 입장은 이 잡지 독자들의 성향을 보여주기도 하지만, 또한 어떤 필자가

'피학증적인 역사'라고 불렀던 것에 반발하는 상당수의 견해를 대변하는 것이기도 하다.

얼마 지나지 않아서 『슈우깐 포스트』는 후속 기사로 의회법 연구가이며 한일여성친선협회와 여성문제연구협회의 의장인 박정자와 카미사까의 대담을 실었다. 인쇄된 대담 내용은 꽤 예의를 차린 듯 보였지만, 카미사까의 보수적 입장과 이 사안의 감정적 성격으로 미루어볼 때 꽤나 열띤 대담이었던 것 같다. 카미사까는 평소대로 법적인 측면, 즉 전후 한국의 위치가 일본의 일부로 인식되던 과거와는 별개의 것이라는 주장을 되풀이했다. 그녀는 또 소송을 제기한 이들이 자기네 정부를 무시하고 개인적으로 행동했다고 비난했다. 그는 노태우 대통령이 일본을 방문했을 때 한국인들은 왜 일본의 점령에 대항하지 못했는가를 반성해야 한다고 한 말에 깊은 인상을 받았다고 말했다. 박정자의 주장은 양국의 진정한 우호관계는 과거를 제대로 인정하고 보상하는 데서 생겨난다는 것이었다.

각 여성단체에서 요약한 바에 따르면, 위안부 문제에 적대적인 주장은 대개 다음과 같은 범주로 분류될 수 있다.

- 전쟁중에는 불가피하게 극악무도한 일이 자행된다.
- 위안부는 질서와 건강을 유지하기 위한 필요악이었다.
- 주장만 되고 증거는 없는 강제구인을 제외하면, 위안부 모집은 그 당시의 적법한 절차에 따라 정식 계약을 통해 이루어졌다.
- 보상 건은 1965년 한일 기본조약에 의해 이미 타결되었다.
- 이 모든 논란은 대중들의 관심을 끌고 신문을 팔아먹으려는 일본 언론의 과대광고에 지나지 않는다.
- 과거는 과거이다. 더구나 대부분의 사람들은 그 과거를 악몽처럼 잊어버리고 싶어한다.
- 왜 한국인뿐인가? (그러나 이러한 주장은 위안부 문제의 범위를 넓히는 적극적인 맥락에서도 제기된다.)
- 이 일에는 한국인 포주들도 개입되었다.

• 위안부제도에 연루된 여성의 정확한 숫자를 파악하기는 불가능하다.
• 미래의 우호적인 관계를 위해서 이 문제는 덮어두는 편이 좋다. 이 문제를 거론하면 마찰만 생겨날 뿐이다.

보상 대신 위로금?

'보상을 대신할' 다소간 타협적인 방안을 찾기 위하여 다양한 논란도 있었다. 그중 한가지는 1987년, 타이완의 상이군인들과 유족들에게 각기 2만 엔을 지불한 것이고, 두번째는 1990년 노태우 대통령의 방일 이후 한국인 원폭피해자를 위한 기금을 마련한 일이다. 그러나 위안부 문제는 그 보상금 수혜자의 숫자나 신분을 정확히 파악할 근거가 지극히 미흡하다는 점에서 위의 사안들과는 다르다. 요시미 교수의 조사결과가 발표된 직후 타께무라(合竹村) 의원이 기금마련을 제의했을 때 카또오 관방장관은 별로 성의를 보이지 않았으나, 후에 정부 대변인은 이러한 기금마련에 호의적인 발언을 했다. 그 근거는 "이러한 기금마련이 개별적인 보상과는 달리 인도주의적인 접근이며, 따라서 엄밀한 증언도 덜 필요하므로, 이에 대해서는 즉시 고려할 수 있다"는 것이다.

민간단체들의 의견으로는 개개인의 모금을 받거나, 아니면 소비세나 군인연금 예산에서 유용하자는 의견이었다. 그러나 윤정옥 교수는 국제 사면위원회(Amnesty International)의 모임에서 오직 '보상금'만이 의미가 있다고 역설했다. 그녀는 '위로'라는 개념을 거부한다고 말했다. 위안부 심미자는 이와 비슷한 취지에서 '보상'이라는 말보다 '사죄금'이라는 말이 옳다고 말했다. 정부측 대변인은 한동안 그해 안으로 모종의 기획이 수립될 것을 시사했다. 나중에 적십자사(Red Cross)와의 연합을 토론하는 과정에서 새로 검토해야 할 자료들이 계속 드러나고 있으므로 당장은 이러한 목적을 달성하기가 힘들다는 발표가 있었다. 이 새로운 자료들은 전에 일본이 점령한 지역에서 나온 것들이다.

9. 각국 정부가 나서다

　　1992년 미야자와의 방한 시기에 한국측 활동가들은 위안부에 관한 공식 보고서를 만들겠다는 약속을 얻어내는 귀중한 승리를 체험했다. 그러나 그 결과 한일 양국에 설치된 조사위원회가 내놓은 결과는 매우 실망스러운 것이었다. 국가가 보유하고 있는 기록이 상당할 것으로 추정되었지만, 실제로 드러난 공식 자료들은 있으리라고 추정되는 것의 극히 일부인 것 같았다.

일본측 보고서

　　일본측의 조사위원회는 1992년 7월 6일에 「한반도 출신 종군위안부문제에 관한 조사 결과」라는 제목의 첫 보고서를 냈다. 그러나 제목과는 달리 여기에는 다른 나라 출신의 위안부들에 대한 자료들도 함께 들어 있었다.

　　이 보고서는 위안부제도에 관련된 모든 나라들에 대한 전반적인 사죄 발언의 근거가 되었으며, 또한 위안부에 관한 정보에도 중대한 기여를 했다. 또한 이 보고서로 인해 일본 정부는 처음으로 이 문제에 성의를 보인다는 인상을 주었다. 그러나 이 보고서에는 위안부들의 강제모집에 가장 깊이 연루되었으리라 보이는 경찰청과 노동성에서 나온 관계 자료가 전혀 포함되어 있지 않았다. 사실은 이곳에 소장되어 있는 자료가 바로 김학순 외 8명이 일본 정부에 제기하는 속임수, 위협과 강제구인 등을 증명하는 데 가장 중요한 것이다.

이 보고서에 참여한 정부기관은 다음과 같다.

국립경찰청: 내부자료들 이외에 각 현의 경찰본부에 조사를 요구했다.

방위청: 육·해·공 자위대와 방위대학은 물론 국립방위연구소에 소장된 사료들에 초점을 맞추었다.

외무성: 외교문서보관소의 자료들에 중점을 두는 한편, 과거의 내무성, 식민성, 대동아성, 특히 전쟁기간중 일본 영향권 내의 외교관계를 담당하던 대동아성의 자료들을 망라했다.

문부성: 각 현의 교육위원회에 조사를 의뢰했고, 개인도서관과 외국의 대학도서관을 비롯한 각종 공공도서관 자료들을 조사했다.

후생성: 퇴역관련 자료 및 군인·군속 명단을 조사했다.

노동성: 관계 기관과 지방직업안정소의 협조를 구하였다.

이 보고서에는 127건의 자료가 나와 있는데, 여기에는 요시미 교수와 다른 조사자들이 발굴한 자료도 포함되어 있다. 이 자료들의 출처를 보면 방위청에서 70건, 외무성에서 52건, 후생성에서 4건, 그리고 이미 출간된 바 있는 1건은 문부성에서 나왔다. 이 자료들이 다루고 있는 범위는 다음과 같다.

· 위안소의 설립 (4건)
· 위안부 모집인에 대한 관리 (4건)
· 위안시설의 건설 및 확충 (9건)
· 위안소의 관리 및 감독 (35건)
· 위안소 및 위안부에 대한 위생관리 (24건)
· 위안소와 관련된 사람들에게 신분증 등 발급 (28건)

위안부 모집에 관한 자료가 없다는 사실로 인해 위원회의 조사 범위가 미흡하다는 비판이 쏟아졌다. 요시미 교수, 각 여성단체, 그리고 후에는 한국 정부의 보고서까지도 이 점에 대해서 비판했다. 특히 각 지역의 경찰에 소장된 자료가 전혀 없다는 것이 눈에 띄었다. 가령 외무성의 자료들은 신분증 같은 일반적인 경찰업무만을 다루고 있었다. 노동성측에서 자료가 전혀 나오지 않은 것도 미흡하다고 지적되었다. 또 법무성은 네덜란드의 사례를 비롯한 전범(戰犯)재판에 관한 모든 자료들을 소장하고 있음에도 불구하고 이 조사에 관여하지 않았다. 방위청 도서 중에는 아직 일반에 공개되지 않은 전시 비망록 등이 많이 있다고 알려져왔다. 외무성 자료가 30년의 미공개 시한을 거쳐 공개되는 것을 제외하면, 일본의 모든 공식 자료들은 오직 해당 부서의 의사로 공공문서보관소에 공개되어야 일반인의 열람이 가능하다. 이때 공개 여부를 결정하는 데는 국가의 이익과 사생활 보호가 가장 중요한 고려사항임은 물론이다.

또한 활동가들은 이 보고서에 위안부제도와 실제로 연관되었던 사람들과의 면담이 부족하다고 비판했다. 일군의 한국인 위안부들이 면담을 자청하고 나섰으나, 그들의 요구는 받아들여지지 않았다. 일본의 3개 도시에서 받은 전화신고 프로그램 자료를 전혀 활용하지 않은 것, 미군의 엄밀한 보고서들과 오끼나와에서 하와이로 간 한국인들의 마이크로필름 명단 같은 외국 문서들을 제외한 것, 한국에 남아 있는 총독부 자료들과 일본 점령지역의 자료들을 조사하지 않은 것 등도 문제로 지적되었다. 카또오 관방장관은 언론과의 인터뷰에서 조사는 앞으로도 계속될 것이지만, '기술적인 어려움'이 있는데다가 위안부들의 사생활 보호도 고려해야 하므로 위안부들과의 면담은 고려하고 있지 않다고 말했다. 그러나 한국에서 이루어진 인터뷰 자료들은 충분히 고려하겠다고 말했다. 일본인 위안부들도 사죄의 대상에 포함되느냐는 질문에 카또오 장관은 대부분의 위안부들이 한국인과 타이완인을 포함하여, 당시에는 일본 국적을 갖고 있

었다고 답변했다. 또 그는 위안부들이 가난에 못 이겨 그러한 일을 하게
된 것이 참으로 애석한 일이라고 말함으로써, 군당국의 공공연한 강제구
인보다는 바로 이러한 사정으로 인해 위안부를 확보하는 일이 가능했다
는 암시를 강하게 비쳤다. 그러나 가난을 피한다는 것이 반드시 자발적인
매춘의 동기를 설명해준다기보다는, 오히려 가난했기 때문에 일자리를
주겠다는 기만적인 제안을 손쉽게 믿었다는 설명이 더 타당할 것이다. 요
시미 교수가 강조한 대로, 결국 속임수와 위협도 넓은 의미의 강제에 해
당하는 것이다.

위안부제도 자체에 대한 정보는 주로 방위청과 후생성 자료에서 나왔
다. 그러나 외무성 자료들은, 군당국이 자의적으로 앞장서서 만들었다고
설명할 수도 있는 위안부제도가 사실은 훨씬 광범위한 관의 개입에 의해
만들어졌음을 보여주는 귀중한 자료이다. 이 자료들은 대략 두 가지 범주
로 나누어진다. 첫째는 위안부제도와 관련된 신분증·여행허가서·여권
등의 발급에 관한 것이며, 둘째는 중국 영사관에서 나온 중국 지역의 위
안소에 관한 보고서이다. 이 두번째 범주에 속하는 자료들은 주로 영사관
소속 경찰에서 나왔는데, 이 기구는 일본을 포함, 중국에 있는 모든 식민
지 권력에 의해, 불평등조약하에서 부여된 자국민들의 치외법권에 따라
서 운영되었다.

위안부 모집과정에 대해 가장 근접한 내용이 들어 있는 외무성 자료들
은 바로 요시미 교수가 처음 발견한 5점의 자료들 가운데 첫번째로 기록
되었고, 그 내용이 암시하는 바 때문에 종종 인용되고는 하는 군사자료이
다. 위안부제도가 한창 개발되고 있던 1938년 3월 4일자로 육군성에서
발간한 이 서류는 북지나 파견군 및 중지나 파견군 참모장에게 보낸 것이
다.

본국에서 중국 사건(이는 당시 정식으로 선전포고를 했다는 인상을 피하기 위
해 사용된 공식 용어이다—인용자 주) 작전지역 내 위안소에 보낼 여성들을 모
집하는 데 있어서 군당국의 허가를 받았다는 주장을 공공연히 하고 다녀 군

의 위신을 손상함은 물론, 일반 대중들 사이에 오해의 소지가 생기고, 나아가 군수품 중개인이나 납품업자를 통해 위안부가 무차별로 모집되어 사회문제를 야기하는 사례가 발생하고 있다. 이와같이 부적격자가 위안부 모집에 관여함으로써 납치 등의 사례가 빈번하며, 경찰에 고발되어 경찰 당국이 조사에 나서는 일이 벌어지고 있다. 그러므로 향후로는 파견군측이 위안부 모집을 담당하는 자의 인선에 만전을 기함은 물론, 관련 지역에서 경찰과 군의 협조를 공고히하여 군의 위신을 유지하고 사회문제가 발생하지 않도록 배려해야 할 것이다.

같은 시기에 같은 맥락에서 나온 외무성 문서는 1938년 2월 23일자로 되어 있는데, 내무성 경찰국장이 각 현의 지사에게 보낸 것이다. 당시 현지사는 내무성에서 임명하여 선거에서 선출된 의원보다 지위가 높았다. 이 문서의 제목은 「여성의 중국여행에 따른 수속」이다.

　최근 중국의 여러 지역 (즉 일본 관할권을 말함—인용자 주)에서 질서가 회복되면서 이 지역으로 여행하는 자의 숫자가 늘고 있는바, 이 중에는 식당, 까페, 유곽 등을 운영하는 업자와 연관되거나 직접 이러한 업소의 운영에 종사하는 부녀자들이 적지 않다. 내지에서는 이러한 여성들을 모집하거나 중개하는 사람들의 수가 증가하고 있는 한편, 군당국의 양해가 있는 것 같은 무책임한 주장을 하는 경우가 많다.

이 공고는 여성들이 이러한 여행을 할 필요가 있다고 인정한 후, 다음과 같이 이어진다.

　이러한 모집과정에 적절한 통제가 없으면 이는 제국의 위신과 황군의 명예에 손상을 가져올 뿐만 아니라 후방, 특히 현재 출정중인 병사의 가족에게도 바람직하지 않은 영향을 줄 수 있다. 또 한편으로는 이것이 부녀 매매에 관한 국제조약에 위배되지 않는다는 보장도 없다.

뒤이어 다음과 같은 지침이 전달된다.

　1. 당분간 매춘을 하고자 하는 허가 받은 매춘부나 만 21세 이상의 여성들이 여행하는 것을 암묵적으로 양해함. 이들에게는 외무성 절차에 따라 신분증이 발급될 것임.
　2. 계약기간이 완료되거나 더이상 필요없게 될 경우 여성들에게 귀국하라고 지시할 것.
　3. 신분증은 개별적으로 경찰서에 신청할 것.
　4. 신청자는 같은 주소에 거주하는 친인척 어른이나, 집안 어른의 허가를 받아야 하며, 그렇게 하지 못할 경우에는 사유서를 제출해야 함.
　5. 부녀자 매매나 납치에 의한 것이 아닌지 확인할 수 있도록 계약서 등을 엄밀히 조사할 것.
　6. 이러한 도덕적인 문제와 연관되는 모집업무에 종사하는 자가 군당국의 허가를 받았다거나 군당국과 접촉이 있다는 등, 군과 관련된 무책임한 주장을 할 경우 단호한 조치를 취할 것.
　7. 이러한 모집업무를 담당하는 사람들을 철저히 조사하여, 외국의 외무관청이 발급하는 적절한 허가서와 신분증을 갖추지 못했거나 수상한 자는 인정하지 말 것은 물론, 과장광고나 사실왜곡을 철저히 단속할 것.

위에 언급된 국제조약이란 매매춘을 목적으로 한 부녀자 매매에 관련된 일련의 협약을 말한다. 이 협약은 21세 이하의 여성을 모집하거나, 속임수·위협·강제구인 등의 방법을 사용하는 것을 금지하고 있다. 일본은 자유주의적이며 유화적인 국면이던 1925년에 이 조약에 가입했다. 그러나 그 조약의 마지막에는 식민지를 소유한 나라의 경우, 식민지는 그 조약의 적용 범위에서 제외할 수 있다는 단서가 달려 있고, 일본은 한국·타이완·남만주 지역의 꽝뚱 조차지, 남사할린과 미크로네시아의 위임 통치지역에 대해서 그렇게 했다. 이는 일본 여성의 경우 이 조약의 보호를 받을 수 있지만 일본 식민지인 국가의 경우는 그렇지 못했다는 것을 의미한다.

이 서류에는 세부사항이 무궁무진하다. 그중에서 큐우슈우에 있는 한 현의 지사가 외무성에 문의한 자료에 의하면, 실제로 진행된 절차가 어떠 했는지를 알 수 있다. 이 자료에 의하면 지난(濟南)의 한 주민이 지역 총 영사로부터 '호스티스'를 고용하기 위하여 일본으로 귀국할 허가서를 받 았는데, 이제 그들을 다 모집하여 그 여자들의 신분증을 내달라는 신청서 를 냈다는 내용이다. 지사는 위안소의 신분증을 발급하기 위해 근거 자료 로 외무부서의 증명서를 사용해야 하는지 아니면 군당국의 증명서를 사 용해야 하는지를 문의하고 있다. 답신의 내용은 2월 23일자 공문에 진술 된 한도 내에서 시행하라는 것이었다.

군대 내에서의 절차는 일정한 것이 아니어서 민간 행정당국의 위상이 손상되는——전시에는 흔한 일이지만——일이 종종 있었다. 그러한 예 는 1939년에 한커우 총영사와 외무성 간에 오고간 서신이다. 외무성의 문의는 내무성에서 내려온 공문에 관한 것이었다. 이 서신에 의하면 한커 우에 주둔하고 있는 부대에서 시꼬꾸에 있는 병사들의 고향 현 출신 위안 부들 50명을 그 지역 군부대의 협조로 직접 모집하여 여행신청서를 냈는 데, "다른 대안이 없어서 비공식적으로 허가했다"는 것이다. 외무성은 총영사가 이것을 사전승인한 것이 아닌지 묻고 있다.

총영사의 답신은, 그 부대는 총영사와 접촉한 적이 없으며, 지역 부대 사령부로부터 알게 된 바에 의하면 그 부대가 정상적인 군당국의 허가체 계를 따르지 않았다는 것이다. 그럼에도 불구하고 이미 그 부대가 모든 일을 이미 다 마련해놓고 있어서, 사후에 동의하는 수밖에 없었다는 내용 이다. 그 부대는 또 총영사에게 위안소 설치를 감독해달라고 요구하기도 했다. 그해 같은 부서에서 나온 다른 자료를 보면, 그 지역에 군 병참본 부나 헌병대, 혹은 총영사의 허가를 받은 위안소가 20여 개나 되었다는 것이다. 이 지역 등지로 한몫 잡으려는 업자들이 물밀듯 쏟아져들어왔 고, 그래서 숙소나 써비스가 문제로 제기되었다. 외무성은 불순분자들이 아무 통제도 받지 않고 여행하는 일이 없도록 절차를 강화하라고 지시했 다.

1940년, 왕징웨이 정부가 설립되고 나서, 사회안정을 위해 통제를 강화하려는 움직임이 있었다. 한 외무성 회람에 의하면 개인적인 목적이든 사업상으로든 중국 여행을 위한 신분증은 육군성 혹은 해군성의 허가를 받거나, 영사관 경찰의 허가를 받아온 사람에게만 발급하라고 되어 있다. 또 이와 관련해서 경찰에 내린 지시에 의하면 경찰이 군대의 군속이나 고용인에 대한 사법권은 없지만, 그러한 신분을 사칭하는 것을 철저히 경계해야 하며, 1940년 5월 20일을 기준으로 위안부의 수를 동일하게 유지하려고 자리를 메우는 목적일 경우에만 '특별 여성요원'의 신분증을 발급하라는 것이었다. 이 여성들에는 게이샤, 호스티스, 웨이트리스, 군대 위안소의 고용인 등이 포함되었다.

난징과 상하이에서는 이러한 문제를 육군·해군·외교 대표부가 연합하여 관리했다. 1938년 난징에서 합의된 내용은 다음과 같다.

- 영사는 순전히 군인들을 위한 위안소 문제에는 관여치 아니한다.
- 영사관의 경찰은 민간인들도 이용하는 위안소 운영업자들을 감독하고, 헌병대는 이 위안소에 출입하는 군인들을 감독한다.
- 헌병대는 필요에 따라 이들에 대해 모종의 조치를 취할 수 있다.
- 사단 병참본부는 민간인용 위안소를 군인용 위안소와 통합할 수 있다.
- 위안소가 설립되면 군당국은 총영사에게 위안소 운영 상황 및 운영업자의 인적 사항을 상세히 보고한다.

외무성에서 이들과 주고받은 문건에 의해서 중국 난징과 상하이 등지에서 1938~39년의 위안소 상황이 어떠했는지 다음과 같이 짐작할 수 있다.

상하이: 해군 위안소 7개소, 위안부 300명.
항저우: 위안소 업자 4명, 위안부 36명.

치우챵: 위안소 24개소, 일본인 위안부 107명, 한국인 위안부 143
명.

우후: 위안소 6개소, 일본인 위안부 48명, 한국인 위안부 22명.

한커우: 위안소 20개소, 게이샤·매춘부·호스티스 398명. (한 장교
의 비망록에 의하면 20개소의 위안소 중 11개소는 한국인이 운영하고
있었으며, 150여 명의 한국인 위안부가 있었다고 함.)

난창: 위안소 11개소, 일본인 위안부 11명, 한국인 위안부 100명.

샤먼: 해군 위안소 1개소, 4명의 여성 운영업자와 11명의 위안부.

1932년 말 이 지역에 거주하는 일본인의 직종에 관한 총영사의 보고서
는 해군 위안소의 역사와 매우 특별한 연관이 있다. 그 보고서에 의하면
그해에 17개소의 위안소가 새로 세워지고 3개소가 문을 닫았으며, 연말
에는 총 17개소가 운영되고 있었다고 한다. 이는 그 이전에 최소한 3개소
의 위안소가 있었다는 의미이며, 따라서 오까무라 야스지 장군이 1932년
에 해군의 전례를 따라 육군에도 위안소를 도입하겠다고 한 발언과도 일
치하는 것이다. 이는 아마도 '카이군 이안죠(해군 위안소)'라는 명칭이
공식적으로 사용된 최초의 문서일 것이다. (육군 위안소는 그냥 '이안죠'
라고 불렀고, 육군이든 해군이든 위안부들은 '쥬우군 이안후(종군 위안
부)' 혹은 줄여서 '이안후'라고 불렀다.)

1941~42년 꽝뚱, 샤먼(廈門), 한커우, 수아터우 등에서 보내온 영사
관 보고서에 의하면 이 시기에 일본인들이 이들 점령지역으로 이주해온
것을 알 수 있다. 이 보고서가 다루고 있는 11개월간의 통계에 의하면,
군용 식당과 위안소는 꽝뚱에 86개소, 샤먼에 39개소, 한커우에 8개소,
수아터우에 4개소, 홍콩에 22개소였다.

타이완에서 중국 본토의 군용 식당이나 위안소에서 일하기 위해 여행
한 것과 관련해서, 전 식민성에서 나온 자료에 의하면 1938년에서 41년
사이에 매달 많은 숫자의 신고서가 제출되어 있다. 이는 각 지역의 지사
가 신분증 발급과 중국 여행을 위한 여권 발급을 위해 총독부에 제출한 것

이다. 그 숫자에는 일본인, 한국인, 타이완인 등이 포함되어 있으며, 행선지는 중국 북부·남부 지방과 상하이이다. 타이뻬이나 까오슝 지역을 제외하면 여행자의 수는 매우 적으며, 타이뻬이 등지의 경우에도 1938년 말과 1939년 초에만 겨우 100여 명을 넘었을 뿐이다. 그중에서도 일본인 들의 수가 가장 많았는데, 그나마 1939년 이후에는 수가 급격히 줄어들어 30명 이하가 된다.

1942년 이후 외무성 자료가 전반적으로 줄어든 것이나 여행자 수가 줄어든 것은 절차상의 변동 때문인데, 이에 관한 자료는 매우 빈약하다. 이에 관한 증거는 1942년 1월, 타이완 총독부와 외무성 사이에 오고간 서신에 드러난다. 타이완 총독부는 외무성측에 남아시아의 점령지에 위안소를 설치할 목적으로 여행을 하는 데 따르는 절차에 관해 문의했다. 외무성측의 답변은 그런 여행은 군당국의 허가만 받으면 된다는 것이었다. 초고로 써놓은 몇줄은 지워져 있으나 해독은 가능한 정도인데, 지워진 구절들은 "여권 발급이 부적합하다", 그리고 "해군의 선편을 이용해서"라는 내용이다.

일찍이 민간 행정당국의 권위가 군당국으로 대치된 상황의 예는 앞서 언급한 1942년 3월에 타이완과 육군성 간에 오간 서신에서 드러난다. 이 서신의 내용은 민간 행정당국에 전혀 보고하지 않은 채, '현지' 여성들을 남아시아 방면의 위안부로 후송하는 내용이다. 토죠오 히데끼(東条英機) 장군이 육군성뿐 아니라, 내무성의 자리까지도 담당하게 되었다는 것은 군이 당시의 정국을 완전히 지배하고 있음을 보여주는 상징적인 사건이다. 또 1943년, 사이공과 하노이 지역에서 위안부를 포함한 군속의 여행 및 거주 절차에 대해 군당국이 지시하는 과정에서는 동아시아의 외교업무를 대동아성이 관장하게 되었음이 드러나 있다.

한국에 관해서는 이러한 종류의 문헌이 거의 없다. 일본에서 한국이나 만주국으로 여행하는 데는 공식적인 절차가 거의 필요치 않았다. 1942년 이후 총독부에서 식민성으로 중국 여행을 위한 신분증 발급을 신청한 것은 몇건에 지나지 않는다. 이들은 주로 일본인과 한국인이며, 행선지는 중국 북부·중부·남부이다. 허가 받은 매춘부들의 경우에는 1941년 하반기에 일본인 21명과 한국인 381명이 신청했다. 1942년 상반기에는 일본인 32명과 한국인 286명이 있었다. 이는 다시 말해서 직업매춘부들이 자발적으로 중국으로 가서 위안부 노릇을 했다는 증거가 되는 것이지만, 이것은 다른 수단에 의해 위안부를 모집한 것과는 별개의 사안이다.

한국 정부의 보고서

한국 정부측의 보고서는 1992년 7월 31일, 일본측의 보고서가 나온 지 몇주 후에 발간되었다. 「일제하 군대위안부 실태조사 중간보고서」라는 제하의 이 보고서는 정신대문제실무대책반(이하 '실무대책반'으로 약칭)이 펴낸 것으로 되어 있다. 여기에는 일본 정부측 보고서에 대한 상세한 검토와 미군측 보고서, 자료 수집을 위해 2개 도시에 설치한 '희생자 신고쎈터'를 통해 신고된 내용의 요약 등이 들어 있다. 그러나 이 신고 내용은 익명으로 되어 있고, 그 이전에 나온 사례들과 마찬가지로 지극히 일반적인 내용으로 새로이 추가된 내용은 없다. 또 근로정신대 모집에 관한 학교 기록을 제외하면 다른 자료들에 관한 언급도 전혀 없다. 교육부에는 245건의 정신대 모집 기록이 남아 있는데, 이 중 한 건은 고등학교 것이고 나머지는 국민학교의 기록이다.

이 보고서는, 이 작업이 무엇보다도 일본과의 참된 우호관계를 이룩하려는 취지에서 이루어진 것이라는 점을 밝히면서 시작된다. 그런데 위안부 문제가 그러한 우호관계에 장애가 된다는 것이다. 이 보고서는 외무부 동아시아국장을 대책반장으로 하고 17개 정부 부서가 참여한 실무대책반의 활동을 보고하고 있다. 이 보고서는 여성단체들의 노력을 높이 사고 있지만, 초반에 보인 정부측의 관심을 과장되게 강조하는 경향을 보이기도 한다. 실무대책반은 월례 및 특별 모임을 갖고 1992년 말까지 이 모임을 지속하기로 했다고 말한다. 외국의 외교 공관들에도 위안부의 존재 여부에 대해 조사하라는 지시가 내려졌다고 한다.

희생자신고쎈터는 1992년 2월 25일부터 6월 25일까지 운영되었다. 여기 신고된 내용은 총 392건인데, 이 중 근로징용이 235건이고 그 가운데 생존자는 139명이었다. 위안부에 관한 신고는 155건이었는데, 이 중 생존자는 74명이었다. 이 보고서는 근로정신대와 위안부를 구분할 필요가 있다고 강조하면서, 근로정신대가 위안부로 되는 일은 드물었다고 말한다. 일본인들은 '모집방법의 야만성을 은폐하기 위해' 정신대라는 교묘한 말을 사용했고, 이 용어가 한국 내에서는 군대위안부와 혼용되고 있다는 것이다.

이 보고서는 일본 정부측의 보고서가 위안소 설치 방법, 위안소의 위치와 수, 위안부 모집방법, 생활조건, 요금 및 급여조건 등에 관한 것을 포괄적으로 다루지 못했다고 비판했다. 한국 외무부는 지속적인 조사를 역설하고 문제 해결 의지를 천명하고 있다. 뒤이어 역사적인 개관이 이루어지는데, 여기서는 주로 시베리아 출병, 1932년과 1938년의 상하이 상황, 만주국에서의 위안부 모집 등등에 요시다의 저서까지 검토하고 있다. 여기에는 직업적인 매춘부가 위안부로 되는 과정에서, 속임수 협박, 물리적인 힘을 동원하여 위안부를 모집하는 단계가 서술되어 있다. 이 보고서는 일본 군대의 병참본부가 위안부제도의 조직적인 바탕이 되었음을 지적한다. 이 보고서는 또 익명으로 제보된 13건의 사례들을 간략하게 소개하고 있다.

한국의 위안부

1938년 8월 왜경의 놋그릇 상납 요구 및 창씨개명 반대 이유로 가족이 경찰서로 연행되었는데, 이장의 권유로 애국봉사대에 지원하면 아버지가 석방될 수 있다기에 스스로 지원하였으나 그 길로 종군위안부로 끌려 갔으며, 위안소(자카르타)로 연행되어가는 도중 꽝뚱에서 불임수술을 받았다. 1946년 3월경 미군들의 도움으로 자카르타에서 배를 타고 귀환하였다.

1943년 1월 혼자 집을 보던 중 낯모르는 신체 건장한 남자 2명이 찾아와 볼일이 있으니 무조건 나오라며 강제로 끌고 가 최초로 하차한 곳이 만주 하얼삔이며 그곳에서 이동하여 용광현에서 계속 생활하였다. 하루에 20여 명을 상대했으며 한국말을 하거나 남자 받기를 거부하면 매를 맞았다.

1940년 일본 경찰이 와서 출동하지 않으면 가족 모두 죽인다고 위협하여 오오사까로 연행되었다. 그곳에서 하루에 5~7명의 남자를 상대했으며, 한 달에 한번 정기검진을 받았다.

1942년 징용에 끌려가서 창고에 감금되어 하루에 세 번씩 성행위를 강요당했다. 국외로 끌려간 내용은 없다.

1938년 동네 어귀에서 언니와 쑥을 뜯던 중, 일본 경찰이 강제로 차에 태워 끌고 갔다. 부산, 오오사까를 거쳐 홋까이도오로 갔으며 여기에 약 일년간 살았다. 그리고는 오오사까로 돌아왔는데, 너무나 학대가 심해 정신분열 증세를 보였으며, "군인들이 산속에 내다 버렸다." (이 사례는 윤정옥 교수 일행이 코오베 지역의 정신병원을 방문했을 때 만난 위안부의 사례와 거의 일치한다. 그 경우에는 의사소통이 거의 불가능했다고 한다.)

설탕공장에 취직시켜준다고 해서 따라갔다가, 1937년부터 해방까지 남양군도 팔라우섬과 그 부근의 섬지역에서 위안부 노릇을 했다.

1941년 2월경 일본인 여자 2명과 한국인 남자 1명이 부산의 한 공장에서 50여 명의 여성들을 취직시켜준다고 데려갈 때 그 속에 포함되어 있었다. 공장으로 가는 대신 그들은 일본으로 끌려가 위안부가 되었다. 1일 12~15명의 군인들을 상대했으며, 군부대 이동에 따라 싱가포르, 난징, 만주 등지로 옮겨다녔다. 일체의 영외 출입이 금지되었고, 연령이 높은 사람은 반 이상 사망했다.

1942년 16세의 나이로 만주 묵덴 기차 여행중 옆자리의 군인에게 일방적으로 끌려갔다. 군 영내의 막사에 중국 여성들을 포함하여 약 20명 내외가 수용되어 위안부 생활을 했다.

1944년 방직공장에서 야간조업중 일본 군인 15명 정도가 무장하고 들어와 일본에서 간호원으로 일하게 될 것이라고 말했다. 눈치 빠른 사람들은 미리 도망갔으나, 나머지 49명은 연행되어 위안부가 되었다.

(사례의 내용은 정신대문제실무대책반, 『일제하 군대위안부 실태조사 중간보고서』, 1992, 제3부 69~75면 참조—역주)

여성단체의 대응

1992년 10월 13일, 한국정신대문제대책협의회는 일본측의 보고서에 대해 미야자와 총리 앞으로 다음과 같은 공개 서한을 보냈다.

일본이 저지른 전쟁범죄 가운데서도 위안부 문제는 세계사에 유례없는 가장 비인간적이고, 잔혹한 민족적 범죄입니다. 우리는 이 문제에 관한 숨겨진 사실이 드러나고, 희생자들에게 사죄와 보상이 이루어져야 한다고 지속적으로 요구해왔습니다. 이는 그동안 박탈되었던 위안부들의 인권을 회복시켜주는 문제입니다. 이는 또 한일관계의 왜곡된 역사를 바로잡고, 이러한 범죄행위가 다시는 되풀이되지 않도록 온 세계에 경종을 울리기 위함입니다.

이 편지에는 또 일본측의 보고서가 "제목의 나열에 불과하고, 피해의 구체적인 내용과 명령계통, 책임소재 등을 전혀 언급하지 않은 불성실한 보고서"라고 비난했다. 정대협은 위안부 문제를 유엔의 인권소위원회에 상정했고, 세계가 사실 확인과 사법 처리에 관심을 기울이고 있다고 말했다. 일본과 미국 정부는 증거를 폐기하거나 은폐했지만 한국, 필리핀, 기타 아시아 지역에서 증거와 증인들이 속속 등장하고 있다는 것이다. 타개책으로 정대협은 다음과 같이 제안하고 있다.

우리는 귀 정부가 최근 위안부들을 위해 '보상금 대신으로' 위로금 지급을 위한 기금마련을 고려하고 있다는 보도를 접하고 동요과 분노를 금할 수 없었습니다. 귀국 정부의 이러한 움직임은 국제적 관심사로 떠오른 수치스러운 범죄를 한시 바삐 덮어버리려는 욕구에서 나온 미봉책일 뿐입니다.

우리는 귀국 정부가 보상문제는 1965년 한일협정으로 모두 타결되었다는 입장을 취하고 있음을 알게 되었습니다. 그러나 되풀이해 말하건대, 위안부 문제는 당시에 논의된 바 없습니다. 귀하와 귀국 정부는 강행규범에 의해서 개인의 권리는 국가간의 협약에 의해 말살되는 것이 아니라는 것을 깨달아야 할 것입니다. 이에 우리는 '보상을 대신하는 조치로서' '생계기금'을 언급하는 것이 비합리적이고 기만적인 발상이라고 주장하는 바입니다.

위안부 출신 여성들 역시 그러한 위로금은 다시 한번 모욕을 당하는 꼴이므로 받지 않겠다고 말했다고 한다. 정대협은 진정한 위로 조치는 한국인들 사이에서 이루어져야 하며, 위안부들을 위한 거국적인 기금마련운동이 벌어지고 있음을 시사했다. 그러므로 일본의 필수적인 역할은 사실을 밝히는 것이라고 이들은 주장하고 있다. 마지막으로 이 편지는 이렇게 말한다.

결론적으로 우리는 귀국 정부가 위안부 문제나 전시·전후 책임의 문제를 청산하지 않은 상태로 외국에 평화유지군을 파견하는 것이나 유엔 안전보장이사회의 회원국이 되는 것에 대해 깊은 우려를 느끼지 않을 수 없습니다. 우리는 귀국이 국제사회에서 진정으로 귀국의 경제력에 걸맞은 기여를 하려 한다면, 과거의 전쟁범죄 문제를 해결하는 데서 시작해야 한다고 강력하게 촉구하는 바입니다.

북한측 보고서

1992년 9월 1일 북한에서도 남한과 비슷한 취지의 보고서가 간행되었다. 그러나 북한측의 보고서는 그 비분강개하는 정도에 있어서 남한측 보고서를 능가하려고 한 흔적이 역력하다. 북한측 보고서는 세계에서 실질적으로는 마지막 남은 순수 스딸린주의 국가라는 위치에 걸맞은 스타일을 성공적으로 구사하고 있다. 이 보고서는 「고발: 일본 정부는 ‘군대위안부’ 문제의 진상을 밝히고 진심으로 사죄해야 한다」라는 제목으로 발간되었다. 이 보고서는 ‘군대위안부와 태평양전쟁 희생자 보상을 위한 대책위원회’에서 만든 것으로 되어 있으며, 국제문화관계위원회 부의장인 오문한을 위원장으로 하고 있다. 이 보고서는 다음과 같이 시작된다.

최근 일본에서는 과거에 일본군이 아시아 국가, 특히 한국의 여성들을 ‘황군’의 성노예로 강제징집한 잔혹한 전쟁범죄가 드러나 세계인의 분노를 사고 있다.

‘군대위안부’ 문제는 인류역사, 혹은 군대의 역사상 전례를 찾아볼 수 없는 가장 비겁하고 부도덕한 범죄라고 한다. 군대위안부로 강제징집되어 ‘황군’에게 능욕당한 여성들이 겪은 수치와 모욕은 너무나 비인간적인 사건으로서, 인간성과 도덕성을 높이 사는 사람이라면 누구나 좌시할 수 없는 문제이다. 그럼에도 불구하고 일본 정부 당국은 이제까지 과거 일본군이 거리낌없이 저질러놓은 과거의 범죄에 대해 진지하게 반성하는 태도를 보이지 않고 있다.

역사에서 교훈을 얻지 않으려 함은 과거의 오류를 되풀이한다는 말과 통한다. 본위원회는 세계의 모든 진보적 인사들과 국제기구, 정부, 사회단체 들과 발맞추어 일본군의 과거 범죄에 대해 성실하게 사죄하려 하지 않는 일본 정부의 행위에 이목을 집중시키고, 다시는 ‘군대위안부’ 같은 비인간적인 악행이 저질러지지 않도록 하기 위해 이 보고서를 발간하는 바이다.

이 보고서에는 뒤이어 1992년 일본과의 정상화 회담을 계기로 표면화된 리경상의 사례가 소개되어 있다. 리경상의 남편은 그녀가 겪은 고초를 알지 못한 채 최근에 사망했다. 리경상은 남편이 사망하고 나서 일본 정부에 대해 증언을 하겠다고 나섰다. 1929년, 12살의 나이로 리경상은 다른 8명의 여자들과 함께 군수품공장에 딸린 위안소로 끌려갔다. 1933년 그곳에서 탈출할 때까지 그녀는 거기서 매일 10여 명의 공장관리자들과 보초를 서는 군인들을 상대했다. 보고서에는 그녀와 다른 두 명의 위안부가 어떻게 보초를 취하게 만들어 그 위안소를 탈출했는가를 상세히 기술하고 있다. 장교들은 잔치를 열어 여자들의 시중을 받으며 실컷 퍼마시곤 했지만, 계급이 낮은 보초들은 술을 마실 여유가 없었다. 그들은 소주를 조금씩 모아서 한 병을 가득 채웠다. 보통 큰 병에 하나 가득 채우면 5.5 리터 가량 되었다. 이는 경비들을 취하게 하기에 충분한 양이었다. 세 사람은 위안소를 탈출해서 헤어졌다. 리경상은 망명했다가 결혼하여 전쟁이 끝날 때까지 중국에서 살았다.

이 보고서에 나와 있는 역사적 설명은 대개 일본측 자료를 통해 알려진 사실들이다. 이 보고서는 "이러한 범죄는 그 추악함과 야만성에 있어서 나찌를 능가한다"고 논평하고 있다. 위안부의 총규모는 '수십만명'에 달할 것이라고 추산하고 있다. 특히 이 중에는 학교에서 징집한 12, 3세의 소녀들이 위안부가 되는 일도 많았다고 한다. 북한측의 보고서는 다른 어떤 조사보다도 위안부들이 겪은 끔찍한 사건을 집중적으로 강조하고 있다. 이 이야기들이 좀더 개방적인 사회에서 나왔더라면 훨씬 자신감있게 서술될 수도 있었을 것이다.

북한의 위안부

가난한 집에서 태어나 지주의 집에 하녀로 팔려갔다가 힘든 일에 지쳐 '노동자'가 되면 좀 나아지지 않을까 하는 희망에서 제안을 받아들였다. 그리고 나서는 남방 전선에 위안부로 끌려갔다.

이장이 호송하여 일본군 부대에 감금하였다가, 수백명의 다른 여자들과 부산에 집결하여 인도네시아로 갔다. (이런 설명에서 남한 경우와는 달리, 한국인 상류층이나 일본에 협력한 한국인에 의한 억압이 강조된다.)

위안부로 가게 된 것은 "천황에 대한 의무를 다하라"는 장교의 명령과 그렇게 하지 않는 사람은 목을 베겠다는 협박 때문이다.

완강하게 저항하던 한 여성은 본보기로 사지를 말에 묶어 찢어죽였다. (이러한 처형방법은 칭기즈 칸 시대의 몽고족에서 연유한 풍습이라 함.)

목욕을 하지 않겠다고——남자들이 가까이 오지 못하게 하려고 그랬던 듯함——저항하는 30세의 여자를 나무에 거꾸로 매달아 총대로 후려치고 젖꼭지를 잘라낸 후, 국부에 총을 쏘아 죽였다.

포로로 잡혀 참수된 중국인의 머리를 삶은 물을 마시라고 강요당했다.

북한측 보고서는 결론적으로 일본 정부가 최근에야 이 문제에 대해 인정한 것을 두고 '기만적이며, 인간성에 대한 도전'이라고 공격했다. '제1차 정상화 회담부터' 북한측은 일본 정부에 이 문제에 관한 조사·출판·사죄를 요구했으나, 일본 정부는 1992년 1월 새로운 증거들이 드러나기 전까지는 이 문제에 공식적으로 개입하기를 거부해왔다고 북한측은 주장했다. 이성을 지닌 일본인이라면 일본 정부가 약속한 조사라는 것이 회피수단이라는 것을 깨달았을 것이라고 보고서는 말하고 있다. 또『아사히신문』의 한 기사를 인용하여, "국가와 국민은 탈냉전시대의 세계에서 인정을 받고, 세계사의 주류에서 소외되지 않기 위해서라도 전쟁의 책임을 인정해야 한다"고 주장했다.

1992년 5월 UN 인권소위원회의 '현대의 노예제에 관한 특별조사단' 제17차 회의에서 국제교육개발법인(International Educational Development Inc.) 대표는 일본이 1932년 조인한 강제노동에 관한 조례에 보상의 근거가 있다고 지적했다. 일본은 여성 강제노동·미성년자·학생, 40세 이상 성인의 징집을 비롯하여 이 조례의 거의 모든 조항을 위반했다.

이어서 북한의 보고서는 7월 6일에 나온 일본측의 보고서가 더욱더 세계인의 분노를 일으켰다고 서술하고 있다. 북한은 일본측의 보고서가 강제연행에 의한 위안부 모집에 관한 증거가 없다는 이유로, 가해국으로서 일본이 담당한 주요한 역할을 분명히 드러내지 않았다고 주장했다. "기술적인 어려움과 형평성의 문제 때문에" 일본측의 보고서는 요시다 세이지 같은 사람의 구두 증언을 채택하지 않았다는 것이다. 이는 결국 "세계인을 모독하는 반(反)국제적인 도발"이며, 일본측 대변인 역시 대부분의 위안부들이 일본 국적을 가졌다고 주장함으로써 사실을 왜곡하고 있다는 것이다. 이는 한국인 출신 위안부들이 압도적으로 많다는 사실을 은폐하는 것이다.

북한측의 보고서는 일본측 보고서에 대한 세계 각국의 반응을 나열하면서 끝을 맺는다. 여기에는 인도네시아 정부, 필리핀 신진보연합, 네팔·미국·이딸리아·오스트리아·자이레의 언론보도가 포함되어 있다.

우리는 세계인의 양심과 정의감에 호소하여, 군대위안부 문제에 대한 일본 정부의 무성의한 태도를 더욱 강력하게 비난할 것을 촉구한다.

북한은 1992년 1월 미야자와가 남한을 방문한 때부터 위안부 문제에 공식적으로 관련된다. 북한측 국제부 대사는 위안부 문제는 북한에도 해당된다고 지적하면서 일본이 너무 남한측에 편향되어 있다고 비판했다. 북한은 이 문제가 일본과의 관계 정상화를 위해서 반드시 해결되어야 한다고 주장했다. 다음날 일본 정부는 공식 기자회견을 열어 일본측의 사죄가 북한의 경우에도 마찬가지로 적용된다고 해명했다. 이와 동시에 일본측은 남한의 언론이 이 문제를 과도하게 집중적으로 다룬 데 대해 유감을 표명했다.

일본과 북한 간의 제6차 정상화 회담은 뻬이징의 북한 대사관에서 열렸다. 일본 대사는 일본측의 사죄가 북한측에도 해당된다고 다시 공식적으로 밝혔다. 북한 대사관 대표는 남한측이 추진하는 보상문제를 적극 지원하겠다고 말했고, 사상 최초로 남한의 기자들을 대사관에 입장시켰다. 그리하여 이 문제는 남북통일 이후에도 계속 탐구될 것으로서, 통일을 향한 조심스런 움직임의 일부로 나타나게 되었다. 북한측의 입장은 관계 정상화에는 반드시 식민주의의 불법적이고 극악한 본질을 인정하는 것이 필수적이며, 일본은 개개인에게 원폭피해자와 마찬가지의 원칙을 적용해서 보상해야 한다는 것이었다.

일본측의 입장은 일본이 북한측의 주장과는 달리 북한과 전쟁 상태에 있는 것이 아니므로 교포 송환은 불가능하다는 것이었다. 또한 쌘프란시스코 강화조약에서도 인정된 바 재산청구권은 가능하지만, 당시의 법령에 의해 이루어진 행위에 대해 보상을 할 수는 없다는 것이다. 결국 일본 정부로서는 법령에 의거한 징용에서 부상당하거나 사망한 징용자들에 대한 책임은 질 수 없으며, 다만 그들이 증거를 제출하는 경우 지불되지 않은 임금이나 예금구좌에 대한 재산 청구는 할 수 있다는 것이다. 일본이 북한과 비교해서 남한측에 어떤 불이익이 돌아가지 않도록 하는 정책을 쓰고 있기는 하지만, 북한은 물론 1965년 한일협정과는 무관하다.

북한측의 입장은, 일본은 가해자이므로 원고들이 내놓을 수 있는 것보다 더 많은 증거를 보유하고 있으리라는 것이다. 1953년 공안연구소에서 나온 통계에 의하면 전쟁이 끝날 무렵 일본에는 36만 명의 한국인 군인과 군속이 있었다는 것이다. 그들에 관한 자료 중 상당 부분은 일본측이 보유하고 있을 것이다. 북한측은 법적인 문제에 관해서 극동국제군사재판소의 말을 인용하여 "비인도적인 행위가 국내법에 위배되는가 아닌가는 문제가 안된다"고 주장했다. 또 북한은 해외의 교포들과 관련된 많은 문제들 가운데에서 일본측이 유독 북한에서 결혼한 일본 여성이 일본으로 돌아올 수 있게 허가하는 문제에 관심을 쏟는 것도 너무 편파적이라고 주장했다. 북한은 우선 시급한 것이 경제원조가 아니라 모든 인민의 복지이며, "따라서 남한 정부와 같은 수준으로 나가지는 않겠다"고 말했다.

10. 국제적 차원

과거에 일본의 식민지였던 국가들이 자국의 여성 인권문제를 강력하게 제기하지 못하는 중요한 이유는 바로 일본의 경제적 영향력과 일본과의 경제관계를 그르치면 곤란하다는 두려움이었다. 투자가들을 찾는 데 혈안이 되어 있는 나라들 가운데 태도의 변화를 더없이 뚜렷하게 보여주는 예는 중국 정부가 1993년 1월 아끼히또 일왕(日王)의 방문 때 중국의 위안부들을 천황 앞에 나타나지 못하도록 조치를 취한 일이다. 중국에는 전쟁 당시와 관련된 쟁점을 가지고 시위하는 것이 일반적으로 금지되어 있다. 과거에 일본의 점령지였던 대부분의 국가에서 위안부 문제는 쟁점화되지도 않은 상태이다.

어떤 국가는 다른 쟁점에 치중하고 있다. 가령 버마는 자국의 민주화와 입헌정치 확립 과정에서 발생한 내분 때문에 다른 문제에 주의를 기울일 여유가 없었다. 버마는 워낙 영국의 식민지배에 대한 반감이 강했기 때문에 애초에 일본군을 점령군으로 간주하지도 않았다. 한국 위안부들의 이야기 속에는 여러 나라들이 많이 언급되지만, 이제까지 버마인 위안부에 관한 이야기는 없다. 버마에 얼마나 많은 위안부들이 있었건 또 그들이 일본인에게 얼마나 가혹하고 부당한 대우를 받았건간에, 전쟁 이후 버마의 정치적 발전을 저해해온 군부 지도자들에게 버마인 위안부들의 문제가 심각하게 대두되었을 가능성은 없다.

싱가포르와 말레이시아

1992년 싱가포르는 일본군 점령 50주년을 맞이하여 전시회와 강연회를 개최하고 몇권의 새로운 책을 출판했다. 그러나 위안부 문제가 표면에 떠오르지는 않았다. 싱가포르에 위안부가 얼마나 되건, 얼핏 보기에 그저 죽어가는 할머니들로만 보일 그 위안부들의 고초가 일본과 싱가포르 정부간에 벌어지는 논란의 축을 이룰 가능성은 없는 것 같았다. 1992년 일년 내내 싱가포르 시민들은 그들이 일본 점령하에 있었을 때, 중국인 학살을 비롯하여 얼마나 어려운 시절을 보냈는가 상기하게 되었지만, 싱가포르 정부는 일본과 매우 우호적인 관계를 유지했다. 대부분의 다른 압력단체들의 활동과 마찬가지로 싱가포르의 여성운동도 그다지 활발한 편은 아니다. 위안부 문제가 사회지도자급 여성들의 단체인 '행동과 연구를 위한 여성연합'(Association of Women for Action and Research)의 의제로 다루어지고는 있지만, 어떤 결과가 나오는 데는 다소 시일이 걸릴 것으로 보인다.

말라야와 보르네오의 일부인 사바와 사라와끄 지역으로 구성된 현 말레이시아는 한때 위안부 문제를 제기할 움직임을 보인 적이 있다. 1992년 초, 일본 정부의 공식적인 부인에도 불구하고 일본측 자료에서 말레이시아에도 위안소가 있었다는 기록이 발견되었다. 일본 점령기간중 일본인들은 말레이 소수민족에게 '모든 사람을 각자의 자리로'라는 원칙에 입각하여 호의적으로 대해주었다. 이는 표면적으로는 말레이의 민족주의를 고무하는 것처럼 하면서, 실제로는 중국인을 심하게 차별하는 데 이용하기도 했다. 그러나 일본인들은 죽음의 철도건설이나 다른 공사 혹은 위안소 등의 건설에 인력을 동원하는 데 인종차별을 두지는 않았다.

말레이 집권당인 말레이 국민연합기구(UMNO, United Malay National Organization) 청년부의 외무국 서기인 하지 무스따파 야콥은 처음에 당 차원에서 일본과 강제징용 문제를 거론할 의사가 있다고 말했다. 여러 신문에 호소한 결과, 단 한 사람의 위안부만이 익명으로 인터뷰할 의사가 있다고 밝혔다. 그녀가 바로 마담 X이다. 또 겡 시에 레이라는 중국계 말레이인이 확인되었는데, 그녀는 일자리를 주겠다는 꼬임에 넘어가 인도네시아로 끌려갔다고 말했다. 그녀는 그 이후 인도네시아에 남아서 살았고, 따라서 인도네시아의 사례로 분류되었다.

이 문제에 대해 활발한 논의를 벌이는 나라들과는 대조적으로, 말레이시아에서 생존해 있는 위안부들을 위해 무엇인가를 해주어야 한다는 데 가장 관심을 보인 사람은 한 남성이었다. 그러나 하지 무스따파 야꼽도 그가 속한 조직의 지지를 얻어내지는 못했다. 1993년 4월, UMNO 청년부는 일본과 우호적인 관계를 유지해야 한다는 이유로 위안부 문제를 의제에서 제외시켰다. UMNO가 말레이시아 위안부 문제를 거론하겠다는 발표가 있은 직후 일본측의 서신을 받은 것으로 알려져 있으나, 그 내용은 공개되지 않았다. 그러나 내용이 무엇이든간에 그 편지는 UMNO 청년부가 이 문제를 재고해보도록 만드는 데 성공한 것이다.

타이완

1992년에 발견된 일본측 자료에 타이완인 위안부도 있었다는 기록은 언론의 관심을 끌었다. 일본이 중화인민공화국을 인정한 이래 타이완과 일본은 공식적인 외교관계를 맺지 않고 있었으므로, 타이완측에서 공식적으로 어떤 행동을 취할 수는 없었다.

타이완의 언론은 또 일본과 한국에서의 진전 상황을 자세히 소개하고 문서보관소에서 열람 가능한 자료들에 대해 토론을 벌였다. 일본군이 모집한 여성들은 대개 간호원이나 간호보조원으로 기록되어 있었으므로 결정적인 단서는 발견할 수 없었다. 전쟁이 끝나고 나서 중국 본토에 남기로 결정한 이들이나, 자살한 사람들에 관한 기록들을 보면 그 가운데 위안부들이 포함되어 있을 것으로 추측되었다. 그러나 현재로서는 그와같은 사례를 더이상 조사할 길이 없는 것이다.

'재향군인 및 유족협의회연합'의 의장인 랴오무찬은 전쟁기간중 마닐라에 있었는데, 타이완인 위안부를 본 적이 있다고 말한 걸로 전해졌다. 그는 속임수에 넘어가 마닐라까지 끌려와서 위안부 생활을 한 사람을 세 명이나 만났다고 했다. 그 세 사람은 당시 풍족하게 지내는 편이었으며, 과거에 대해 말하는 것을 꺼렸다. 그중 한 사람은 공무원에, 저명한 사업가 손자까지 두었다고 한다.

타이완에서는 한국에서와 같이 위안부 문제에 대한 관심이 증대되는 현상은 일어나지 않았다. 한국과는 달리 타이완은 일본에 대한 강렬한 반감이 없는 것으로 보였는데, 이는 부분적으로는 국민당 정권이 일본 식민주의보다 더욱 (그런 일이 가능하다면) 가혹했기 때문이기도 하다. 1992년 2월, '타이뻬이 여성갱생재단'은 희생자들의 신고를 받기 시작했다. 3월이 되자 재단 이사장인 왕칭펑이 한국과 일본을 방문하여 실태조사를 했고, 같은 달에 정부에서는 희생자들의 신고를 받는 핫라인을 개설했다. 그러나 반응은 미미했고, 신고는 주로 제3자에 의한 것들이었다. 그중 초반에 신고된 사례 중에는 위안부의 양딸이 신고한 경우가 있었는데, 그녀의 양어머니는 17세의 나이로 간호원이 된다는 말에 속아 남방 전선으로 끌려갔다고 한다. 다른 사람들과 마찬가지로 그녀의 팔에는 '위안'이라는 문신이 새겨져 있었다. 그녀와 함께 갔던 세 명 가운데 아직도 두 사람이 살아 있으나, 그중 하나는 정신착란 증세를 보인다는 것이다. 신고자의 양어머니 역시 정서가 매우 불안한 상태라고 한다. 가족들은 아무런 행동도 취하지 말아야 한다고 주장하지만, 양딸은 보상이 이루어져야 한다고 말했다.

곧 이어 위안부였던 여성 두 명이 직접 전화를 걸어왔다. 그중 한 명은 강제징용에 의해 끌려갔고, 다른 사람은 가족을 더이상 곤경에 빠트리지 않기 위해 자원했다고 한다. 두 사람 다 자신의 신분을 공개하기를 꺼렸다. 이 세 명의 위안부들은 일본의 여성의원 이또오 히데꼬가 대만을 방문하여 외무부 장관과 위안부 문제를 논의했을 때 이또오와 면담을 했다. 이또오는 면담을 통해 그들이 보상문제에 관심이 있다는 것, 그러나 신상

문제가 밝혀지는 것만큼은 꺼린다는 사실을 알았다. 그후 신고하는 사람의 수는 점점 늘었다. 그러나 아직도 자신의 신분을 공개적으로 밝힌 사람은 없다.

일본측 자료에 의하면, 중국 본토인과 타이완인 모두 위안부로 끌려갔다고 되어 있기 때문에, 타이완 정부가 설립한 '군대위안부대책반'에 통합된 타이뻬이 여성갱생재단은 1992년 11월에 다시 정보를 보내달라고 공개적으로 요청했다. 이번에는 66건의 신고가 들어왔는데, 역시 희생자 자신보다는 제3자의 신고가 많았다. 각 사례들을 주의깊게 조사한 결과, 타이완에서 알려진 위안부의 수는 50명이며, 그중 35명은 아직 생존해 있고 또 면담할 의사가 있다는 것이 밝혀졌다.

포괄적인 조사에 적합한 사례는 13건이었다. 그중 단 한 사람만이 신분을 공개적으로 밝히겠다고 나섰으나, 그녀의 양딸이 이를 만류했다. 그들은 모두 집안 형편이 빈곤했고, 평상시라고 해도 매춘 행위를 하기 용이한 직종이라고 할 수 있는 호텔, 술집, 까페 등지에서 일했다. 그중 세 사람은 공공연히 위안부라는 명목으로 모집되었고, 나머지는 클럽이나 병원에서 일하게 해준다는 속임수에 넘어가, 높은 수입과 외국 여행에 대한 희망에 이끌려 위안부가 되었다. 그중 두 사람은 간호원이 되었다가 나중에 설득을 당해 위안부가 되었다고 한다. 위안부들 중 7명은 100엔에서 500엔까지의 계약금을 받았고, 이들 가운데 4명은 계약이 완료되어 위안소에서 나왔다고 했다.

하이난으로 간 사람은 모두 6명이었는데, 이는 일본측의 기록과도 일치했다. 또 필리핀에 5명, 중국에 3명, 그리고 인도네시아·말라야·류우뀨우에 각각 1명씩 갔다. 그들은 사병, 장교를 막론하고 일본인과 타이완인을 모두 상대했다. 군에서 직접 운영하는 위안소에 있었던 사람은 7명이었고, 다른 사람들은 타이완인이나 일본인 업자가 운영하는 위안소에 있었다고 한다. 건강검진은 주 1회에서 월 1회까지 다양했으며, 성병에 감염된 사람은 없었다. 임신한 경우에는 출산 전 1개월 동안은 쉴 수 있었다. 낙태에 관한 언급은 없었다. 그들은 말만 순순히 잘 들으면 대개 대접을 잘 받았고, 일본인들 쪽에서도 타이완인들이 우호적이라고 여기는 듯했다. 대부분 처음에는 고립감, 수치심, 두려움 때문에 적응하기가 힘들었다고 했으나 이것이 첫 성경험이었다고 대답한 사람은 두 사람뿐이었다. 그들이 위안부로 일한 기간은 7개월에서 6년까지 다양했다.

전쟁이 끝난 후 그들 중 대부분은 결혼하여 사실상 주부로 살았으나, 대부분 부부관계가 불안정했다. 어떤 경우에는 남편이 과도하게 술을 마시거나 노름을 하기도 했다. 재혼한 경우도 여럿 있었다. 위안부들 중 안정된 결혼생활을 한 사람은 두 사람뿐이었는데, 그나마 한 사람은 남편이 아내의 과거를 전혀 모르는 상태였다. 나머지 한 사람은 남편이 과거의 일을 알고 이를 받아들인 경우였다. 이는 아마도 초반에 나온 보고서들에 언급된 사례일 것인데, 이들은 군대에서 만나 나중에 결혼을 했다. 그러나 여자는 아이를 가질 수 없었고, 그래서 이 부부는 주로 같이 일하는 데에 온 힘을 기울였다. 여자들 가운데 9명이 불임이었고, 건강상태도 전반적으로 나빴다. 타이완 출신의 위안부 숫자를 추정해보자면, 모든 자료들을 종합하여 계산해볼 때 대략 180~250명 가량이 강제로 위안부가 되었던 것으로 보인다. 그러나 이들 중 대다수는 사망했을 것이다.

다른 사례들과 마찬가지로 전쟁이 끝난 후 위안부들은 수치심과 고립감에 시달렸으며, 과거를 비밀로 묻어두고 싶은 욕구가 일어났다. 그들은 숙명론적인 생각을 갖게 되었고, 두 명을 제외하고는 일본에 대한 특별한 원한 같은 것도 잊어버렸다. 대부분의 위안부들은 한국인 위안부들이 보상을 받게 된다면, 자신들도——특히 건강상태가 나쁜 사람은 더욱더——보상을 받아야 한다고 생각하고 있다.

문화적인 이유에서인지, 중국인 여성들은 흔히 앞에 나서서 말하기를 싫어한다. 중국인들은 가정 내의 추문이 세상 밖으로 절대로 새어나가서는 안된다고 생각하는 것 같다. 타이뻬이 여성갱생재단의 왕칭펑이 "우리가 면담한 위안부들이 모두 어렵게 살고 있다"고 결론지었음에도 불구하고, 그들은 자신과 가족에게 누를 끼쳐서는 안된다는 생각 때문에 보상을 받고 싶은 마음이 있어도 드러내지 못하는 것이다. 다른 대부분의 위안부들과 마찬가지로 그들은 타이완의 경제 피라미드의 가장 밑바닥에 위치해 있다.

『저팬 타임즈』(*Japan Times*)가 한 필리핀 여성이 제기한 소송에 관해 보도한 기사에 따르면, 1993년 4월 일군의 타이완 위안부들이 소송을 제기하려고 했다고 한다. 그러나 타이완 정부는 일본 정부와 경제적으로 상호 의존하는 관계였으므로, 위안부 문제로 일본 정부를 상대로 소송을 제기할 의사가 별로 없었다. 또 여성단체들도 정부측 공보관들보다 나을 것이 없었기 때문에 이 문제를 가지고 특별한 활동을 벌이지는 않았다.

필리핀

필리핀에 일본군의 위안소가 있었다는 최초의 기록은 1992년 3월에 출간되었다. 이 기록은 한 일본인 군의관이 1942년 3월 19일자로 헌병대에 제출한 검진기록이었다. 이 기록에는 빠나이섬의 일로일로에 있는 위안소의 위치가 그려져 있다. 필리핀의 여성단체인 '필리핀 위안부에 관한 특별조사단'(Task Force on Filipina Comfort Women)의 반응은 즉각적이었다. 3월 13일에는 필리핀과 다른 아시아 여성들에 대한 일본의 성적 학대를 비난하는 성명이 언론에 발표되었다. 또 이 성명은 필리핀 정부에 대해 즉각 조사를 벌여 여성의 권리를 되찾으라고 촉구했다. 그들은 또 일본측은 이에 사과하고 생존자가 요구할 경우 보상할 준비를 갖추라고 요구했다.

이러한 요구에 당시 코라손 아끼노 여사를 수반으로 하는 필리핀 행정부는 즉각적으로 대처했다. 필리핀 정부는 특별조사단측에 필리핀 위안부에 관한 증거를 제출하라고 요구했다. 넬리아 산초 리오스(Nelia Sancho Lios)를 의장으로 하는 특별조사단은 이러한 요구를 받고 대응책을 마련하기 전에 우선 5월 4일, 마닐라의 일본 대사관 앞에서 시위를 벌였다. 그들은 일본 정부 앞으로 아시아 여성들을 위안소로 강제징발해가는 과정에서 정부가 의식적으로 또 조직적으로 개입했다는 주장에 대해 조사를 실시하라고 요구하는 편지를 대사관측에 제출했다.

다음날 필리핀 정부는 '대통령 직속 인권위원회'를 통해 조사를 실시할 것이라고 발표했다. 필리핀 대학의 리까르도 호세(Ricardo Jose) 교수가 이의 책임을 맡았다. 그는 태평양전쟁 사료 중 필리핀과 일본이 관련된 부분에 관한 공식 기록들을 검토했다. 어찌 보면 당연하게도, 그는 그 공식 기록 속에서 필리핀 위안부에 관한 증거를 하나도 찾아내지 못했다. 6월 26일 이 보고서를 바탕으로 필리핀 정부는 필리핀에는 성적 노예가 없었으며, 따라서 일본의 사죄나 보상을 요구할 이유도 없다고 발표했다.

정부측이 사태를 은폐하려 한다고, 혹은 무능력하다고, 혹은 둘 다라고 의심한 특별조사단측은 독자적으로 조사를 하기로 결정했다. 이렇게 결정되는 데는 일본 정부에서 1992년 7월 6일에 발표한 보고서가 상당한 도움을 주었다. 이 보고서에는 빠나이섬의 일로일로에 관한 이야기가 크게 부각되어 있었기 때문이다. 그 지역에 사는 고령의 주민들을 대상으로 인터뷰가 실시되고, 그중 대다수가 전쟁기간중 위안부가 있었다고 증언했다. 넬리아 산초 리오스에 의하면, 일본군의 스파이 노릇을 하던 한 필리핀 남성이 군에서 만든 위안소가 있었다고 확인해주었으며, 또한 그가 알던 필리핀인 위안부가 몇년 전에 사망했다고 말했다. 조사관들은 일로일로 헌병대의 기록에 남아 있는 2개소의 위안소 장소를 확인했다. 헌병대 기록에는 위안부들이 오전 8시에서 10시 사이에 돌아다닐 수 있는 구역이 어디인지 표시해놓은 그 지역의 지도가 들어 있었던 것이다. 지정된 구역 이외에 위안소 밖으로 나가려면 특별 허가가 필요했다.

필리핀인 위안부가 있었다는 일본측의 시인은 호세 교수와 필리핀 정부측 조사의 신빙성을 완전히 무너뜨렸다. 그러나 정부는 일본측에 불쾌감을 줄까 우려했는지, 필리핀 여성을 대변하는 어떠한 요구도 일본측에 하지 않았다. 이러한 무기력증은 필리핀 여성운동가들의 분노를 불러일으켰다. 일본 정부측의 보고서가 나온 지 1주일 후인 7월 13일, 이들은 위안부 문제를 다룰 상부조직을 결성했다. '일본군 성노예제의 희생자 여성들을 위한 특별조사단'이라는 명칭의 이 단체는 그 이전에도 매춘관광이나 필리핀 매춘부들의 일본 진출, 일본군의 해외 파병 등에 맹렬히 반대해온 7개 여성단체들로 구성되었다. 이 단체는 전쟁기간중의 강제적인 성행위에 대해 조사하고 법적 대응책을 마련하는 데 상당한 성공을 거두었다. 이 단체는 다음과 같은 7개 요구조항을 내놓았다.

  1. 일본 정부는 필리핀 국민, 특히 위안부로 희생된 여성들과 그 가족들에게 사죄할 것.
  2. 일본 정부는 위안부로 희생된 여성들과 생존 가족들을 책임지고 배상할 것.
  3. 필리핀 정부는 위안부들을 지원하고 일본 정부로부터 배상의 책임을 요구하는 데 분명한 입장을 취할 것.
  4. 이러한 일이 되풀이되는 것을 막기 위해서 교과서와 역사서는 일본군이 저지른 이 범죄행위, 이름하여 군대위안부라는 명목으로 여성의 인권을 유린한 행위를 사실대로 기록할 것.
  5. 한국 여성들이 일본 정부의 인권유린에 관해 조사하고 비판하도록 유엔 인권소위원회에 상정한 내용을 지지할 것.
  6. 위안부들은 결코 강요에 의한 것이 아니라는 일본 정부측의 주장을 취소하고, 위안부들을 모집하고 다루는 데 공권력과 강제력이 동원되었음을 시인할 것.
  7. 생존하는 필리핀 위안부가 확인되는 대로 법적 소송절차를 밟을 것.

  이 성명은 또 이 단체의 조사 범위를 상세하게 서술한 다음, 필리핀 최대의 경제원조국인 일본의 비위를 건드리고 싶어하지 않는 필리핀 정부의 태도를 극복할 필요가 있다고 강조하고 있다. 조사단은 곧 이어 눈부신 기동력을 발휘했다. 그중 가장 중요한 것은 현지에 생존해 있는 위안부를 찾아내는 일이었다. 1992년 8월에 펴낸 한 보고서에서 넬리아 산초 리오스는 다음과 같이 썼다.

  현장조사 기획의 첫 단계는 일로일로에서 시작되었다. 앞으로 몇주간 우리는 레이떼, 안띠께, 마닐라 지역의 생존자들을 찾을 것이다. 또 우리는 지방정부, 병원, 마을 보건소, 경찰서, 군부대, 도서관, 학교 등의 기록을 조사할 것이다. 마을 주민과 지역사가들을 만나 증언을 채취할 것이다. 또한 대중들과의 전화통신을 이용하여 생존자를 찾아내는 데 도와달라고 호소할 것이다.

이렇게 맹렬한 활동은 적지 않은 결과를 낳았다. 1992년 9월 18일, 12명의 손자 손녀들을 둔 65세의 마리아 로사 루나 헨슨이라는 할머니가 나타나 가진 기자회견에서, 정의를 따르기 위해 수십년의 침묵의 세월을 끝냈다고 말했다. 헨슨은 매춘을 강요당한 다른 필리핀 여성들도 나서서 그들의 경험을 폭로하라고 호소했다.

우리는 일본인들 때문에 인생을 낭비했다. 우리는 짐승처럼 취급당했다. 일본은 최소한 미안하다는 말은 해야 한다.

마리아 헨슨은 한국인이 아닌 위안부 중 최초로 대중 앞에 자신을 드러낸 사람이었다. 그리고 그녀로 끝난 것이 아니었다. 두 달도 채 안되어서 토오꾜오에서 열린 유엔 주최 회의에서 얀 뤼프가 나섰다. 마리아 헨슨과 얀 뤼프의 용기로 인해 서울과 토오꾜오 사이의 논쟁은 전아시아에 걸친 광범위한 파급효과를 가져왔다.

필리핀에서 벌어진 극적인 상황의 다음 단계는 9월 말, 새로이 선출된 피델 라모스(Fidel Ramos) 장군에게 압력을 가하기 위한 대규모 여론동원 활동이었다. 여성단체들은 필리핀 위안부들을 지지한다는 진지하고도 단호한 답변을 요구했다. 마침내 모종의 조치를 취하지 않을 수 없게 된 필리핀 정부는 9월 29일 '위안부에 관한 정부 특별조사단'을 발족해, 무엇보다도 위안부 관련 문제를 가지고 일본 정부와 공식적으로 협상을 해나가기로 했다. 그 사이 일본의 신문은 앞을 다투어 과거에 위안소가 있던 필리핀의 도시나 섬지역들을 소개했다. 마닐라, 레이떼의 따클로

반, 라구나의 산따 크루즈, 민다나오의 마스바떼와 카가얀 등은 그 일부에 지나지 않는다.

라디오를 비롯한 각종 대중매체들은 필리핀인 위안부들을 공개적으로 수소문하는 역할을 했다. 뒤이어 수개월간 수십명의 필리핀 여성들이 나서서 자신의 경험을 이야기했다. 대부분의 경우는 공식적인 경로로 위안부제도에 편입되기보다는 일단 강간을 당하고 나서 개인 혹은 집단의 책임하에 감금생활을 하게 된 경우에 속했다. 불행히도 이 여성들로부터 얻어낸 구두 증언은 그다지 만족스러운 것이 아니었다. 또 심지어 위안부제도에 편입되어 있던 사람들에게조차 적절한 질문을 던지지 못했던 것으로 나타났다. 예를 들어, 우리는 일본측의 기록을 통해서 필리핀의 경우도 다른 곳과 마찬가지로 위안소 규정에 따라 운영되었다는 사실을 알고는 있지만, 막상 이들의 증언 가운데에는 어느 정도의 보수를 받았는지에 관한 언급이 전혀 없다. 그러나 필리핀인들의 증언은 일본군이 자행한 매춘행위의 제도적인 측면에 대해 밝혀주는 바가 거의 없음에도 불구하고, 분명히 이 과정에서 강제력이 동원되었다는 사실을 분명히 밝히고 있다.

1993년 3월, 필리핀의 피델 라모스 대통령이 일본을 방문하는 동안 미야자와 일본 총리는 필리핀인 위안부들에게 사과하고 회한의 뜻을 표했다. 4월 2일, 마리아 헨슨과 율리아 뽀라스는 18명의 필리핀 위안부들을 대표해서 일본 정부를 상대로 3억 6000만 엔의 보상금을 청구하는 소송을 제기했다. 이는 위안부였던 사람이 제기한 소송으로는 겨우 두번째였다.

인도네시아

1992년 7월, 일본 정부가 과거에 위안부제도에 의해 강제로 끌려간 아시아 여성들에 대한 사죄와 더불어 보고서를 발간했을 때, 인도네시아 외무부는 철저한 조사를 거쳐 피해자 보상은 물론 책임자 처벌까지 이루어져야 한다고 요구했다. 그러나 그와 동시에 인도네시아 당국 쪽에서 어떠한 조치를 적극적으로 취하는 기미는 보이지 않았다. 한국의 경우와 마찬가지로 일본에 대한 모든 청구권은 1958년의 배상협정으로 마무리되었다고 보기 때문이다. 언론과의 인터뷰에서 국무장관 모에르디오노는 "우리는 과거를 잊고 싶다"고 말했다. 또 전(前) 헤이호 중앙연락사무소 소장인 S. 따스리쁘 라하르디요는 일본측에 미화 7억 달러를 청구하겠다고 밝혔으나, 그 당시에는 위안부 출신 여성이 아무도 나서지 않았다.

인도네시아와 필리핀 양국에서 드러난 문제는 보상을 받을 수 있다는 생각으로 몰려든 사람들 가운데서 진짜 위안부였던 사람을 어떻게 걸러내는가 하는 것이었다. 필자는 몇몇 '위안부'들을 만나보았는데, 정글에서 강간을 당했다느니 하며 거의 믿을 수 없는 이야기를 늘어놓는 사람들도 있었다. 그들은 위안부제도, 즉 입장권이나 노동시간, 감독관 등에 대해서는 거의 알지 못했다. 이렇게 여성들이 성범죄에 대해 다소 편안하게 이야기하는 이유는 아마도 이 지역에서 정조라는 관념이 상대적으로 덜 엄격하기 때문이 아닌가 한다. 한국이나 타이완에서라면 사진을 찍는 것을 기피했을 것이지만, 인도네시아나 필리핀에서는 그렇게 망설이는 기색이 거의 없었다.

1993년 4월 16일, 일본변호사협회의 인권위원회에서 다섯 명의 변호사가 진상 조사차 자카르타에 도착했다. 이는 1993년 10월 일본에서 변호사협회 주관으로 열릴 예정이던 전쟁 배상에 관한 심포지엄 계획과 관련된 일이었다. 다음날 그들은 자카르타 변호사모임과 인도네시아 법률상담연구소측과 모임을 가졌다. 일본 변호사들을 대표하여 무라야마 아끼라(村山晃)는 이렇게 말했다.

우리는 위안부 문제의 진상을 알기 위해 조사하러 왔습니다. 그러나 우리는 이 문제를 법정 문제로 비화시켜 피해자에 대한 보상을 요구할 의도는 없습니다. 일본변호사협회는 보상에 대한 법적 지원을 할 수 없습니다. 법적 지원을 원하는 분은 개별적으로 변호사협회의 회원들과 접촉하셔야 합니다.

이렇게 조심스러운 발언에도 불구하고 소문은 자카르타에 빠르게 퍼졌고, 심지어 이제 보상금이 지급될 것이라는 말까지 나돌았다. 하루 만에 과거에 위안부였다는 사람들이 줄지어 나타났다. 사상 처음으로 인도네시아 위안부를 면담하는 순간이었다. 지난 1992년 7월과 8월에 주간지 『뗌뽀』(*Tempo*)에서 인도네시아 위안부를 찾아내려는 시도를 했지만 별로 성공하지 못했던 실정이다. 일본 변호사들이 나흘간 자카르타에 머무는 동안 보상을 요구하는 사람이 무려 13명이나 나타났다. 이들 중 8명은 위안부이거나 강간의 희생자들이었고, 나머지 5명은 강제징용자였다. 곧 이어 인도네시아의 언론들이 위안부들의 이야기를 널리, 그리고 때로는 쎈세이셔널하게 알린 덕분에 1993년 5월경까지 40여 명의 위안부들이 자신의 과거를 밝혔다. 그러나 이 가운데서 일부는 보상을 받을 것이라는 소문을 듣고 이야기를 그럴듯하게 만들어낸 경우도 있었음이 분명하다. 여기서 진짜 사례들을 가려내는 데는 주의와 요령이 필요하다.

군대위안부 문제에 관한 아시아 연대회의

위안부 문제는 1992년 8월 11~12일에 서울에서 열린 '군대위안부 문제에 관한 아시아 연대회의'를 계기로 국제적인 쟁점으로 떠올랐다. 한국정신대문제대책협의회(이하 '정대협'으로 약칭)와 아시아 여성신학교육연구소가 공동으로 주최한 이 행사는 이전의 매춘관광 반대운동에 관한 회의들의 연장이라고 할 수 있었다. 이 회의에는 한국인, 재일동포, 일본인(여기에는 오끼나와에서 온 연사도 포함되어 있다), 필리핀, 타일랜드, 타이완, 홍콩 등에서 100여 명의 대표가 참석했다. 또 많은 위안부들도 이 행사에 참여했다. 회의가 진행되는 동안 위안부 문제에 현재성을 부여하는 쟁점으로서, 일본 평화유지군의 해외 파병을 반대한다는 입장이 강조되었다.

회의는 정대협의 이효재 의장의 개회사로 시작되었다. 뒤이어 두 명의 위안부가 나와 자신의 경험을 이야기했다. 그중 하나는 토오꾜오 소송의

원고들 중 한 사람인 노청자이다. 다른 한 사람은 김복동인데, 그녀의 이
야기에는 다른 사례들에서 찾아보기 힘든 새로운 내용이 들어 있다.

김복동

김복동은 부유한 지주 집안의 6녀 가운데 한 명이었다. 아버지가 사망
한 후, 가족은 빚을 갚느라 재산 대부분을 잃었다. 김복동의 세 언니는
'일본군의 손에서 벗어나기 위해' 서둘러 결혼해버렸다. 당시 겨우 16세
였던 김복동은 안전하리라고 생각되어 결혼을 하지 않았다. 문맹이었던
김복동의 어머니는 1941년에 동네 이장과 일본 군복을 입은 한국인에게
설득당해 딸을 정신대로 내보내는 데 동의하겠다는 허가서에 날인했다.
가족들은 김복동이 그저 공장에서 3년간 일할 것으로만 알고 있었다.

김복동은 비슷한 방식으로 모집된 다른 20여 명의 여자들과 함께 타이
완으로 갔다. 그들은 몇달 동안 하는 일 없이 놀면서, 군복을 만드는 공
장에 일자리가 날 때를 기다렸다. 마침내 그들은 깐뚱으로 갔고 거기서
군의관이 검진을 한다며 강제로 그녀의 옷을 벗겼다. 김복동은 너무나 치
욕스럽고 당황해서 어쩔 줄 몰랐다. 그녀는 그때까지도 세상물정을 전혀
모르는 순진한 처녀였다.

김복동은 높은 건물의 대부분을 차지하고 있는 한 위안소로 끌려갔다.
제일 아래층에는 군인들이 있었다. 여자들은 군인들의 호위를 받아야 바
깥 출입을 할 수 있었다. 그녀는 이틀째 되는 날부터 군인들을 상대했다.
저항하면 매를 때리고 음식을 주지 않았으므로 그녀는 할 수 없이 지시에
따랐다. 보통은 하루에 15명을 상대했고, 주말에는 50명 이상을 상대하
기도 했다. 군인들은 모두 콘돔과 입장권을 들고 왔으며, 그녀는 입장권
을 받아 모았다가 매일 밤 일본인 관리인에게 넘겨주었다. 위안부들은 돈
을 전혀 받지 못했고, 일본이 전쟁에서 승리하면 돈을 주겠다는 말만 들
었다. 그러나 옷과 화장품은 요구하는 대로 주었다. 김복동은 매주 검진
을 받았고, 성병에 감염되지는 않았지만 폭행을 당한 흔적이 발견될 경우
에는 군의관이 다시 일해도 좋다고 판정할 때까지 쉴 수 있었다.

그녀는 부대를 따라 군함을 타고 홍콩, 싱가포르, 말라야, 자바 등지로 돌아다녔다. 그녀는 장소를 옮길 때마다 그녀가 사용하던 일본 이름을 바꾸었다. 성은 항상 가네무라였지만 이름은 후꾸요, 요시꼬 등으로 불리었다.

전쟁이 끝나자 김복동은 여러 '구락부'에서 온 50여 명의 여자들과 함께 수라바야의 제16부대 병원의 간호보조원으로 임명되었다. (이는 수라바야 지역의 위안부들이 연합군이 들어올 무렵에는 간호부로 둔갑해 있었다는 앞의 설명과 일치한다.) 물론 정말로 간호보조 업무를 하는 경우도 있었다. 김복동은 약 투여방법을 배우는 것은 물론, 실습으로 멜론에다 주사 놓는 법도 배웠다. 병원에 있는 동안 그녀는 이모부와 만나게 되었다. 그녀는 타이완에서 어머니에게 근자에 찍은 사진과 함께 편지를 써서 부친 적이 있었다. 이모부는 당시 남방 전선에 징집되어 와 있었는데, 김복동의 어머니로부터 김복동을 찾아 집으로 데리고 와달라는 부탁을 받고 온 터라 그는 한국 사람을 만날 때마다 그녀가 보낸 사진을 보여주며 그녀를 찾아내려고 애썼던 것이다. 마침내 그녀를 찾아내자 그는 병원 당국에 부탁하여 그녀를 가까이에 있는 수라바야 수용소로 옮겼다. 이곳에는 여자들이 따로 수용되어 있었으나 서로 자유롭게 만날 수는 있었다. 이 수용소는 앞서 말한 싱가포르 수용소가 그러했듯이 한국인이 관리하고 있었다. 그들은 다시 원래의 한국 이름을 되찾고 태극 문양이 새겨진 배지를 달았다. 여자들은 옷가지 같은 것이 남아돌아서, 현지에서 음식과 바꾸기도 했다.

1년 이상 억류생활을 하다가 그들은 3000명을 태운 배를 타고 부산으로 돌아왔다. 김복동은 고향에 가서 어머니를 만났다. 어머니는 다른 가족들이 모두 일본으로 가버리는 통에 혼자 남아 있었다. 고향으로 돌아온 여자들 중 위안부로 일했다는 것을 인정하는 사람은 아무도 없었고, 모두 공장에서 일했다고 주장했다. 그녀도 병원에서 일했다고만 이야기했다. 그녀는 주사를 놓을 줄도 알았고 약물에 관한 지식도 조금 있었기 때문에 의심을 받지 않았다. 게다가 이러한 기술은 당시 의료시설이 거의 없는 조그만 시골마을에서는 매우 긴요한 기술이었다. 그러나 마침내 그녀는 자신을 시집보내려는 어머니의 뜻을 따를 수 없어서, 어머니에게 자신의 경험을 털어놓고야 말았다.

점점 그녀의 비밀이 알려지게 되었다. 그녀는 술집을 경영하기 시작했다. 전쟁기간중 만났던 그녀의 친구들 중 몇몇은 아직도 유일한 생계수단으로 매춘행위를 하고 있었다. 그녀는 결국 초혼에 실패한 남자와 결혼하게 되었다. 그녀의 남편은 술도 못 마시는 순박한 남자였고, 죽기 전까지 여러 조카들을 사랑한 자애로운 사람이었다. 그녀는 아이를 가질 수 없었던 것이다. 불임을 치료하기 위해 병원에도 다녀보았지만 별 소용이 없었다. 5년 전 남편이 죽은 후, 그녀는 다시 술집을 운영하게 되었다. 현재 그녀는 얼마 안되는 저축으로 살고 있다.

다른 연사들 역시 많은 정보와 논평을 내놓았다. 윤정옥 교수는 정대협에의 전화신고를 통해 접촉한 25명의 위안부들이 신경쇠약으로 고생하고 있다고 말했다. 윤정옥 교수는 위안부 문제가 평화유지군 문제와 연결되어 있다고 말하면서, 1885년 후꾸자와가 발표한 고전적인 글 「아시아를 포기하고 유럽의 일원이 되자」에서 주장된 바와 같이 일본 제국주의는 서구 제국주의의 모방이라고 결론을 맺었다. 새로 나온 일본 돈 1만엔권에 후꾸자와의 초상이 들어 있는 것은 그러한 태도가 현재 일본 체제에 팽배해 있다는 증거라고 윤교수는 말했다.

그 다음으로 나온 정진성, 윤미향은 전쟁에 이르기까지 일본 제국주의의 역학관계를 '민족적·인종적·성적·계급적 모순의 상호작용'으로 탁월하게 요약했다. 그들은 최근 정신대 문제에 관한 여성단체들의 활동도 간략히 소개했다. 특히 윤미향은 한국 정부의 부정적인 태도에 대해 강하게 비판했다. 그의 말에 따르면 한국 정부는 대중적 압력에 못 이겨 '희생자신고쎈터'를 개설하였으나 지난 7월에 나온 정부측의 보고서는 한국 정부가 비난하던 일본측 보고서와 똑같은 약점을 지니고 있다고 말했다. 한국 정부의 보고서는 단지 해외의 자료들에 매우 간략한 사례 소개를 덧붙인 것일 뿐이라는 주장이다. 일본측 보고서에 대해 요시미 교수가 지적하듯이, 총독부에 남아 있는 문서나 지방관청의 기록들에는 분명히 모집 인원과 과정에 관한 증거들이 들어 있을 것이다.

게다가 한국에서 위안부들의 고통이 제대로 밝혀지지 않은 이유를 윤미향은 이렇게 말했다.

해방 이후의 정치는 일제시대의 연장으로 유지되어왔으며, 일제 잔재의 청산보다는 조국의 분단, 분단의 이데올로기가 한국 정치의 방향을 일제에 충성하던 사람들을 보호하고 이용하는 방향으로 이끌어왔다.

일본인으로 처음 등장한 연사는 위안부에 관한 두 권의 저서를 포함하여 여성사에 관해 풍부하고도 심오한 저서들을 펴낸 바 있는 스즈끼 유우꼬(鈴木裕子)였다. 그녀는 위안부제도를 일본 사회에서의 여성의 열등한 위치에서 자연스럽게 나온 것이며, 또한 그 팽창주의적 동기의 부산물이라고 보았다. 1871년, 봉건적 법률을 폐지하고 만들어진 일본 최초의 근대적 가족법에 의하면 아내나 정부(情婦)는 모두 자식 다음으로 두번째 등급의 관계에 있는 것으로 분류된다. 같은 시기의 민법 개혁안은 공창제도를 확립했고, 이는 후에 위안부 계약체계의 근간을 이룬다. 1898년 개정된 가족법에서도 일부일처제를 인정하기는 하지만, 기본적으로는 장자상속제를 고수하고 있다——현재까지도 일본 황실은 이 제도를 따르고 있다.

스즈끼는 또 일본인들에 의한 여성 착취의 또다른 면을 지적했다. 농촌지역에 이민을 정착시켜 만주국을 오랫동안 장악하려는 의도에서 젊은 농부들을 외국에 많이 이주시키기 위해서, 일본 정부는 정착민에게 신부를 구해주겠다고 약속했다. 그래서 '대륙의 신부'를 모집하고, '집단중매' '합동결혼식' 같은 '애국적인' 행동이 크게 유행했다. 이때 모집된 신부들 중 대다수가 전쟁이 끝난 후 만주로 흘러들어갔다.

스즈끼는 위안부 문제가 그렇게 오랫동안 표면화되지 못한 이유를 다섯 가지 들었다. 그것은 첫째 일본 정부의 전후 책임 회피, 둘째 냉전과 한국의 분단, 셋째 다른 아시아 국가들에 대한 일본인의 경멸, 넷째 천황 체제에 미칠 파급효과에 대한 두려움, 다섯째 일본 여성운동의 미약이다. 특히 일본의 여성운동은 '일본기독교여성도덕개혁협회'(이하 '도덕개혁협회'로 약칭)의 활동에서 볼 수 있듯이 19세기부터 꾸준히 매매춘을 반대해왔으나, 이러한 문제와 전반적인 여성 억압의 문제 혹은 인권 문제를 연결시키지 못하고 있다. 그 결과, 매춘이란 오직 특정한 계층의 여성들에게만 해당하는 문제로 인식되었고, 따라서 다른 한편으로 대부분의 일본 여성들은 매춘관광이 지니는 의미에 대해 무관심한 태도를 보이게 된 것이다.

다음 연사는 도덕개혁협회의 간부인 타까하시 키꾸에였다. 그녀는 1988년 초 매춘관광에 대한 회의로 거슬러올라가서 그녀와 윤정옥 교수의 관계를 잠시 언급했다. 당시 그녀는 윤교수에게 센다 카꼬의 책을 우송해주고, 일본 방문과 일본에서의 활동을 주선해주었다. 도덕개혁협회는 51개 단체가 참여하는 '세계여성의 해 연합회'(International Women's Year Liaison Association)의 일원이며, 또한 그해 초에 결성된 '종군위안부문제 네트워크'라는 일본 16개 단체의 상위조직이기도 하다. 타까하시는 일본 언론에 드러난바, 대중들의 반응이 전반적으로 호의적이지 못했다고 간략하게 회고했다. 그녀는 이것이 "경제대국이면서도 마음은 가난한" 일본인들의 정신을 재정비할 필요가 있음을 보여준다고 말했다.

타까하시에 뒤이어 여성의원인 시미즈 스미꼬(淸水澄子)가 등장했다. 그녀는 의회에서의 논란을 소개하고, 1965년의 기본협정과 관련된 쟁점들을 검토했다. 그녀는 한일협정이 보상청구권과 경제원조를 다 포함하는 내용이긴 하지만, 원조금 중 단 5%만이 보상금으로 사용되었다고 지적하면서, 여기에는 8000명의 군인·군속 사망자들이 포함되었다고 말했다. 나머지는 모두 경제원조금으로 사용되었으며, 따라서 군사우편국의 저축금이나 노동자들의 체불임금 문제는 아직 타결되지 않은 셈이라는 것이다. 의회 양원에서 그녀의 동료들은 여러 소송사건들을 해결할 전

쟁보상법의 통과, 의회에서의 증언, 사죄결의안 채택 등 광범위한 관계
조치들을 취하라는 압력을 행사하고 있다. 그들은 또 총리가 교과서의 내
용에 관해 직접적인 책임을 져야 한다고 요구하고 있다. 이 집단은 당연
히 평화유지 작전에 참여하는 것을 거부하고 있으며, 재일 한국인에 대한
차별에도 반대하는 입장을 취하고 있다. 시미즈는 1995년 중국에서 열리
는 세계여성대회에 위안부 문제를 상정할 계획이라고 말하면서 결론을
맺었다. 이는 결국 위안부 문제가 단시일 내에 타결될 것 같지는 않다는
의미이기도 하다.

마지막으로 등장한 일본인 연사는 토오꾜오 소송에 관련된 4명의 여성
변호사를 포함한 11명의 변호사 중 한 사람인 후꾸시마 미즈호(福島瑞穗)
였다. 그녀는 재판의 일정과 시간 배정이 통상적인 일본 법 절차의 관례
에 비추어 상대적으로 호의적인 것이라고 설명했다. 이는 또한 대중의 반
응을 의식한 결과이기도 한데, 앞으로도 이러한 요소가 중요하게 작용할
것이라고 했다. 또 일본 정부가 위로금 운운한 것은 완전히 문제를 회피
하려는 처사라고 그녀는 지적하면서, 또다른 아시아 지역에서도 각자 나
름대로 조사활동을 벌여달라고 당부했다.

다음 연사는 세 사람의 재일 한국인이었다. 그들은 각각 '종군위안부
문제 우리여성 네트워크' 오오사까의 '조선인종군위안부문제를 생각하는
모임' 그리고 '한국민주여성회'를 대표하는 사람들이었다. 오오사까의 기
록은 특히 흥미로운 것이었다. 우선 여기에는 한국 여성의 여섯 가지 요
구조건을 지지하는 전국적인 서명운동의 결과물인 3만 5000여 명의 서명
이 있었다. 또 「우리는 잊지 않는다」라는 연극은 전통적인 방식으로 자살
한 위안부의 영혼이 샤머니즘적인 의식을 통해 자신의 이야기를 하는 내
용이다. 또 위안부에 관한 언론보도와 기타 자료들도 있었다. 마지막 연
사는 궁극적인 해결은 사죄나 보상에 있는 것이 아니라, 모든 일본인들이
역사를 제대로 알고 아시아 평화에 일익을 담당하도록 만드는 것이라고
말했다.

타이완 대표로는 타이뻬이 여성갱생재단의 전무이사인 첸메이링이 나

왔고, 필리핀 대표로는 '아시아 여성인권위원회'(Asian Women's Humen Rights Council)와 '필리핀 군대위안부 대책팀'(Philippine Military Comfort Women Project Team)을 대표해서 넬리아 산초 리오스가 나왔다. 두 사람 다 자국에서 위안부에 관해 입수할 수 있는 자료들과 최근의 활동상을 소개했다. 타이에서는 두 명의 연사가 나왔는데, 그중 한 명은 현재 홍콩에 거주하고 있었으며, 홍콩의 '아시아 이민 쎈터'(Asian Migrants Centre)에서 나왔다. 그녀는 버마 철도건설 시기의 위안부와 매춘관광의 문제, 평화유지 작전 등에 관해 일반적인 설명을 했다. 또다른 타이 대표 연사는 인도에서 영국군이 자행한 매매춘의 역사에 관해 소개하였으나, 일본에 관해서는 중국에서의 잔혹행위만 언급했다. 따라서 결국 타일랜드의 위안부에 관해서는 거의 논의가 되지 못했다. 말레이시아 대표가 참석하지 않았으므로 말레이시아의 상황에 관해서는 일찍이 타일랜드에 거주하는 한국인 위안부인 유유따를 인터뷰했던 『아사히 신문』의 기자 마쯔이 야요리가 설명했다.

오끼나와의 현청 소재지인 나하의 시의원인 타까자또 스즈요는 오끼나와인들의 특이한 경험에 대해 이야기했다. 그녀는 오끼나와가 일본 영토이기는 하지만 일본보다는 다른 아시아 국가들과 두 가지 면에서 공통점이 있다고 지적했다. 그 하나는 오끼나와 주민들이 일본인들보다 열등하다고 경멸을 받는 점이고, 또 하나는 참혹한 전쟁을 경험했다는 것이다. 오늘날까지도 토오꾜오의 하숙집들은 한국인과 류우뀨우 열도 출신은 받지 않는다는 게시문을 붙인다는 것이다. 전쟁 당시 60만 오끼나와 인구의 4분의 1이 오직 천황이 항복하는 데 요구되는 몇달간의 시간을 벌기 위한 이유만으로 죽음을 당했다고 한다.

어떤 경우 류우뀨우 열도의 작은 섬에서는 미크로네시아와 마찬가지로 연합군의 진격을 맞아 수비대와 주민들이 집단자살하기도 했다는 것이다. 그러한 섬들 중 하나가 바로 배봉기가 위안부로 있던 도까시끼섬이다.

지난 수개월간 나하시 시장의 지원하에 전쟁 당시의 위안부에 관한 조사가 강화되었고, 그 결과 오끼나와에만도 8만여 군대를 상대하기 위해 114개 위안소가 있었다고 한다. 이 위안소들은 섬의 53개 행정구역 가운데 31개 지역에 분포되어 있었다. 위안부의 수는 두세 명에서 넓은 지역을 담당하기 위해 여러 명의 위안부들을 고용하고 있는 커다란 위안소에 이르기까지 다양했다. 평균적으로 보면 한 위안소에 7~10명의 위안부가 있었던 것으로 보인다. 전체적인 숫자는 확인하기 어렵지만 위안부들은 대개 한국인이거나 오끼나와 사람이었으며, 오끼나와 사람의 경우는 대부분 매춘부 출신이었다. 최소한 47개소의 경우에는 민간인의 집을 징발해서 위안소로 썼으며, 심지어는 가족들을 외양간이나 헛간으로 몰아내는 경우도 있었다. 다른 위안소들은 호텔이나 공공건물을 사용했으며 특별히 새로 지은 경우도 있었다.

　이러한 종류의 일반적인 정보는 주민들의 기억에 의존해 모은 것이지만, 다른 지역의 경우와 마찬가지로 당사자인 위안부들은 침묵을 지켰다. 어떤 노인들은 어린 학생이었을 때 위안부들을 보고 '조센삐'라고 놀리며 돌을 던지기도 했다며 회한에 젖기도 했다. 타까자또가 나하의 두툼한 시사(市史)에 위안부나 징용당한 군대의 잡역부들에 관한 언급이 한마디도 없다고 지적하자, 당장 그에 관한 자료들을 집어넣겠다는 동의를 얻어냈다고 한다.

　회의 마지막 날, '군대위안부 문제 해결을 위한 아시아 연대네트워크'의 이름으로 다음과 같은 결의문이 채택되었다.

　군대위안부 문제는 제국주의 파시즘과 일본 군국주의하에서 조직적인 납치·집단강간·고문·학살을 자행한 유례없이 잔혹한 범죄행위와 관련되어 있다. 이는 가부장제와 결합한 군국주의가 어떻게 여성의 성을 짓밟고 여성의 인권을 유린하는가를 극명하게 보여주는 예이다. 우리는 이에 전쟁 재발을 막고 평화를 유지하는 데 긴요한 해결책을 모색하고자 한다. 일본은 그들이 저지른 범죄에 대해 반성하는 빛을 보이지 않고 전후 처리에 대해 책임을 회피하고 있다. 뿐만 아니라 일본은 최근 평화유지작전협력법을 통과시켜

자위대를 해외에 파병할 수 있는 길을 열어놓았다. 우리는 일본 군국주의의 부활을 우려하지 않을 수 없다.

우리는 남북한을 비롯, 중국·타이완·타일랜드·필리핀·인도네시아·말레이시아, 그리고 이 문제의 해결을 위해 싸우는 일본——이 모든 시민단체와 개인들 간에 강한 연대가 필요하다는 것을 거듭 확인했다. 오늘 한국·타이완·필리핀·홍콩·타일랜드·일본 6개국 대표는 군대위안부 문제 해결을 위한 아시아 연대 네트워크를 결성하고 다음과 같은 결의문을 채택한다.

1. 아시아 태평양 전쟁의 희생자가 된 군대위안부에 관한 진상 조사를 아시아 전역에서 지속한다.

2. 군대위안부와 관련된 진상 규명, 송환, 보상 등에 대해 일본의 책임 있는 문제해결을 요구한다.

3. 군대위안부 문제를 위해 유엔 같은 세계인권기구의 협력을 구한다.

4. 이 회의에 참석하지 못한 아시아 국가들에게 이 연대에 참가하여 우리의 연대를 더욱 공고히하고 확인하기를 촉구한다.

5. 아시아 여성의 인권과 세계 평화를 존중하는 의식을 촉구한다.

일본의 전후 보상에 관한 국제공청회

한층 더 중요한 국제적 사업으로서, 이제까지 궁극적으로 일본 정부에 가장 결정적인 영향력을 행사할 전망이 가장 밝은 것으로 보이는 행사는 일본의 '전후 보상에 관한 국제공청회'(이하 '공청회'로 약칭)였다. 이 공청회는 1992년 12월 9일 토오꾜오에서 열렸다. 다음날에는 위안부 문제를 유엔에 상정하기 위한 결정적인 단계로서, 전문가의 쎄미나가 열렸다. 유엔에서의 움직임은 1992년 2월, 정대협 의장 이효재 교수가 인권소위원회에 위안부 문제에 관한 비공개 공청회를 제안하면서 시작되었다. 민간단체로서 유엔의 자문기관인 국제교육개발법인(International Educational Development Inc.)에서 이를 지지했다. 그해 5월에는 이 법인의 동아시아 대표인 토쯔까 에쯔로(戸塚悅朗)가 '현대의 노예제에 관한 특별조사단'(Working Group on Contemporary Forms of Slavery, 이하 '특별조사단'으로 약칭)에서 위안부 문제에 관한 적절한 조사작업이 이루어져야 한다고 말했다. 그는 위안부 문제가 1932년 일본이 인준한 강제노동에 관한 조례를 위반한 경우라고 말했다.

5월 13일, 특별조사단은 인권소위원회에 차별 금지 및 소수민족 보호에 관한 보고서를 내고, 여기에 특별조사단의 인권에 관한 특별 보고자가 전쟁기간중 매춘을 강요당한 여성들과, 보고된 희생자들에 대한 보상과 송환에 관한 정보를 갖추고 있다는 총서기의 추천서를 동봉했다. 통상적인 관례에 따라 구체적인 국가명이 언급되지는 않았지만, 언론과의 인터뷰에서 일본의 사례가 연관되어 있다고 알려졌다. 토오꾜오 소송 사건을 맡은 변호인의 한 사람인 후꾸시마 미즈호는 다음과 같이 논평했다.

일본은 외부의 압력에 민감하므로, 이는 비단 위안부 문제만이 아니라 일본의 전쟁 도발의 희생자가 된 모든 아시아 국가들에 있어서 전후 보상의 문제에 해결책을 마련할 돌파구가 될 수도 있다.

8월에 인권소위원회의 본회의에서 이효재 교수는 세계교회협의회(World Council of Churches)의 지지를 받아 보상문제 타결을 위한 길을 모색할 것이며, 위안부 문제와 연관된 모든 아시아 국가에는 진상 규명을 위해 조사단을 파견해달라고 요청했다. 위안부였던 황금주는 제네바의 유엔 프레스 쎈터에서 이효재 교수의 발언을 지지했다. 그러나 곧장 어떤 조치가 취해질 가능성은 없었다. 우선 특별조사단의 보고자를 토오꾜오로 초청해서 이 문제에 관심을 가진 유엔 및 민간단체 대표들과 함께 그가 1993년 8월로 예정된 인권소위원회의 '인권유린 희생자의 보상'에 관한 보고에서 발표할 수 있는 직접적인 증거들을 수집할 수 있도록 하자는 계획이 수립되었다.

공청회는 주로 '돌파구가 될 사안'으로서 위안부 문제를 집중적으로 다루었다. 다른 범주에 속하는 희생자들도 포함되기는 했으나, 형평성에 문제가 있다는 비판이 나오기도 했다. 또한 국회의원들이 10명밖에 참석하지 않았는데, 좀더 많이 참석했어야 한다는 의견이 나오기도 했다. 그러나 이 공청회는 유엔과 좀더 긴밀한 관계를 도모하고, 광범위한 대중적 관심을 끈다는 주된 목적은 충분히 달성한 것으로 보인다. 800여 명의 인원이 이 공청회에 참석했는데, 공청회 장소가 수용할 수 있는 인원을 훨씬 넘는 숫자였다. 또한 참석한 단체는 69개에 달했다. 이들 중 18개는 남북한과 연관된 재일 한국인 단체이고, 9개가 기독교단체, 8개는 법조계의 단체들, 8개는 주로 불교계 인사들이 가장 활동적으로 움직이고 있는 반전단체들로서 사찰조직도 1개가 기록되어 있다. 그밖에 교사와 학생들을 대표하는 교육계 단체 5개, 보상문제에 관한 활동을 하는 단체 5개, 노동단체 3개, 추방자해방기구 2개, 기타 여성단체 2개, 매춘금지법의 효율적인 실시를 주장하는 반(反)매춘단체 1개, 그리고 나머지는 이 사안을 위하여 특별히 조직된 단체들이었다.

유엔과 민간단체 관련 내빈은 다음과 같다.

- 림뷔르흐 대학 법학교수이자 인권소위원회의 인권유린 희생자의 송환·보상·재활에 관한 특별 보고자 테오 반 보벤 교수. 그는 비공식적으로 참가했지만 외무성 대표와 만나 그들의 입장을 들었다. 그는 외무성의 입장이 여전히 위안부 강제연행의 증거들을 부인하고 있다고 말했다.
- 맥길 대학 법학교수이자 세계인권선언 초안을 작성하는 데 참여했으며, 인권에 관한 국제규약을 채택하는 데 주도적인 역할을 한 존 P. 험프리 교수.
- 국제적십자사 법률고문 아뫼르 제말리.
- 한국변호사협회 이사이며 하버드 법대의 객원연구원인 박원순 변호사.
- 변호사이자 국제교육개발법인의 유엔 대표이며, 1989년 인권소위원회에서 일본의 대리 감옥에 관한 조델-파커 보고서의 작성자인 캐런

파커. '인권강제법'이라고 불리기도 하는 '강행규범'의 세계적 권위자
로서, 그녀는 이 강행규범을 "일반적으로 그리고 본능적으로 사람들
이 알고 있는 법률이며, 이 법을 어기는 것은 문명을 심각하게 위협
하는 것"이며, 시간 제한이나 소급범위의 제한이 없고 국제조약이나
국내법에 선행하는 것이라고 정의했다.
- 일본변호사협회의 회원이자 국제교육개발법인의 동아시아 대표이
  며, 국제인권연맹 같은 민간단체나 특별조사단체에 참여하고 있는
  토쯔까 에쯔로.

오후 2시부터 8시까지 중간에 30분 휴식을 가지면서 진행된 공청회는
성황을 이루었다. 이 공청회에서는 내빈 소개와 조사결과 보고, 희생자
들의 증언이 번갈아 30분 단위로 계속되었다. 구두 혹은 문서 형식으로
이루어진 보고의 발제자는 다음과 같다.

- 남한 정대협 이사이자 한국여성단체연합 부의장인 이미경.
- 필리핀 위안부에 관한 특별조사단 총무 루데스 인다이 사호르.
- 북한의 '군대위안부와 태평양전쟁 희생자 보상을 위한 대책위원회'
  이사인 허석칠. 허석칠은 그가 참여하는 위원회가 준비한 9월 1일자
  보고서를 요약, 발표했으며 11월 말 현재 123명의 위안부들이 확인
  되었고, 이 중 21명은 공식적으로 모습을 드러냈다고 덧붙였다.
- 타이뻬이 여성갱생재단에서 온 왕칭펑 변호사.
- 가장 중요한 사료들이 포함된 보고서를 내놓은 요시미 요시아끼 교
  수.
- 일본변호사협회 회원.
- 재일조선인강제징용조사단 국민연합위원회의 김영희와 홍상진. 김
  영희는 9월에 남한 여성 대표도 참석한 징용 문제에 관한 3자회담에
  참석하기 위해 사민당 의원들과 평양을 방문한 바 있다. 4명의 위안
  부와 6명의 여성 징용자를 인터뷰했다. 위안부였던 사람들은 인터뷰

를 하면서 다소 불편한 기색이었고, 보상문제를 다른 사람들에게 넘기고 싶어하는 듯한 태도였다. 그들은 단지 일본측의 진지한 사죄만을 요구했다.

홍상진은 강제징용과 관련된 장소들을 도표로 만들어 전체적으로 보여주었는데, 각 지역별로 분류하고 다시 일의 성격에 따라 세 가지로 분류한 것이었다. 총수효는 1141개소였다. 그는 또 최근에 이제까지 알려진 것 중에서 가장 오래된 한국인 위안부에 관한 기록이 들어 있는 국립문서보관소의 자료를 요약했다. 그 자료에는 위안부라는 용어가 직접 사용되지는 않았지만, 이것은 1932년 9월부터 1933년 12월까지의 군부대 위생보고서로서 일본 북부지역에서 1933년 4월부터 일을 시작한 38명의 일본인·한국인 매춘부들에 대해 언급하고 있다. 또 여기에는 만주와 상하이 지역 군부대의 성병에 관한 통계도 들어 있다.

희생자들은 일본어·한국어·영어 3개 국어로 동시통역되는 가운데 자신의 경험에 대해 증언했다.

공청회에 나온 위안부

남한 대표로 온 강선애는 14세의 나이로 히로시마 지역에 끌려가 귤을 따다가 팔라우로 가서 위안부가 되었다.

필리핀의 마리아 로사 루나 헨슨은 최초로 대중 앞에 모습을 드러낸 위안부이다.

북한의 김영실은 그 이전에는 언급된 적이 없는 희생자이다. 그녀는 13세 때 가난에 찌든 가족에 의해 친척 손에 맡겨졌지만, 결국은 구걸을 하거나 식모일 등 잡일을 하며 살아야 했다. 그래서 그녀는 민간인 복장을 한 일본인이 접근하여 일자리를 제의하자 그 제의를 받아들였다. 그녀는 12명의 다른 여자들과 함께 함경도 지방의 소련 국경 근처에 허술하게 지어진 위안소로 끌려가서 에이꼬라는 일본 이름을 받고 일본 옷을 입었다. 그녀를 모집해간 사람은 어느새 장교복으로 갈아입고 있었다. 그는 그녀를 강간했고 뒤이어 7명의 군인이 그녀를 차례차례 강간했다. 그녀는 하루에 20~30명의 군인들을 상대했고, 때로는 산악지대에 주둔해 있는 부대를 방문하기도 했다. 매주 건강검진을 받았고, 임신하거나 성병에 감염된 여자들은 제거되고 다른 사람으로 교체되었다. 반항을 하다가 그녀는 구타와 물고문을 당했는데, 그 과정에서 이 두 개가 빠졌다.

그녀는 전쟁이 끝난 후 위안소가 이동하는 틈을 타 탈출했다. 그녀는 결혼을 하지 않았고, 가족이 없었으므로 대중 앞에 나서서 이야기하기가 쉬웠다고 했다. 그녀가 증언을 마치자 청중 가운데 앉아 있던 김학순씨가 연단으로 올라와 그녀를 껴안고 남북한 연대의 감동적인 장면을 연출했다. 다음 순서로는 최근에 제기한 토오꾜오 소송 원고들이 등장했다. 그 중 어떤 이는 청중들을 바라보며 "이건 다 당신들 일본 사람 잘못이다!" 라고 울부짖기도 했다.

앞서 등장한 바 있는 얀 뤼프는 이야기하면서 내내 자기 딸의 손을 잡고 있었다. 언론보도를 인용하자면, "그녀 자신도 인정하였다시피 매우 침착하고 자제력이 돋보이는 그녀의 발표는 감정적으로 격양된 다른 사람들과 대조적이었다. 그녀는 그러면서도 자신의 끔찍한 이야기를 쓰라리고 생생하게 조목조목 읽어내려갔다."

중국에서 온 완아이화는 얀 뤼프와 매우 대조적이었다. 중국 정부는 위안부들에게 어떤 활동을 하도록 장려하지 않았으나, 재일 중국인들의 단체인 중국국제친선장려협회나 그녀의 출신 지역인 산시의 지방정부 당국이 알선하는 것은 허락했다. 그 지역은 여성에 대한 학대가 두드러진 지역이었는데, 아마도 공산당과의 전투가 치열한 지역이었기 때문이었을 것이다. 완아이화는 4살의 나이로 팔려가 14세 때 일본인에게 붙잡혀 수개월간 매일 폭행을 당했다. 그녀는 매를 맞아 고막이 파열되고 여기저기 뼈가 부러져 160cm이던 키가 140cm로 줄었다. 그녀는 그때 생긴 흉터를 드러내 보여주다가 "정말 일본인은 싫다 ! "고 울부짖으며 쓰러졌다. 주최측은 막을 내리고 의사인 험프리 교수 부인이 그녀를 돌보았다. 그녀는 병원으로 옮겨졌다. 회복이 되자 그녀는 기자회견에서 친척들이 그녀를 '타락했다'며 상대해주지 않았고, 결혼도 하지 못했다고 밝혔다.

이름을 밝히지 않은 타이완 여성은 17세의 나이에 간호원으로 모집되었다가 띠모르에 가서 위안부가 되었다고 말했다. 그녀는 더이상 자세한 이야기는 하고 싶지 않으며, 너무 나이가 들어 무엇을 청구할 수도 없다고 말했다. 또한 그녀는 사진을 찍는 것도 거부했다.

다른 희생자들의 증언으로는 나가사끼의 미쯔비시 조선소에 징용되어 갔다가 그곳에서 원폭 피해를 입은 한국인의 증언과, 말라야 학살에서 살아남은 사람의 증언이 있었다.

다음날 '전쟁과 인권——전후 처리에 관한 법적 분석'이라는 제목의 쎄미나가 일본변호사협회의 주최로, 좁은 강당 안에 450여 명의 청중이 빽빽히 들어찬 가운데 열렸다. 토론을 주재한 반 보벤 교수는 세계인권선언과 인권소위원회의 활동 등 유엔에서의 인권보장 활동의 발전을 소개했다. 인권소위원회는 어느 지역이든 인권 유린의 증거를 수집하여 인권소위원회의 결정이나 견해가 관련 국가에 전달되어 효과적인 해결책을 마련하도록 한다고 반 보벤 교수는 말했다. 그 과정에는 사실을 규명하고, 공정하게 판단하여 희생자들에게 보상하는 것까지 포함된다고 한다. 무엇보다도 예방조치가 중요하므로, '국가적인 이유'를 들먹이거나 무책임한 태도를 보이는 것은 비난받아 마땅하다고 그는 말했다. 희생자들에 대한 배상이 불가능하다면 그들을 기리는 활동이나 진상의 완전 규명이 그와 비슷한 효과를 달성할 수 있다는 것이다. 그는 또한 어떤 법령으로도 이를 제한할 수는 없다고 강조했다.

험프리 교수는 쎄미나가 열린 12월 10일이 바로 유엔총회에서 인권선언문이 결의된 세계 인권의 날임을 상기시켰다. 이러한 이상을 실현하기 위한 장치가 바로 일본도 인준한 시민권과 정치권에 대한 규약이며, 이는 인권위원회의 정기 보고 등으로 유지된다는 것이다. 그는 강행규범(*jus cogens*)이 국제사법재판소의 판결과, 정당하다고 인정되는 조례 및 규칙들에 의해 규정되는 '국가간의 기본법'이라고 말했다. 이는 1951년 쌘프란시스코 강화조약에 나오는 배상 포기를 무효화했다. 당면과제에 대해 그는 다음과 같이 말했다.

사죄란 여러분도 동의하다시피, 죄를 인정하는 것과 같습니다. 나는 당신 정부가 결국에 가서는 이러한 범죄에 대한 보상을 하리라고 생각합니다. 이 일이 빨리 이루어질수록 일본의 대외 이미지에는 좋을 것입니다. 의장님, 나는 일본에 대한 우정에서 이러한 이야기를 하는 것입니다.

험프리 교수는, 일본이 인권소위원회의 회원국이 위안부 문제에 관한 활동을 벌이는 것을 방해하고 있는데, 국제적인 여론을 환기하여 이러한 행위를 못하게 해야 한다고 주장한 것으로 알려졌다. 일본은 경제대국이고 강력한 국가이므로 우방국이 많다는 것이다. 그러나 일본 외무성은 인권소위원회에 그러한 압력을 가하는 것은 불가능하다고 주장했다.

공청회 조직위원회는 후에 '일본전후책임자료쎈터'라는 상설기구로 통합되었다. 이 기구의 당면과제는 조사를 주관하고 일본 정부에 위안부 문제에 대한 만족스러운 해결책을 내놓으라고 촉구하는 것이었다. 4월에 이 모임은 내각 비서실의 외무국과 공식적인 협상을 위한 모임을 갖는 한편 '1백만인서명운동'을 벌여 대중들의 지지를 끌어냈다. 약 70%의 응답률을 보인 여론조사에 의하면 보상을 반대하는 의견은 불과 10%였고, 보상과 사죄를 다 해야 한다는 의견이 36%, 25%는 어떤 형태로든 인도주의적인 방식으로 지원해야 한다고 답변했다.

이 조직의 장기적인 목표는 기념사업과 교육을 병행할 수 있는 '일본의 전쟁책임을 명심하기 위한 기념쎈터'를 세우는 것이다. 이 기구의 활동본부와 재정본부는 오오사까에 두었으며, 연구본부는 토오꾜오에 두었다.

이 기구에는 10개 부서가 있고 부서마다 각 방면의 전문가를 부장으로 두었다. 위안부 문제와 관련된 부서는 요시미 교수가 담당하고 있다.

1993년 4월 2일, 18명의 필리핀 위안부가 각기 2000만 엔의 보상금을 요구하는 소송을 제기함으로써 위안부의 법적 처리 문제는 또 한 단계 진전되었다. 4월 5일에는 최초로 신분이 확인된 일본 거주 한국인 위안부인 송신도가 소송을 제기했다. 그녀는 보상을 요구하지는 않고, 단지 사죄만을 요구했다. 오직 금전적인 이득 때문에 소송을 제기한다고 인식되는 것을 원치 않는다는 것이 그 이유였다. 그러나 그녀는 정말로 진지한 사죄라면 무엇인가 가시적인 보상행위가 따라야 할 것이라고 말했다. 그러나 그녀는 이 부분은 정부측의 자율에 맡기겠다고 말했다. 그녀는 한국에서 다른 경우와 비슷한 경로로 모집되었으나, 다른 사람들과 달리 전쟁이 끝난 후 어떤 특무상사의 도움으로 일본으로 돌아올 수 있었다. 그는 그녀를 저버렸고, 그녀는 후에 결혼을 했다가 남편을 잃었다. 그녀가 관련되었던 군부대를 확인할 수 있었으므로 여성단체들은 이 예외적인 경우에 관한 배경을 좀더 자세히 알고 싶어했다. 그러나 이것이 쉽지가 않았다. 그녀의 과거를 증명할 수 있는 증거는 그녀에게 주어진 카네꼬라는 일본 이름을 새긴 문신뿐이었다.

1993년 2~3월에 열린 UN 인권소위원회 다음 회기에서 일본 정부는 한국 정부와 민간단체들로부터 위안부와 강제징용 문제로 11차례나 규탄을 받았다. 한국 정부는 유례없이 강한 어조로, 한국 정부측의 조사에 의하면 모집과정에서나 그 이후에 강제연행과 폭력이 사용되었다는 것이 밝혀졌다고 주장했다. 따라서 일본과의 우호관계는 일본이 과거를 깨끗이 청산하는 데 달려 있다고 한국측은 주장했다. 북한은 일본이 600만 명의 한국인을 잡아갔는데 이는 당시 인구의 4분의 1을 넘는 숫자라고 주장했다. 인권소위원회에 참여한 민간단체로는 '일본의 도의적 책임을 묻는 네덜란드 재단'(Dutch Foundation of Japan's Honorary Debts), '한국인 강제징용조사단', '정대협' 등이었다. 이 자리에서는 책임자에 대한 처벌 문제가 처음으로 거론되었으며, 안전보장이사회에 일본의 참여를 영구적으로 금지하자는 안도 나왔다.

또다른 민간단체인 국제친선연맹 (International Fellowship of Reconciliation)은 일본이 한국을 병합하기 위한 준비단계로서 맺은 1905년의 보호조약은 효력이 상실된 조약의 본보기라고 말했다. 왜냐하면 이 보호조약은 개개인——이 경우에는 조선 황제와 대신들——에 대한 강압과 협박에 의해 이루어진 것이기 때문이다. 이는 다시 말해서 징용을 실시할 당시 일본의 국내법은 현재 진행되고 있는 청구권 문제와는 무관하다는 것이다.

일본측의 사절단장은 참석하지 않았고, 한 여성 외교관이 정부측을 대신하여 "일본은 청구권 문제를 진지하게 다루고 있으며, 여기에는 관련국과의 조약은 물론이고 양국 혹은 다변 협정에 따라 보상문제를 다루는 것도 포함된다"고 답변했다. 그녀는 또한 이미 위안부들에게는 "진심으로 사죄하고 참회하는" 뜻을 표한 바 있다고 말했다.

같은 기간중에 안전보장이사회는 인도(人道)에 관한 중죄(여기서 직접적인 대상이 된 것은 보스니아의 경우였다)를 다루기 위한 국제재판소를 설치하는 것을 승인하면서 위안부 문제와 관련하여 네덜란드의 군사재판의 경우를 언급했다.

1993년 5월, 특별조사단 회의에서 일본인은 도리어 공세를 취했다. 일본측은 일본 정부가 계속해서 "이 문제의 진상규명을 위한 조사를 하는데 최선을 다하고" 있으며 "고통받은 사람들에게 어떻게 하면 정부측의 위로의 뜻을 제대로 전달할 수 있을까 고심하고" 있다고 되풀이 주장하는 한편, 개별적인 사례들을 내세우는 것은 특별 보고자의 위임사항이 아니라고 주장했다. 이 모임은 일반적인 원칙과 지침을 마련하기 위해 결론을 내리고 추천을 하는 자리였다. 그런데 일본측이 이러한 접근법을 택한 것은 분명히 8월에 있을 인권소위원회 보고에 토오꾜오의 공청회 자료를 특별 보고자가 추천하는 것을 막기 위한 것이었다.

일본 대표는 남한과의 청구권 문제는 이미 1965년의 한일 기본조약에 의해 완전히 타결되었다고 주장하고 북한과의 문제는 아직도 정상화 회담의 의제로 남아 있다고 계속 주장했다. 국제친선연맹이 1905년의 보호조약에 관해서 언급한 데 대해 일본측은 그러한 주장이 유엔 국제법위원회의 공식 보고에 기초한 것이 아니라 위원회의 특별 보고자가 작성한 것으로서 조약법에 관한 위원회에서 논의될 예정일 뿐이라고 말했다. 더욱이 1905년 보호조약은 단지 강제력에 의해 맺어짐으로써 무효라고 '주장'되는 조약들 중 하나의 예일 뿐이라는 것이다.

특별조사단은 국제교육개발법인의 캐런 파커와 국제법학자위원회의 (International Commission of Jurists) 사절단이 수집한 보고서를 내놓았다. 파커의 보고서는 이제 어디서나 많이 찾아볼 수 있는 구체적인 자료에 중점을 둔 것이 아니라, 공청회에서 나온 희생자들의 증언 중 몇가지만 본보기로 발췌한 것이다. 이는 "우선은 그들이 용기있게 대중 앞에 나선 것을 치하하고, 직접적인 묘사를 제시함으로써 이것이 왜 전쟁범죄이자 인도에 관한 죄인가를 더욱 분명히 이해할 수 있게 하기 위해서였다." 그녀는 강행규범의 원칙과 대세적(*erga omnes*) ―― 모든 사람에게 흘러간다, 즉 일정한 원칙이나 규범을 만인에게 적용한다는 뜻―― 부수조항을 중심으로 법적인 분석에 중점을 두었다. 일본의 주장과는 달리 강행규범에 의해서 어떤 조약을 이용해서 희생자들의 보상을 거절하는 것이나, 보상조치에 역행하는 국내법은 무효가 된다는 것이다. 또한 이는 법령상의 제한도 받지 않는다. 또한 잠재적인 청구권의 범위가 막대하다는 것도 여기서는 문제가 되지 않는다.

국제교육개발법인의 보고서는 다음과 같은 내용을 제시하고 있다.

1. 모든 정보를 완전히 공개할 것.
2. 완전하고도 적절한 사죄를 할 것.
3. 모든 희생자들에게 완벽하고도 적절한 금전적 보상을 할 것.

유엔과 유엔 산하 기구들은 일본이 보상청구 절차를 만드는 데 도움을 제공할 수 있으며, 또한 합리적인 금전적 보상의 수준을 정하는 지침도 마련해줄 수 있다고 이 보고서는 밝혔다. 청구권자는 자기 나라에서 소송을 제기할 수 있으며, 각국 정부는 필요한 경우 각 지역의 일본 소유 자산을 압류함으로써 직접적인 조치를 취할 수 있을 것이라고 했다. 또다른 나라들은 자신의 사법권 관할에 있는 일본 자산을 동결함으로써 이에 협력할 수 있다는 것이다. 유엔은 이러한 범죄행위가 완전히 보상될 때까지는 일본과 관련된 안전보장이사회나 유엔헌장에 어떠한 변동도 가해서는 안된다고 이 보고서는 주장했다.

국제법학자위원회 사절단의 임무는 오스트레일리아 플린더즈 대학의 유스티니아 돌고폴과 인도 봄베이 출신의 변호사 스네할 파란자페에 의해 수행되었다. 4월 19일부터 5월 8일까지 이들은 마닐라, 토오꾜오, 서울, 평양 등을 방문하여 변호사와, 이 문제에 관심을 가진 학자와 언론인뿐만 아니라, 40여 명의 희생자, 3명의 전직 군인, 정부와 민간단체 대표들과 인터뷰했다. 사절단은 특별조사단으로부터 다음 세 가지 문제를 염두에 두라는 지시를 받았다.

1. 여자들이 강제로 섹스 써비스를 했는지의 여부.
2. 일본 정부의 책임 정도.
3. 보상문제.

사절단의 예비보고서에서 이들은 우선 역사적 맥락과 위안소에 관한 주요 문건을 간단히 소개한 다음, 6명의 필리핀인 위안부와 11명의 한국인 위안부——이 중 6명은 남한에서, 5명은 북한에서 인터뷰했다——의 증언을 제시했다. 이들 증언의 대부분은 이 책의 앞부분에서 이미 소개한 것들이며, 특별히 새로운 내용은 없다.

전직 군인 세 사람은 직접 위안부들을 모집하지는 않았지만, 중국과 만주에 주둔하면서 위안소 감독에 관여했다고 한다. 한 사람은 과거에 헌병대에서 근무했는데, 헌병대의 엄격한 통제를 보여주는 다음과 같은 사례를 이야기해주었다.

헌병대는 병사 개개인이 위안소를 각기 몇번이나 드나드는지 정확하게 파악하고 있었다. 사병들의 월급이 매우 적었으므로, 사병의 신분으로 위안소에 월 1, 2회 이상 출입하는 것이 발견되면 의심을 샀다. 왜냐하면 그들의 월급으로는 위안소에 그렇게 자주 출입할 수 없었기 때문이다. 위안소에 너무 자주 가는 것은 곧 그 사병이 금지된 물품을 빼돌려 팔거나 현지 주민들을 갈취하고 있다는 것을 의미했다. 위안소를 운영하는 한국인 부부는 각 위안부를 찾은 사람들의 명단을 매일 아침 헌병대에 제출했고, 헌병대에서는 어떤 군인이 특정한 한 위안부를 너무 자주 방문하는 것은 아닌지 점검했다. 군인과 위안부 사이가 친밀해질 경우 기밀이 누설될 우려가 있기 때문이었다.

또다른 사람은 위안부제도가 성병, 강간 및 기타 혼란을 방지하는 데 그다지 성공을 거두지 못했다고 지적했다.

이 보고서의 일차적인 결론은 앞서 나온 세 가지 질문에 대해 긍정적인 답변을 제시했으며, 심지어 합법적이라고 인정되어온 범주인 계약관계조차도 실질적으로는 빚 갚는 노예제의 형태를 띤 것이었다고 지적했다. 이 보고서는 파커의 보고서보다는 조심스러운 제안을 했다. 이들은 연합군에 속했던 국가들이 여성단체들에 가능한 모든 지원을 할 수는 있지만, 협상은 기본적으로 일본 정부와 여성단체들 사이에서 이루어져야 한다고 주장했다. 마지막으로 특별조사단은 이 모든 보고서와 자료들을 8월에 열릴 예정인 UN 인권소위원회에 전달한다는 결의안을 통과시켰다.

일본측의 강제연행 시인

8월 4일, 미야자와 내각이 1948년 이래 최초로 사회당과의 연립내각으로 교체되기 전날, 일본 정부는 1992년 7월의 그 날짜 보고서를 보완하는 보고서를 내놓았다. 이 보고서에서 일본 정부는 처음으로 위안부 모집과정에서 속임수와 강제연행, 관의 개입이 있었다는 점을 시인했다. 그 증거로서 이전 보고서에서 제외해놓았던 미국과 정대협측의 자료들뿐만 아니라, 서울에 거주하는 위안부와 오끼나와에서의 현장조사 내용이 들어 있었다. 이 보고서가 나온 시기에 대해서는 추측이 난무했으나, 이는 어쨌든 자민당의 급작스런 권력상실에 연유한 것이었다. 이 보고서는 8월에 있을 인권소위원회를 예상하고 수개월간 준비된 것이었다.

　연초에 일본 정부는 과거에 위안부였던 여성들과 면담을 하겠다고 제의했으나, 정대협은 일본에 있는 모든 자료들을 공개한 후에 면담을 하는 것이 순서라는 이유로 이 요청을 거절한 바 있다. 정대협측의 주장은 면담을 일본 정부 관리가 해서는 안되고, 한일 양국에서 이 문제에 대해 권위있는 전문가들이 면담을 해야 한다는 것이었다. 한국의 문민정부는 정부 차원에서 보상문제를 추진하지는 않을 것이지만, 모든 자료들을 공개하게 될 수 있도록 노력하겠다고 발표했다.

　마침내 7월 말경, 태평양전쟁희생자유족협회의 협조로 16명의 위안부와의 면담이 사흘에 걸쳐 이루어졌다. 정대협의 강력한 반대에도 불구하고 그 면담은, 처음에 토오꾜오 소송 사건에 관련되었던 후꾸시마 미즈호의 참석으로 일단 적법성을 획득한 셈이었다. 관련국 정부에 이미 우송된 보고서에서 일본은 다음과 같이 새로이 사실을 시인했다.

　　많은 경우 위안부 모집은 군당국의 요구에 따라 업자들이 구한 중개업자에 의해 이루어졌다. 그러나 전쟁의 확산과 더불어 위안부의 수요가 증가하자 이러한 조건에서 중개업자들이 기만적인 술수를 사용하거나, 협박을 하여 당사자들의 의지와는 달리 위안부를 모집하는 사례가 많았고, 또한 공무원들이 이에 직접 가담하는 사례도 있었다. …위안부들이 군함이나 군용차를 이용해서 전투지역으로 이동하는 경우 이외에도, 전투에서 패하고 퇴각하는 혼란중에 그들을 그대로 전투지역에 버려두는 경우도 있었던 것으로 보인다.

　이 보고서가 나오면서 이제 막 야당 당수가 되려는 참이던 코노 요헤이

(河野洋平) 관방장관은 공개 사과문을 발표했다. 사죄는 대개 "정부는 이에 심심한 사죄의 뜻을 표하며, 모든 위안부들에게 그들이 겪은바 치유될 수 없는 정신적・육체적 고난과 상처에 대해 반성의 뜻을 전한다"는 식이었다. 또한 그는 이들에 대한 보상방안을 강구할 것이며, 역사의 교훈을 겸허히 받아들이겠다고 말했다.

이와 직접 관련된 3개국 정부의 반응은 대체로 호의적이었다. 한국 정부는 적절한 후속조치가 따라야 한다는 것을 알고 있었지만, 차후로 일본과의 외교적 사안에서 이 문제를 제외하기로 했다. 또 필리핀 대통령 대변인은 보고서가 "일본과 필리핀의 우호관계를 더욱 증진시킬 것"이라고 말했다. 그러나 일본은 물론 한국과 필리핀의 시민단체들은 그렇게 열광하는 분위기가 아니었다. 그들은 조사할 부분이 방대하게 남아 있음을 지적하고 또한 보상문제를 집중적으로 거론했다.

공식적으로 이 문제와 연관되지 않은 다른 국가들, 특히 말레이시아, 타이완, 인도네시아 등에서는 시민과 반(半)관변단체들이 그들 국가의 국적을 가진 사람에게도 동등한 대우를 해줄 것을 요구했다. 또한 이 문제와 관련된 사안들에 대해 예리한 견해를 보여준 『타임즈』(*The Times*) 지는 다음과 같이 결론을 맺었다. "오늘 정권을 인수한 연립내각은 새로운 시작을 약속했다. 새로운 정부는 일본이 '위안'이라는 미명하에 너무나 오랫동안 은폐해온 이들의 상처에 대한 보상부터 실시해야 한다."

타까기 변호사는 정부가 강제력 동원을 인정한만큼, 소송이 의외로 빨리 마무리될지도 모른다는 낙관적인 견해를 피력했다. 이 소송이 아직 미결 상태이므로 이전 재판에서 위안소의 운영 문제에 관해 그랬듯이, 정부 측에서 이 사실을 인정하는 공식적인 절차를 마련해야 한다고 말했다. 타까기는 또 이 문제를 다루기 위해 의회 내에 위원회를 설치해야 한다면서, 여기에는 자민당과 공산당을 포함한 모든 정당이 참여해야 한다고 주장했다.

일본에서의 정권교체로 인해 새로이 등장한 요인들에 대해서는 섣불리 판단하기 어렵다. 과거와 마찬가지로 사회주의의 영향력은 원고에게는

유리할 것이다. 중의원에서는 사회당 당수인 도이 타까꼬(土正たガ子)가 '강제징용문제 특별위원회'에 참가했다. 이전 정권의 책략은 여러가지로 해석될 수 있으나, 최소한 새로운 정부가 이 보고서를 새 정부의 주도로 작성된 것처럼 제시하거나, 그 보고서의 발표를 다른 식으로 취급할 기회를 박탈하려는 의도였던 것으로 보인다. 앞으로 가능한 접근방식에 관해서는 1992년 서울에서 열린 '군대위안부 문제에 관한 아시아 연대회의'에서 여성의원 시미즈가 내놓은 제안이 문제 해결을 위한 포괄적인 기초를 제공할 수 있을 것으로 보인다.

일본 정부가 강제력 동원을 시인했다는 것은 미미하긴 하지만 위안부 문제가 더이상 현안이 되지 않도록 하는 과정의 신호이자, 동시에 일본인의 손에 고통을 겪고 이제 보상을 요구하는 다른 희생자들에게 문을 열어준 것이기도 하다.

결 론

    수많은 위안부들은 타국땅의 흙먼지에 파묻혀, 혹은 일어나서 그들의 정당한 요구를 말하기 꺼려 하여 영원히 알려지지 않은 채로 있을 것이다. 지금도 그렇지만 그 당시는 강간이라는 것이 말하기 쉽지 않은 문제였다. 정의를 추구하는 일 또한 그리 간단히 덤벼들 문제는 아니었다. 여기에다가 체면과 가족의 위신이 걸려 있다. 그래서 지금이나 당시에나 강간의 희생자들은 자신에게 일어난 일들이 모두 자기 책임이라고 느끼면서 생을 마치는 경우가 많다. 여성의 처녀성에 중대한 도덕적 가치를 부여하는 아시아 사회에서 강간은 타락을 의미하며, 고립과 소외 속에서 살아가야 함을 의미하는 것이다.

노청자

    노청자는 가난한 농민의 딸이었다. 그녀는 자원봉사자들이 개설한 야학에 4년 동안 다닌 것을 제외하면 교육을 전혀 받지 못했다. 그녀가 17세 되던 어느 날, 그녀는 마을사람들로부터 "일본 사람들이 처녀들을 잡아간다"는 얘기를 들었다. 곧 이어 그녀의 어머니도 일본군이 오기 전에 그녀더러 숨으라고 했다. 그래서 그녀는 이모와 함께 피신했다. 그녀는 몇 킬로미터 떨어진 이모네 집으로 걸어가는 동안 어머니의 치마를 푹 둘러쓰고 얼굴을 감추었다. 이모네 집에 다다르기 직전, 다리 위에서 그녀는 헌병대에게 붙잡혔다. 그녀는 일본말을 할 줄 몰랐으므로 몸짓으로 싫다는 표시를 하려고 했다. 그러나 헌병들은 이를 무시하고 그녀를 잡아, 이미 잡혀 있던 또다른 여자와 함께 100미터쯤 떨어진 곳으로 끌고 갔다. 거기에는 트럭 세 대가 기다리고 있었다. 헌병들말고도 10여 명의 군인들이 있었고, 트럭에는 여자들이 38명 가량 타고 있었다. 그들은 다 이웃 동네에서 잡혀왔지만, 그녀가 아는 사람은 아무도 없었다. 무엇보다도 그녀는 약혼자를 다시 만날 수 있을까 하고 생각했다. 그녀는 면서기인 약혼자와 5일 뒤 결혼하기로 되어 있었다.

호송부대가 어느 이름 모를 역에 도착하자, 여자들에게는 각각 주먹밥이 지급되었고 무개화차에 태워졌다. 나흘 밤낮을 달린 끝에 그들은 톈진에 도착했다. 그들은 또다른 기차를 타고 다시 트럭에 옮겨져 산시(山西) 지역의 산이름을 따서 우타이산이라고 명명된 전방부대로 갔다. 그들은 군부대에 새로 지어진 오두막에서 지냈는데, 집 안은 합판으로 칸막이를 한 조그만 방들로 이루어져 있었다. 각자에게 번호가 붙여졌고, 노청자는 7호로 불렸다. 각 방의 출입구는 커튼이 쳐진 채 바깥쪽을 향해 있었다.

첫날 밤 7시부터 사병들이 방으로 들어오기 시작했다. 노청자는 저항했고, 입과 코에서 피가 흐를 때까지 두들겨맞고 발에 걷어차였다. 그녀의 둔부에는 아직도 그때의 상처가 남아 있다. 10시가 되자 찬합에 쌀밥과 된장국이 담아져 나왔다. 식사 후에 다시 군인들이 들어와 새벽 3시까지 계속되었다. 아침 9시가 되자 여자들은 저장용 드럼통에서 목욕을 했다. 목욕하는 동안 내내 일본인 여자 두 사람이 그녀들을 감시했다.

그때부터 그들의 일과가 시작되었다. 6시에 기상나팔에 맞추어 기상하여 군인들이 나무통에 가져온 밥을 나누어 먹었다. 그녀는 그 당시 왜 그런지 배가 전혀 고프지 않았다고 말했다. 9시에서 10시 사이에 그들은 목욕을 했다. 군인들은 11시경부터 들어오기 시작했다. 나중에는 군인들이 더 늦게 와서 오전 시간은 거의 자유로운 편이었다. 장교들은 주로 저녁 시간에 왔고 종종 새벽 3시경까지 머물렀다. 낮 동안 여자들은 3, 40명의 군인들을 상대했고, 군인이 많을 때에는 아예 내내 하반신을 벌거벗고 있어야 하는 적도 많았다. 토요일은 휴일이었다. 그들은 돈을 받지는 못하고, 이따금씩 생필품이 들어 있는 위문대를 지급받을 뿐이었다. 부대가 떠나거나 새로 도착하면 여자들은 군인들을 환송하거나 환영해주어야 했는데, 이때는 대일본제국방위여성연합이라는 완장을 둘렀다.

군부대는 둘레가 몇킬로미터 정도 되는 성벽 안에 주둔해 있었다. 노청자는 때때로 일본군이 성벽에 접근하는 중국 군대에 총격을 가하는 것을 목격했다. 성문을 통과하기 위해서는 가슴에 신분증명서를 패용해야만 했으며, 따라서 허가받지 않고 외출하는 것은 불가능했다. 성밖에는 촌락이 있고, 정식으로 신분을 확인받은 상인들이 자주 성안에 드나들곤 했다. 18개월 가량 지나서 노청자는 성밖으로 나갈 수 있는 허가를 얻었다. 한국인들은 주로 식당을 경영했고, 또 중국인과 한국인들이 스웨터나 양복 등을 파는 가판대를 만들어놓기도 했다.

노청자는 그 지역과 톈진을 오가며 의류를 파는 한국인 부부를 알게 되었다. 그들은 한국에서 너무나 가난했기 때문에 다른 나라에 와서 새로운 생활을 누려보려는 중이었다. 그들은 자식이 없었으므로 노청자를 각별히 좋아했다. 그들은 그녀가 그런 상태로 계속 있다가는 처지가 위태롭게 될 것이라고 걱정하면서, 그녀의 탈출을 도와주겠다고 했다. 그들은 그녀를 상자에 집어넣고 공기구멍을 뚫어 트럭 짐칸에 올려놓고는 그 위에 다시 물건들을 쌓았다. 이렇게 하여 그녀는 톈진에 있는 그들의 집까지 무사히 도착해서 그곳에 피신했다.

그녀가 위안소에서 빠져나온 것은 위안부가 된 지 2년 3개월 만이었다. 전쟁이 끝나기 몇개월 전에 그들은 톈진에 있는 집을 팔고, 그녀를 데리고 한국으로 돌아왔다. 그들은 고향에 집 한 채와 약간의 땅을 살 정도의 돈을 이미 벌어놓았다. 그때 노청자의 나이는 25세였다.

그해 가을 그녀는 부모를 찾아가보기로 했다. 그녀가 떠나려 하자 그녀의 양부모는 결혼해서 남편을 데리고 와 다같이 살자고 제안했다. (한국이나 일본에서는 아들 없이 딸이나 수양딸만 있는 경우에는 대를 잇기 위해——유교적인 전통에서는 매우 중요한 일인데——데릴사위를 들이는

것이 전통적인 방식이었다.) 그러나 노청자는 결혼하려는 시도를 하지
않았다. 일본군에게 학대받은 후유증으로 건강상태가 매우 나빴기 때문
이다.

고향에 돌아와 그녀는 아버지가 징용되어 간 것을 알았다. 그녀의 아버
지는 '남양군도' 어디선가에서 너무나 혹독한 고생을 해, 고향으로 돌아
온 지 얼마 되지 않아 사망했다. 그녀에게는 일본인을 증오할 이유가 또
하나 있는 셈이다. "아무리 미워해도 시원치 않다"고 그녀는 말한다.

그녀의 양부모가 사망했을 당시 그녀의 나이는 43세였다. 그들의 재산
은 대부분 친척들에게 상속되었다. 왜냐하면 그녀는 결혼을 하지 않았으
므로 그들의 가족으로서 호적에 오르지 못했기 때문이다. 그후 그녀는 시
골에서 날품팔이를 하며 살았다. 최근에 그녀는 미화 50달러 상당의 생활
보조금과 쌀 10킬로그램, 보리 2킬로그램을 지급받고 있다. 반쯤이라도
구색을 갖춘 잠자리를 얻을 여유조차 없는 그녀로서는, 보상을 받을 수
있다면 어떤 것이라도 매우 긴요한 상태이다. 그녀는 자신의 요구가 정당
한 것이라고 믿고 있다. 결혼을 앞둔 그날부터 완전히 망쳐진 그녀의 인
생은 무엇으로도 보상받을 수 없지만.

전쟁포로 학대나 민간인 학살 등, 태평양전쟁 시기에 일본이 자행한 다
른 종류의 잔혹행위들도 토오꾜오의 전쟁범죄 재판에서 다루어졌으며,
가해자들은 자신의 행위에 관해 설명해야 했다. 그러나 의미심장하게도,
각국 정부들이 일본과 전후 보상에 관한 협상을 시작할 당시, 모든 사람
들은 어떤 특정한 부류의 희생자들을 완전히 무시하고 있었다. 연합군은
위안부들 대다수를 송환하는 일을 했으므로 그들의 존재에 대해 모르지
않았다. 이미 언급한 바와 같이 미군에서는 일군의 위안부들에 대해 연구
하기까지 했으며, 연합군 병사들도 위안부들을 이용했다고 알려져 있다.
네덜란드 정부만이 일본에 대해 매춘행위 강요에 관한 모종의 조치를 취
했으나, 그들은 단지 네덜란드 여성들만을 염두에 두었다. 위안소에 잡
혀갔던 인도네시아 원주민 여성들은 바따비아 재판에서 전혀 드러나지

않았다. 이는 연합군측이 위안부제도에 책임을 져야 할 사람들을 재판하
지 않은 것이 성차별주의의 산물이듯이, 인종주의적 편견의 반영이라고
해야 할 것이다. 위안부들의 고통은 쟁점이 될 만한 것이 못된다는 편협
한 생각이 깔려 있었던 것이다.

　타이완의 활동가인 왕칭펑은 타이완의 형법에 따르면 강간범은 피해자
가 자살했을 경우는 7년, 그렇지 않을 경우에는 5년의 징역을 선고받는다
고 지적한다. 그러니까 피해자 여성이 그러한 경험을 하고도 살아갈 만하
다면 범죄의 정도가 그만큼 경미하다는 논리인 듯하다. 이렇듯 가부장적
인 사회에서 살아가는 여성으로서 대중 앞에 나서서 책임자 처벌을 요구
한다는 것은 엄청나게 어려운 일일 것이다.

　모든 가부장제 사회의 전제가 그러하듯 남성의 요구가 우선되어야 하
고, 여성의 의무는 남성에게 봉사하는 것이라고 믿는다면, 일본군이 위
안부에게 저질렀던 일을 하는 것이 가능할 것이다. 일본의 전통적 사고방
식은 여성이 남성보다 두 걸음쯤 뒤에서 걸어야 한다는 것이다. 유교적
사고방식으로는 여성은 아버지에게, 남편에게, 그리고 마지막으로 아들
에게 복종해야 한다. 물론 그러한 태도가 아시아 사회만의 특별한 것은
아니다. 전쟁이 일어나기 전에 수녀가 되려고 예비서약을 했던 얀 뤼프는
위안부 생활을 경험한 후 그녀의 끔찍한 경험 때문에 그녀가 교회에 '받아
들여질 수 없다'는 말을 들어야 했다.

　위안부를 모집하는 데 일본 군부에서 강제력과 속임수를 사용했다는
핵심적인 증거는 앞서 살펴보았듯이 위안부로 끌려갔던 여성들 자신의
입에서 나온 것이다. 이 책을 처음 집필할 당시, 그들의 주장을 뒷받침할
만한 공식적인 서류는 아직 발견되지 않은 상태였다. 그럼에도 불구하고
위안부들의 이야기는 너무나도 확실히 일본인들의 유죄를 주장하는 것이
었으므로, 공식적으로는 위안부제도가 전적으로 자발적인 참여에 의한
것이었다고 주장하는 일본의 조사단은 위안부들을 직접 면담하기를 꺼렸
던 것이다.

　1993년 7월 말, 입장의 중대한 전환을 보이면서 공식 조사단은 16명의

한국인 위안부들을 면담했다. 1991년 말에 시작된 토오꾜오 소송의 원고
로 9명의 대표들이 선발되었다. 그들의 사례는 일본전후책임청산협회에
의해 다른 4건의 사례와 함께 출간되었다. 사진작가이자 언론인인 이또
오 타까시(伊藤隆)는 원고들 중 5명과 또다른 위안부 1명을 더 면담하여
공장노동에 징발된 7명의 여성들에 대한 인터뷰와 함께 단행본으로 출판
했다. 이또오는 한국인 강제징용 문제에 관해 집중적으로 조사한 바 있으
며, 원폭피해자가 된 한국인 노동자들, 사할린 잔류자들에 관한 이야기
도 펴낸 바 있다.

그는 이 모든 현상을 당시의 전체주의적인 일본 사회에서 '필연적으로
일어날 수 있는 일'이라고 설명한다. 공장으로 끌려간 여성들은 다소 교
육과 훈련을 받은 여성들이어서 좀더 쓸모가 있었다는 점에서 구분되지
만, 위안부로 끌려간 여성들과 공장으로 끌려간 여성들을 구분하는 선이
그렇게 뚜렷하지는 않다고 그는 지적한다. 그가 만난 사람 중 한 사람은
원래 위안부로 징집되었다가 토오꾜오에 도착하자 너무 키가 작다는 이
유로 거절당하고 공장노동자가 되었다고 한다. 그녀의 집으로 송달된 징
집통지서는 원래 그녀의 언니 앞으로 나온 것이었는데, 언니가 이미 피신
한 바람에 동생이 대신 갔다는 것이다. 이또오의 인터뷰 기록에는 문옥주
(서론 참조)와 김학순(제7장 참조)의 이야기가 포함되어 있다.

이러한 여성들은 일본 정부로부터 아직 단 한푼의 보상금도 받지 못했
다. 토오꾜오 소송은 느리게 진행되고 있으며, 최종 판결이 날 때까지는
여러 해가 걸릴 것이다. 1994년 7월, 자민당과의 연립내각에서 새로 총
리가 된 사회당의 무라야마 토미이찌(村山富市)는 이전 내각에서 논의된
'보상을 대신할 만한 조치'의 최종적인 내용을 발표했다. 그는 이 조치를
한국 방문시에 제시하고자 했다. 12억 5000만 달러에 이르는 기금은 '여
성지원쎈터'와, 아시아 여러 나라들과의 관계 개선을 위한 조치에 사용될
것이라고 한다. 그러나 그 제안은 그 이전과 마찬가지로 정대협에 의해
거부당했다. (이제 이 단체는 Council for the Women Drafted for Sexual
Slavery by Japan '일본의 성노예로 끌려간 여성들을 위한 위원회'라는

영문 명칭을 사용하고 있다.) 정대협 의장은 희생자들에 대한 공식적인 보상, 의회에서의 사죄안 결의, 이에 관련된 전쟁범죄자에 대한 조사 등을 일관되게 요구하고 있다.

한편 아시아 전역에서는 부녀자 인신매매가 증가함에 따라 과거, 현재를 막론하고 강간의 희생자들이 여전히 타락하고 치욕적인 것으로 여겨지고 있다. 가부장적인 아시아 각국의 정부가 위안부 문제에 관해 속속 드러나는 진상에 제대로 대처하기를 꺼려 한다면, 그것은 안타깝지만 정부당국의 탓만은 아니라고 말할 수밖에 없다. 방대한 위안부제도는 현지에서 협조하는 사람들의 막대한 도움 없이는 살아남지 못했을 것이기 때문이다. 위안부제도의 엄청난 파급효과에 전세계 사람들의 이목이 집중될 수 있었던 것은 바로 아시아의 여성들 사이에서 여성해방론이 발흥하기 시작한 덕분이라고 해야 옳다. 따라서 이 문제의 해결은 전세계 여성들의 지위 향상과 연관되어 있다.

일본의 책임

요시미 교수는 그가 수집해서 출판한 자료집의 서문에서, 일본에서 위안부 문제가 등장함에 따라 다른 나라에서도 이와 비슷한 조사활동이 벌어졌다고 지적했다. 부녀자들에 대한 가혹한 착취는 현재에도 결코 드문 일이 아니다. 여기서 아시아 지역에서 성행하고 있는 근대적인 매매춘을 한번 살펴보는 것이 유익할 것이다. 최근 부녀자들을 대상으로 한 인신매매가 크게 증가하고 있다. 타일랜드나 필리핀 같은 지역에서는 남성들이 에이즈가 두려워 이제 겨우 사춘기에 들어선 소녀들을 고르려는 경향이 있기 때문에, 매춘부들의 나이가 점점 어려지고 있다. 남성들이 필요로 하는 것이라면, 또 돈이 생기는 일이라면, 무슨 일이든 가능하다. 정부는 육체에 대한 거래행위를 방지하지 못하고, 또 이러한 사태가 발생했을 때 이를 바로잡지 못하고 도리어 이를 묵인한다는 이유로 비난받고 있다.

일본 정부 역시 자신의 역사에 대해 책임을 지지 못한다는 이유로 비난

받고 있다. 위안부에 관한 논의에 더 불을 당긴 것은 일본 정부가 젊은 세대에게 태평양전쟁 시기의 치욕스러운 측면을 제대로 알리지 않았을 뿐아니라, 이러한 것을 은폐하려 했다는 사실이었다. 한 평론가는 부적절한 교육으로 인해 일본의 전후세대들이 스스로를 '어둠의 자식들'이라고 느낀다고 지적한다. 즉 교육을 통해서도, 그들의 부모를 통해서도 아주 가까운 과거에 대해서는 배운 바가 거의 없다는 것이다. 전체적으로——완전히는 아니더라도——일본에서 전쟁에 관해 언급하는 것은 금기시되고 있다. 따라서 이러한 현상이 외부 사람들에게는 국민적 건망증으로 비친다.

개인적인 차원에서 보면 이러한 금기는 결국 일본의 특이한 현대사에서 나오는 집단적인 정신적 상처를 의미한다. 유럽인들은 거의 세대마다 큰 전쟁을 겪으면서 때로는 승리하고 때로는 패하기도 했지만, 결국은 상황에 잘 적응해왔다. 그러나 일본은 19세기 말까지 거의 2세기 동안 내란을 겪은 일이 없고, 외국과 전쟁을 해본 지도 거의 3세기가 되는 상황이었다. 그러다가 갑자기 서구 제국주의의 자극과 영국의 지원에서 추진력을 얻은 일본은 역사상 가장 거대한 규모의 승리를 위해 전쟁을 시작하게 된다. 결국 무모한 기회주의는 재앙으로 끝났다. 이 모든 일이 거의 한 개인의 일생과 맞먹는 기간 동안에 한꺼번에 일어났다. 집단적인 정신적 상처가 남는 것도 당연한 일이다.

공식적인 차원에서 전쟁 논의에 대한 금기는 다양한 형태로 나타난다. 두드러진 예는 나이든 세대의 일본인 외교관이나 국제무역업자의 이력서에 1930년대에서 1945년에 이르는 난이 대개 비어 있다는 사실이다. 또한 전쟁을 회고하는 추모행사나 박물관이 드문 것이 그 예이다. 예외적인 경우는 전몰용사들을 기리는 야스꾸니 신전인데, 헌법에는 정부가 어떤 특정한 종교를 지지할 수 없게 되어 있기 때문에 나까소네 총리가 이곳을 공식 방문하기 전까지는 이곳을 보는 시선이 애매했다. 또 매년 종전기념일인 8월 15일의 기념행사에는 천황과 정부 요인들이 참석하긴 하지만, 이 행사는 순전히 사망한 사람들을 추모하는 행사일 뿐이다. 전쟁에 관해서는 긍정적이든, 부정적이든 어떠한 정서의 표현도 이루어지지 않는다.

가장 논란이 많이 되면서도 궁극적으로 가장 중요한 문제는 부적절한 교육이라는 문제이다. 일본 문부성은 공식적으로 교과서에 대한 검열권이 없기 때문에 전쟁을 어떻게 다루느냐는 교과서에 따라 각기 다르다. 문부성은 교과서를 검토하고 권고하는 기능만을 담당하고 있어서, 때때로 활동의 융통성이 매우 제한된 인상을 준다. 그러나 교과서에서 위안부 문제를 언급하고 있는가를 검토해본 결과 단 한 건만이 이에 대해 언급하고 있었다.

문부성은 교과서에 일본의 침략을 '침략'이라는 말보다는 듣기 좋게 '진출'이라는 말로 표현하는 것을 허용하고 있다. 이렇듯 회피적인 태도를 보면, 결국 일본이 전쟁이라는 범죄를 일반적으로 인정하고 있는 것인가 하는 의문이 제기된다. 현재 우익의 태도를 보면, 한 저명한 의원이 공개적으로 인정했다시피 일본은 사죄할 일이 많다는 것이다. 단, 다른 제국주의 국가들이 그들이 저지른 과거의 침략행위에 대해 사과할 경우에만 일본도 사죄할 용의가 있다는 것이 우익의 입장이다. 좌익은 좌익대로 사죄할 일이 없다. 왜냐하면 그들은 전쟁기간 이전이나 전쟁기간중에 정치무대에서 활동하지 않았기 때문이다. 오히려 좌익의 입장에서는 자신들이 위안부나 일본의 일반 국민들과 마찬가지로 희생자인 것이다.

위안부 문제로 다시 돌아오면, 문제는 여성에 대한 일본인들의 태도——그리고 한국인 같은 다른 '민족'에 대한 태도——가 전쟁 이후 얼마나 바뀌었느냐 하는 것이다. 다음 일화는 전쟁 당시 위안부제도를 만들어냈던 그런 식의 태도가 여전히 팽배해 있다는 것을 보여준다. 1992년 12월 캄보디아의 민간구조단체가 수송당국의 일본인 국장인 아까시 야스시(明石康)에게 유엔군이 성희롱을 일삼고 있다는 항의서신을 보냈다. 그의 답변은, 현장의 고초를 견뎌낸, 피가 뜨거운 군인들이 맥주 몇잔 마시고 '아름다운 젊은 여성들'을 따라다니는 것은 지극히 자연스러운 일이라는 것이었다. 그러니까 본능적인 충동은 '자연스러운' 것이고 따라서 성희롱도 기율의 해이나 자제력의 상실을 의미하는 것이 아니라 그런대로 당연한 것이라는 이야기다. 이러한 답변으로 미루어보면, 일본과 한국의 여성단체와 좌익 정치세력들이 일본군의 해외 평화유지군 파견을 반대하는 것도 그럴 만한 이유가 있는 것이다.

물론 궁극적인 차원에서 보면, 위안부 문제는 일본뿐 아니라 전세계 여성의 지위와 연관된 문제이다. 유엔 개발 프로그램에서 인류의 절반인 여성의 지위에 관해 실시한 여론조사에 따르면, 세계에서 여성의 지위가 남성보다 높은 나라는 단 한곳도 없었다고 한다. 일본도 이제는 선진국 중에서도 상위권에 속하는 국가이지만, 여성의 지위는 17위에 그쳤다.

전세계 사람들의 주목을 끌다

위안부 문제가 전세계 사람들의 주목을 끄는 데는 아시아 여성들 사이에서 여성해방론이 발흥해야 했다. 또한 위안부들의 주요 공급원이던 한국을 비롯한 아시아 전역의 여성들이 전쟁 당시에 여성들이 당한 착취와 매춘관광을 통해서 현재까지도 자행되고 있는 여성 착취가 연관되어 있음을 파악하는 작업이 필요했다. 사실상 위안부 문제를 가장 앞서서 제기한 것은 여성단체들이다. 여성운동이 상대적으로 미약하거나 이러한 대의명분을 내세울 주도적인 인물이 없는 국가에서는 위안부 문제가 아직도 쟁점이 되지 못하고 있다.

문제를 거론할 대표자가 없었으므로 이 문제는 오랫동안 관심의 대상이 되지 못했다. 어디에서나 정치와 정부는 남성 위주로 움직인다. 아시아 여성들은 이제까지 천년왕국을 기다리며 그들의 운명을 수동적으로 받아들였는지도 모른다. 그러나 이제 그런 시절은 지나갔다. 여성도 인간이며, 권리가 있고, 정의를 요구할 수 있다는 혁명적인 생각이 자리를 잡아가고 있다. 나서기를 꺼리는 필리핀 정부를 필리핀 여성들이 정력적으로, 단호하게 몰아붙인 것은 바로 무기력과 경제적 이해관계보다 정당한 대의명분이 더 큰 힘을 가질 수 있다는 것을 보여준 좋은 예이다.

이제 일본인들은 위안부 문제를 그냥 잊어버릴 수 없게 되었다. 그들이

저지른 불의가 계속 살아남아 그들의 역사에 오점을 남길 것이기 때문이
다. 그러나 인권에 관한 시험에 통과하지 못한 것은 일본인뿐만이 아니
다. 연합군측 역시 그들이 정의를 실현할 힘이 있었음에도 불구하고 그렇
게 하지 않았다는 점에서는 불합격이다. 이러한 그들의 실책은 특히 전쟁
기간중에 남성이 여성을 제대로 대우하지 않았음을 반영하는 것이다.

　태평양전쟁 당시 서양의 오랜 적수였던 일본이 갑자기 동아시아에서의
반공 요새로 급작스럽게 전환한 사정으로 말미암아, 일본과 일본의 우방
국들은 서로 적대적이었던 과거지사를 서둘러 마무리해야만 했고, 현재
의 상황에 집착하다 보니 인권문제는 편리하게도 그냥 넘겨버린 것이다.
그러나 냉전이 끝나고 국제정세는 극적으로 변화했다. 일본은 더이상 반
공의 요새라는 명분을 들어 자국의 인권유린 사례를 다다미 밑으로 감추
어버릴 수 없게 되었다. 일본의 인권에 관한 기록은 이제 좀더 상세한 국
제적 검토를 받아야만 한다. 유엔의 안전보장이사회 정회원국이 되려는
야심을 품은 일본으로서는 과거의 잘못에 대해 시인하고 희생자들에게
보상금을 지급하는 것을 비롯, 정상적인 선진국의 기준에 따라 조치를 취
해야 할 것이다.

　위안부나 2차대전의 다른 희생자들 이외에도 일본은 여러 아시아 국가
에서 온 불법·합법 체류 노동자들은 물론, 부락구민(일본인 하층계급),
한국인, 오끼나와인 등 자국 내의 소수민족에 대한 차별대우로 인하여 점
점 더 심각한 비판을 받고 있다. 서구의 주요 선진국들 가운데 어떤 나라
도 재일 한국인 집단의 경우와 같이 종족간의 차별을 법률로 정해서 실시
하는 경우는 없다. 인종차별, 역사적 건망증(최근 법무성 장관은 1937년
의 난징학살이 '조작'이라고 주장했다), 그리고 과거와 현재의 잘못을 바
로잡지 않으려는 태도 등을 고집한다면 일본은 국제적으로 고립될 것이
며, 경제대국으로서 존중되기는 하겠지만 동서양을 막론하고 진정한 우
방국을 가질 수 없게 될 것이다.

참고문헌

이 자료들 중 기본적인 것은 해제를 달았으며, 더 중요한 자료의 경우 본문에 출처를 명시하기도 했다. 그러나 대다수의 자료들은 활동가들과의 직접적인 접촉을 통해서 얻을 수 있는 소책자나 특수 출판물이어서 유통과 열람이 제한되어 있는 상태이다. 또 여기저기 흩어져 있는 언론보도 자료도 많다.

Allied Translator and Interpreter Section, Supreme Commander for the Allied Powers(1945), *Research Report: Amenities in the Japanese Armed Forces*, Tokyo. 마닐라와 북부 버마에 관한 두 가지 상세한 자료 및 위안부에 관한 다른 자료 발췌 다수.

Brief van de Minister van Buitenlandse Zaken an de Voorzitter van de Tweede Kamer der Staten-Generaal, 's-Gravenhage 24 Januari 1994. Tweede Kamer, vergadejaar 1993~94, 23609 Nr. 1. B. 반 풀게스트의 국회 보고서 포함.

Calica, Dan P. and Sancho, Nelia eds.(1993), *War Crimes on Asian Women: Military Sexual Slavery by Japan during World War II*, Manila. 필리핀 '일본군 성노예제의 희생자 여성들을 위한 특별조사단'보고서.

Chou, Wan-yao(1991), "The Kominka Movement in Taiwan and Korea: Comparisons and Interpretation," Paper for the Conforence on the Japanese Empire at War 1937~45, Hoover Institute.

Dolgopol, Ustinia et al.(1993), *Comfort Women: The Unfinished Ordeal*, Geneva. 국제법률가위원회의 예비보고서.

Henriques, Fernando(1962~68), *Prostitution and Society: A Survey*, 3 vols, MacGibbon and Kee, London. 3권의 구성은 원시·고대·동양사회편, 유럽과 신세계편, 현대의 성 편으로 되어 있다.

Huie, Shirley Fenton(1992), *The Forgotten Ones: Women and Children under Nippon*, Collins Angus & Robertson, Sydney. 인도네시아의 네덜란드 억류자들의 경험담.

United States Office of War Information(1944), "*Japanese Prisoner of War Interrogation Report No. 49*, Ledo Stockdale, 10월.

Van Poelgeest, Bart(1992), "Tewerkgesteld in de Japanese bordelen van Nederlands-Indie," *NRC Handelsblad, Zaterdags Bijvoegsel*, 8월 8일자.

國際公聽会推進委員会(1993), 『戰爭犧牲と日本』, 東京. 1992년 12월 9일의 공청회 기록.

金一勉(1976), 『天皇の軍隊と朝鮮人慰安婦』, 三一書房, 東京. 위안부 문제와 관련된 전쟁회고 문서에 대한 가장 포괄적인 연구서. 1942~75년에 나온 75건의 실증적인 자료를 토대로 함.

高木健一(1992), 『從軍慰安婦と戰後責任』, 三一書房, 東京. 검찰총장의 최근 발언.

臼杵惠子(1992), 『現代慰安婦たち』, 德間書店, 東京. 한국 위안부들의 회고담, 매춘관광, 미군기지의 매매춘 문제를 다룸.

吉見義明(1992), 『從軍慰安婦資料集』, 大月書店, 東京. 이 탁월한 자료에는 106건의 서류 및 다른 자료들과 이에 대한 자세한 해제, 1992년 일본 정부측 보고서의 주요 내용, 이제까지 알려진 모든 미국·오스트레일리아 자료들이 포함되어 있다.

吉田淸治(1983), 『私の戰爭犯罪——朝鮮人强制連行』, 三一書房, 東京. 근로동원과 위안부 모집을 위한 노예사냥식의 원정에 관한 설명.

富山タエコ(1992), 『帰らぬ女たち』, 岩波書店, 東京. 위안부 문제의 문화적 의미에 대한 여성해방 예술가의 연구서. 카니타 피난소와 현대 일본의 타이 여성 매춘에 대한 언급. 시와 그림 포함.

山根昌子(1991),『松代大本営跡地お考える』, 新幹社, 東京. 전쟁 말기 지도층의 후퇴를 위해 건설한 마쯔시로 방공호에 대한 설명.

西野留美子(1992),『從軍慰安婦』, 明石書店, 東京. 전쟁문제 연구를 위한 작가협회와 토오꾜오 여성단체들이 수집한 자료모음집.

鈴木裕子(1991),『朝鮮人從軍慰安婦』, 岩波書店, 東京. 당시 입수 가능한 자료에 대한 개관과 근대 한일관계사에 관한 배경설명.

______(1992),『從軍慰安婦內鮮結婚』, 未来社, 東京. 위안부 문제 및 식민지시대 조선에 대한 동화정책에 관한 정치적·행정적 측면의 연구서.

アゴラ編輯委員会(1992), 「從軍慰安婦問題がつきつけるもの」, 『アゴラ』174號, 1992. 5. 10. 東京. 위안부에 관한 기사가 실린 특집호.

尹靜慕, 鹿島節子 譯(1992),『母・從軍慰安婦』, 神戸學生・青年センター出版部, 神戸. 1982년에 출간된 소설의 일역판으로 전쟁 당시의 필리핀과 한국을 배경으로 하여 위안부 문제를 상세히 다루고 있다.

尹貞玉 外(1992),『朝鮮人女性が見た慰安婦問題』, 三一書房, 東京. 윤정옥 교수의 주요 논저와 광범위한 증언, 배경 연구 등을 포함.

伊藤隆(1992),『從軍慰安婦, 女子勤勞挺身隊』, ふばい社, 名古屋. 매우 상세한 13건의 면담사례와 논평.

日本民衆運動90年代(1992),『日本政府は直ちに戰後補償お行なえ』, 大阪. 필리핀 위안부에 관한 보고서.

日本婦人会議(1992), 「從軍慰安婦110番報告書」, 大阪.

日本の戰爭責任おはつきりさせる会(1992),『訴狀』2版, 東京. 1991~92년의 아시아 태평양전쟁 한국인 희생자 보상청구 소송의 소장까지 포함.

______(1991~92),『はつきり通信』1号(1991)~4号(1992. 9), 東京. 뉴스・기사・서류 등.

從軍慰安婦問題お考える会(1992),『從軍慰安婦問題資料集』全三卷, 大阪. 보상청구 소송운동을 지지하는 연설・인터뷰・언론보도 자료 모음집.

從軍慰安婦問題ウリヨソンネットワーク(1992),『この'恨'お解くために』, 東京. 면담기록 및 보도자료.

從軍慰安婦問題行動ネットワーク(1992),『從軍慰安婦問題アジア連帯会議報

告集』, 1992년 8월 서울 대회 보고서.

從軍慰安婦110番編集委員会(1992),『從軍慰安婦110番』, 東京. 토오꾜오 핫라인 상담에서 나온 광범위한 면담기록.

千田夏光(1992),『朝鮮人從軍慰安婦と天皇』, かもがわ出版, 京都. 현 정세에 대한 평가를 곁들인, 같은 저자의 선구적인 저작에 관한 요약.

휘 팡쟈우 편(1990),『중화민국의 타이완 점령에 관한 자료 모음(1945~49)』, 台北. 중국어 문서 모음집.

『キムハクスソさんの證言』(1993), がいほ出版, 大阪. 김학순씨의 증언기록 및 1992년 일본 정부측 보고서와 남북한 정부측 보고서 요약 및 기타 조사자료 첨부.

홍 퀘이치 편(1985),『日本在華暴行錄 1928~1945』, 國史館, 台北. 일본 사료에서 직접 취재한 위안부 자료. 출판 당시로서는 매우 상세한 자료집이었음.

역자 후기

올해는 해방 50주년을 맞는 해인 동시에 한일협정을 체결한 지 30년이 되는 해이기도 하다. 혈기왕성한 청장년기에 해방을 맞이한 세대는 이미 상당수가 사망했거나 사회활동에서 물러나 있는 상태이며, 해방 전후에 탄생하여 격렬하게 한일협정을 반대하며 싸웠던 세대도 이제는 50대에 들어선 나이로 서서히 우리 사회의 '원로'가 되어가고 있다. 일제 강점기는 이제 할아버지 할머니들의 어슴푸레한 기억 속에나 존재하는 전설 같은 이야기가 되어버렸고, 젊은 세대에게 일본은 광기에 가까운 군국주의로 아시아 일대를 전쟁터로 만들었던 나라라기보다는 세계 최강의 경제 대국으로서, 질 좋고 모양 좋은 물건들을 만드는 나라로 인식되고 있다.

그러나 많은 사람들이 거듭 지적했듯이, 우리나라와 일본의 과거사가 완전히 청산된 것은 아니다. 아직도 일본은 식민지배가 우리나라를 비롯한 아시아 각국을 근대화하고, 서양 열강으로부터 보호하는 데 기여했다는 환상을 완전히 떨쳐버리지 못한 것처럼 보인다. 잊을 만하면 또 나오곤 하는 일본 각료들의 다채로운 '망언'은 이제 별스러운 일도 아니다. 더욱이 이제 일본은 막강한 경제력으로 아시아 각국의 경제에 적지 않은 영향력을 행사하고 있을 뿐 아니라, 정치적·군사적으로도 국제무대에 본격적으로 나설 때가 되었다는 태도까지 내비치고 있다. 어떻게 보면 구 식민지 시대와 차원은 좀 다르지만, 일본은 여전히 우리나라를 비롯한 아시아 전체를 지배하고 있으며, 나날이 그 지배력을 강화하려고 노력한다고 할 수 있다. 이러한 상황에서 식민지 시대의 역사는 되돌이킬 수 없는 과거가 아니라 살아있는 현재의 일부이다.

　특히 일본군 위안부의 문제는 위안부들의 80% 이상이 한국인이었다는
면에서 식민지 민족에 대한 착취이며, 전쟁이라는 극한상황에 처한 군인
들의 비정상적인 심리와 욕구를 만족시키고 통제하는 도구로 여성의 육
체가 사용되었다는 면에서 여성에 대한 학대이기도 하다. 또한 이는 흔히
이야기하듯 금전적인 대가를 받고 육체를 성적인 대상물로 제공하는 매
매춘의 문제라기보다는, 한 국가가 군·관(軍官)의 체계를 총동원하여
식민지 여성들을 유인하거나 강제연행해서 대대적으로 강간한 사건으로
서, 그 규모와 잔혹성에 있어서 역사상 유례가 없는 것이다.

　그러나 위안부로서 일본군에게 혹사당한 여성들이 백발이 성성한 할머
니의 모습으로 만인의 이목을 끌며 언론에 등장했을 때의 그 충격이 수그
러들면서, 위안부 문제는 점차 세인의 관심에서 멀어져가는 것 같다. 어
떻게 보면 위안부 문제는 이제 돌이킬 수도 없고 그렇다고 어떤 조치를 취
할 수도 없는, 완전히 사라져간 과거의 유물처럼 인식되는 경향도 있다.
하기야 기억에도 생생한 15년 전 광주에서의 대규모 학살에 대해서도 ‘공
소시효’ 운운하는, 혹은 강간을 당한 경우에도 여성이 얼마나 ‘필사적’으
로 저항했는가를 따지는 풍토에서, 우리 정부가 50년도 더 된 옛날의 사
건을 두고 일본 정부의 무책임한 태도를 정면으로 비판하고 조목조목 책
임을 따질 주변머리가 없는 것은 어떻게 보면 당연한 일이다. 일제의 잔
재를 제대로 청산하지 못함으로써 우리 사회가 얼마나 많은 피의 대가를
치러야 했던가는 구구하게 말할 필요도 없다. 과거지사라는 이유로, 혹
은 미래가 더 중요하다는 이유로 지난날의 잘못을 그냥 덮어두는 것이 역
사의 진보를 얼마나 더디게 했는가도 굳이 강조할 필요가 없을 것이다.
종전 50년이 지난 오늘날까지도 나찌 전범의 죄과에 대해 조금도 늦추는
기색 없이 집요하게 따지면서 결코 용서하지 않는 서방세계의 여론과, 일
본의 잔혹행위에 대해 감정적이기만 하고 실속은 없는 비분강개로만 일
관하는 우리네 너그러움 (?)을 비교해보면 서글픈 느낌마저 든다.

　문제는 이렇듯 일제의 오류가 청산되지 못함으로 인해서 그와 비슷한
형태의 착취가 버젓이 남게 되고, 이에 대해 사람들이 별다른 죄의식이나

부채감을 느끼지 못하게 된다는 것이다. 가령, 기지촌 주변의 여성들은 손님만 일본군에서 미군으로 바뀐 현대판 위안부라고 할 수 있으며, '가장 오래된 직업' 운운하는 말로 문제의 심각성과 절박함이 외면당하는 매매춘의 문제도 결국은 일본에 의해 우리나라에 이식된 홍등가의 문화와 일본 군대위안부 문제의 연장선상에 있다. 또한 위안부 문제는 사회에 만연한 성폭력을 유지하고 재생산하는 데 결정적인 역할을 하는 가정 폭력이나 직장 내 성희롱과도 연관이 있다. 여성에 대한 태도, 여성의 육체, 여성의 성(性)에 대한 태도가 근본적으로 변화하지 않는 한 위안부 문제의 완전한 해결을 기대하기는 힘들다. 여성에 대한 각종 성폭력을 처벌할 법적인 대처방안조차 거의 없다시피 한 상황에서, 이제는 연로하여 거동조차 불편한 피해당사자들을 전면에 내세우는 것에는 한계가 있을 것이며, 성폭력과 관련된 현안들과 별개로 위안부 문제를 새삼스럽게 강조하기도 어려운 실정인 듯하다. 그 일례로 한국정신대문제대책협의회에서 벌이는 지속적인 조사사업이나 매주 수요일 일본 대사관 앞에서 이루어지는 수요시위 등만 해도 정부측의 미온적인 태도와 일반인들의 무관심으로 인해 어려움을 겪고 있는 형편이다. 게다가 위안부 문제가 장기화되면서 초기에 보였던 대중적 관심의 열기도 차차 수그러드는 느낌마저 든다. 이럴 때일수록 여러 매체들을 통하여 다양한 방식으로 이 문제에 대한 여론을 환기시키고, 희생자들이 모두 사망하기 전에 위안부 문제가 반드시 청산되어야 한다는 의식을 사람들의 머릿속에 심어주는 일이 중요할 것이다.

이 책은 아시아 문제에 지속적으로 관심을 가져온 오스트레일리아 출신의 저술가 조지 힉스(George Hicks)가 쓴 *The Comfort Women: Sex Slaves of the Japanese Imperial Forces*(Allen & Unwin, 1995)를 완역한 것이다. 위안부의 대부분이 우리나라 여성들이었고, 더구나 이 문제에 관한 최종적인 책임을 묻고 배상과 처벌을 요구하는 모든 과정이 바로 우리의 주체적인 노력에 의해 이루어질 수밖에 없다는 점을 상기하면, 이러한 종류의 책이 위안부 문제와 직접 관련되지도 않은 외국인 남성에 의해 출간되었다는 것 자체를 다소 미심쩍은 시선으로 볼 수도 있겠다. 우리는 가히 변태적이라 할 수밖에 없는 동기로 여성에 대한 성적인 학대를 도리어 상업화하고, 이를 남성 위주의 기이한 성적 환상을 자극하는 도구로 이용하는 사례들을 너무나 많이 보아왔기 때문이다.

그러나 다행히도 이 책의 논조는 그러한 상업적인 의도와는 거리가 멀다. 무엇보다도 저자는 위안부 문제가 반드시 사실대로 낱낱이 규명되어야 하고, 일본이 이에 대해 전적으로 책임을 져야 한다는 확고한 생각을 지니고 있으며, 이러한 관점에서 위안부 문제를 서방의 독자들에게 널리 알리려는 생각에서 이 책을 썼다고 말하고 있다. 아무도 저자에게 위안부에 관한 글을 써야 한다고 요구하지도 않았고, 개인적인 경위로 위안부 문제와 직접적으로 연관되었을 것 같지도 않은 저자가 굳이 위안부의 발자취를 찾아 일본을 비롯한 동남아시아를 돌아다니며 취재를 하고, 한국 독자들에게 어떤 평을 들을 것인가 하는 우려 속에서도 끝까지 이 책을 써낸 것은, 한마디로 아시아를 자주 왕래하며 폭넓은 경험을 해온 한 지식인의 순수하고도 감동적인 양심의 발로라 할 것이다.

부끄럽게도 위안부 문제에 관한 우리의 논의 수준은 그다지 만족스럽지 못하다. 우리나라의 역사학계에서 이 문제에 관한 연구가 활발히 이루어지고 있는 것도 아니며, 위안부에 관한 저서들은 대부분 일본인이나 재일 한국인에 의한 것이다. 또한 국내에서 구할 수 있는 위안부 자료들은 대부분 자료집이나 신문기사, 회고록 등의 형태로 나와 있는 상황이다. 이러한 국내의 상황을 염두에 두고 보면, 이 책은 위안부 문제에 대한 본격적인 연구서라고 하기에는 미흡하지만, 일반 독자들에게 관심을 불러일으키기에 충분한 자료들을 폭넓게 섭렵해놓은 단행본의 형태로는 매우 희귀한 종류가 아닌가 한다. 그 구체적인 내용의 공과를 따지기에 앞서서, 우리나라에서도 위안부에 대한 본격적인 연구와 더불어 대중독자들을 위한 저서가 좀더 많이 나와야 한다는 점을 생각하면, 이 책이 그러한 작업에 대한 하나의 자극제로서는 충분히 의의가 있다고 본다.

이 책의 장점은 우선, 전문적이고 이론적이라기보다는 평이하고 쉬운 논조로 문제에 접근하고 있다는 것이다. 저자는 복잡한 여성해방이론이나 역사적 고찰에 비중을 두기보다는 우선 위안부들이 구체적으로 겪은 일과 그 심리적 영향을 그들의 경험담을 기초로 하여 상세하게 묘사하고, 전쟁 말기에 그들이 겪었던 일, 전쟁 이후의 정착과정, 그리고 최근의 위안부 문제 해결을 위한 노력에 이르기까지 일차적인 경험담과 사료들을 바탕으로 재구성하는 데 중점을 두고 있다. 또한 이 책에서는 이제까지 우리가 흔히 접하기 어려웠던 서구 역사에서의 군대위안부 문제, 동남아 지역 위안소의 실태나 동남아 인권단체들의 활동, 극우파를 비롯한 일본 내의 다양한 여론들까지도 엿볼 수 있다. 특히 동남아 지역 위안소의 실태나 백인 여성을 포함한 다양한 국적의 여성들이 일본군의 위안체계에 동원된 경위는 우리로서는 다소 무심하게 넘어갈 수도 있는 부분에 대한 관심을 불러일으킬 만하다. 이러한 자료들을 훑어보는 것만으로도 이 책은 충분히 일독의 가치가 있다. 더욱이 특징적인 것은 저자가 시종일관 철저히 한국인 위안부의 편에 서서 사태를 바라보고자 노력하고 있다는 점이다. 특히 저자가 이 책을 쓰기 시작할 무렵은 일본이 위안부를 강제로 연행해갔다거나, 모집과정에 체계적으로 관여했다는 사실을 공식적으로 시인하지 않고 있던 시기였음에도 불구하고, 저자는 위안부 모집과 위안소 운영·철수 등의 모든 과정에 일본 제국주의 군부와 정부가 조직적으로 관여했다는 확신을 갖고 있었다. 저자는 일본군의 위안부제도가 개별적인 악행이 아니라 의식적이고, 공식적이며, 체계적인 강간이었다고 일관되게 주장하고 있는데, 이러한 논지야말로 일본제국주의에 대한 저자의 근원적인 비판의식을 드러내준다. 개개의 '위안소'(comfort station)가 사실은 커다란 '위안부제도'(comfort system)의 일부라고 주장하는 데서도 이 책의 기본 입장을 읽을 수 있다. (문맥에 따라 system을 '제도' '체계'로 혼용하여 옮겼음을 밝혀둔다.)

그러나 또한 저자는 한국인 중에서도 일본의 위안부 모집에 적극적으로 협조하고 이를 통해 이득을 본 사람이 많았다는 사실과, 일본의 양심적인 학자·언론인·정치인 들의 열성적인 노력을 아울러 지적함으로써 세심하게 균형감각을 유지하려고 애쓰고 있다. 이러한 태도야말로 이 책의 내용이 조잡한 성적 호기심을 자극하는 의도에 이용될 수도 있음에도 불구하고, 끝까지 선정주의의 유혹에 빠지지 않고 차분한 어조를 유지함은 물론, 위안부 문제가 반드시 우리 세대에 해결하고 넘어가야 할 문제라는 것을 강조하게 하는 원천이다.

물론 저자가 피해당사자나 피해자를 완전히 대변할 수 있는 입장이 아니라는 사실에서 오는 한계는 엄연하다. 한국의 생활이나 역사에 대한 사소한 무지와 착오——'김해 김씨'를 '진해 김씨'라고 쓴다거나, 이름을 실제 음과 다르게 표기하는 등——는 제쳐놓고라도, 저자는 간혹 자기도 모르게 원래의 의도에서 약간 벗어나 다소 자극적인 어투로 읽는 이의 저속한 호기심을 자극하는 발언을 하기도 한다. 우리의 입장에서 보면, 비록 위안부 문제가 성을 매개로 한 문제이지만 기본적으로 일상적인 의미에서의 성행위의 문제라기보다는 강간과 마찬가지로 폭력행사이기 때문에, 어떤 상황을 서술함에 있어서 성적으로 도발적인 묘사는 극력 회피하는 것이 관례로 되어 있다. 이러한 관점에서 볼 때, 끌려간 처녀들이 위안부의 생활에 결국 '적응'해서 나름대로 '즐겁게' 지내려고 했다는 식으로 표현한다거나, 동남아 일부에서는 위안부가 성노예인 줄 알면서도 전쟁기간의 쪼들리는 생활보다는 낫다고 판단하여 자발적으로 위안부가 되어 실제로 보통사람들의 몇배나 되는 수입을 올리며 호사스럽게 산 경우도 적지 않다는 사실을 굳이 상술한다거나, 구체적으로 성행위를 할 때 어떤 감정을 느꼈는가를 회고록을 빌려 자세히 묘사한다든가, 서로 다른 계급과 연령의 군인들을 위안부들이 각기 어떻게 다루는가 하는 기술을 상세히 이야기하는 것은 선정주의의 혐의를 벗기 힘들다.

또한 저자는 서구인들이 아시아에 대해 흔히 갖는 편견을 그대로 드러내기도 한다. 즉 다 같은 제국주의라도 서구 열강보다 일본이 더 잔혹하다든가, 아시아에서는 여성의 지위가 형편없이 낮기 때문에 여성에 대한 이러한 잔혹행위가 자행되고도 성공적으로 은폐되는 것이 가능했다는 선입관이 그것이다. 그래서 한국 여성들에 대한 일본인의 잔혹행위를 비판하는 데서 나아가, 이렇게 어려움을 겪은 여성들을 마치 자진해서 '타락'한 것처럼 여기는 아시아의 문화적 풍토를 비판하는 차원에 이르면, 저자의 어조는 거의 '이렇게까지 여성들에게 잔인한 문명이 과연 진정한 문명이라고 할 수 있는가?' 하는 의문을 제기하는 듯한 느낌을 주기도 한다. 말하자면 '미개하고 비인도적인' 아시아의 문화풍토 자체에 넌더리가 난다는 투이다. 물론 저자는 이러한 풍토가 아시아 특유의 것은 아니라고 설명하고 있다. 예를 들어 연합군측이 위안부의 존재에 대해 알고 있었음에도 불구하고 이에 대해 함구했을 뿐 아니라 점령 후까지도 이러한 제도를 적극 이용한 것은, 일본인들에 대한 보복으로 일본인 여성들을 강간하는 것은 자연스러운 일이라는 사고방식에서 나온 결과로서, 서구 사회의 남성중심주의와 인종주의를 극명하게 보여준다는 것이 저자의 설명이다.

그러나 일본이라는 아시아 국가가 한국이라는 또다른 아시아 국가를 잔인하게 착취하고, 식민지 여성들에게 인간으로는 차마 하지 못할 잔혹행위를 저질렀다고 고발하면서, 이 사건과 일단 무관한 위치에 있는 서구인——오스트레일리아가 과연 '서구'인가는 또다른 문제이지만——으로서 일말의 문화적인 우월감이나 통쾌함을 느끼지 않는다고 장담할 수 있을 것인가? 더군다나 일본이 세계적인 경제강국으로서 미국을 비롯한 서구열강의 헤게모니에 위협적인 도전을 가하는 유일한 아시아 국가로 성장한 상황에서, 악당은 모두 사무라이 복장을 하고 '미스터 후지'나 '미스터 야마' 같은 우스꽝스러운 이름으로 나오는 미국 영화를 보면서, 서방세계의 '일본 후려치기'를 우리 입장에서 마냥 통쾌하게만 바라본다면 그것 또한 더욱더 교묘한 제국주의의 문화적 술책에 말려드는 미련함이 아닌가? 인도에 관한, 베트남전쟁에 관한 담론들이 그러하듯이 도저히 이해할 수 없고——그래서 신비롭기도 하지만——한편으로는 비인간적이고 잔인하고 몰염치한 것을 모두 아시아의 문화적 특성으로 몰아붙이는 서구중심주의가 일본의 잔혹행위에 대한 비난에 조금도 개입하지 않았노라고 말할 수 있을 것인가? 이러한 의문은 이 책을 다소 착잡한 심정으로 읽게 한다. 물론 죄없는 인간, 특히 나이 어린 여성들에게 가해진 잔혹행위에 대해 분개하고, 이를 폭로하고자 하는 비판적인 양심과 인간애에는 국경이 없다고 할 수도 있다. 이 책의 저자도 당연히 이러한 범주에 포함될 자격을 갖추고 있다. 그러나 이런 책을 진작에 우리 손으로 더 훌륭하게 써냈더라면 좋았을 걸 하는 아쉬운 마음이 한구석에 드는 것은 어떤 인종적인 편견이나 시샘이라기보다는, 어디서부터 풀어야 할지 난감할 정도로 착잡한 상황에 처한 우리 민족의 운명을 생각할 때 자연스럽게 우러나오는 심정이다.

이 책을 번역하는 데는 여러가지 어려움이 있었던만큼, 도움을 주신 분들도 많다. 여기 사용된 자료들이 대개 일어나 우리말로 되어 있는 것인데, 원문에는 영문으로만 표기되어 있어서 일일이 원래 자료를 찾아 인명·지명·단체명 등을 확인해야 했다. 이 과정에서 저자에게 제공했던 각종 자료집과 신문 스크랩을 꼼꼼하게 모아서 보여준 연세대 이혜경 교수님, 영문 표기만으로는 정확히 알기 어려운 일본 인명과 단체명 등을 정리하여 팩시밀리로 보내준 일본어판 역자 하마따 도오루(濱田澈)씨, 그밖에 복잡한 교열작업을 맡아 신속하게 처리해준 창비사 편집국 여러분들께 깊은 감사를 드린다. 그러나 그런 과정을 거치고도 미처 제대로 확인되지 않은 부분이 없지 않다. 더 샅샅이 뒤지고 다니지 못한 역자의 게으름 탓이라고밖에 할 수 없으니, 아쉬운 대로 추후에 보완할 것을 약속드릴 수밖에 없겠다. 이 책의 번역이 위안부 문제 해결을 위한 활동에 조금이나마 도움이 되었으면 하는 마음이다.

끝으로, 본문의 1~4장은 전경자, 5~10장과 기타 나머지 부분은 성은애가 번역하였음을 밝힌다.

1995년 7월
성은애

찾아보기